高等院校工程管理系列教材

工 程 经 济 学

毛义华 编著

ZHEJIANG UNIVERSITY PRESS
浙江大学出版社

图书在版编目（CIP）数据

工程经济学 / 毛义华编著. —杭州：浙江大学
出版社，2014.8（2022.1重印）
ISBN 978-7-308-13752-2

Ⅰ.①工… Ⅱ.①毛… Ⅲ.①工程经济学－教材
Ⅵ.①F062.4

中国版本图书馆 CIP 数据核字（2014）第 198698 号

工程经济学

毛义华　编著

责任编辑	杜希武	
封面设计	续设计	
出版发行	浙江大学出版社	
	（杭州市天目山路 148 号　邮政编码 310007）	
	（网址：http://www.zjupress.com）	
排　　版	杭州好友排版工作室	
印　　刷	广东虎彩云印刷有限公司绍兴分公司	
开　　本	710mm×1000mm　1/16	
印　　张	20	
字　　数	403 千	
版 印 次	2014 年 8 月第 1 版　2022 年 1 月第 6 次印刷	
书　　号	ISBN 978-7-308-13752-2	
定　　价	59.00 元	

版权所有　翻印必究　印装差错　负责调换

浙江大学出版社市场运营中心联系方式：(0571) 88925591；http://zjdxcbs.tmall.com

摘　　要

　　本书针对工程建设的整个过程,系统地介绍了工程经济的基本理论、方法和实践。主要内容包括:工程经济学概念与基本原理、资金的时间价值及项目经济效果评价、项目不确定性分析、资金筹措、可行性研究、财务评价与国民经济评价、设备更新的经济分析、价值工程、工程项目后评价等内容。本书在内容上大量吸收了近年来国内外的有关研究成果和先进经验,借鉴了相关学科的最新知识,注重经济管理理论与具体的工程实践活动相结合,内容丰富,学科体系完整,有较强的实用性和可读性,是一本比较全面的关于工程经济的教材。

　　本书可作为高等院校建筑经济与管理专业本科生、研究生教材,也可作为工程管理相关专业本科生、研究生经济与管理类课程的教学用书,还可供工程技术人员和经济管理工作者参考。

前言

PREFACE

随着我国科学技术的发展及经济结构趋向合理,我国经济必将迎来新的高速增长,相应工程活动的规模、范围也将进一步扩大,难度也将随之增加。工程经济管理越来越受到人们的重视,其理论与实践研究已成为国内外管理领域中的一大热点。工程经济管理工作是一项复杂的系统工程,既有前期的决策工作,又有实施期的工作;既要考虑微观经济效果,又要考虑宏观经济效果;既有理论问题,又有方法问题;同时,涉及的单位也较多。要想高质量地完成工程建设,项目参与的任何一方,都急需一批既懂技术、又懂管理,同时熟悉国家的方针、政策和法规的高级专门人才。

目前国内高校大多使用的是工程经济教材,这些教材基本上都是针对本科教学的,至于研究生层次的教材则很少。为适应工程管理相关专业本科生、研究生经济与管理类课程的教学需要,编者在总结多年工程经济与管理的教学、科研和实践经验的基础上,参考了大量的国内外有关资料,工程经济学教材。该教材针对工程项目的整个过程,以社会主义市场经济为基本依据,较全面、系统地介绍了工程经济学的基本理论、方法和实践。主要内容包括:工程经济的概念与基本原理,资金的时间价值及项目经济效果评价,项目不确定性分析,资金筹措,可行性研究,财务评价和国民经济评价,设备更新的经济分析,价值工程,工程项目后评价等。该教材力求既能满足本科教学的需要,又能兼顾研究生教学的特点。在内容上摒弃了以往教材中一些陈旧的概念,大量吸收了近年来国内外的有关研究成果和先进经验,介绍了工程经济的一些新理论和新方法,借鉴了相关学科的最新知识,注重经济管理理论与具体的工程实践活动相结合,内容丰富,力求原理深入浅出,举例详略得当,科学体系完整,有较强的实用性和可读性,既能适合教学的需要,又能满足实际使用的要求,是一本比较全面的工程经济学教材。

本书第一、二、三、四、五、六、八、九、十一章由毛义华教授编写,第七章由毛义华、韩秉玺、邵进编写,第十章由毛义华、姚宁波(第四节)编写;第十二章由毛义华、

1

李洪宇、张孟博编写。全书由毛义华教授统一审阅、定稿。在此,对所有关心和帮助本书出版的同志表示诚挚的谢意,对本书所参阅的文献资料的作者表示衷心的感谢。由于编者水平有限,错误与疏漏之处在所难免,敬请读者批评指正。

编　者

2014 年 8 月于求是园

目 录

CONTENTS

第一章 绪 论

本章知识点梳理

1. 工程经济学:是一门研究如何根据既定的活动目标,分析活动的代价及其对目标实现的贡献,并在此基础上设计、评价、选择,以最低的代价可靠地实现目标的最佳或最满意活动方案的学科。

2. 工程经济学的研究对象:工程(项目)层面、企业层面、产业层面以及国家层面的工程经济问题。

3. 工程经济学的特点:工程经济学是工程技术和经济相结合的交叉学科。因此,它具有边缘学科的特点,即具有实践性、综合性、系统性的特征。工程经济学具有应用学科的属性,又同时具有自然科学与社会科学的双重特点,具有很强的实践性,并不是一门单纯的定量分析学科。

第一节 工程经济学概述

一、工程经济学的概念

工程经济学是工程学与经济学的交叉学科,具备工程学与经济学两个学科的属性。学习工程经济学的概念,首先可以将概念拆分为"工程"与"经济学"两个部分。

工程是人们基于科学的一种富有技巧的创造性工作,是利用科学知识加上经验,做出切实可行的判断来解决日常问题。这些生产门类是将应用数学、物理学、化学、生物学等基础科学的原理,结合在生产实践中所积累的技术经验而发展起来的,如化学工程、冶金工程、机电工程、土木工程、水利工程等。工程经济学中的工程既包括工程技术方案、技术措施,也包括工程项目。所有工程都有一个共同的特点,即它是人类利用自然和改造自然的手段,也是人们创造巨大物质财富的方法与途径,其根本目的是为全人类更好的生活服务。

经济在工程经济学中包括生产关系,物质资料的生产、交换、分配、消费,以及社会资源的有效利用与节约。但其主要涵义是节约或节省,从而达到对社会资源合理利用与节省的目的。

工程经济学是一门研究如何根据既定的活动目标,分析活动的代价及其对目标实现的贡献,并在此基础上设计、评价、选择,以最低的代价可靠地实现目标的最佳或最满意活动方案的学科。作为一个交叉学科,工程经济学以研究工程和经济结合规律为己任,寻求工程技术与经济效果的完美结合,其目的就是要建立和阐明解决工程中的常见经济问题所需的基本原理和方法。

工程经济学不仅要研究工程中技术或生产力方面产生的经济问题,还要通过工程项目把生产力和生产关系联系起来,研究工程项目中发生的人与人之间的关系,研究生产关系中的经济问题,使项目的实施能够满足或超出项目有关利害关系者对项目的要求。总之,工程经济学是通过分析技术与经济之间的辩证统一关系,对工程经济活动进行系统评价,科学地预见工程项目直接涉及的经济效果和由此引起的间接效果。

二、工程技术与经济的关系

工程经济学的核心内容是一套工程经济分析的思想和方法,是人类提高工程经济活动效率的基本工具。其中,工程技术是人类为达到预期的目的对自然界和社会进行改造和控制所应用的知识、技能、手段和方法的总和。而经济的含义包括四个方面:社会生产关系的总和、国民经济的总称、人类的经济活动(物质资料的生产、交换、分配、消费活动)和节约。这里经济的含义主要是指国民经济与节约。经济是工程技术进步的动力与目的,而工程技术又是经济发展的手段。技术的先进性与经济的合理性是社会活动相互联系、相互制约、相互促进的两个方面,二者有着对立统一的辩证关系。

1. 技术的创新与进步促进经济的发展

先进的工程技术往往能够使得项目产生出更大的效益,也就促进了经济的发展,这里的效益不仅仅指经济效益,还包括社会效益以及环境效益。而工程技术的发展原动力,追本溯源就是提高效益,促进经济发展与社会的进步。

2. 经济发展是技术进步的归宿与基础

任何一项技术的进步都离不开经济发展为其提供条件,一项新发明、新技术的发展和完善,需要大量的资金投入,需要经济基础为其提供保障。然而,技术进步的驱动力又往往源于经济与社会发展进步的需求。任何技术发展都是为了创造更多更好的物质财富,满足人们日益增长的物质文化需求。

3. 技术与经济的矛盾与对立

在日常的项目进行中,技术与经济又常常表现出矛盾与对立的现象。一项方案在其实施过程中如果想要提高技术水平,经济成本上一般都需要有较大的投入,但由技术进步带来的其他社会与环境效益在短期内又不能直观的显现出来,这就会导致资金投入方在项目实施过程中会倾向于短期的经济效益而制约先进技术的发展。这就是技术与经济的矛盾与对立面。

4. 经济比技术占据更有力的支配地位

经济是技术进步的动力与目的,技术进步是为经济发展服务的。技术是人类进行生产活动和改善生活的手段,它的产生就具有明显的经济目的。因此,任何一种技术,在推广应用时首先要考虑其经济效益问题。一般情况下,技术的发展会带来经济效益的提高,技术的不断发展过程也正是其经济效益不断提高的过程。随着技术的进步,人类能够用越来越少的人力和物力消耗获得越来越多的产品和劳务。从这方面看,技术和经济是统一的,技术的先进性和它的经济合理性是相一致的。绝大多数先进技术都具有较高的经济效益,恰恰是较高的经济效益才决定了技术的先进性。但在现实中,也存在特殊性,有的技术本身并不算很先进,但在一定条件下运用时,也能产生一定的经济效益,甚至有的效益还非常明显。这是因为该项技术的应用与当地、当时具体的自然条件和社会条件相适应,技术带来了令人满意的经济效益。

三、工程经济学的研究对象

工程经济学的研究对象可以分为四个方面:

1. 工程(项目)层面的工程经济问题,主要研究项目的技术选择,项目的财务及国民经济评价等内容。

2. 企业层面的工程经济问题,主要研究企业的财务评价,价值工程,设备更新与技术改造等内容。

3. 产业层面的工程经济问题,主要研究产业的工程技术分析预测,产业技术创新与技术扩散,高新技术创新与科技产业园区的发展,产业技术政策(包括技术创新政策),以及以技术创新为核心的技术进步对于行业增长的贡献等内容。

4. 国家层面的工程经济问题,主要研究国家技术政策(包括技术创新政策),以技术创新为核心的技术进步对国民经济增长的贡献,国家技术创新系统等内容。

其中,项目与企业层面的工程经济学问题属于微观层面,产业与国家层面的工程经济学问题属于宏观层面。本书更加倾向于从微观层面来研究工程技术和经济交叉领域,以提供经济分析和决策理论。

四、工程经济学的研究范围

从工程经济学的研究对象就可以大致概括出工程经济学的研究范围。其范围主要包括以下一部分内容:

1. 现金流量与资金的时间价值

资金的时间价值是工程经济分析的重要基础,具体内容包括现金流量概念和现金流量图、资金的时间价值的计算、名义利率与实际利率、资金等值的计算方法。

2. 工程经济基本要素

对技术方案进行工程经济分析必须使用的基本要素包括：工程项目（方案）的投资与资金筹措、项目的成本（费用）、项目的收入与税费、项目利润，以及上述这些基本要素的估算方法。

3. 工程经济评价与方法

工程经济评价与方法集中讨论了工程项目（方案）的评价指标体系和方案比较的基本方法，具体内容包括工程项目经济评价指标（静态与动态方法）、工程项目方案经济评价方法、费用效益分析方法。

4. 价值工程原理

价值工程原理应用于对技术方案、工程项目的比较和优选中，能够取得明显的效果，在工程建设领域同样得到广泛应用。价值工程原理的具体内容包括价值工程基本概念、提高工程项目、技术方案价值的途径、工程项目价值分析程序与方法。

5. 设备更新经济分析

设备更新经济分析包括设备的磨损及其补偿、设备经济寿命、设备更新经济分析、不同设备更新方案的比较分析。

6. 工程项目可行性研究

工程项目可行性研究是工程项目投资前期的重要工作，可行性研究的工作质量直接影响到工程项目决策的科学性。可行性研究的具体内容有：国内工程项目建设程序、可行性研究的概念与分类、可行性研究的工作程序、可行性研究的依据、作用与内容、可行性研究报告、可行性研究中的市场研究和技术可行性分析。

7. 工程项目财务评价

工程项目财务评价是从项目投资人或企业的角度对项目的经济评价，具体内容包括：财务评价目的与内容、财务评价方法、财务评价基本步骤、项目财务预测、项目财务评价基本报表、项目财务评价指标体系。

8. 工程项目国民经济评价

工程项目国民经济评价是从国民经济全局的角度考查工程项目的经济合理性，该评价体现了社会资源最优配置和社会经济可持续发展的原则，具体内容包括国民经济评价的意义与内容、国民经济评价的费用与效益、国民经济评价的参数、影子价格、国民经济评价指标。

9. 工程项目不确定性分析

工程项目在实施期间存在着各种不确定因素，分析这些因素对项目的影响，无论是对项目的决策还是对项目的实施都意义重大。它的具体内容包括不确定性分析的概念与分类、盈亏平衡分析、敏感性分析、概率分析。

10. 公益性项目评价

公益性项目指以非盈利为出发点的投资项目,这类项目投资的目的是为社会公众创造福利与效益。公益性项目评价具有独特的方法,其具体内容包括公益性项目的概念与评价特点、公益性项目评价的理论基础、费用效益评价、费用效果评价、公益性项目方案的比较。

11. 工程项目后评价

工程项目后评价是项目建成、竣工投产后若干年,根据实际数据对整个项目实现原定目标的评价。它的具体内容包括工程项目后评价的概念与分类、项目后评价的现实意义、项目后评价基本程序、项目后评价的范围与内容和基本方法。

五、工程经济分析的一般程序

工程经济分析主要是对各种备选的技术方案、工程项目进行综合分析、计算、比较和评价,全面估算经济效益,预测面临的风险,以便做出最佳选择,为项目决策提供科学依据。其一般程序大致可以概括为 7 个步骤:①确定目标和评价标准②寻找关键因素③拟定备选方案④评价备选方案⑤方案决策⑥决策判断⑦已选方案的执行监控与评价。

1. 确定目标和评价标准

工程经济分析的第一步就是通过调查研究寻找经济环境中现在和潜在的需求,确立工作目标。任何一个技术方案都有经济目标,这个目标有的是实现技术目标的最小成本,有的是工程项目的投资收益,也有的是项目的投资回收期、项目的风险最小,还有的追求环境保护、社会效益明显等等。工程经济分析的目的在于寻求各方案之间优劣比较后的最优方案,其中方案比较是以项目经济目标为导向的评判。目标确定以后,才能谈得上技术可行性和经济合理性。

2. 寻找关键要素

关键要素就是实现目标的制约因素,确定关键要素是工程经济分析的重要一环。只有找出了主要矛盾,确定了系统的各种关键要素,才能集中力量,采取最有效的措施,为目标的实现提供方案。

3. 拟订备选方案

工程经济分析的重要内容是方案的比较。方案比较的前提是有足够的比较对象——备选方案。调查研究收集资料后,要对这些信息资料进行归类整理、鉴别筛选、研究分析,在对能够实现既定目标的各种途径进行充分挖掘的基础上,工程师和管理人员可以着手构思备选方案了。从理论上讲,穷举所有备选方案,对人们比较选择最为有利。但是,实践中由于人们投入的时间与资源都是有限的,很难做到这一点。通常,一个技术项目和工程项目,最好拟订 5~7 个方案,供人们比较与选择。如果遇到资料信息十分有限的情况,也应该拟订 2 个以上方案以供比较选择。

4. 评价备选方案

从工程技术角度提出的备选方案往往是技术上可行的,但在效果一定时,只有费用最低的方案才能成为最佳方案,这就需要对备选方案进行经济效果评价。

技术方案的经济评价分两步进行,首先需要考查各方案是否满足项目经济目标的评价标准,如内部收益率、投资回收期、净现值等的要求,这是一个合格性检验,考查所有备选方案必须达到的条件;其次就是要在通过第一步考察通过的方案中评价出最优方案。由于不同方案之间可能存在参数的差异,不好直接进行比较,这时可以通过将这些方案进行等同化,一般有时间等同化、效用等同化、价格等同化等。

5. 方案决策

方案决策就是在若干方案中选择确定最优方案。方案决策对工程项目的实施效果有着决定性的影响。方案决策的出发点是获得最优方案,而实际工作中,人们得到的最优方案是从备选方案中选择得出的优胜方案。

6. 决策判断

若第五步得到的最优方案是满意结果,那么可以直接实施方案;若得到的结果不够满意,那么就必须向上返回第三步,重新建立备选方案之后再进行方案的比选与决策。

7. 已选方案的执行监控与评价

得出满意的最优方案之后,就可以将方案进行实施了工程经济分析的一般程序如图 1-1 所示。

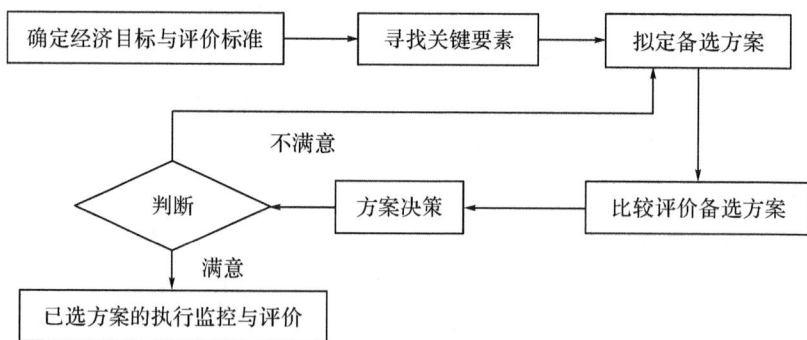

图 1-1 工程经济分析的一般程序

第二节 工程经济学的基本原理

工程经济活动更加侧重于科学知识的实用。科学家的作用是发现宇宙间各种自然现象的规律,丰富人类的知识宝库。而工程技术人员的作用是把这些知识用于特定的系统,最有效地为社会提供商品和劳务。对于从事工程经济活动的工程师来说,掌握知识本身并不是目的,知识只是构建各种运动系统时所需要素中的一种,关键是要在解决特定问题时把知识、能力和物质手段有效地融为一个有机整体来更好地满足人们的需求。

一、工程经济分析的目的

工程经济学是研究项目在技术和管理上取得最佳经济效果的一门科学。因此,取得最佳的经济效果是工程经济学的"目的",而设法达到这一"目的"的最有效的技术经济分析方法和现代化管理方法,则是工程经济学的"手段"。从实践的角度说,目的与手段是紧密相关、不可分开的,只有明确了工程的经济目的,才能合理选用达到此目的的有效手段。

(1)在资源限定条件下,选择实现工程项目(技术方案)目标的最优方案。

(2)在各方案使用资源相等条件下,选择投资收益最佳的工程项目(技术方案)。

(3)更好地预见工程项目(技术方案)将面临的风险。

(4)选择企业经济效益、国民经济效益和社会效益都可行的工程投资项目。

(5)应用上述分析结果,指导将要实施或正在实施的工程项目(技术方案)。

(6)提高工程项目经济决策的科学性。

(7)总结已经建成并投入运行后的工程项目(技术方案)的成功经验和失败教训,为日后新的工程项目(技术方案)决策提供可借鉴的素材。

二、工程经济学的理论基础

工程经济学的理论基础包括经济学、财务学会计学、数学和管理学四方面。

1. 经济学

有关的经济学理论有资源配置理论、机会成本理论、经济效益理论。经济学是研究如何分配有限的资源来满足人们的需要的科学。人类拥有的资源(人、财、物、时间、信息等)总是有限的,而人们对物质文化产品的需求是无限的。怎样用有限的资源去满足人们日益增长的需要始终是经济学研究的中心课题。对一个企业或组织而言,在特定的时期内,能够使用的资源是有限的,要进行一项技术改造,引进一种先进工艺及其设备,改建扩建某一生产项目,都是在资源限制的范围内开展的。如何配置资金,存在对技术方案的比较选择问题,也存在对不同投资方向方案的比较问题,所有这些都说明资源的稀缺迫使我们节约。我们需要衡量各种备选方案并选择那种能使我们从有限的资源中获得最大的报酬的具体分配方案。

经济学实际上同选择问题有关——少量的资源与我们的需求相比,迫使我们做出决策。由于我们做出选择,就得做出牺牲。如一个员工决定星期六加班,就没有了闲暇时间,就不能观看足球比赛或陪家人出去游玩;当农民在地上播种小麦,他是准备在收获时少收油菜仔;政府用财政资金修建污水处理厂,当年就不能从事道路、医院建设;企业用积累的发展基金购买新设备,也就不能购买土地进行厂房扩建等等。在各行各业中,有了"这个"意味着失去"那个",这就是"机会成本"的思想。所谓机会成本(Opportunity Cost)又称"择机代价",指在经营决策中,以未被选择方案所带来的丧失的利益为尺度,来评价被选择方案的一种假定性成本。采纳某一方案的机会成本,就是被放弃方案所牺牲的利益。我们进行工程经济分析中强调的节约,并不就是完全放弃一个项目而投资另一个项目,而是决定是否这个多一点,那个少一点,即在同等技术水平使用效用下投资少一点,或同等投资规模下收益多一点。

经济效益指人们在经济活动中获得的经济成果与资源消耗总量的比较。有的学者认为经济效益是所得与所耗的比较,投入与产出的比较,有效成果与消耗总量的比较。经济效益的常用表示方法有三种:

(1)比率表示法

$$经济效益 = 成果/消耗$$

该指标表示投入单位资源获得的有效成果,如每万元固定资产创造的年销售收入、每吨标准煤生产的产值。有时它也以消耗性指标表示,如每万元国民生产总值消耗的能源。

$$经济效益 = 消耗/成果$$

(2)差额表示法

$$经济效益 = 成果 - 消耗$$

该指标表示经济活动的成果在补偿全部消耗后的剩余,如利润、净收益。

(3)差额比率表示法

$$经济效益 = 利润/消耗$$

或

$$经济效益 = (成果 - 消耗)/消耗$$

该指标表示经济活动的成果在补偿全部消耗后的剩余与投入资源的相对关系,反映资源的利用效率。如投资利润率、资本金利润率。

2. 财务学会计学

有关的财务学会计学理论有资金时间价值、财务报表、长期投资分析。资金的时间价值指一笔货币作为资金,在循环周转过程中,随时间向前(向后)推移产生的增值(或减值)。资金的时间价值是资金运动的基本规律,社会的生产过程也就是资金运动过程。资金作为一种重要生产要素,理应从生产经营过程所创造的新的财富中取得回报,这就是资金增值的由来。在各种技术方案、技术项目、工程项目中,资金投入的数量不同,资金投入的时间不同,资金占用的时间不同,资金增值必然不同。因此,在评价技术方案的投资效益时,若各方案投入资金与产出效益在数量上相同,而投入资金的时间不同或产出效益的时间不同,则各方案的经济效益是不同的。要正确地评价技术方案的经济效益,就必须计算资金的时间价值。资金时间价值理论为工程经济分析奠定了基础。

工程经济分析需要运用财务报表,如现金流量表、投资估算表、成本费用估算表、资产负债表等,会计学的理论与方法是进行技术项目、工程项目财务评价与国民经济评价的必备知识。没有这些理论与方法,项目可行性研究的经济评价将无法完成。

资本预算决策、现金流量分析技术、资本预算的风险分析等长期投资决策理论也为工程经济分析提供了理论基础。因为有的技术方案、工程项目的实施就是一个长期投资的过程,系统地分析它们的经济效益是本课程的重要内容之一。

3. 数学

有关的数学理论与方法有代数方法、概率理论。工程经济分析中数量化的方法是主要的分析手段。代数方法的应用必不可少,如资金的时间价值计算、各方案的经济效益计算等。此外,对项目进行不确定性分析、风险分析时还需要概率论的方法。因此,数学理论也是工程经济学的重要理论基础。

4. 管理学

有关的管理学理论有决策理论、方案比较法、计划与预测理论。

如上所述,工程经济分析的目的是为企业、事业和政府部门工作中的每一工程项目(技术方案)的行动路线提供一种指导。决策是从思维到做出决定的过程。工程经济分析正是这一过程。通过工程经济分析,帮助上述组织的工程技术人员、管理人员提高决策科学性。管理学的决策理论无疑是本课程的理论基础。决策理论的创始人埃伯特·西蒙(Herbert A. Simon)教授指出"管理的重心在于经营,经营的重心在于决策,决策的重心在于方案的比较与选优。"这说明了决策在企业和社会经济活动中的重要性,也强调了方案比较对正确决策是至关重要的。同时,埃伯特·西蒙教授提出的"令人满意的准则"的决策原则,是我们进行方案决策的指导原则。

工程经济学为人们进行经济决策提供分析方法,这些方法也包括了方案比较法。如何进行技术方案的比较,什么样的方案才能相互比较(具备可比性),哪些方案不具备可比性,以及怎样将不可比的方案转化为可比方案,这里涉及到技术方案比较分析的可比性原理。所谓可比性原理是指多个技术方案进行经济比较时必须具备的可比性条件。这些条件包括:

(1)满足需要的可比性。各个技术方案必须满足相同的需要,即各方案实现后具有相同的功能,都生产相同产品,产能相等,产品质量、品位相同,才具有满足需要的可比性。否则,必须进行换算处理,才能对各方案的经济效益进行比较。

(2)价格的可比性。各个技术方案的投入与产出值的计算价格必须是统一的价格。如都采用现行价格、都采用国内市场价格或国际市场价格、都采用影子价格计算投资与收益,才具备价格的可比性。

(3)时间的可比性。它指各个技术方案经济效益的计算周期相同和计算基准时间相同。技术方案的计算周期又称服务年限,不同年限的方案提供的效用不同,不能进行直接比较,必须换算成相同年限后才能比较它们的经济效益。如计算期不同的互斥方案的评价,就必须进行换算处理。资金的时间价值说明不同时刻的相等货币有不同的价值,因此,各技术方案的经济效益也只有换算为同一时刻的价值,才能进行直接比较。否则,各方案经济效益的比较结果缺乏科学性。

(4)消耗费用的可比性。它主要指在计算各方案消耗费用时,计算口径必须一致。如各方案都计算直接投资与间接投资,都考虑设备的购置费用和运行费用等。

计划是对未来行动方案的说明。一个技术方案、工程投资方案的实施离不开周密的计划,工程经济分析也是建立在技术项目计划的基础之上的,如分析要素中项目收益就是项目计划营运期内收入的财务估算。因此,管理学的计划与预测的理论同样是工程经济分析的基础。任何技术方案、工程项目的比较,都是建立在对各方案未来可能的投资和收益的基础上的,所谓项目财务分析也是针对项目实施后的营运状况,进行预测后的财务效果的估计分析,具有典型的前瞻性。可见,计划与预测的方法也就贯穿于工程经济分析中了。

三、工程经济学与其他相关学科的关系

1. 工程经济学与微观经济学

工程经济学是微观经济学的重要应用领域。工程经济学研究单个企业单个项目的经济活动,它研究问题的出发点、分析方法和主要内容都写微观经济学一脉相承。例如,资源的稀缺性和资源的最佳配置,不仅是微观经济学研究问题的出发点,同样是工程经济学分析问题的依据和追求的目标。微观经济学中的要素的投入、成本、收益、利润、商品价格、供给与需求等都是工程经济学分析工程项目的工具;微观经济学要研究的"生产什么? 如何生产?"等问题,正是工程经济学所要回

答的问题。由此可见,微观经济学是工程经济学的理论基础,而工程经济学则是微观经济学的具体化和延伸。

2. 工程经济学与技术经济学

技术经济学是研究技术与经济的关系及其发展规律的学科,它的研究内容包括技术实践的经济效益;技术进步、技术创新对经济增长的作用;技术与经济的相互促进、协调发展。工程经济学与技术经济学既有共同点又有不同点。两者的共性表现为:

(1)两者都是一门介于技术科学与经济科学之间的交叉学科。

(2)两者都要研究技术方案、技术项目的经济效益。

(3)在评价具体项目时,两者都采用方案比较法和复利计算方法,选择最优方案。

(4)两者也是研究技术与经济相互关系及其对立统一关系的科学,都在寻求技术先进与经济合理的最佳结合。

工程经济学与技术经济学的主要区别表现为:

(1)范围不同。工程经济学研究的范围涉及到技术方案和技术措施,也可以涉及工程项目问题;而技术经济学的研究对象不仅包括上述技术问题,还有各种不同的技术政策、技术进步,其对象范围比工程经济学更宽。

(2)研究层面不同。工程经济学研究单个技术方案、工程项目的经济效益与社会效益,即主要研究微观层面的问题;技术经济学除研究微观层面问题外,还要研究技术经济政策,即规定国民经济及各部门技术发展和经济活动方向的准则和措施。其中,技术政策规定技术发展的方向、重点和途径,即确定要发展哪些新技术和怎样发展这些新技术,要限制、禁止或淘汰哪些落后技术。可见,技术经济学既要研究微观层面又要研究宏观层面的问题。

(3)工程经济学属于方法论科学,它的内容主要包括货币时间价值及其分析方法、多方案比较方法、费用效益分析法、价值分析,风险分析方法等。与技术经济学比较,工程经济学没有新的分支。技术经济学除这些基本方法外,还有许多应用分支,如工业技术经济学、农业技术经济学、运输技术经济学、能源技术经济学、建筑技术经济学、食品技术经济学、纺织技术经济学、冶金技术经济学等。

3. 工程经济学与项目评估学

项目评估学是针对投资项目的全面全过程评估。以项目生命周期的视角,分为项目前评估、项目中间评价和项目后评价。项目前评估指在可行性研究的基础上,根据国家有关部门颁布的政策、法规、方法、参数和条例等,分别从项目(或企业)、国民经济、社会角度出发,由贷款银行或有关机构对拟建投资项目建设的必要性、建设条件、生产条件、产品市场需求、工程技术、财务效益、经济效益和社会效益等进行全面的评价分析论证。项目后评价是对已经完成的项目(通常是建成后运行几年后的项目)进行的系统评价,检查项目实现原定目标的程度、项目产生的效益、发挥的作用、形成的影响,分析项目执行过程的成败。通过后评价,总结经验教训,并及时反馈信息,为新项目决策提出建议,同时也为完成项目的后期运营提出改进建议。项目中间评价指对正在建设尚未完工的项目进行的评价,主要评价项目决策、规划方案和已实施的部分,看其是否达到原定设想,发现问题并分析产生的原因,重新估计项目目标能否实现,并采取有效措施与对策,帮助项目目标的实现,确实不具备条件的项目可以及时终止,避免更大的损失。

工程经济学是对工程技术问题进行经济分析的系统理论与方法。从学科性质上看,工程经济学则属于方法论科学,主要偏重于经济分析方法,虽然也涉及到工程项目评价,但对项目的社会评价、管理评价内容涉及相对较少。

4. 工程经济学与财务管理学

财务管理学研究企业货币资源的获得和管理,即研究企业对资金的筹集、计划、使用、分配以及与以上财务活动有关的企业财务关系。财务管理的内容有长期投资决策、筹资决策、资本运营管理与财务分析与预测。

尽管都应用资金的时间价值进行分析、研究投资决策,也应用了财务报表进行项目财务预测与评价,工程经济学与财务管理学在研究方向上有较大的区别。工程经济学主要针对工程技术方案、工程项目进行经济分析与决策,而不针对非工程技术项目的方案分析与决策;财务管理学不但对技术项目、工程投资项目,而且还对企业经营项目(对外投资与融资等)进行分析与决策,还要对企业资本结构、股息策略进行决策。财务管理学是从企业财务角度参与企业经营决策。可见,它的研究范围比工程经济学更宽。

第三节　工程经济学的特点与研究方法

一、工程经济学的特点

工程经济学是工程技术和经济相结合的交叉学科。因此,它具有边缘学科的特点,即具有实践性、综合性、系统性的特征。工程经济学必须以自然规律为基础,但不同于技术科学研究自然规律本身,又不同于其他经济科学研究经济规律本身,而是以经济科学作为理论指导和方法论。显然,工程经济学的任务不是创造和发明新技术,而是对成熟的技术和新技术的选用进行分析、比较和评价,从经济的角度检查技术方案的合理性,为决策提供依据。工程经济学也不去研究技术发展的规律性,它是在尊重客观规律的前提下,对工程方案的经济效益进行分析和评价。

工程经济学具有以下四个特点。

1. 工程经济学是一门应用经济学

工程经济学以微观经济学为基础,应用管理经济学方法、费用效益分析方法和可行性研究方法等对工程技术方案进行比较分析,为工程项目的决策服务。工程经济学形成了微观经济理论的又一应用领域,为人们开展技术实践活动提供了一种系统的经济分析方法。同时,也丰富了应用经济学的理论体系。

2. 工程经济学是一门自然科学与社会科学密切相关的边缘科学

工程经济学将经济学理论与工程技术相结合,讨论与研究工程技术方案的经济效益,从而帮助人们评价技术方案、技术改造措施、工程投资方案的经济可行性,帮助决策者筛选和确定最优方案。可见,自然科学(工程技术)是工程经济学的基础,社会科学(经济学)是工程经济学的分析方法,两者有机地结合,才能帮助人们做出科学的决策,确保企业或政府组织实施的每一个工程项目能够发挥应有的经济效益,使有限的财力资源得到最优配置。

3. 工程经济学具有很强的实践性

工程经济学是一门与社会生产实践、经济建设有着直接联系的学科。无论是企业的设备更新、技术改造、技术方案与施工方案的应用、投资兴建生产项目,还是各地政府兴建公共项目、投资城乡基础设施,总是伴随着资源的使用或资金的投入,这就存在技术方案或项目投资的决策问题。能够帮助人们做出正确决策的重要方法就是工程经济分析的方法。如果所有的工程技术人员既懂技术又懂经济,在日常的工作中就能做出更大的贡献。工程经济学确实能够帮助工程师提高经济分析的能力。

4. 工程经济学不是纯定量分析的学科

尽管工程经济学以财务分析、效益分析的定量分析为主,但仍然包括了定性分析的内容。工程经济分析要求有一套系统全面的研究方法,而这种分析方法必须具有定性与定量相结合的特点。随着自然科学与社会科学的交叉与融合,系统科学、数学、计算机技术已进入工程经济和管理决策领域,使过去只能定性分析的因素,现在可以定量化分析。但是,工程项目评价仍存在大量无法定量化的因素,如项目可行性研究中的资源评价、建设规模与产品方案、实施进度等;在国民经济评价中考虑技术性外部效果,当不能定量计算时,也要做出定性的评价。又如,大型建设项目对区域经济与社会的影响存在大量无形效果和非经济效果,只能进行定性分析。因此,在工程经济分析中必须注意定性与定量分析的结合应用。

二、工程经济学的研究方法

工程经济学以工程技术为背景,将经济学、财务学的理论相融合,形成了独特的理论知识体系,去解决工程技术实践中大量出现的技术方案的决策问题。它所具有的重要现实意义要求人们掌握好工程经济分析的理论与方法。要想掌握它的理论知识,需要了解工程经济学的研究方法。

1. 方案比较方法

方案比较方法是贯穿于工程经济分析始终的基本方法。任何一项技术项目,如技术开发项目、工艺改进项目、设备更新项目或技术改造项目,都存在替代方案;企业要实现技术进步的目的,总有不同的技术路径、技术措施;工程项目投资也有不同的生产方案。因此,通过方案比较与选择,才能找到最优解决办法,提高项目决策的科学性。

2. 动态分析方法

工程经济学要运用动态分析方法,主要包括两个方面的内容:一是必须考虑工程项目使用资金的时间价值;二是要考虑工程技术项目奉身的发展变化过程,即要考虑到项目发展过程中环境条件的变化。前者是强调评价技术方案的投入资金与产出的收益必须用复利计算,才能真实地反映技术方案的效益价值。因此,经济分析中,投入与产出的动态计算是主要内容。后者是指在对工程项目进行分析时,往往要借助已有的经验对技术方案、工程投资项目进行动态分析,不仅考查现在市场环境价格条件下项目的经济效益,而且要针对未来市场环境价格的变化预测工程项目的效益和可能面临的风险,从而帮助人们做出科学的工程项目投资决策。所以,动态的分析方法也是工程经济学研究的最基本方法。

3. 定性与定量相结合的方法

工程经济学既要运用定量方法进行工程项目的经济评价、项目不确定性分析、项目财务评价与国民经济评价、设备更新的经济分析等,又要运用定性方法对项目后评价、项目可行性研究中的资源评价、建设规模与产品方案、实施进度、无形效果等非经济效果内容进行分析研究。由此可见,定性分析与定量分析是工程经济学不可缺少的两种工具。学习本课程,必须学会运用这两种工具,才能提高工程经济分析和进行工程技术方案决策的能力。

4. 系统分析方法

系统分析法是运用系统理论来研究工程经济问题的方法。系统理论是研究系统的模式、原则、规律及其功能的科学。所谓系统是由一些相互联系、相互作用的要素或工作单元(又称子系统)组成的集合。作为一个整体来看,系统同其组成一子系统或分系统在性质上有所不同,不能简单地将其看成它所包含的各个子系统的总和。系统具有目的性、开放性、相互关联性、动态性、总系统的功能大于子系统功能之和等特点。

系统分析法应用于工程经济分析中,要求我们首先树立整体观念,即把一个技术项目、工程项目看成一个独立、完整的系统,它由许多子系统组成,各个子系统之间相互独立又相互关系。这同工程项目由许多子项目组成一样,如一项企业技术改造项目,包含了若干子项目、生产工艺、机械设备、控制系统、测试检验、车间布置、土建工程等等。各子项目有各自的使用功能,所有子项目使用功能的聚合才能成为技术改造后的生产系统。工程经济的整体观促使人们建立全局意识,把各个局部工作、子项目的工作视为实现技术改造项目总目标的手段或过程。其次,要将技术项目、工程项目系统视为一个开放的系统,明了它与外界——社会环境的密切关系。项目的外部社会环境给项目提供技术资源、物质资源、劳动力资源、信息资源等。只有重视项目组织与社会环境之间物质、能量、信息的交换,才能保障工程项目系统具有活力,在资源有限的约束条件下,更好地实现项目目标。再次,在评价一个技术项目、工程项目时,不但要分析项目本身的投资效益,而且要评价它产生的社会效益,考查它对生态环境的影响,从而实现技术项目与人文社会自然环境的和谐发展。特大型建设项目对区域和宏观经济影响的评价就必须采用系统分析方法,才能得出科学的结论。此外,工程项目的可行性研究和工程项目的后评价也都是系统分析法的体现,由此可见,系统分析法是研究工程经济问题不可缺少的方法。

复习思考题

1. 工程经济学中经济的涵义是什么?
2. 工程技术与经济的关系是什么?
3. 工程经济学的研究对象是什么?
4. 工程经济分析的基本程序包括哪些?
5. 工程经济学的理论基础有哪些方面?
6. 工程经济学的研究方法有哪些?
7. 工程经济学与其他相关学科的关系。
8. 工程经济分析的重要现实意义何在?

第二章　现金流量构成与资金等值计算

本章知识点梳理

1. 现金流量图的三要素：现金流量的大小、方向与时点

2. 资金时间价值：资金在用于生产、流通过程中，将随时间的推移而不断发生的增值。增值的是指是劳动者在生产过程中所创造的新价值。

3. 常用的资金时间价值公式。

公式名称	求	已知	系数名称	标准代号	代数式	计算公式
一次支付终值公式	F	P	终值系数	$(F/P,i,n)$	$(1+i)^n$	$F=P(F/P,i,n)$
一次支付现值公式	P	F	现值系数	$(P/F,i,n)$	$(1+i)^{-n}$	$P=F(P/F,i,n)$
等额年金终值公式	F	A	年金终值系数	$(F/A,i,n)$	$\dfrac{(1+i)^n-1}{i}$	$F=A(F/A,i,n)$
等额存储偿债基金公式	F	A	偿债资金系数	$(A/F,i,n)$	$\dfrac{i}{(1+i)n-1}$	$A=F(A/F,i,n)$
等额资金回收公式	A	P	资金回收系数	$(A/F,i,n)$	$\dfrac{i(1+i)^n}{(1+i)^n-1}$	$A=P(A/P,i,n)$
等额年金现值公式	P	A	年金现值系数	$(P/A,i,n)$	$\dfrac{(1+i)^n-1}{i(1+i)^n}$	$P=A(P/A,i,n)$

第一节　现金流量

一、现金流量概念

确定投资项目寿命期内各年的现金流量，是项目经济评价的基础工作。在项目经济评价中，该项目所有的支出现金统称为现金流出，所有的流入现金称为现金流入。我们将投资项目看作一个系统，项目系统中的现金流入量（正现金流量）和

现金流出量(负现金流量),称之为现金流量。每年实际发生的流出和流入系统的资金代数和,叫做净现金流量。

现金流量的内涵和构成随经济评价的范围和方法的不同而不同。在对工程项目进行财务评价时,使用从项目角度出发,按现行财税制度和市场价格确定的财务现金流量,有关现金流量的构成详见第七章有关表格。在对工程项目进行国民经济评价时,使用从国民经济角度出发,按资源优化配置原则和影子价格确定费用效益现金流量,有关现金流量构成详见第八章有关表格

二、现金流量图

在经济评价中,为了考察各种投资项目在其整个寿命期内的各个时间点上所发生的收入和支出,并分析计算它们的经济效果,可以利用现金流量图。所谓现金流量图,就是把时间标在横轴上,现金收支量标在纵轴上,即可形象地表示现金收支与时间的关系,这种图就称为现金流量图(如图 2-1 所示)。

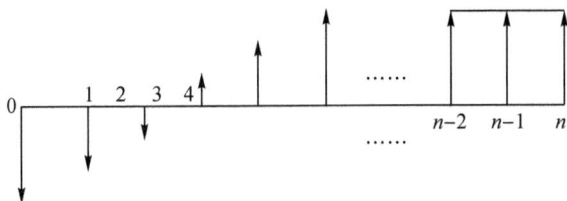

图 2-1　现金流量图

图中相对于时间坐标的垂直线代表不同时间点的现金流量情况,箭头向上表示现金流入(正现金流),箭头向下表示现金流出(负现金流)。垂线的长度与金额成正比,金额越大,其垂线长度越长。时间单位可以取年、半年、季或月等,在分段点所定的时间通常表示是该时间点末,同时也表示是下一个时间点的初。如第 1 年年末即为第 2 年年初。

第二节　资金时间价值

一、资金的时间价值

资金的时间价值,是指资金在用于生产、流通过程中,将随时间的推移而不断发生的增值。增值的实质是劳动者在生产过程中所创造的新价值。劳动价值学说是资金具有时间价值的理论基础。社会再生产过程分析中,把资金的循环公式表示为:

$$G-W\cdots P\cdots W'-G'$$

这个公式说明资金在生产流通过程中是增值的,但资金的"增值"必须依附生产流通过程。资金增值的来源是由生产力三要素——劳动者、劳动工具、劳动对象有机结合后,实现了生产和再生产,劳动者在生产过程中创造了新价值,而无论实现简单再生产或扩大再生产,生产力三要素都必须有其存在的时间与空间才能发挥作用,即劳动创造价值必须通过一个时间过程才能实现。所以当劳动创造的价值用货币表现,从时间因素上去考察它的动态变化时,我们可以把它看作是资金的时间价值。银行的贷款需支付利息,是时间价值的体现。把资金投入生产或流通领域都能产生利润和利息,这种利润和利息就是货币形态的资金带来的时间价值。

资金时间价值的衡量尺度有两个,一是利息、利润或收益等绝对尺度,反映了资金投入后在一定时期内产生的增值;另一个是利率、利润率或收益率等相对尺度,它们分别是一定时期内的利息、利润或收益与投入资金的比例,反映了资金随时间变化的增值率或报酬率。

二、基本概念

1. 利息和利率

所谓利息,广义的理解是,借款人因占用借入的资金而向贷款人所支付的报酬。利息体现着资金的盈利能力,是对贷方管理费用的支付和对贷方承担的风险与因贷出资金而失去的使用机会所支付的补偿费用;也是借方为获得某些投资机会所付出的代价,否则,借方将会因缺少资金而失去投资盈利机会。因此可以说,利息也是等待的酬金。

利率是在一定时间内,所获利息与本金之比。利率实质上是资金预期达到的生产率的一种度量。利率通常由国家根据国民经济发展状况统一制定,同时利率作为一种经济杠杆可对资金进行宏观调控。

2. 单利与复利

利息的计算,分单利和复利两种。单利就是只按本金计算利息,而利息不再计息。而复利就是不仅本金计息,而且利息也计息,即每一计息期的利息额均是以上一个计息期的本利和作为计息基础,就是平常所说的"利滚利"。我国一般采用单利(按月利率计算),而国际上都采取复利(按年利率计算)。我国在技术经济分析中也按复利计算。另外,复利还有间断复利和连续复利之分。前者以间断期作计息期,后者以瞬时作计息用期从资金时间价值看,资金随生产、流通领域运动,时刻都在创造新的价值,因而理论上采用连续复利法更切合资金的运动现状,但实际上,为便于计算,一般都用间断复利法。单利和复利的计算公式如下:

$$F=P(1+n\cdot i) \tag{2-1}$$

$$F = P(1+i)^n \qquad (2\text{-}2)$$

式中：F 为本利和；P 为本金；i 为利率；n 为计息的次数。

3. 名义利率和有效利率

当计息周期与付息周期不一致时，如按付息周期来换算利率，则有名义利率与有效利率之区别。在复利计算中，一般采用年利率。而年利率的计息周期可以等于一年也可能短于一年。若利率为年利率，实际计息周期也是一年，这时年利率就是有效利率；若利率为年利率而实际计息周期小于一年，如按每季、每月或每半年计息一次，则这种利率就为名义利率。名义利率可以定义为：

名义利率＝周期利率×每年的计息周期数

若名义利率为 r，在一年内计算利息 m 次，则实际利率 i 为：

$$i = \frac{P(1+\frac{r}{m})^m - P}{P} = (1+\frac{r}{m})^m - 1 \qquad (2\text{-}3)$$

由上式可知，当 $m=1$，即付息周期与计息周期相同时，则 $i=r$，即实际利率与名义利率相等。当 $m>1$，即付息周期中计息次数大于 1 时，则 $i>r$，即实际利率将大于名义利率。而且 m 越大，二者相差也越大。在经济评价中，均按实际利率计算。

[例 2-1] 国外两个银行可以提供贷款，甲银行年利率为 18%，一年计息一次，乙银行年利率为 17%，一月计息一次，问哪个银行有效利率低？

解：甲银行的有效利率与名义利率相等，都是 18%。

乙银行的有效利率为：

$$i = (1+\frac{0.17}{12})^{12} - 1 = 18.389\%$$

故甲银行的有效利率低。

若已知年有效和年计息次数，则名义利率为：

$$r = m[\sqrt[m]{1+i} - 1] \qquad (2\text{-}4)$$

当一年之内的计息次数 m 趋于无穷大时，这种计息公式就成为连续复利公式。连续复利的实际利率为

$$i = \lim_{m \to \infty}[(1+\frac{r}{m})^m - 1] = e^r - 1 \qquad (2\text{-}5)$$

4. 资金等值

资金等值是指在不同时间点上绝对值不同的资金可能具有相等的价值。例如今年 1000 元的资金在年利率为 10% 的条件下，与明年 1100 元的资金具有相等的价值。资金等值的三要素是：①资金额；②计息期数；③利率。

5. 资金的现值、将来值

利用资金等值的概念，可以把在不同时点发生的金额换算成同一时点的金额，

然后进行比较。把将来某一时点的金额换算成与现在时点等值的金额,这一核算过程叫"贴现"(或折现),其换算结果叫"现值"。将来值是指与现值等值的某一未来时期的资金价值,将来值也可以称为本利和或终值。

三、资金时间价值的等值计算式

计算资金时间价值即资金等值的计算公式,就是复利计算利息的公式。下面我们介绍不同支付方式的资金时间价值计算公式。

1. 一次支付终值公式

一次支付终值公式是已知现值 P、利率 i,求 n 期末的未来值,即 n 期末的本利和公式。其公式为:

$$F=P(1+i)^n \tag{2-6}$$

式中:$(1+i)^n$——称为"终值系数",可简写为 $(F/P, i, n)$,可查复利表。

[例 2-2] 某公司向银行贷款 50 万元,年利率为 11%,贷款期限为 2 年,到第 2 年末一次偿清,应付本利和多少元?

解:已知 $P=50$ 万元,$i=15\%$,$n=2$ 年。
$$F=P(1+i)^n$$
$$=50\times(1+11\%)^2=61.605(万元)$$

2. 一次支付现值公式

一次支付现值公式是已知未来值 F 及利率 i,求其之前 n 期的现值 P。为了对项目和方案进行评价、比较,需要将项目、方案发生于不同期的效益、费用进行"折现",最后以现值之和的大小来进行评价。其公式为:

$$P=F(1+i)^{-n} \tag{2-7}$$

式中:$(1+i)^{-n}$ 称为"现值系数",可简写为 $(P/F, i, n)$,该系数也可从复利系数表中查得。

[例 2-3] 某公司二年后拟从银行取出 50 万元,现应存入多少元钱?假定银行存款利率为年息 8%。

解:已知 $F=50$ 万元,$n=2$ 年,$i=8\%$
$$P=F(1+i)^{-n}$$
$$=50\times(1+8\%)^{-2}=42.867(万元)$$

3. 多次支付序列等值计算公式

所谓多次支付序列公式,是指在 n 期内,每期均发生有现金流的等值计算方法。若 n 期内每期所发生的现金流均为等额数值,则称之为多次支付等额序列。这是多次支付序列的特例,在实践中也常用到。

多次支付序列的等值计算,可换算成现值,也可换算成将来值,前者应用的多。

现将序列现金流换算成现值的计算式表示如下：

$$P = A_1(1+i)^{-1} + A_2(1+i)^{-2} + \cdots + A_n(1+i)^{-n}$$

$$= \sum_{k=1}^{n} A_k(1+i)^{-k} = \sum_{k=1}^{n} A_k(P/F, i, k) \tag{2-8}$$

式中：A_k——n 期内 k 期期末所发生的现金流。

多次支付序列的等值计算，亦可换算成将来值，其换算成将来值的计算式表示如下：

$$F = A_1(1+i)^{n-1} + A_2(1+i)^{n-2} + \cdots + A_n(1+i)^{n-n}$$

$$= \sum_{k=1}^{n} A_k(1+i)^{n-k} = \sum_{k=1}^{n} A_k(F/P, i, n-k) \tag{2-9}$$

当序列现金流 A_k 的数值具有等额、等差及等比的特征时，则上述等值的换算可以简化，并可利用一定公式来进行计算。

(1)多次支付等额序列公式

①等额序列现值公式

按照等额序列现金流的特征，即 $A_k = A =$ 常数，将此常数代入公式(2-8)中，即得

$$P = A\sum_{k=1}^{n}(1+i)^{-k}$$

即

$$P = A\left[\frac{1}{(1+i)} + \frac{1}{(1+i)^2} + \cdots + \frac{1}{(1+i)^n}\right] \qquad ①$$

将 ① 式两端同乘以 $(1+i)$ 得：

$$P(1+i) = A\left[1 + \frac{1}{(1+i)} + \frac{1}{(1+i)^2} + \cdots + \frac{1}{(1+i)^{n-1}}\right] \qquad ②$$

式 ②－① 得

$$P \cdot i = A\left[1 - \frac{1}{(1+i)^n}\right]$$

即

$$P = A\left[\frac{(1+i)^n - 1}{i(1+i)^n}\right] = A(P/A, i, n) \tag{2-10}$$

式中：$(P/A, i, n)$ 为等额序列现值系数(年金现值系数)，已知 A, i, n 可求 P 的系数，可查复利表得到。

[例 2-4] 某公司拟投资一个项目，预计建成后每年能获利 10 万元，若想在 3 年内收回全部贷款的本利和(贷款年利率为 11%)，则该项目总投资应控制在多少万元的范围内？

解：$P = A\left[\dfrac{(1+i)^n - 1}{i(1+i)^n}\right] = 10 \times \left[\dfrac{(1+11\%)^3 - 1}{11\% \times (1+11\%)^3}\right] = 24.44(万元)$

②等额序列终值公式

根据公式(2-6)：

$$F=P(1+i)^n$$

将公式(2-10)代入上式得：

$$F=A\left[\frac{(1+i)^n-1}{i}\right]=A(F/A,i,n) \tag{2-11}$$

式中：$(F/A,i,n)$为等额序列终值系数(年金终值系数)，已知A,i,n可求F的系数，可查表得到。

[例2-5] 如果从一月开始每月月末储蓄50元，月利率为8‰，求年末本利和。

解：已知$A=50$元，$i=8‰$，$n=12$月。

$$F=A\left[\frac{(1+i)^n-1}{i}\right]=50\times\frac{(1+8‰)^{12}-1}{8‰}$$
$$=50\times12.542=627.12 \text{元}$$

③等额序列资金回收公式

资金回收公式是等额序列现值公式的逆运算。根据公式(2-10)其计算式如下：

$$A=P\left[\frac{i(1+i)^n}{(1+i)^n-1}\right]=P(A/P,i,n) \tag{2-12}$$

式中：$(A/P,i,n)$为资金回收系数，已知P,i,n可求A的系数。该系数是可以复利系数表中查得。

[例2-6] 若现在投资100万元，预计年利率为10%，分5年等额回收，每年可回收多少资金？

解：已知$P=100$，$i=10\%$，$n=5$。

$$A=P\left[\frac{i(1+i)^n}{(1-i)^n-1}\right]=100\times\left[\frac{10\%(1+10\%)^5}{(1+10\%)^5-1}\right]$$
$$=26.38 \text{万元}$$

④等额序列偿债基金公式

偿债基金公式是等额序列终值公式的逆运算，根据(2-11)公式，其计算式如下：

$$A=F\left[\frac{i}{(1+i)^n-1}\right]=F(A/F,i,n) \tag{2-13}$$

式中：$(A/F,i,n)$为偿债基金系数。已知F,i,n可求得A的系数，该系数可从复利表中查得。

[例2-7] 某公司第5年末应偿还一笔20万元的债务，设年利率为8%，那么该公司每年年末应向银行存入多少钱，才能使其本利和在第5年末正好偿清这笔债务？

解:已知 $F=20$ 万元,$i=8\%$,$n=5$。

$$A = F\left[\frac{i}{(1+i)^n-1}\right] = 20 \times \frac{8\%}{(1+8\%)^5-1}$$

$$= 20 \times 0.1705 = 3.41(万元)$$

以上介绍的六个公式为技术经济分析中最基本的公式,每个公式都包含有一个计算系数,它们之间存在下列关系:

①例数关系(如图 2-2 所示)

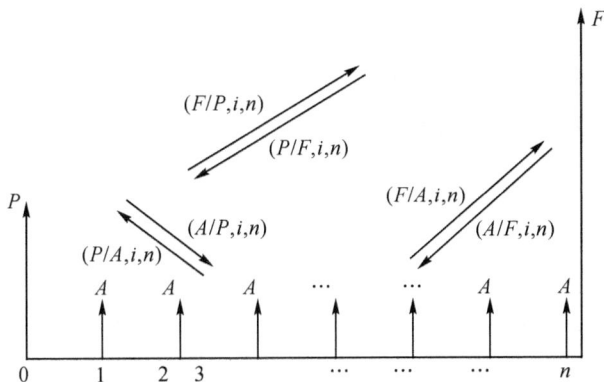

图 2-2 P,A,F 关系图

$$(F/P,i,n) = \frac{1}{(P/F,i,n)}$$

$$(A/P,i,n) = \frac{1}{(P/A,i,n)}$$

$$(A/F,i,n) = \frac{1}{(F/A,i,n)}$$

②乘积关系

$$(F/A,i,n) = (P/A,i,n)(F/P,i,n)$$

$$(F/P,i,n) = (A/P,i,n)(F/A,i,n)$$

③资金回收系数与偿债基金系数的关系

$$(A/P,i,n) = (A/F,i,n) + i$$

(2)多次支付等差序列公式

在许多工程经济问题中,现金流量每年均有一定数量的增加或减少。如房屋随着其使用的延伸,维修费将逐步有所增加。如果每年的递增或递减是等额的,则称之为等差序列年值。

若每年的基值为 A_1,以后每年按等额递增支付,每期增加额为 G。则等差序列表示为:A_1,A_1+G,A_1+2G,A_1+3G,……,$A_1+(n-1)G$。其现金流量如图 2-3

所示。该图可以简化为两个支付系列,一是等额系列现金流量,年金为 A_1,另一是
每年递增额都为 G 的等差数列现金流量。

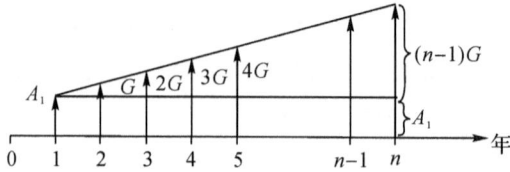

图 2-3 等差序列现金流量图

①等差序列终值公式

等差序列的现金流量的通用公式为:

$$A_k=(k-1)G, \qquad (k=1,2,\cdots,n)$$

等差序列现金流 n 年末的终值为:

$$F=\sum_{k=1}^{n}A_k(1+i)^{n-k}$$

F 也可以看成是 $n-1$ 个等额序列现金流的终值之和,这些等额序列现金流的
年值均为 G,年数分别为 $1,2,\cdots,n-1$。即:

$$F=\sum_{k=1}^{n-1}G\frac{(1+i)^k-1}{i}$$
$$=G\left[\frac{(1+i)-1}{i}+\frac{(1+i)^2-1}{i}+\cdots+\frac{(1+i)^{n-1}-1}{i}\right]$$
$$=\frac{G}{i}\left[(1+i)+(1+i)^2+\cdots+(1+i)^{n-1}-(n-1)\right]$$
$$=\frac{G}{i}\left[1+(1+i)+(1+i)^2+\cdots+(1+i)^{n-1}-n\right]$$

故 $\qquad F=\frac{G}{i}\left[\frac{(1+i)^n-1}{i}-n\right]=G(F/G,i,n)$ \qquad (2-14)

式中:$\frac{1}{i}\left[\frac{(1+i)^n-1}{i}-n\right]$ 称为等差序列终值系数,简写为 $(F/G,i,n)$,可以查表
得到。

②等差序列现值公式

根据公式(2-14)得等差序列现值公式:

$$F\left[\frac{1}{(1+i)^n}\right]=\frac{G}{i}\left[\frac{(1+i)^n-1}{i}-n\right]\cdot\frac{1}{(1+i)^n}$$

即

$$P=\frac{G}{i}\left[\frac{(1+i)^n-1}{i(1+i)^n}-\frac{n}{(1+i)^n}\right]$$

$$= G\left[\frac{1}{i^2} - \frac{(1+i \cdot n)}{i^2(1+i)^n}\right]$$

$$= G(P/G, i, n) \qquad (2\text{-}15)$$

式中:$\left[\dfrac{1}{i^2} - \dfrac{(1+i^n)}{i^2(1+i)^n}\right]$为等差序列现值系数,可简写为$(P/G, i, n)$,可以查表得到。

③等差序列年金公式

将$(2\text{-}15)$同乘以资金回收系数$\left[\dfrac{i(1+i)^n}{(1+i)^n-1}\right]$,则可得到:

$$P \cdot \left[\frac{i(1+i)^n}{(1+i)^n-1}\right] = G\left[\frac{1}{i^2} - \frac{(1+i^n)}{i^2(1+i)^n}\right] \cdot \left[\frac{i(1+i)^n}{(1+i)^n-1}\right]$$

即

$$A = G\left[\frac{1}{i} - \frac{n}{(1+i)^n-1}\right] = G(A/G, i, n) \qquad (2\text{-}16)$$

式中:$\left[\dfrac{1}{i} - \dfrac{n}{(1+i)^n-1}\right]$称为等差年金系数,用符号$(A/G, i, n)$表示,可以查表得到。

故等差级数的现值公式为:

$$P = A_1(P/A, i, n) \pm G(P/G, i, n)$$

等差级数的终值公式为:

$$F = A_1(F/A, i, n) \pm G(F/G, i, n)$$

等差级数的年金公式为:

$$A = A_1 \pm G(A/G, i, n)$$

[**例 2-8**] 租用建筑物的合同规定,除按每年年末支付房租2000元外,还需逐年递增房租200元,租用期为10年,利率为6%,试分析现在需要支付多少才能和十年的租金支付总额相等?

解:为了求得租金总额的现值,需先求出等差数列的等额年金,然后用年金现值系数计算成现值。

$$A = A_1 + G(A/G, i, n)$$
$$= 2000 + 200 \times (A/G, 6\%, 10)$$
$$= 2000 + 200 \times 4.022 = 2804.4(元)$$

故 $P = A(P/A, 6\%, 10) = 2804.4 \times 7.3600 = 20640.38(元)$。

(3)多次支付等比序列公式

在某些技术经济问题中,其现金流按一定百分数逐年增减。例如,设备的动力材料消耗费等,其现金流为等比序列。假定增减百分数为h(如图2-4所示),则等比数列现金流的通用公式为:

$$A_k = A_1(1+h)^{k-1} \qquad (k=1, 2, \cdots, n)$$

式中:A_1 为定值,h 为等比系数。

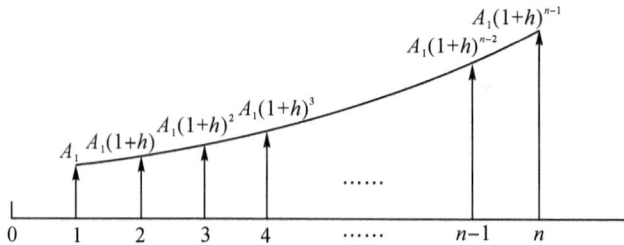

图 2-4 等比序列现金流量图

①等比序列现值公式

由图 2-4 可知,等比序列现值公式为:

$$P = A_1\left[\frac{1}{(1+i)} + \frac{1+h}{(1+i)^2} + \cdots + \frac{(1+h)^{n-1}}{(1+i)^n}\right]$$

$$= \frac{A_1}{1+h}\left[\left(\frac{1+h}{1+i}\right)^1 + \left(\frac{1+h}{1+i}\right)^2 + \cdots + \left(\frac{1+h}{1+i}\right)^n\right]$$

$$= \frac{A_1}{1+h}\sum_{t=1}^{n}\left(\frac{1+h}{1+i}\right)^t$$

当 $h \neq i$ 时,用等比级数求和公式得:

$$P = A_1\left[\frac{1-(1+h)^n(1+i)^{-n}}{i-h}\right] \tag{2-17}$$

当 $h > i$ 时,令 $\frac{1+h}{1+i} = 1+\omega$,则

$$P = \frac{A_1}{1+h}\left[(1+\omega) + (1+\omega)^2 + \cdots + (1+\omega)^n\right]$$

$$= \frac{A_1}{1+h}(1+\omega)\left[1 + (1+\omega) + \cdots + (1+\omega)^{n-1}\right]$$

$$= \frac{A_1}{1+i}\left[\frac{(1+\omega)^n-1}{\omega}\right] = \frac{A_1}{1+i} \times (F/A, \omega, n)$$

当 $h < i$ 时,令 $\frac{1+i}{1+h} = 1+x$ 则

$$P = \frac{A_1}{1+h}\left[\frac{1}{1+x} + \frac{1}{(1+x)^2} + \cdots + \frac{1}{(1+x)^n}\right]$$

$$= \frac{A_1}{1+h}\left[\frac{(1+x)^n-1}{x(1+x)^n}\right] = \frac{A_1}{1+h}(P/A, x, n)$$

若 $h = i$ 时,则

$$P = \frac{n \cdot A_1}{1+h} \tag{2-18}$$

无论是材料价格还是人工费,总是处于一种上升的趋势。如果物价变动的比率大致相同时,即可应用上述等比现金流量的公式进行计算。

[例 2-9] 某物资管理部门,向自动设备投资后,每年可节约人工费 9000 元,估计人工费将以 7% 的比率上升,该部门的资本利率为 10%,设备寿命为 7 年。那么,向该设备投资多少合适呢?

解:此时,逐年人工费节约额为第一年年末 9000(1+0.07),第二年年末 9000(1+0.07)² ⋯⋯第 7 年年末 9000(1+0.07)⁷。因而其现值和为

$$P = 9000\left[\frac{1+0.07}{1+0.1} + \frac{(1+0.07)^2}{(1+001)^2} + \cdots + \frac{(1+0.07)^7}{(1+0.1)^7}\right]$$

$$= 9000\left[\frac{1}{1+0.028} + \frac{1}{(1+0.028)^2} + \cdots + \frac{1}{(1+0.028)^7}\right]$$

$$= 9000 \times (P/A, 2.8\%, 7) = 56500(元)$$

因而,该备投资少于 56500 元时是可行的。

② 等比序列终值公式

将公式(2-17)和(2-18)分别乘以系数 $(1+i)^n$,可以得等比序列终值公式:

$$F = \begin{cases} A_1\left[\dfrac{(1+i)^n - (1+h)^n}{i-h}\right] & (i \neq h) \quad (2\text{-}19) \\[3mm] nA_1(1+h)^{n-1} & (i = h) \quad (2\text{-}20) \end{cases}$$

③ 等比序列年金公式

将终值公式(2-19)和(2-20)分别乘以偿债基金系数 $(A/F, i, n)$ 得到

$$A = \begin{cases} A_1\left[\dfrac{(1+i)^n - (1+h)^n}{i-h} \cdot \dfrac{i}{(1+i)^n - 1}\right] & i \neq h \quad (2\text{-}21) \\[3mm] A_1\left[\dfrac{n \cdot i(1+i)^{n-1}}{(1+i)^n - 1}\right] & i = h \quad (2\text{-}22) \end{cases}$$

[例 2-10] 某设备维修费第 1 年为 4000 元,此后 10 年的寿命期限内,逐年递增 6%,若年利率为 15%,求该等比序列的现值及等额序列年金。

解:已知 $A_1 = 4000$ 元,$i = 15\%$,$h = 6\%$,$n = 10$,则有:

$$P = \frac{A_1\left[1 - (1+i)^{-n}(1+h)^n\right]}{i-h} = \frac{4000\left[1 - (1+0.15)^{-10}\right]}{0.15 - 0.06}$$

$$= 24769.5(元)$$

$$A = P\left[\frac{i(1+i)^n}{(1+i)^n - 1}\right] = P \cdot (A/P, i, n) = 24769.5 \times (A/P, 15\%, 10)$$

$$= 4936.6(元)$$

该费用之现值为 24769.5 元,其等额序列年金为 4936.6 元。

为了便于比较和记忆,现将上述资金时间价值计算公式予以汇总,列于表 2-1。

表 2-1　资金时间价值公式对照表

公式名称	求	已知	系数名称	标准代号	代 数 式	计算公式
一次支付终值公式	F	P	终值系数	$(F/P,i,n)$	$(1+i)^n$	$F=P(F/P,i,n)$
一次支付现值公式	P	F	现值系数	$(P/F,i,n)$	$(1+i)^{-n}$	$P=F(P/F,i,n)$
等额年金终值公式	F	A	年金终值系数	$(F/A,i,n)$	$\dfrac{(1+i)^n-1}{i}$	$F=A(F/A,i,n)$
等额存储偿债基金公式	A	F	偿债资金系数	$(A/F,i,n)$	$\dfrac{i}{(1+i)^n-1}$	$A=F(A/F,i,n)$
等额资金回收公式	A	P	资金回收系数	$(A/P,i,n)$	$\dfrac{i(1+i)^n}{(1+i)^n-1}$	$A=P(A/P,i,n)$
等额年金现值公式	P	A	年金现值系数	$(P/A,i,n)$	$\dfrac{(1+i)^n-1}{i(1+i)^n}$	$P=A(P/A,i,n)$
等差序列终值公式	F	G	等差序列终值系数	$(F/G,i,n)$	$\dfrac{1}{i}\left[\dfrac{(1+i)^n-1}{i}-n\right]$	$F=G(F/G,i,n)$
等差序列现值公式	P	G	等差序列现值系数	$(P/G,i,n)$	$\dfrac{1}{i}\left[\dfrac{(1+i)^n-1}{i(1+i)^n}-\dfrac{n}{(1+i)^n}\right]$	$P=G(P/G,i,n)$
等差序列年金公式	A	G	等差序列年金系数	$(A/G,i,n)$	$\left[\dfrac{1}{i}-\dfrac{n}{(1+i)^n-1}\right]$	$A=G(A/G,i,n)$
等比序列现值公式	P	A_1	等比序列现值系数	$(P/H,i,h,n)$	$\begin{cases}\dfrac{1-(1+i)^{-n}(1+h)^n}{i-h} & i\neq h\\[2mm]\dfrac{n}{1+i} & i=h\end{cases}$	$P=A_1(P/A_1,i,h,n)$
等比序列终值公式	F	A_1	等比序列现值系数	$(F/H,i,h,n)$	$\begin{cases}\dfrac{(1+i)^n-(1+h)^n}{i-h} & i\neq h\\[2mm]n(1+i)^{n-1} & i=h\end{cases}$	$F=A_1(F/A_1,i,h,n)$
等比序列年金公式	A	A_1	等比序列年金系数	$(F/P,i,h,n)$	$\begin{cases}\dfrac{(1+i)^n-(1+h)^n}{i-h}\cdot\dfrac{i}{(1+i)^n-1} & i\neq h\\[2mm]\dfrac{n\cdot i(1+i)^{n-1}}{(1+i)^n-1} & i=h\end{cases}$	$A=A_1(P/A_1,i,h,n)$

（4）资金时间价值计算应注意的事项

①运用时间价值换算公式时的假定条件

资金的价值不但表现在数量上，而且也表现在时间上。实际上这些一次支付和多次支付的时间价值的换算公式是基于下列假定条件所得出的。这些假定条件是：

1）实施方案的初始投资假定发生在方案的寿命期初；

2）方案实施中发生的经常性收益和费用假定发生于计算期期末；

3）本年的年末为下一年的年初；

4）现值 P 是当前年度开始时发生的；

5）将来值 F 是当年以后的第 n 期期末发生；

6）年等值 A 是在考察期间间隔发生；当问题包括 P 和 A 时，系列的第一个 A

是在 P 发生一个期间后的期末发生;当问题包括 F 和 A 时,系列的最后一个 A 与 F 同时发生。因此在使用过程中要注意这些条件,若不符合公式的假定条件,则不能套用上述公式。

②间断复利和连续复利

尽管在技术经济分析和企业决策都采用间断计息,但连续复利作为间断计息的极限概念,计算的利息多于普通复利,因而常被储蓄机构作为一种对储蓄者进行储蓄广告宣传的手段,以期吸收更多的储蓄者。同时可以提醒投资者和组织者予以注意。

由于 $i=e^r-1$,从而有 $e^r=i+1$,$e^{rn}=(1+i)^n$

这样便可由间断复利计算公式直接写出连续复利的计算公式(见表 2-2)。

表 2-2　间断复利和连续复利计算公式对照表

间断复利计算公式		连续复利计算公式	
系数计算公式	系数符号	系数计算公式	系数符号
$(1+i)^n$	$(F/P, i, n)$	e^{rn}	$(F/P, r, n)$
$(1+i)^{-n}$	$(P/F, i, n)$	e^{-rn}	$(P/F, r, n)$
$\dfrac{(1+i)^n-1}{i}$	$(F/A, i, n)$	$\dfrac{e^{rn}-1}{e^r-1}$	$(F/A, r, n)$
$\dfrac{i}{(1+i)^n-1}$	$(A/A, i, n)$	$\dfrac{e^r-1}{e^{rn}-1}$	$(A/F, r, n)$
$\dfrac{i(1+i)^n}{(1+i)^n-1}$	$(A/P, i, n)$	$\dfrac{(e^r-1)e^{rn}}{e^{rn}-1}$	$(A/P, r, n)$
$\dfrac{(1+i)^n-1}{i(1+i)^n}$	$(P/A, i, n)$	$\dfrac{e^{rn}-1}{(e^r-1)e^{rn}}$	$(P/A, r, n)$

[例 2-11]　当投资的年复利率为 8% 时,9 年后的资金总额就会翻番,问连续复利利率为多大时,才可在一半时间内使资金总额翻番?

解:间断复利时,$F=P(1+0.08)^9=P\times1.999$

连续复利时,$n=9/2=4.5$ 年,$F=2P$,则

因为　　　　　　　$F=2P=P(e^{rn})=P(e^{4.5r})$

所以　　　　　　　$2=e^{4.5r}$,从而解得 $r=15.4\%$。

③贴现率的计算

在前面计算现值、终值及年金时,利率均是已知的。但在有些情况下,已知现值、终值、年金三个指标中的两个,计息期也已知,而利率未知。如某人现有现金 1 万元,希望 5 年后能有 1.5 万元,那么银行利率为多少时才能达到目标。这就是一个求贴现率的问题。贴现率的计算一般可分三步:

1)计算时间价值系数:即终值系数,现值系数,年金终值系数,年金现值系数之一;

2)根据不同时间价值系数经查表确定贴现率的范围;

3)用插值法确定 i 的数值。

如上例题中，$(F/P,i,n)=\dfrac{1.5}{1}=1.5$，查表可知$(F/P, 8\%, 5)=1.469$，$(F/P, 9\%, 5)=1.539$，因此 i 应在 $8\%\sim9\%$ 之间。用插值法求其利率：

$$i=8\%+\frac{1.5-1.469}{1.539-1.469}(9\%\sim8\%)=8.44\%$$

(4)后付年金、预付年金和永续年金

后付年金是指在每个计息期期末发生的收付款项的年金。预付年金是指在每个计息期期初发生的收付款项的年金，n 期后付年金与 n 期后预付年金付款次数相同，但由于付款时间不同，后者比前者多计息一次。复利公式中采用的是后付年金。因此，

$$F=A'(1+i)(F/A,i,n)$$

式中：A' 为预付年金。

在多数情况下，年金是在有限时期内发生的，但实际情况中，有些年金是无限期的。当年金现值系数中的 n→∞时，可得到永续年金的现值。

$$P=A\lim_{n\to\infty}\left[\frac{(1+i)^n-1}{i(1+i)^n}\right]=A\lim_{n\to\infty}\left[\frac{1-\dfrac{1}{(1+i)^n}}{i}\right]=\frac{A}{i} \tag{2-23}$$

第三节　建设期贷款利息的计算

一、建设期利息的构成

建设期利息是指项目在建设期内因使用债务资金而支付的利息。在偿还债务资金时，这部分利息一般要资本化为建设期的借款本金，参与项目投入使用后各期的利息计算，除非建设期利息是利用自有资金按期支付的。对于分期建成投产的项目，应按各期投产时间分别停止借款费用的资本化，即投产后发生的借款费用不作为建设期利息计入固定资产原值，而是作为运营期利息计入总成本费用。

建设期利息中还应包括融入债务资金时发生的手续费、承诺费、管理费、信贷费等融资费用。这些费用应按该债务资金的债权人的要求单独计算，并计入建设期利息。

二、建设期贷款利息的计算前提条件

进行建设期利息计算必须先完成以下各项工作：

(1)建设投资估算及其分年投资计划；

(2)确定项目(注册资本)数额及其分年投入计划;

(3)确定项目债务资金的筹措方式(银行贷款或企业债券)及其债务资金成本率(银行贷款利率或企业债券利率及发行手续费率等)。

三、建设期贷款利息的计算方法

对于贷款总额一次性贷出、利率固定且本息在贷款期末一次付清的贷款,其复利本息的计算较为简单,按公式(2-2)计算即可。当总贷款是分年发放且本息在还款期分年偿还时,其复利利息的计算就较复杂,不能简单套用公式(2-2)。

在项目建设期,由于项目正在建设,不可能有效益,所以这时每一计息期的利息加入本金,下一次一并计算,若年贷款总额一次发放时,其计算公式为:

$$q_j=(P_{j-1}+A_j)\times i \tag{2-24}$$

式中:q_j 建设期第 j 年应计利息;

P_{j-1} 为建设期第 $j-1$ 年末贷款额余额,它的构成为:第 $j-1$ 年末的贷款累计再加上此时贷款利息累计;

A_j 为建设期第 j 年初支用贷款;

i 为年利率。

若年贷款总额是按年度全年平均均衡发放时,其复利利息计算较为复杂,可按下列公式计算:

$$q_j=(P_{j-1}+\frac{1}{2}A_j)\times i \tag{2-25}$$

式中:符号意义与公式(2-24)相同。

[例2-12] 某新建项目,建设期为 3 年,在建设期第一年初贷款 300 万元,第二年初 400 万元,第三年初 300 万元,利息率为 12%,用复利法计算建设期贷款利息。

(1)年贷款总额一次发放;

(2)年贷款总额按年度全年平均均衡发放。

解:

(1)年贷款总额一次发放在建设期,各年利息计算如下:

$q_1=A_1\times i=300\times 12\%=36(万元)$

$q_2=(P_1+A_2)\times i=(336+400)\times 12\%=88.32(万元)$

$q_3=(P_2+A_3)\times i=(824.32+300)\times 12\%=134.92(万元)$

所以,建设期贷款利息总和为 259.24 万元。

(2)年贷款总额按年度全年平均均衡发放

在建设期,各年利息计算如下:

$q_1=(P_0+\frac{1}{2}A_1)\times i=(0+\frac{1}{2}\times 300)\times 12\%=18(万元)$

$$q_2 = \left(P_1 + \frac{1}{2}A_2\right) \times i = \left(318 + \frac{1}{2} \times 400\right) \times 12\% = 62.16(\text{万元})$$

$$q_3 = \left(P_2 + \frac{1}{2}A_3\right) \times i = \left(780.16 + \frac{1}{2} \times 300\right) \times 12\% = 111.62(\text{万元})$$

所以,建设期贷款利息总和为 191.78 万元。

复习思考题

1. 什么是现金流量?简述现金流量图的特点。

2. 什么是资金的时间价值?其衡量指标有哪些?

3. 单利和复利的区别是什么?

4. 什么是名义利率、实际利率?两者关系如何?

5. 什么是资金等值?资金等值的决定因素有哪些?

6. 运用时间价值换算公式时需要哪些假定条件?

7. 某企业于年初向银行借款 1500 万,其年名义利率为 10%,若按月复利计息,计算该年第三季度末借款本利和。

8. 某企业 10 年后需要对厂内设备进行一次大修,预计费用为 200 万元,如果年利率为 5%,那么从现在开始每年年末应存款多少元?

9. 某公司希望在未来 10 年中每年末拿出 15 万元作为员工的福利发放,在年利率为 6% 的情况下,现在需要存入银行多少钱?

10. 某企业获得一笔 80000 元的贷款,偿还期为 4 年,按年利率 10% 计复利,有四种还款方式:

(1)每年年末偿还 20000 元本金和所欠利息;

(2)每年年末只偿还所欠利息,第 4 年年末一次还清本金;

(3)在 4 年中每年年末等额偿还;

(4)在第四年末一次还清本息。

试计算各种还款方式所付出的总金额。

11. 某项目建设期为 2 年,运营期 5 年,建设期内每年年初贷款 100 万元,年利率为 10%。若在运营期第 2 年初还款 100 万元,在运营期第 3 年底至运营期第 5 年底每年等额还款。则每年尚需偿还多少万元?

12. 某工程项目建设期为 3 年,在建设期第一年贷款 1000 万元,后两年贷款为 500 万,贷款时间都在年初,利率为 10%,用复利法计算建设期贷款利息。

(1)年贷款总额一次发放;

(2)年贷款总额按年度全年平均均衡发放。

第三章　建设项目的经济评价

本章知识点梳理

1. 经济评价指标

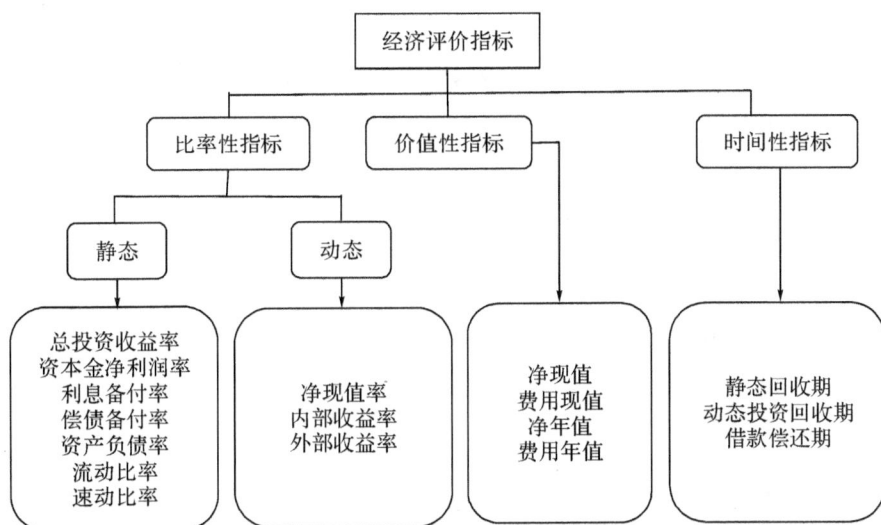

2. 常用的评价指标与评价准则

评价指标	评价准则	评价指标	评价准则
静态投资回收期 P_t	$P_t \leqslant P_c$	内部收益率 IRR	$IRR \geqslant i_c$
动态投资回收期 P_t'	$P_t' \leqslant P_c$	总投资收益率 ROI	$ROI \geqslant i_c$
净现值 NPV	$NPV \geqslant 0$	净现值率 NPVR	$NPVR \geqslant 0$
净年值 NAV	$NAV \geqslant 0$	外部收益率 ERR	$ERR \geqslant i_c$

建设项目经济效果的评价,按照是否考虑资金的时间价值不同,有两类评价方法:一类是不考虑资金时间价值的方法叫静态评价方法;另一类是考虑资金时间价值的方法叫动态评价方法。静态评价方法计算比较简单、粗略,往往用于技术经济数据不完备和不精确的项目初选阶段,如项目建议书阶段或机会研究及初步可行性研究阶段,或建设期短、使用寿命短的项目。动态评价方法是目前项目评价中最主要亦是最普遍的方法,主要用于项目最后决策前的可行性研究阶段。

建设项目评价时,通常会遇到两种情况,一种是单方案评价,即投资项目只有一种设计方案;另一种是多方案评价,即有几种可供选择的方案。后者根据方案之间的关系不同,有互斥方案及独立方案。无论是单方案或是多方案的评价,都要判别其方案经济上的合理性,对多方案则在此基础上尚须进一步比较方案之间的经济效果,以使所取方案达到最优化。本章主要讨论单方案投资项目经济效果的评价。

第一节　静态评价方法

静态评价方法是在不考虑资金时间价值的情况下,对方案在分析期内的收支进行分析、计算、评价的方法。项目的经济性,可以用经济效果评价指标来反映。静态评价方法常用的指标有:投资回收期、总投资收益率、资产负债率和借款偿还期等。

一、盈利能力分析指标

盈利能力分析主要考察项目的盈利水平,用以下指标表示:

1. 投资回收期

投资回收期就是从项目投建之日起,用项目各年的净收入(年收入减年支出)将全部投资收回所需的期限。其表达式为:

$$\sum_{t=0}^{T_P} NB_t = \sum_{t=0}^{T_P} (B-C)_t = K \tag{3-1}$$

式中:K——投资总额;

B_t——第 t 年的收入;

C_t——第 t 年的支出(不包括投资);

NB_t——第 t 年的净收入,$NB_t = B_t - C_t$;

T_P——投资回收期。

此外,投资回收期可用项目财务现金流量表累计净现金流量计算求得,计算公式为:

$$T_P = \left[\begin{array}{c}累计净现金流量开始\\出现正值的年份数\end{array}\right] - 1 + \left[\dfrac{上年累计净现金流量的绝对值}{当年净现金流量}\right] \tag{3-2}$$

投资回收期的评价准则,要求把求得的投资回收期和国家或有关部门规定的标准投资回收期 T_b 相比较。

若 $T_p \leqslant T_b$,则项目可以接受;

若 $T_p > T_b$,则项目应予拒绝。

[例 3-1] 某项目的净现金流量及累计净现金流量如表 3-1 所示,求投资回收期。

表 3-1 净现金流量及累计净现金流量　　　　　　　(单位:万元)

年　份	0	1	2	3	4	5	6	7	8	9	10	11	12
净现金流量	−200	−180	−320	50	150	150	200	200	200	200	200	200	200
累计净现金流量	−200	−380	−700	−650	−500	−350	−150	50	250	450	650	850	1050

解:根据公式(3-2),可得:

$$T_p = (7-1) + \frac{150}{200} = 6.75(年)$$

投资回收期的优点是概念明确、计算简单。它反映资金的周转速度,从而对提高资金利用率很有意义。它不仅在一定程度上反映项目的经济性,而且反映项目的风险的大小。但是,它没有考虑投资回收以后的情况,也没有考虑投资方案的使用年限,只是反映了项目的部分经济效果,不能全面反映项目的经济性,难以对不同方案的比较选择作出明确判断。尽管如此,投资回收期在项目评价中还是具有独特的地位和作用,并被广泛用作项目评价的辅助性指标。

需要说明的是,在现行的投资回收期计算中,对于回收投资来源,有人主张用纯收入,有人主张用税后利润加折旧费;对于回收期计算起点,有人主张从投资之日算起,有的主张从投产之日算起;对于回收对象,有人认为应回收全部投资即固定资产和流动资金投资,有人认为只回收固定资产投资。总之,不同算法计算出的投资回收期的意义和结果是不同的。

2. 总投资收益率

总投资收益率反映总投资的盈利水平,是指项目达到设计能力后正常年份的年息税前利润(EBIT)或运营期内平均息税前利润与项目总投资的比率。其表达式为:

$$总投资收益率 = \frac{年息税前利润}{项目总投资} \times 100\% \qquad (3-3)$$

式中:息税前利润 = 利润总额 + 支付的全部利息

或　　　息税前利润 = 营业收入 − 营业税金及附加 − 经营成本 − 折旧和摊销

总投资收益率高于同行业的收益率参考值,表明总投资收益率表示的盈利能力满足要求。

3. 项目资本金净利润率

项目资本金净利润率反映项目资本金的盈利水平,是指项目达到设计能力后正常年份的年净利润或运营期内平均净利润与项目资本金的比率。其表达式为:

$$项目资本金净利润率 = \frac{年净利润}{项目资本金} \times 100\% \qquad (3-4)$$

项目资本金净利润率高于同行业的净利润率参考值,表明用项目资本金净利润率表示的盈利能力满足要求。

二、清偿能力分析指标

项目清偿能力分析主要是考虑寿命期内的财务状况及偿债能力,可用以下指标表示。

1. 资产负债率

资产负债率是反映项目各年所面临的财务风险程度及偿债能力的指标。

$$资产负债率 = \frac{负债合计}{资产合计} \times 100\% \qquad (3-5)$$

资产负债率旨在分析资产结构中负债的比重,用以反映债权人所提供的资金占企业总资产的百分比,从债务比重上说明债权人所得到的保障程度。该指标比例越低,对债权人就越有利。

2. 流动比率

流动比率是衡量项目清偿其短期负债能力的一个非常粗略的指标。

$$流动比率 = \frac{流动资产总额}{流动负债总额} \times 100\% \qquad (3-6)$$

式中:流动资产=现金+有价证券+应收账款+存货

流动负债=应付账款+短期应付票据+应付未付工资+税收+其他债务

流动比率旨在分析企业资产流动性的大小,判断短期债权人的债权在到期前偿债企业用现金及预期在该一期中能变为现金的资产偿还的限度。

流动比例越高,表明企业偿付短期负债的能力越强。但比率太高会影响盈利水平,一般说来,保持 2:1 的流动比率较为适当,但不同的公司有不同的水平标准。

3. 速动比率

为了避免流动资产中存货及预付款变现的困难,而引入速动比率来反映项目快速偿付流动负债能力。

$$速动比率 = \frac{流动资产总额 - 存货}{流动负债总额} \times 100\% \qquad (3-7)$$

速动资产是扣除存货及预付账款后的流动资产,包括现金、有价证券、应收票据和应收账款等。

速动比率一般在 1~1.2 范围内较合适。但不同的公司有不同的水平标准。

4. 利息备付率

利息备付率是指在借款偿还期内的息税前利润与当年应付利息的比值,它从付息资金来源的充裕性角度反映支付债务利息的能力。

$$利息备付率 = \frac{息税前利润}{应付利息额} \times 100\% \qquad (3\text{-}8)$$

息税前利润等于利润总额和当年应付利息之和,当年应付利息是指计入总成本费用的全部利息。

利息备付率表示利息支付的保证倍率,一般在 1～2 范围内较合适,并结合债权人的要求确定。利息备付率高,说明支付利息的保证度大,偿债风险小;利息备付率低于 1,表示没有足够资金支付利息,偿债风险很大。

5. 偿债备付率

偿债备付率是指在债务偿还期内可用于还本付息的资金与当年应还本付息额的比值,它从偿债资金来源的充裕性角度反映偿付债务本息的能力。

$$偿债备付率 = \frac{息税折旧摊销前利润 - 所得税}{应还本付息额} \times 100\% \qquad (3\text{-}9)$$

式中:息税折旧摊销前利润 = 息税前利润 + 折旧 + 摊销

应还本利息额 = 还本金额 + 利息

偿债备付率表示偿付债务本息的保证倍率,一般在 1～1.3 范围内较合适,并结合债权人的要求确定。偿债备付率低,说明偿付债务的资金不充足,偿债风险大。当这一指标小于 1,表示可用于还本付息的资金不足以偿付当年债务。

6. 固定资产投资国内借款偿还期

固定资产投资国内借款偿还期是指在国家财政规定及项目具体财务条件下,以项目投产后可用于还款的资金偿还固定资产投资国内借款本金和建设期利息(不包括已用自有资金支付的建设期利息)所需的时间。其表达式为:

$$I_d = \sum_{t=1}^{P_d} R_t \qquad (3\text{-}10)$$

式中:I_d——固定资产投资国内借款本金和建设期利息之和;

P_d——固定资产投资国内借款偿还期(从借款开始年计算,当从投产年算起时,应予以注明);

R_t——第 t 年可用于还款的资金,包括:利润、折旧、摊销及其他还款资金。

计算 P_d 的更为实用的表达式为:

$$P_d = [借款偿还后开始出现盈余年份数] - 开始借款年份$$
$$+ \frac{当年偿还借款额}{当年可用于还款的资金额} \qquad (3\text{-}11)$$

当借款还款期满足贷款机构的要求期限时,即认为项目是有清偿能力的。

如果能够得知或根据经验设定所要求的借款偿还期,可以直接计算利息备付率和偿债备付率指标;如果难以设定借款偿还期,也可以先大致估算借款偿还期,再采用适宜的方法计算出每年需要还本付息的金额,带入公式计算利息备付率和偿债备付率指标。值得注意的是,该借款偿还期只是为估算利息备付率和偿债备付率指标所用,不应与利息备付率和偿债备付率指标并列。

第二节 动态评价方法

动态评价方法是在考虑资金时间价值的情况下,将项目的整个寿命期内不同时期资金的流入和流出,换算成统一时点的价值进行分析、比较,这为不同方案和不同项目的经济比较提供了同等的基础。动态评价方法常用的指标有:净现值、净年值、内部收益率和动态投资回收期等,这些指标比静态指标更全面、更科学。

一、净现值

净现值是对投资项目进行动态评价的最重要指标之一。该指标要求考察项目寿命期内各个阶段发生的现金流量,按一定的折现率将各年净现金流量折现到同一时点(通常是期初)的现值累加值就是净现值。净现值的表达式为:

$$NPV = \sum_{t=0}^{n} (CI - CO)_t (1 + i_0)^{-t} \qquad (3\text{-}12)$$

式中:NPV——净现值;

$\quad CI$——现金流入额;

$\quad CO$——现金流出额;

$\quad (CI - CO)_t$——第 t 年的净现金流量;

$\quad n$——项目寿命年限;

$\quad i_0$——基准折现率。

判别准则:对单一项目方案而言,若 $NPV \geqslant 0$,则项目应予以接受;若 $NPV < 0$,则项目应予以拒绝。

多方案比选时,净现值越大的方案相对越优(净现值最大准则)。

[例 3-2] 某建设项目现金流量如图 3-1 所示,求项目净现值($i_0 = 15\%$)。

解:

$$NPV = \sum_{t=0}^{n} (CI - CO)_t (1 + i_0)^{-t}$$

$$= -20 \times (1 + 15\%)^0 + (-40) \times (1 + 15\%)^{-1} + (-40) \times (1 + 15\%)^{-2}$$
$$+ 17 \times (1 + 15\%)^{-3} + 22 \times (1 + 15\%)^{-4} + 32 \times (P/A, 15\%, 8) \times$$
$$(1 + 15\%)^{-4}$$

$$= 20.83(万元)$$

由于 $NPV = 20.83$ 万元 > 0,故该项目可以接受。

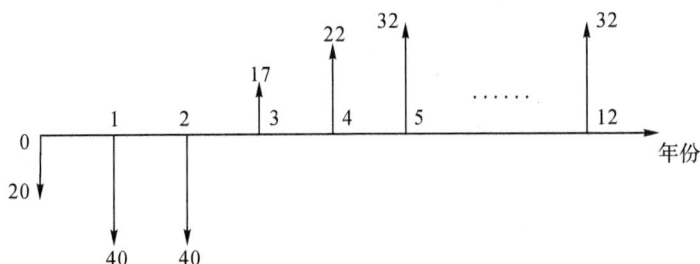

图 3-1 现金流量图(单位:万元)

本例也可通过列表进行计算,如表 3-2 所示。

表 3-2 列表所计算 *NPV* 　　　　　　单位:万元

t	净现金流量	$(1+15\%)^{-t}$	现金流现值	累计净现值	累计净现金流量
0	-20	1.000	-20.00	-20.00	-20
1	-40	0.870	-34.78	-54.78	-60
2	-40	0.756	-30.25	-85.03	-100
3	17	0.658	11.18	-73.85	-83
4	22	0.572	12.58	-61.27	-61
5	32	0.497	15.91	-45.36	-29
6	32	0.432	13.83	-31.53	3
7	32	0.376	12.03	-19.50	35
8	32	0.327	10.46	-9.04	67
9	32	0.284	9.10	0.06	99
10	32	0.247	7.91	7.97	131
11	32	0.215	6.88	14.85	163
12	32	0.187	5.98	20.83	195

从表中最后一行可知,项目的净现值为 20.83 万元。同样也可得到累计净现金流量为 195 万元。

净现值指标用于多方案比较时,不考虑各方案投资额的大小,因而不直接反映资金的利用效率。为了考察资金的利用效率,人们通常用净现值指数(*NPVI*)作为净现值的辅助指标。

净现值指数是项目净现值与项目投资总额现值之比,其经济含义是单位投资现值所能带来的净现值。其计算公式为:

$$NPVI = \frac{NPV}{K_p} = \frac{\sum_{t=0}^{n}(CI-CO)_t(1+i_0)^{-t}}{\sum_{t=0}^{n}K_t(1+i_0)^{-t}} \tag{3-13}$$

式中:K_p——项目总投资现值。

对于单一项目而言,若 $NPV \geqslant 0$,则 $NPVI \geqslant 0$(因为 $K_p > 0$);若 $NPV < 0$,则 $NPVI < 0$。故用净现值指数评价单一项目经济效果时,判别准则与净现值相同。

下面讨论与 NPV 有关的几个问题。

1. 净现值函数

某投资项目,其现金流量为:建设初期(0 年)投资 1000 元,第 1 年至第 4 年每年净收益 400 元。如果给定一系列不同的贴现率 i,计算出与 i 相对应的净现值,构成净现值对贴现率的函数关系(见表 3-3)。

表 3-3 某投资项目的净现值函数值   单位:元

$i\%$	$NPV(i) = -1000 + 400(P/A, i, t)$
0	600
10	268
20	35
22	0
30	-133
40	-266
50	-358
∞	-1000

以纵坐标表示净现值 NPV,横坐标表示贴现率 i,上述净现值函数关系如图 3-2 所示。

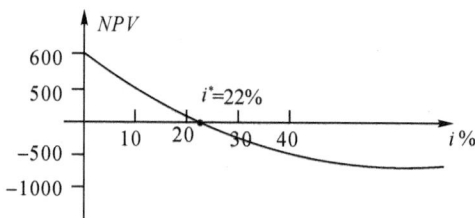

图 3-2 净现值函数曲线

从图 3-2 可以看出,净现值函数有如下特点:

(1)相同现金流量的净现值 NPV,随折现率 i 的增长而逐渐减小。故在用净现值指标选择方案时,若基准折现率 i_0 值越高,则能够被接受的方案就越少。

(2)函数曲线与横坐标在相交于 $i^* = 22\%$ 表示,当 $i = i^*$ 时,$NPV = 0$;当 $i < i^*$ 时,$NPV > 0$;当 $i > i^*$ 时,$NPV < 0$。因此 i^* 是一个具有重要作用的折现率临界值。

(3)该曲线所示的投资项目,是一种典型的现金流量,具有一定代表性。

2. 累计净现值函数曲线

所谓累计净现值函数曲线,是反映项目逐年累计净现值变化情况的曲线。如表 3-2 中累计净现值曲线以及与之对立的累计净现流量曲线如图 3-3 所示。

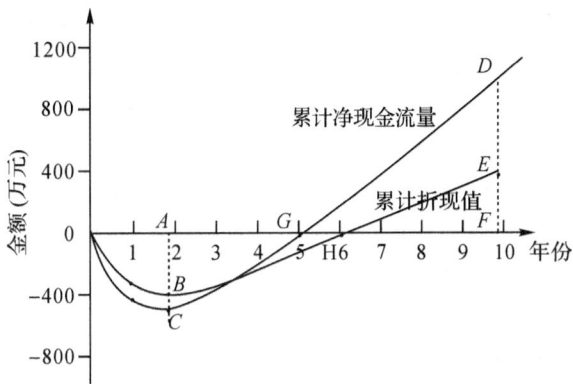

图 3-3　累计折现值和累计净现金流量曲线

AB—总投资现值;AC—总投资额;EF—净现值;DF—累计净现金流量(期末);

OG—静态投资回收期;OH—动态投资回收期

3. 基准折现率

基准折现率又称基准收益率,是企业或行业投资者以动态的观点所确定的、可接受的技术方案最低标准的收益水平。其在本质上体现了投资决策者对技术方案资金时间价值的判断和对技术方案风险程度的估计,是投资资金应当获得的最低盈利率水平,它是评价和判断技术方案在财务上是否可行的主要依据。因此,基准收益率确定得合理与否对技术方案经济效果的评价结论有着直接的影响,定得过高或过低都会导致投资决策的失误。所以,基准收益率是一个重要的参数,而且根据不同角度编制的现金流量表,计算所需的基准收益率应有所不同。

基准折现率的测定方法一般有以下几种:

(1)在政府投资项目以及按政府要求进行财务评价的建设项目中采用的行业财务基准收益率,应根据政府的政策导向进行确定。

(2)在企业各类技术方案的经济效果评价中参考选用的行业财务基准收益率,应在分析一定时期内国家和行业发展战略、发展规划、产业规划、资源供给、市场需求、资金时间价值和技术方案目标等情况的基础上,结合行业特点、行业资本构成情况等因素综合测定。

(3)在中国境外投资的技术方案财务基准收益率的测定,应首先考虑国家风险因素。

（4）投资者自行测定技术方案的最低可接受财务收益率,除了应考虑上述第2条中所涉及的因素外,还应根据自身的发展战略和经营策略、技术方案的特点与风险、资金成本、机会成本等因素综合测定。

①资金成本

资金成本,即为取得资金使用权所支付的费用。通常所说的资金成本指单位资金成本,用百分数表示,它是确定基准折现率必须首先考虑的因素。

资金成本主要包括筹资费和资金的使用费。筹资费是指在筹集资金过程中发生的各种费用,比如委托金融机构代理发行股票、债券而支付的注册费和代理费,向银行贷款而支付的手续费等。资金的使用费是指因使用资金而向资金提供者支付的报酬。技术方案实施后所获利润额必须能够补偿资金成本,然后才能有利可图,因此基准收益率的最低限度不应低于资金成本。

②投资的机会成本

投资的机会成本是指投资者将有限的资金用于拟实施的方案而放弃的其他投资机会所能获得的最大收益。换言之,由于资金有限,当把资金投入拟实施技术方案时,将失去从其他最大的投资机会中获得收益的机会。机会成本的表现形式也是多种多样的。货币形式表现的机会成本,如销售收入、利润等;由于利率大小决定货币的价格,采用不同的利率也表示货币的机会成本。我们应当看到机会成本是在技术方案外部形成的,它不可能反映在该技术方案财务上,必须通过工程经济分析人员的分析比较,才能确定技术方案的机会成本。机会成本虽然不是实际的支出,但是在工程经济分析时,应作为一个因素加以认真考虑,有助于选择最优方案。

显然,基准收益率应不低于单位资金成本和单位投资的机会成本,这样才能使资金得到最有效的利用。这一要求可用下式表达:

$$i_0 \geqslant i_1 = \max(\text{单位资金成本},\text{单位投资机会成本}) \tag{3-14}$$

当技术方案完全由企业自有资金投资时,可参考的行业平均收益水平,可以理解为一种资金的机会成本;加入技术方案投资资金来源于自有资金和贷款时,最低收益率不应低于行业平均收益水平(或新筹集权益投资的资金成本)与贷款利率的加权平均值。如果有好几种贷款时,贷款利率应为加权平均贷款利率。

③投资风险

在整个技术方案计算期内,存在着发生不利于技术方案的环境变化的可能性,这种变化难以预料,即投资者要冒有一定的风险作决策。为此投资者自然就要求获得较高的利润,否则它是不愿意去冒风险的。所以在确定基准收益率时,仅考虑资金成本和机会成本因素是不够的,还应该充分考虑风险因素,通常以一个适当的风险贴补率 i_2 来提高 i_0 值。而且,随着投资者承担的风险程度越大,所要求的贴补率越高。

不同投资项目的风险大小是不同的。例如在市场稳定的情况下,对进行技术改造降低生产费用提高产品质量的项目、现有产品扩大生产规模的项目、生产新产品开拓新市场的项目、高新技术项目等项目进行比较,显然风险水平是依次递增的。风险贴补率反映投资者对投资风险要求补偿的主观判断,由于不同的投资者抗风险能力和对风险的态度可能不同,对于同一类项目,他们所取的风险贴补率也可能不同。

④通货膨胀

所谓通货膨胀是指由于货币(这里指纸币)的发行量超过商品流通所需要的货币量而引起的货币贬值和物价上涨的现象。在通货膨胀影响下,各种材料、设备、房屋和土地的价格以及人工费都会上升。为反映和评价出拟实施技术方案在未来的真实经济效果,在确定基准收益率时,应考虑这种影响,结合投入产出价格的选用决定对通货膨胀因素的处理。

通货膨胀以通货膨胀率来表示,通货膨胀率主要表现为物价指数的变化,即通货膨胀率约等于物价指数变化率。由于通货膨胀年年存在,因此,通货膨胀的影响具有复利性质。一般每年的通货膨胀率是不同的,但为了便于研究,常取一段时间的平均通货膨胀率,即在所研究时期内,将通货膨胀率视为固定值。

综合以上分析,投资者自行测定的基准收益率可确定如下:

若技术方案现金流量是按当年价格预测估算的,则应以年通货膨胀率 i_3 修正 i_0 值。即:

$$i_0 = (1 + i_1)(1 + i_2)(1 + i_3) - 1 \approx i_1 + i_2 + i_3 \tag{3-15}$$

若技术方案的现金流量是按基年不变价格预测估算的,预测结果应排除通货膨胀因素的影响,就不再重复考虑通货膨胀的影响去修正 i_0 值。即:

$$i_0 = (1 + i_1)(1 + i_2) - 1 \approx i_1 + i_2 \tag{3-16}$$

上述近似处理的条件是 i_1、i_2、i_3 均为小数。

总之,合理确定基准收益率,对于投资决策极为重要。确定基准收益率的基础是资金成本和机会成本,而投资风险和通货膨胀则是必须考虑的影响因素。

二、净年值(NAV)

净年值是将项目寿命期的净现金流量通过资金等值计算换算成等额支付系列的年值。其表达式为:

$$NAV = NPV(A/P,\ i_0,\ n)$$

$$= \left[\sum_{t=0}^{n} (CI - CO)_t (1 + i_0)^{-t} \right] (A/P, i_0, n) \tag{3-17a}$$

或

$$NAV = \left[\sum_{t=0}^{n} (CI - CO)_t (1 + i_0)^{n-t} \right] (A/F, i_0, n) \tag{3-17b}$$

式中:NAV—— 净年值,其余符号意义同公式(3-12)。

净年值指标判别准则与净现值指标判别准则相同。即 $NAV \geqslant 0$ 项目应予以接受;若 $NAV < 0$,则项目应予以拒绝。净现值的含义是项目在整个寿命期内获取的超出最低期望盈利的超额收益的现值。而净年值给出的是项目寿命期内每年的等额超额收益。在某些决策结构的评价中,采用净年值比应用净现值更为简便和易于计算,因此,净年值指标在项目经济评价占有相当重要的地位。

[**例 3-3**] 试计算图 3-4 中现金流量的净年值。基准折现率 $i_0 = 15\%$,单位:万元。

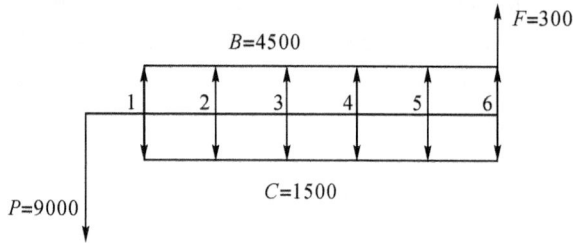

图 3-4 现金流量图

解:根据公式(3-17),得

$$NAV = -9000(A/P,\ 15\%,\ 6) + (4500 - 1500)$$
$$+ 300(A/F,\ 15\%,\ 6) = 656.14\ (万元)$$

三、费用现值和费用年值

在对多个方案比较时,如果各个方案的收入皆相同或者收入难以用货币计量,这时计算现值和净年值指标可以省略现金流量中的收入,只计算支出,这样的计算结果称为费用现值和费用年值,为方便起见支出取正值。

费用现值的表达式为:

$$PC = \sum_{t=0}^{n} CO_t(P/F,\ i_0,\ t) \tag{3-18}$$

费用年值的表达式为:

$$AC = PC(A/P,\ i_0,\ n)$$

$$= \left[\sum_{t=0}^{n} CO_t(P/F,\ i_0,\ t) \right](A/P,\ i_0,\ n) \tag{3-19a}$$

或 $$AC = \left[\sum_{t=0}^{n} CO_t(F/P,\ i_0,\ n-t) \right](A/F,\ i_0,\ n) \tag{3-19b}$$

费用现值和费用年值指标只能用于多个方案的比选,其判别准则是:费用现值或费用年值最小的方案为优。

[**例 3-4**] 某项目有 4 个工艺方案 A、B、C、D 均能满足同样的生产需要,其费用支出如表 3-4 所示,基准折现率 $i_0 = 12\%$ 时,试按费用现值(PC)和费用年值(AC)指标选择最优方案。

表 3-4 各工艺方案费用表 单位:万元

费用 方案	总投资(期初)	年运营费用(第1~10年末)
A	300	35
B	250	45
C	200	55
D	150	60

解:按费用现值计算

$$PC_A = 300 + 35(P/A, 12\%, 10) = 497.75 \text{ (万元)}$$
$$PC_B = 250 + 45(P/A, 12\%, 10) = 504.25 \text{ (万元)}$$
$$PC_C = 200 + 55(P/A, 12\%, 10) = 510.75 \text{ (万元)}$$
$$PC_D = 150 + 60(P/A, 12\%, 10) = 489.00 \text{ (万元)}$$

按费用年值计算

$$AC_A = 35 + 300(A/P, 12\%, 10) = 88.09 \text{ (万元)}$$
$$AC_B = 45 + 250(A/P, 12\%, 10) = 89.25 \text{ (万元)}$$
$$AC_C = 55 + 200(A/P, 12\%, 10) = 90.40 \text{ (万元)}$$
$$AC_C = 60 + 150(A/P, 12\%, 10) = 86.55 \text{ (万元)}$$

根据费用最小的选择准则,无论按费用现值还是按费用年值计算的结果是一致的,方案 D 最优,方案 A、B 次之,方案 C 最差。

四、内部收益率

内部收益率是反映项目所占有资金的盈利率,是考察项目盈利能力的主要动态指标。内部收益率又称内部报酬率。由净现值函数可知,一个投资方案的净现值与所选贴现率有关,净现值的数值随贴现率的增大而减小。在方案寿期内,可以使净现值等于零时的折现率称为该方案的内部收益率。如图 3-2 中,$i = 22\%$,就是该投资项目的内部收益率。其计算公式为:

$$NPV = \sum_{t=0}^{n} (CI - CO)_t (1 + IRR)^{-t} = 0 \qquad (3-20)$$

式中:IRR——项目内部收益率,其余符号同公式(3-12)。

设 i_0 为基准折现率,则项目判别准则:

若 $IRR \geqslant i_0$,项目经济效果可行,应予以接受;

若 $IRR < i_0$,项目经济效果不可行,应予以拒绝。

公式(3-20)是一个一元高次方程,其根不容易直接求解,一般经济评价中常采用"试算内插法"求 IRR 的近似解。求解过程如图 3-5 所示。

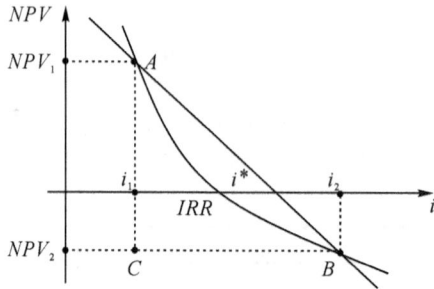

图 3-5　用内插法求解 IRR 图解

若假设两个折现率 i_1 和 i_2,且 $i_1 < i_2$,再分别计算出 i_1、i_2 对应的两个净现值 NPV_1 和 NPV_2,若 $NPV_1 > 0$,$NPV_2 < 0$,则用直线段 $\overline{AB}$ 近似表示净现值函数曲线 $\overset{\frown}{AB}$,通过线段比例关系近似求得 IRR 的近似值,其计算公式为:

$$IRR = i^* = i_1 + \frac{NPV_1}{NPV_1 + |NPV_2|}(i_2 - i_1) \tag{3-21}$$

上式 IRR 的计算误差 $(i^* - IRR)$ 与 $(i_2 - i_1)$ 的大小有关,且 i_2 与 i_1 相差越大,误差也越大,为控制误差,一般 $(i_2 - i_1)$ 不应超过 5%,最好不超过 2%。

[例 3-5]　某项目净现金流量如表 3-5 所示。当基准折现率 $i_0 = 12\%$ 时,试用内部收益率指标判断该项目在经济效果上是否可以接受。

表 3-5　净现金流量表　　　　　　　　　　　单位:万元

年　份	0	1	2	3	4	5
净现金流量	-200	40	60	40	80	80

解:首先,初估 IRR 的值。为了减少试算次数,可先令 $i = 0$,用净现金流量的和与投资额之比来粗略估计 IRR;或者令 $i = 0$,让正值现金流量的和作为第 n 年的终值,让投资作为现值,然后用一次支付的复利公式求得 IRR 的估计值。

本例中,令 $i = 0$,$P = 200$,$F = 40 + 60 + 40 + 80 + 80 = 300$

故　　　　　　　　　$300 = 200(F/P, i, 5)$

　　　　　　　　　　$(F/P, i, 5) = 1.5$

查利息表可知,利率 i 得在 $9\% \sim 10\%$ 之间。由于没有考虑资金的时间价值,因此实际值应比上述试算值大,该项目的初估值取 10%。

其次,计算 NPV_1 和 NPV_2。

　　　$NPV_1(10\%) = -200 + 40(P/F, 10\%, 1) + 60(P/F, 10\%, 2)$

$$+40(P/F, 10\%, 3)+80(P/F, 10\%, 4)$$
$$+80(P/F, 10\%, 5)$$
$$=20.32(万元)$$
$$NPV_2(15\%)=-200+40(P/F, 15\%, 1)+60(P/F, 15\%, 2)$$
$$+40(P/F, 15\%, 3)+80(P/F, 15\%, 4)$$
$$+80(P/F, 15\%, 5)$$
$$=-8.04(万元)$$

再次,用线性内插法求出内部收益率 IRR:

$$IRR=10\%+(15\%-10\%)\times\frac{20.32}{20.32+8.04}=13.58\%$$

由于 IRR 大于基准折现率,即 13.58%>12%,故该项目在经济效果上是可以接受的。

内部收益率是投资项目的实际盈利率,概念清晰、明确,用起来方便,与净现值相比,不需要事先确定基准折现率,因此可以避免一些麻烦,但它与净现值具有一致的评价标准。即当 $IRR>i_0$ 时,此时 $NPV>0$,投资方案是可取的。

[例 3-6]　A、B 二方案的现金流量图,如表 3-6 所示。方案 A 的 $IRR=20\%$,方案 B 的 $IRR=12\%$。

表 3-6　A、B 二方案的现金流量表

方案 年	A 现金流量	B 现金流量
0	−1000	−1000
1	475	4380
2	475	4380
3	475	4380

尽管投资规模方案 B 大于方案 A,但方案 A 内部收益率却大于方案 B 收益率,可见,内部收益率不受绝对投资规模影响;如果不考虑预算或其他条件约束时,显然方案 B 在收益上优于方案 A,在同一个时期内它可为公司提供更多的额外财富,因此不能用内部收益率最大标准来直接比较选择项目。

内部收益率的经济涵义,是在项目的整个寿命期内按利率 $i=IRR$ 计算,始终存在未能收回的投资,而在寿命结束时,投资恰好被完全收回。也就是说,在项目寿命期内,项目始终处于"偿付"未被收回的投资的状况。因此,项目的偿付能力完全取决于项目内部,故有"内有收益率"之称谓。

例如有一投资项目,期初投资 1 亿元,寿命期为 4 年,各年的净现金流量如表 3-7 所示,现已求得内部收益率 $IRR=10\%$,试计算按 10% 利率回收全部投资的年限。计算过程见表 3-7 相应的现金流量图如图 3-6 所示。

表 3-7 净现金流量表 单位:万元

年份	净现金流量(年末发生)(1)	年初未回收的投资(2)	年初未回收的投资到年末的金额(3)=(2)×(1+IRR)	年末未回收的投资(4)=(3)-(1)
0	-10000			
1	4000	10000	11000	7000
2	3700	7000	7700	4000
3	2400	4000	4400	2000
4	2200	2000	2200	0

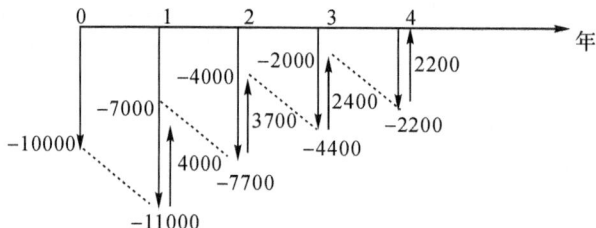

图 3-6 反映 IRR 涵义的现金流量图

由图 3-6 项目被占用资金的回收过程,可以看出内部收益率是项目寿命期内没有回收的资金的盈利率,不是初始投资在整个寿命期内的盈利率,因而它不仅受项目初始投资规模的影响,而且受项目寿命期内各年净收益大小的影响,由于内部收益率不是用来计算初期投资收益的,所以不能直接用内部收益率的大小来判断方案的先后顺序。

关于内部收益率方程的多解问题。内部收益率方程(3-20)式是一个高次方程,为便于分析问题,令 $(1+IRR)^{-1}=x$,$(CI-CO)_t=at$ $(t=0,1,\cdots,n)$,则(3-20)式可简化为如下形式的 n 阶多项式方程。

$$a_0+a_1x+a_2x^2+\cdots+a_nx^n=0$$

这是一个 n 次方程,必有 n 个根(包括复数根和重根),故其正实数根可能不只一个。根据笛卡儿的符号规则,可判断内部收益率方程式(3-21)的根的个数:在 $-1<IRR<\infty$ 的实数范围内,IRR 的正实数根的个数不会超过净现金流正负号变化的次数,如果少的话,则少偶数个。

[例 3-7] 某项目净现金流量如表 3-8 所示。

表 3-8 符号多次变化的净现金流量

年份	0	1	2	3
现金流量(万元)	-100	470	-720	360

解:根据净现金流量的符号变化次数,可以判定最多有三个正实数解。经计算

它们分别为 $i_1=20\%$，$i_2=50\%$，$i_3=100\%$，其净现值曲线如图 3-7 所示。

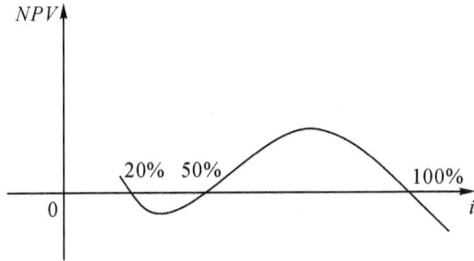

图 3-7 净现值曲线图

然而，这三个折现率是否都是该项目的内部收益率呢？需用内部收益率的经济含义来检验；即在该利率下，项目寿命期内是否始终存在未被回收的投资，而且只在寿命期末才完全收回。以 $i=20\%$ 为例，回收投资的现金流量如图 3-8 所示。从图可知，初投资 100 万元在第 1 年末完全回收，且项目有净盈余 350 万元，第 2 年末又有未被回收的投资 300 万元，第 3 年即寿命期末又全部回收。根据内部收益率的经济含义可知，第 2 年初的 350 万元净盈余，其 20% 的盈利率不是在项目之内，而是在项目之外获得的。

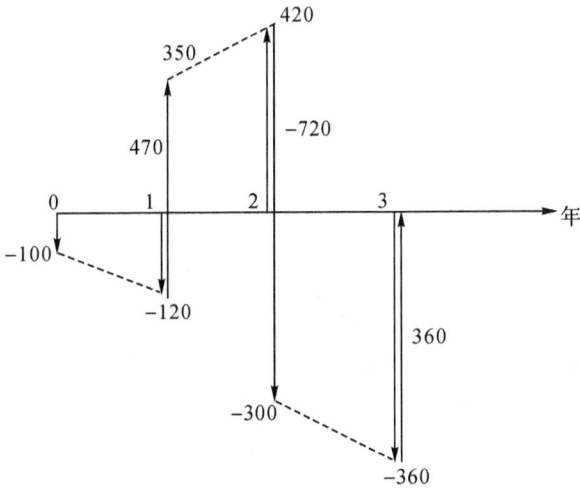

图 3-8 以 20% 利率回收投资的现金流量图

所以 $i_1=20\%$ 不是项目的内部收益率。同样对 $i_2=50\%$，$i_3=100\%$ 作类似计算，发现寿命期内都存在初投资不但全部收回且有盈余的情况，故它们也不是项目的内部收益率。

净现金流符号只变化一次的项目称为常规投资项目;而净现金流符号变化多次的项目则称为非常规投资项目。常规项目只要其累计净现金流大零,其内部收益率方程的正数解便是唯一的,该解就是该项目的内部收益率。证明如下:

设初始投资为 p_0,以后每年的净收益为 $A_t,t=1,2,\cdots,n$;则净现值作为贴现率的函数可表示为

$$NPV(i)=-p_0+A_1(1+i)^{-1}+A_2(1+i)^{-2}+\cdots+A_n(1+i)^{-n}$$

内部收益率就是满足 $NPV(i)=0$ 的 i 值。在 $i>-1$ 范围内,试对 i 求导,得到:

$$\frac{\mathrm{d}(NPV(i))}{\mathrm{d}i}=-A_1(1+i)^{-2}-2A_2(1+i)^{-3}-\cdots-nA_n(1+i)^{-(n+1)}<0$$

$$\frac{\mathrm{d}^2(NPV(i))}{\mathrm{d}^2i}=2A_1(1+i)^{-3}+6A_2(1+i)^{-4}+\cdots+n(n+1)A_n(1+i)^{-(n+2)}>0$$

由于其一阶导数小于零,二阶导数大于零,所以 $NPV(i)$ 为向下凸的单调递减函数。

又因 $\lim_{i\to-1}NPV(i)=\infty,\lim_{i\to\infty}NPV(i)=-P_0$,因此,在 $i>-1$ 范围内,$NPV(i)$ 与 i 轴只能有一个交点。而且若 $\sum_{t=1}^{n}A_t-P_0>0$(静态),则内部收益率为正,反之,$\sum_{t=1}^{n}A_t-P_0<0$,则内部收益率为负。

非常规投资项目,其内部收益率方程的正实数根可能不只一个。如果 IRR 方程存在多个正实数根,则所有的根都不是真正的项目内部收益率。即所有的正实数解都不满足内部收益率的经济涵义。这样的投资项目不能使用内部收益率指标来评价考察经济效果。即内部收益率法对它失效。如果 IRR 方程只有一个正实数根,则这个根就是项目的内部收益率。

在实际工作中,对于非常规项目通常的办法(如试算内插法)先求出一个 IRR 的解,对这个解按照内部收益率的经济涵义进行检验,若满足内部收益率经济涵义的要求(项目寿命期内始终存在未被回收的投资),则这个解就是内部收益率的唯一解,否则项目无内部收益率,不能使用内部收益率指标进行评价。

对非常规项目 IRR 解的检验,既可以同上例中图 3-8 的图示法,也可用递推试算,不失一般性。设投资项目各年未回收的资金为 $Y_t(i),(t=0,1,2,\cdots,n)$。

$$Y_0(i)=(CI-CO)_0$$
$$Y_1(i)=Y_0(i)(1+i)+(CI-CO)_1$$
$$Y_2(i)=Y_1(i)(1+i)+(CI-CO)_2$$
$$\cdots\cdots$$
$$Y_t(i)=Y_{t-1}(i)(1+i)+(CI-CO)_t$$

$$= \sum_{j=0}^{n} (CI - CO)_j (1+i)^{n-j}$$

$$\cdots\cdots$$

$$Y_n(t) = Y_{n-1}(i)(1+i) + (CI - CO)_n$$

式中:i 是根据项目现金流序列试算出的 IRR 的解。

虽然当 $Y_n(IRR) = \sum_{j=0}^{n} (CI - CO)_j (1+i)^{n-j}$,如果 $Y_t(IRR) \leqslant 0 (t = 0,1,2,$ $\cdots,n-1)$,则投资项目一直存在未收回的资金,说明 IRR 反映投资项目本身未回收投资的恢复能力。若 $Y_t(IRR) > 0$,则说明投资项目不但回收全部资金,且有剩余,这时 IRR 未能反映投资项目本身的真正未回收资金的恢复能力。因此,能满足下列条件的 IRR 的解就是项目唯一的内部收益率,否则就不是项目内部收益率。

$$\left. \begin{array}{l} Y_n(IRR) = \sum_{j=0}^{n} (CI - CO)_j (1+IRR)^{n-j} = 0 \\[3mm] Y_t(IRR) = \sum_{j=0}^{t} (CI - CO)_t (1+IRR)^{t-j} \leqslant 0 \end{array} \right\} \qquad (3\text{-}22)$$

[例 3-8] 某项目的净现金流如表 3-9 所示,试判断其有无内部收益率。

表 3-9 本项目的净现金流量 　　　　　　单位:万元

年	0	1	2	3	4	5
净现金流量	-100	60	50	-200	150	100

解:该项目净现金流序列的正符号有多次变化,是一个非常规项目。先试算出内部收益率的一个解,$i = 12.97\%$,将有关数据代入递推公式(3-22),计算结果如表 3-10 所示。

表 3-10 IRR 解检验的计算结果 $(i = 12.97\%)$

年份	0	1	2	3	4	5
Y_t	-100	-52.97	-9.85	-211.12	-88.52	0

计算结果满足公式(3-22),故 12.97% 就是项目的内部收益率。

五、动态投资回收期

为了克服静态投资回收期未考虑资金时间价值的缺点,可求动态投资回收期。动态投资回收期是能使下式成立的 T_p^*,其表达式为:

$$\sum_{t=0}^{T_p^*} (CI - CO)_t (1+i_0)^{-t} = 0 \qquad (3\text{-}23)$$

式中:T_p^*——动态投资回收期(年)。

设基准动态投资回收期为 T_b^*，若 $T_p^* \leqslant T_b^*$，则项目可以接受，否则应予以拒绝。

动态投资回收期更为实用的计算公式是：

$$T_p^* = \left[\begin{array}{c}累计折现值开始\\出现正值的年份数\end{array}\right] - 1 + \left[\dfrac{上年累计折现值的绝对值}{当年净现金流量的折现值}\right] \quad (3\text{-}24)$$

[例 3-9] 某工程项目逐年支出、收入如表 3-11，已知行业基准贴现率 $i_0 = 10\%$，基准动态投资回收 $T_b^* = 8$ 年，求动态投资回收期，并判断该项目能否被接受。

表 3-11 某项目支出、收入表　　　　单位：万元

年份	0	1	2	3	4~7	8~12
投资	100	800	100			
经营费用				300	450	485
收入				350	700	700

表 3-12 净现值计算表　　　　单位：万元

年份	投资 (1)	经营费用 (2)	收入 (3)	净现金流 (4)=(3)-(2)-(1)	累计净现金流 (5)=Σ(4)	净现金流贴现 (6)=(4)×$\frac{1}{(1+i_0)^n}$	累计折现值 (7)=Σ(6)
0	100			-100	-100	-100	-100
1	800			-800	-900	-727.28	-827.28
2	100			-100	1000	-82.64	-909.92
3		300	350	50	-950	37.565	-872.355
4		450	700	250	-750	170.75	-701.605
5		450	700	250	-450	155.225	-546.38
6		450	700	250	-200	141.125	-405.255
7		450	700	250	50	128.30	-276.955
8		485	700	215	265	100.296	-176.659
9		485	700	215	480	91.182	-85.477
10		485	700	215	695	82.891	-2.586
11		485	700	215	910	75.356	72.770
12		485	700	215	1125	68.499	141.269

解：各年累计折现值列于表 3-12，根据公式(3-24)计算得

$$T_p^* = (11-1) + \frac{2.586}{75.356} = 10.034(年)$$

由于 $T_p^* < T_b^*$，按动态投资回收期检验，该项目可以接受。

如果工程项目方案的现金流量如图 3-9 的形式。

该图仅有第 0 年有一个投资为 P，以后各年的净现金流量相等（均为 A）。n

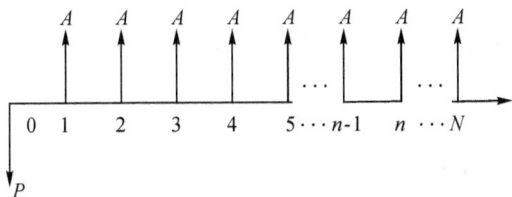

图 3-9 现金流量图

为动态回收期，N 为寿命期。

$$\because \quad P=A(P/A,i,n)=A\left[\frac{(1+i)^n-1}{i(1+i)^n}\right]$$

$$\therefore \quad n=\frac{-\lg(1-\frac{Pi}{A})}{\lg(1+i)} \qquad (3-25)$$

实质上，当给定的基准贴现率 i_0 刚好等于项目方案的内部收益率 IRR 时，动态回收期就等于项目方案的寿命期，即 $n=N$。通常，若 $n<N$，则必有 $i_0<IRR$，因此动态回收期与内部收益率是等价的。

[例 3-10] 某投资方案投资总额为 1000 万元，预计投产后每年获净利 250 万元，假定银行利率为 5%，则其动态投资回收期是多少？

解：

$$T_p^*=\frac{-\lg(1-\frac{1000\times0.05}{250})}{\lg(1+0.05)}=\frac{-(-0.09691)}{0.02119}=4.57(年)$$

复习思考题

1. 静态评价方法有哪些特点？常用静态评价指标有哪些？
2. 什么是静态投资回收期？特点是什么？
3. 总投资收益率和项目资本金收益率有什么区别？
4. 清偿能力分析指标有哪些？各有什么作用？
5. 流动比率和速动比率有什么区别？
6. 什么是利息备付率？其经济意义和评价准则是什么？
7. 什么是偿债备付率？其经济意义和评价准则是什么？
8. 动态评价方法有哪些特点？常用动态评价指标有哪些？
9. 什么是净现值？其经济含义和评价准则是什么？
10. 适用净现值进行动态评价的判别准则是什么？
11. 什么是基准折现率？其影响因素有哪些？

12. 内部收益率的经济含义是什么？优缺点是什么？

13. 方案比较时，对于寿命期不等的方案处理方法有哪些？如何使用？

14. 某投资方案建设期为 2 年，建设期内每年年初投资 400 万元，运营期每年年末净收益为 150 万元。若基准收益率为 12%，运营期为 18 年，残值为零，试计算该投资方案的净现值和静态投资回收期。

15. 某工程总投资为 4500 万元，投产后每年经营成本为 600 万元，每年收益为 1400 万元，产品的经济寿命期为 10 年，在第 10 年末还能回收资金 200 万元。基准收益率为 12%，试用净现值法确定投资方案是否可行？

16. 若 $i = 10\%$，用净年值法比选下列方案。

	一次投资 （万元）	年均收益 （万元）	残值 （万元）	寿命期 （年）
方案 A	20	6	2	10
方案 B	25	9	0	12

17. 一项目的运输有两种方案，铁路运输投资 15 万，年运营成本 2 万，计算期为 10 年；公路运输投资为 6 万，年运营成本为 3 万，计算期为 5 年。基准收益率为 10%，试选择最优方案。

18. 一个工程投资 30000 万元，寿命期 10 年，每年净收益 3000 万，残值 8000 万，基准收益率为 5%，求该项目的 IRR，并判断项目是否可行。

19. 某方案的现金流量表如下，基准收益率为 10%，试计算动态投资回收期、净现值和内部收益率。

年序	0	1	2	3	4	5	6
现金流量（万元）	−400	80	90	100	100	100	100

第四章 项目方案的比较和选择

本章知识点梳理

1. 互斥方案比较

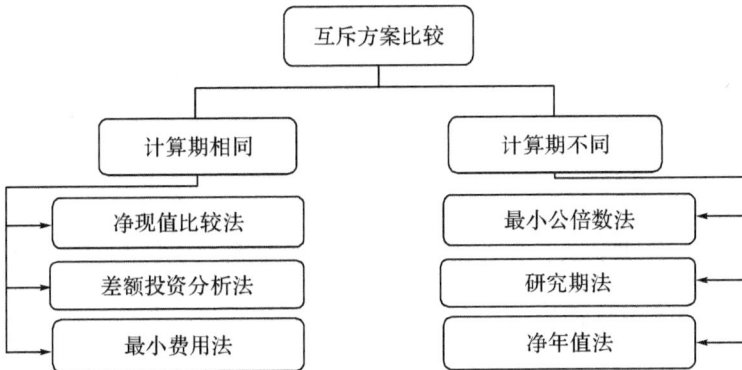

```
                        ┌─────────────────┐
                        │   互斥方案比较   │
                        └────────┬────────┘
                ┌────────────────┴────────────────┐
        ┌───────────────┐                  ┌───────────────┐
        │   计算期相同   │                  │   计算期不同   │
        └───────────────┘                  └───────────────┘
    ┌──► ┌───────────────┐              ┌───────────────┐ ◄──┐
    │    │  净现值比较法  │              │  最小公倍数法  │    │
    │    └───────────────┘              └───────────────┘    │
    ├──► ┌───────────────┐              ┌───────────────┐ ◄──┤
    │    │ 差额投资分析法 │              │   研究期法     │    │
    │    └───────────────┘              └───────────────┘    │
    ├──► ┌───────────────┐              ┌───────────────┐ ◄──┤
    │    │  最小费用法    │              │   净年值法     │    │
         └───────────────┘              └───────────────┘
```

2. 独立方案比较

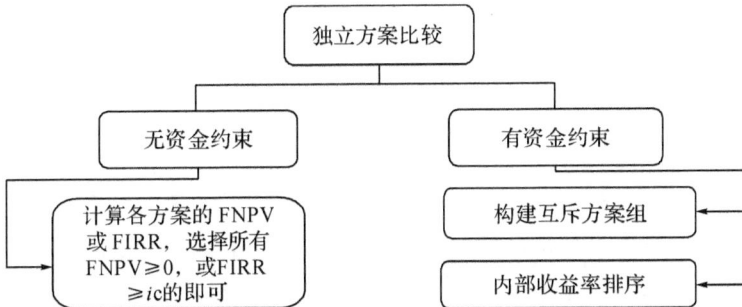

```
                        ┌─────────────────┐
                        │   独立方案比较   │
                        └────────┬────────┘
                ┌────────────────┴────────────────┐
        ┌───────────────┐                  ┌───────────────┐
        │   无资金约束   │                  │   有资金约束   │
        └───────────────┘                  └───────────────┘
    ┌──► ┌─────────────────┐            ┌───────────────┐ ◄──┐
    │    │ 计算各方案的 FNPV│           │  构建互斥方案组 │    │
    │    │ 或 FIRR，选择所有│           └───────────────┘    │
    │    │ FNPV≥0，或 FIRR  │           ┌───────────────┐ ◄──┤
    │    │ ≥ic的即可        │           │ 内部收益率排序 │    │
         └─────────────────┘           └───────────────┘
```

3. 混合方案选择

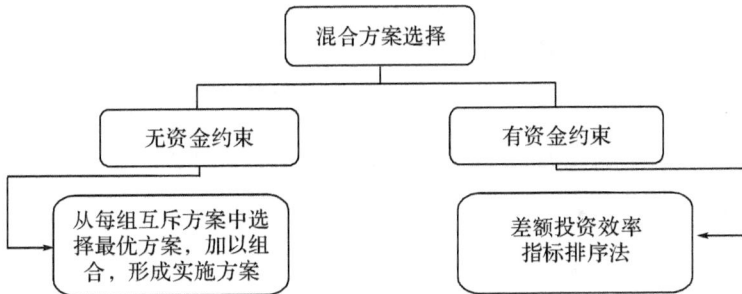

```
                        ┌─────────────────┐
                        │   混合方案选择   │
                        └────────┬────────┘
                ┌────────────────┴────────────────┐
        ┌───────────────┐                  ┌───────────────┐
        │   无资金约束   │                  │   有资金约束   │
        └───────────────┘                  └───────────────┘
    ┌──► ┌─────────────────┐            ┌───────────────┐ ◄──┐
    │    │ 从每组互斥方案中选│          │  差额投资效率  │    │
    │    │ 择最优方案，加以组│          │  指标排序法    │    │
    │    │ 合，形成实施方案  │          └───────────────┘
         └─────────────────┘
```

投资项目的决策,可以采用前述经济效果评价指标以决定项目的取舍。但是,由于投资项目结构类型的复杂性,必须根据其不同结构特点,选择合适的评价指标和正确的评价方法进行项目的评价与选择,才能达到正确决策的目的。

方案的结构类型按照方案群体之间的不同关系可以划分为下面三种类型。

(1)第一种是互斥型的投资方案,其特点是方案之间相互具有排斥性,即在多个方案间只能选择其中之一,其余方案均须放弃,不允许同时存在。其经济效果的评价不具有相加性。

(2)第二种是独立型的投资方案,其特点是方案之间相互不存在排斥性,即在多方案之间,在条件允许的情况下(如资金条件),可以选择多个有利的方案,即多方案可以同时存在。其经济效果的评价具有相加性。

(3)第三种是混合型,混合型是上述独立型与互斥型的混合结构,具体是在一定条件(如资金条件)制约下,有若干个相互独立的方案,在这些独立方案中又分别包含着几个互斥型的方案。

一般说来,工程技术人员遇到的问题多为排斥型方案的选择,高层计划部门遇到的问题多为独立型项目或混合型项目(方案)的选择。无论项目群中的项目是何种关系,项目经济评价的宗旨只能有一个:在有限资金条件下,能获得最佳的经济效果。

第一节　互斥方案的经济效果评价与选择

在互斥方案类型中,经济效果评价包含了两部分内容:一是考察各个方案自身的经济效果,即进行绝对经济效果的检验;二是考察哪个方案相对最优,称相对经济效果检验。通常两种检验缺一不可。它们共同构成了互斥方案评价的主要内容。互斥方案经济效果评价的特点是要进行方案比选,因此,参加比选的方案应满足时间段及计算期可比性;收益费用的性质及计算范围的可比性;方案风险水平的可比性和评价所使用假定的合理性。

互斥方案评价使用的评价指标有净现值、净年值、费用现值、费用年值和内部收益率。下面根据方案寿命相等、不相等及无限三种情况分别讨论互斥方案的经济效果评价。

一、寿命相等的互斥方案经济效果评价

1. 净现值法

用净现值评价互斥方案的步骤如下:

(1)计算各方案的 NPV 值作为绝对经济效果,并加以检验。

(2)计算各方案的相对效果,即差额净现值 ΔNPV。

若 A、B 为投资额不等的两个互斥方案,A 方案比 B 方案投资大,则两方案的差额净现值中 ΔNPV 可由下式求出:

$$\Delta NPV = \sum_{t=0}^{n} \left[(CI_A - CO_A)_t - (CI_B - CO_B)_t \right](1+i_0)^{-t}$$

$$= \sum_{t=0}^{n} (CI_A - CO_A)_t (1+i_0)^{-t} - \sum_{t=0}^{n} (CI_B - CO_B)_t (1+i_0)^{-t}$$

$$= NPV_A - NPV_B \tag{4-1}$$

(3)根据绝对效果和相对效果的结果选择最优方案。

用差额净现值进行互斥方案比选时,若 $\Delta NPV \geqslant 0$,表明增量投资可以接受,投资(现值)大的方案经济效果好;若 $\Delta NPV < 0$,表明增量投资不可接受,投资(现值)小的方案经济效果好。

用 ΔNPV 比选方案与分别计算各方案的净现值,根据净现值最大准则比选方案的结论是一致的。在实际操作中,常常采用直接计算各方案的净现值,并选择净现值最大且非负的方案为最优方案。这种方法将方案的绝对效果投资与相对效果投资结合起来。这一判断准则可以推广到净现值的等效指标净年值,即净年值最大且非负的方案为最优方案。

对于仅有或仅需计算费用现金流量的互斥方案,只需进行相对效果投资,一般不进行增量分析,判断准则是:费用现值或费用年值最小者为最优方案。

[例 4-1] 某投资项目拟就的投资方案有三个,三个方案的投资额和年净收益如表 4-1 所示。$i_0 = 12\%$,试用净现值法进行互斥方案的选择。

表 4-1 互斥方案现金流量表 单位:万元

方案	初始投资	年净收益	寿命(年)
A	300	87	10
B	400	110	10
C	500	122	10

解:(1)求各方案的净现值

$$NPV_A = -300 + 87(P/A, 12\%, 10) = 191.55(万元)$$
$$NPV_B = -400 + 110(P/A, 12\%, 10) = 221.52(万元)$$
$$NPV_C = -500 + 122(P/A, 12\%, 10) = 189.32(万元)$$

根据 $NPV \geqslant 0$ 方案可行的判断准则,由于 $NPV_A > 0$,$NPV_B > 0$,$NPV_C > 0$,故三个方案均通过绝对效果检验。即三个方案均可行。

(2)计算三个方案的相对效果并确定最优方案。

$$\Delta NPV_{B-A} = 221.52 - 191.55 = 29.97(万元)$$

由于 $NPV_{B-A} > 0$,表明 B 方案相对 A 方案的追加投资合理,故 B 优于 A。

$$\Delta NPV_{C-B}=189.32-221.52=-32.20(万元)$$

由于 $NPV_{C-B}<0$，表明 C 方案相对 B 方案的追加投资不合理。故 B 方案优于 C 方案，最后结论是 B 方案最优。也可不进行差量分析，直接从三个方案的净现值得到最优方案。

2. 内部收益率法

在对互斥方案进行比较选择时，净现值最大准则（以及净年值最大准则、费用现值和费用年值最小准则）是正确的判别准则。而用内部收益率最大准则选择最优方案是不可靠的，不能保证比选结论的正确性。这是由内部收益率的经济含义决定的。

净现值最大准则的正确性，是由其基准折现率——最低期望收益率的经济意义决定的。一般来说，最低期望收益率应该等于被拒绝的投资机会中最佳投资机会的盈利率，因此净现值就是拟采纳方案较之被拒绝的最佳投资机会多得的盈利，其值越大越好，这符合盈利最大化的决策目标的要求。

[例 4-2] 已知某工程项目有 A、B、C 三个备选方案，其现金流量如表 4-2 所示。若基准折现率 $i_0=15\%$，试用净现值和内部收益率指标分别选择最优方案。

表 4-2 A、B、C 三备选方案的现金流量 单位：万元

方案＼年份	0	1～10
A	−5000	1400
B	−8000	1900
C	−10000	2500

解：根据现金流量计算三个方案的 NPV：
$$NPV_A=-5000+1400(P/A,15\%,10)=2026.32(万元)$$
$$NPV_B=-8000+1900(P/A,15\%,10)=1535.72(万元)$$
$$NPV_C=-10000+2500(P/A,15\%,10)=2547(万元)$$

三个方案的内部收益率 IRR 为：
$$-5000+1400(P/A,IRR_A,10)=0 \qquad (IRR_A=25\%)$$
$$-8000+1900(P/A,IRR_B,10)=0 \qquad (IRR_B=19.9\%)$$
$$-10000+2500(P/A,IRR_C,10)=0 \qquad (IRR_C=21.9\%)$$

根据计算结果可知，三个方案的 NPV 和 IRR 均通过绝对经济效果检验，即经济效果上是可行的。若按 NPV 最大化准则来选，由于 $NPV_C>NPV_A>NPV_B$，则 C 方案为最优方案。如果认为 IRR 越大越好，那么由于 $IRR_A>IRR_C>IRR_B$，就会认为 A 方案最优，这和 NPV 评价结论相矛盾。实际上 A 并非是项目的最优方案。

无论采用净现值法还是采用内部收益率法进行方案相对比选,比选的实质是投资大的方案与投资小的方案相比,增量投资能否被其增量收益抵消或抵消有余,即对增量现金流的经济性做出判断。因此,用内部收益率法进行互斥方案比较时应计算增量现金流的内部收益率,亦称为"差额内部收益率"或"增量内部收益率"(记作 ΔIRR)。在方案寿命期相等的情况下,计算差额内部收益率的方程式为:

$$\sum_{t=0}^{n} (\Delta CI - \Delta CO)_t (1 + \Delta IRR)^{-t} = 0 \qquad (4\text{-}2)$$

式中: ΔCI——互斥方案(A、B)的差额(增量)现金流入($CI_A - CI_B$);

ΔCO——互斥方案(A、B)的差额(增量)现金流出($CO_A - CO_B$)。

差额内部收益率定义的另一种表述方法是:两互斥方案净现值(或净年值)相等时的折现率。其数学方程式也可以写成:

$$\sum_{t=0}^{n} (CI_A - CO_A)_t (1 + \Delta IRR)^{-t} - \sum_{t=0}^{n} (CI_B - CO_B)_t (1 + \Delta IRR)^{-t} = 0$$

$$(4\text{-}3)$$

利用公式(4-2)和(4-3)求解 ΔIRR 的结果是一样的。

用差额内部收益率比选方案的判别准则是:若 $\Delta IRR > i_0$(基准收益率),则投资(现值)大的方案为优;若 $\Delta IRR < i_0$,则投资(现值)小的方案为优。用差额内部收益率进行方案比较的情形如图 4-1 所示。

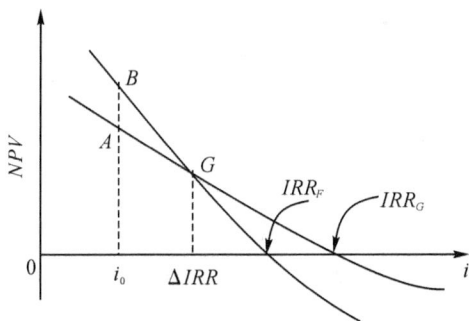

图 4-1　用于方案比较的差额内部收益率

在图 4-1 中,G 点为两方案净现值曲线的交点,在这一点两方案净现值相等。A 点所对应的折现率即为两方案的差额内部收益率 ΔIRR。由图中可以看出,当 $\Delta IRR > i_0$ 时,$NPV_B > NPV_A$;当 $\Delta IRR < i_0$ 时,$NPV_B < NPV_A$。用 ΔIRR 与 NPV 比选方案的结论是一致的。

如例 4-2 中,方案之间的差额内部收益率为:

$-3000 + 500(P/A, IRR_{B-A}, 10) = 0 \qquad \Delta IRR_{B-A} = 10.5\% < 15\%$

这说明 A 优于 B,故淘汰 B,保留 A,再将 C 与 A 比较 ΔIRR_{C-A}:

$$-5000+1100(P/A,IRR_{C-A},10)=0 \qquad \Delta IRR_{C-A}=17.6\%>15\%$$

这说明 C 优于 A，故 C 是经筛选后的最优方案。按净现值指标和差额内部收益率指标判别的最优方案是一致的。

内部收益率最大准则只在基准折现率大于被比较的两方案的差额内部收益率的前提下成立。也就是说，如果将投资大的方案相对于投资小的方案的增量投资用于其他投资机会，会获得高于差额内部收益率的盈利率，用内部收益率最大准则进行方案比选的结论是正确的。如图 4-1 所示，如果所取的基准折现率 i_0 大于 ΔIRR，则用内部收益率最大准则与净现值最大准则比选方案的结论是一致的。但是倘若基准折现率小于差额内部收益率，用内部收益率最大准则选择方案就会导致错误的抉择。由于基准折现率是独立确定的，不依赖于具体待比选方案的差额内部收益率，故用内部收益率最大准则比选方案是不可靠的。

用内部收益率法评价互斥方案的步骤和方法如下：

(1)根据每个方案自身的净现金流,计算每个方案的内部收益率(或 NPV,NAV),淘汰内部收益率小于基准折现率 i_0(或 $NPV<0$,$NAV<0$)的方案,即淘汰通不过绝对效果检验的方案。

(2)按照投资从大到小的顺序排列经绝对效果检验保留下来的方案。首先计算头两个方案的 ΔIRR。若 $\Delta IRR>i_0$,则保留投资大的方案;若 $\Delta IRR<i_0$,则保留投资小的方案。

(3)将第(2)步得到的保留方案与下一个方案进行比较——计算两方案的差额内部收益率,取舍判据同上。以此类推,直至检验过所有可行方案,找出最优方案为止。

[例 4-3] 某设备有四种投资方案,各方案的现金流量如表 4-3 所示。试用内部收益率法选定最佳方案。基准折现率为 10%。

解:按照内部收益率评价互斥方案的步骤进行。通过计算 A_3 方案的 IRR 为 $9.63\%<10\%$,应予以淘汰。将通过绝对效果检验的方案 A_1、A_2、A_4 按投资额由小到大排序,然后计算方案之间的 ΔIRR,进行比选。

表 4-3 项目各方案的现金流量表　　　　　　单位:万元

方案	A_1	A_2	A_3	A_4
初始投资	-300	-412.5	-285	-525
年净收益	33	52.5	29.25	63
寿命(年)	30	30	30	30

如 A_2 与 A_1 之间的 $\Delta IRR_{A_2-A_1}$ 的计算为:

$$-112.5+19.5(P/A,\Delta IRR_{A_2-A_1},30)=0$$

用线性插值法可得:

$$\Delta IRR_{A_2-A_1}=17.28>10\%$$

说明 A_2 比 A_1 优，保留 A_2 方案，淘汰 A_1 方案。

A_4 与 A_2 之间的 $\Delta IRR_{A_4-A_2}$ 的计算为：

$$-112.5+10.5(P/A,IRR_{A_4-A_2},30)=0$$

用线性插值法可得：

$$\Delta IRR_{A_4-A_2}=8.55<10\%$$

说明 A_2 比 A_4 优，淘汰 A_4 方案，由于所有的方案都评比过了，因此方案 A_2 就是最后的最优方案。计算结果如表 4-4 所示。

表 4-4　差额投资内部收益率计算结果分析表

投资	方案	A_3	A_1	A_2	A_4
绝对效果	内部收益率(%)	9.63	10.49	12.40	11.59
	可行与否	否	可	可	可
相对效果	方案比较			A_2 对 A_1	A_4 对 A_2
	差额投资(万元)			−112.5	−112.5
	差额收益(万元)			19.5	10.5
	差额投资内部收益率(%)			17.28	8.55
	增额评价			是	否
方案选定				A_2	A_2

需要指出的是，ΔIRR 只能反映增量现金流的经济性（相对经济效果），不能反映各方案自身的经济性（绝对经济效果）。故差额内部收益率法只能用于方案间的比较（相对效果检验），不能仅根据 ΔIRR 数值的大小判定方案的取舍。

差额内部收益率法也可用于仅有费用现金流的互斥方案比选。比选结论与费用现值法和费用年值法一致。在这种情况下，实际上就是把增量投资所导致的对其他费用的节约看成是增量收益。计算仅有费用现金流的互斥方案的差额内部收益率的方程，可以比照公式(4-2)或(4-3)，按两方案费用现值相等或增量费用现金流现值之和等于零的方式建立。

[例 4-4]　两个收益相同的互斥方案 A 与 B，寿命为 15 年，其费用现金流量如表 4-5 所示。试由差额内部收益率和费用现值法选择最佳方案（$i_0=10\%$）。

表 4-5　互斥方案的费用现金流量表　　　　单位：万元

方案	A	B	增量费用现金流量($B-A$)
初始投资(0 年)	150	225	75
年费用支出	17.52	9.825	−7.695

解：(1)采用差额内部收益率法

$$75-7.695(P/A,\Delta IRR_{B-A},15)=0$$

61

解得 $\Delta IRR_{B-A} = 6.14\% < 10\%$。由于 $\Delta IRR_{B-A} < i_0$,故 A 方案优于 B 方案。

(2)采用费用现值法

$$PC_A = 150 + 17.52(P/A,10\%,15) = 283.257(万元)$$

$$PC_B = 225 + 9.825(P/A,10\%,15) = 299.73(万元)$$

由于 $PC_A < PC_B$,故 A 方案优于 B 方案,应选 A 方案。可见差额内部收益率法与费用现值法的比选结论相一致。

3. 投资回收期法

我们也可以通过计算两个互斥型方案现金流量差额的动态或静态投资回收期来判定方案的优劣。这种方法尤其适用于只有年经费成本和期初投资额的互斥方案的比选。其步骤如下:

(1)计算每个方案的投资回收期,淘汰投资回收期大于基准投资回收期的方案。

(2)把保留下来的方案按投资额由小到大的顺序排列,依次计算各对比方案间的差额投资回收期 ΔT_p,若 $\Delta T_p < T_b$,则应保留投资较大的方案。若 $\Delta T_p > T_b$,则应保留投资较小的方案。

(3)将(2)步保留下来的方案与下一个方案进行比较,再计算 ΔT_p,以此类推,直到检查完所有的可行方案,找出最优方案为止。

[例 4-5] 例 4-2 中增额投资回收期为:

$$\Delta T_{p(B-A)} = -\frac{\lg\left[1 - \frac{(8000-5000)\times 15\%}{(1900-1400)}\right]}{\lg(1+15\%)} = 16.1(年) > 10(年)$$

故 A 方案优于 B 方案。因此保留 A,而淘汰 B,并将 A 再与 C 比较。

$$\Delta T_{p(C-A)} = -\frac{\lg\left[1 - \frac{(10000-5000)\times 15\%}{(2500-1400)}\right]}{\lg(1+15\%)} = 8.2(年) < 10(年)$$

这说明 C 方案优于 A 方案,故 C 方案为最优方案。

二、寿命不等的互斥方案经济效果评价与选择

对寿命期不同的方案进行比较时,也要进行各方案自身经济性的检验和方案间的相对经济性检验(对于仅有费用现金流的互斥方案只进行相对效果检验)。但是,寿命期不等的互斥方案,不能简单地采用评价指标直接对方案进行评价及选择。由于方案的使用寿命不同,评价指标在时间上没有比较基础,不具有可比性。因此,方案的评价必须在相等的时间段内比较它们的费用和收益才有意义。

寿命不等的互斥方案的经济效果评价主要有净年值法和净现值法。

1. 净年值法

净年值法是在对寿命期不相等的互斥方案进行比选时最为简便的方法,即分别计算各方案的净年值,净年值≥0,且净年值最大者为最优。

设 m 个互斥方案的寿命期分别为 $n_1,n_2,\cdots,n_m$,方案 $j(j=1,2,\cdots,m)$ 在其寿命期内的净年值为:

$$NAV_j = NPV_j(A/P,i_0,n)$$

$$= \sum_{t=0}^{n_j}(CI_j-CO_j)_t(P/F,i_0,t)(A/P,i_0,n_j) \quad (4-4)$$

对于仅有费用的方案比较也宜采用费用年值比较法,费用年值最小者为最优。

2. 净现值法

由于寿命不等,各方案在各自寿命期间的净现值在时间上不具有可比性。如果需要采用净现值法或费用现值法,则需对各个比较方案的计算期作适当处理,即设定一个共同的分析期,使得方案的比较有一个共同的时间基础,然后再进行比较。互斥方案分析期的确定通常有以下几种方法:

(1)最小公倍数法

取各个方案的计算期的最小公倍数作为比较方案的共同计算期。这一方法是假定凡是计算期小于最小公倍数的方案,在共同计算期内重复实现。故该法亦称方案重复法。

(2)分析期截止法

根据对未来市场状况和技术发展前景的预测直接选取一个合适的分析期,假定寿命期小于此分析期的方案重复实施,并对各方案在分析期末的资产余值进行估价,到分析期结束时回收资产余值。在备选方案寿命期比较接近的情况下,一般取诸方案中最短的方案寿命期作为共同分析期。

[例 4-6] 某投资项目具有两个计算期不同的互斥型方案,各方案的投资额、年净收益及计算期如表 4-6 所示,若项目的基准收益率 $i_0=12\%$,选择何方案为最优。

表 4-6 两方案现金流量表 单位:万元

方案	初始投资)	年净收益	计算期(年)
A	180	80	3
B	220	100	4

解:(1)用净年值法比较

$$NAV_A=-180(A/P,12\%,3)+80=5(万元)$$
$$NAV_B=-220(A/P,12\%,4)+100=27.5(万元)$$

因为 $NAV_B>NAV_A$,因此 B 优于 A。

（2）按净现值比较

采用最小公倍数法，A方案与B方案计算期的最小公倍数12年，以此作为共同的分析期。这样A方案需重复实施4次，B方案需重复实施3次。其净现值分别为：

$$NPV_A = -\sum_{t=0}^{3} 180 \times (P/F,12\%,3t) + 80(P/A,12\%,12) = 31.12(万元)$$

$$NPV_B = -\sum_{t=0}^{2} 220(P/F,12\%,4t) + 100(P/A,12\%/12) = 170.6(万元)$$

因为 $NPV_B > NPV_A$，因此方案B优于方案A。

（3）年值折现法

按某一共同的分析期将各备选方案的年值折现得到用于方案比选的现值。它是年值法的一种变形。其公式为：

$$NPV_j = \sum_{t=0}^{n_j} (CI_j - CO_j)_t (P/F,i_0,t) \times (A/P,i_0,n_j)(P/A,i_0,N) \qquad (4\text{-}5)$$

式中：N为共同分析期，其取值的大小不会影响方案的比选结论。但通常N的取值优于最长的方案寿命期，且不小于最短的方案寿命期。

用上述方法计算出的净现值的判别准则是：净现值最大且非负的方案是最优方案。对于仅有或仅需计算费用现金流的互斥方案，用费用现值法比选，其判断准则是：费用现值最小的方案为最优方案。

[例4-7] 某工程有两个供气系统装置互斥方案，其基本费用数据如表4-7所示，已知基准收益率为12%，试用费用年值和费用现值进行方案选择。

表4-7 两方案费用现金流

方 案	初始投资 （0年,万元）	年经费成本 （万元）	计 算 期 （年）	固定资产余值流动 资金回收（万元）
A	600	250	8	80
B	700	200	12	20

解：（1）用费用年值法比选

$AC_A = 250 + 600(A/P,12\%,8) - 80(A/F,12\%,8) = 364.28(万元)$

$AC_B = 200 + 700(A/P,12\%,12) - 20(A/F,12\%,12) = 312.17(万元)$

由于 $AC_B < AC_A$，故应选B方案。

（2）用费用现值法比选

两方案计算期的最小公倍数24年，以此作为共同的分析期，两方案的费用现值为：

$$PC_A = 250(P/A,12\%,24) + \sum_{t=0}^{2} 600(P/F,12\%,8t)$$

$$- \sum_{t=1}^{3} 80(P/F,12\%,8t) = 2835.56(万元)$$

$$PC_B = 200(P/A,12\%,24) + \sum_{t=0}^{1} 700(P/F,12\%,12t)$$

$$- \sum_{t=1}^{2} 20(P/F,12\%,12t) = 2430.04(万元)$$

由于 $PC_A > PC_B$,故应选 B 方案。

从该例中可知用费用年值和费用现值指标选择方案的结论是一致的,它们通常适用于收益相同或无法估算的方案比选

3. 内部收益率法

先对各备选方案进行绝对经济效果检验,然后再对通过绝对经济效果检验的方案用计算差额内部收益率法进行比选。差额内部收益率方程可用两方案净年值相等或净现值相等划出,其中隐含了方案可重复实施的假定。

$$\sum_{t=0}^{n_A} (CI_A - CO_A)_t (1 + \Delta IRR)^{-t}(A/P, \Delta IRR, n_A)$$

$$- \sum_{t=0}^{n_B} (CI_B - CO_B)_t (1 + \Delta IRR)^{-t}(A/P, \Delta IRR, n_B) = 0 \tag{4-6a}$$

或者

$$\sum_{t=0}^{n_A} (CI_A - CO_A)_t (1 + \Delta IRR)^{-t}(A/P, \Delta IRR, n_A)(P/A, \Delta IRR, N)$$

$$- \sum_{t=0}^{n_B} (CI_B - CO_B)_t (1 + IRR)^{-t}(A/P, \Delta IRR, n_B)(P/A, \Delta IRR, N) = 0$$

$$\tag{4-6b}$$

用差额内部收益率进行寿命不等的互斥方案的选择,通常应满足下列条件:

(1)初始投资额大的方案年均净现金流量大,且寿命长;

(2)初始投资额大的方案年均净现金流量小,且寿命短。

方案比选的判别准则为:在 ΔIRR 存在的条件下,若 $\Delta IRR > i_0$,则年均净现金流量最大的方案为优;若 $0 < \Delta IRR < i_0$,则年均净现金流量小的方案为优。若方案 j 的寿命期为 n_j,则方案 j 的年均净现金流量为:$\sum_{t=0}^{n_j} (CI_j - CO_j)_t / n_j$。

[例 4-8] 互斥方案 E、F 的净现金流量如表 4-8 所示,若基准折现率 $i_0 = 10\%$,试用差额内部收益率(ΔIRR)指标评价方案。

表 4-8 互斥方案 E、F 净现金流量   单位:万元

年份 方案	0	1~5	6~10
E	−300	80	80
F	−100	50	

解:通过计算,两个方案都通过绝对经济效果评价,下面主要讨论相对经济效果的检验,根据求年均净现金流的公式,初始投资大的 E 方案年均净现金流量($-300/10+80=50$)大于初始投资小的 F 方案的年均净现金流量($-100/5+50=30$),且方案 E 的寿命(10 年)长于方案 F 的寿命(5 年),符合差额内部收益率指标条件。

根据公式(4-6b)到差额内部收益率方程

$$-300(A/P,\Delta IRR,10)+100(A/P,\Delta IRR,5)+30=0$$

解得:$\Delta IRR=14.99\%$

根据判别准则,$\Delta IRR>i_0$(10%)应选择年均净现金流大的方案。故方案 E 优于方案 F。若只进行费用比较的方案,其差额内部收益率(ΔIRR)方程可以用两方案费用年值相等列出:

$$\sum_{t=0}^{n_A} CO_{At}(1+\Delta IRR)^{-t}(A/P,\Delta IRR,n_A)$$

$$-\sum_{t=0}^{n_B} CO_{Bt}(1+\Delta IRR)^{-t}(A/P,\Delta IRR,n_B)=0 \tag{4-7}$$

根据费用现金流计算出的差额内部收益率用于寿命不等互斥方案比选之满足的条件为:

(1)初始投资额大的方案年均费用现金流小,且寿命长;

(2)初始投资额大的方案年均费用现金流大,且寿命短。

判别准则:在 ΔIRR 存在时,若 $\Delta IRR>i_0$,则年平均费用现金流小的方案为优;若 $0<\Delta IRR<i_0$,则年平均费用现金流大的方案为优。若方案 j 的寿命为 n_j,则方案 j 的年均费用现金流为 $\sum_{t=0}^{n_j} CO_{jt}/n_j$。

[例 4-9] 互斥方案 C、D 具有相同的产出,两方案的费用现金流如表 4-9 所示,基准折现率 $i_0=10\%$,试用差额内部收益率进行方案比选。

解:由于初始投资额大的方案 D 的平均费用现金流($\frac{100}{15}+\frac{140}{15}+\frac{14\times40}{15}=$

53.3)小于初始投资额小的方案 C 的年均费用现金流($\frac{2\times100}{10}+\frac{9\times60}{10}=74$),且方案 D 的寿命长于方案 C 的寿命,符合 ΔIRR 指标使用条件。根据公式列出求解

ΔIRR 的方程式：

$[100+100(P/F,\Delta IRR,1)+60(P/A,\Delta IRR,9)(P/F,\Delta IRR,1)](A/P,\Delta IRR,10)$
$=[100+140(P/F,\Delta IRR,1)+40(P/A,\Delta IRR,14)(P/F,\Delta IRR,1)](A/P,\Delta IRR,15)$

用内插法试算可求得：$\Delta IRR=53.7\%$，由于 $\Delta IRR>i_0$，据判别准则可知，应选择年均费用现金流小的方案 D。

表 4-9　方案 C、D 的费用现金流　　　　单位：万元

年份 方案	投资		经费费用	
	0	1	2～10	11～15
C	100	100	60	—
D	100	140	40	40

三、无限寿命的互斥方案的经济效果评价与选择

在实践中，经常会遇到具有很长服务期（寿命大于 50 年）的工程方案，例如桥梁、铁路、运河、机场等。一般言之，经济分析对遥远未来的现金流量是不敏感的。对于服务寿命很长的工程方案，我们可以近似地当作具有无限服务寿命期来处理。

按无限期计算出的现值，一般称为"资金成本和资本化成本"。资本化成本的公式为

$$P=\frac{A}{i} \qquad (4-8)$$

对无限期互斥方案进行净现值比较的判别准则为：净现值大于或等于零且净现值最大的方案是最优方案。

对于仅有或仅需计算费用现金流量的互斥方案，可以比照净现值法，用费用现值法进行比选。判别准则是：费用现值最小的方案为优。同样，也可用净年值法计算。

[例 4-10]　某河上建大桥，有 A、B 两处选点方案如表 4-10 所示，若基准折现率 $i_0=10\%$，试用费用现值和费用年值指标比较何者为优。

解：两方案的现金流量如图 4-2 所示。

（1）用费用现值比选

$$PC_A=3080+\frac{1.5+5(A/F,10\%,10)}{10\%}=3098.13（万元）$$

$$PC_B=2230+\frac{0.8+4.5(A/F,10\%,5)}{15\%}=2245.37（万元）$$

由于 $PC_B<PC_A$，故方案 B 为优。

表 4-10　两方案费用现金流量表（万元）

方案	A	B
一次投资	3080	2230
年维护费	1.5	0.8
再投资	5（每 10 年一次）	4.5（每 5 年一次）

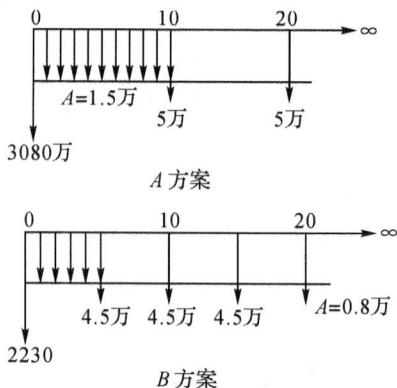

图 4-2　现金流量图

（2）用费用年值法比选

$$AC_A = 3080 \times 10\% + 5(A/F, 10\%, 10) + 1.5 = 309.8(万元)$$
$$AC_B = 2230 \times 10\% + 4.5(A/F, 10\%, 5) + 0.8 = 224.54(万元)$$

由于 $AC_B < AC_A$，故 B 优于 A。可见和 PC、AC 评价的结论相一致。

第二节　独立方案的经济效果评价

独立方案，当资金充裕，不受约束时，无论是单一方案还是多方案，其采用与否，只取决于方案自身的经济性，即只需检验它们是否能够通过净现值、净年值或内部收益率指标的评价标准，即进行绝对经济效果的检验，凡通过绝对经济效果检验的方案应予以接受；否则应予以拒绝。当资金有限时，要以资金为制约条件，来选择最佳的方案组合，即形成所谓的资金约束条件下的定量分配问题。定量分配问题有如下两种基本方法：

一、独立项目互斥化法

此法是在相互独立的诸方案中，列出所有可能的方案组合（经济可行的单方案及其排列组合的方案），再从中选出能满足资金限额的各个方案组，最后按互斥型方案的选择原则（按方案组合的净现值最大来选择），选出最优的方案组合。

下面举例说明：

[例 4-11]　现有 A、B、C 三个独立投资方案，其初始投资及各年净收入如表 4-11 所示，投资限额为 5000 万元，若基准折现率为 10%（各方案的净现值的计算结果也列入表中），用净现值作指标进行比较，哪个方案组合最佳？

表 4-11   方案的净现金流量及其净现值   单位:万元

方 案	初始投资	(1~5)年净收入	净现值
A	-1100	500	795.40
B	-2300	1000	1490.80
C	-3500	1200	1048.96

解:列出所有可能的方案组合,共有 $2^3-1=7$ 个组合方案,其具体构成及相应指标列于表 4-12 中。

表 4-12   互斥组合方案的现金流量及净现值   单位:万元

方案组合	方案组合状态 A	方案组合状态 B	方案组合状态 C	初始投资	(1~5)年净收入	净现值
1	1	0	0	-1100	500	795.40
2	0	1	0	-2300	1000	1490.80
3	0	0	1	-3500	1200	1048.96
4	1	1	0	-3400	1500	2286.20
5	1	0	1	-4600	1700	1844.36
6	0	1	1	-5800	2200	—
7	1	1	1	-6900	2700	—

由于资金只有 5000 万元,第 6、7 个方案组合不行,按净现值最大原则,以第 4 个方案组合为最佳。

因为每个独立项目具有选和不选两种方案,故 m 个独立项目可以构成 2^m-1 个互斥方案组合。当 m 超过 4 以后,计算工作变得非常麻烦。因而,通常采用效率指标排序法。

二、效率指标排序法

这是由日本的千住镇雄等人提出的一种经济性工程学,又称双向排序均衡法。他们因此荣膺 1984 年度日本经营技术开发奖。其特点是用 IRR 作为效率指标进行排序,以简化独立项目的比选。其框图如图 4-3 所示。

[例 4-13]   表 4-13 所示为 6 个相互独立的投资项目,寿命均为 6 年。

表 4-13   独立项目数据   单位:万元

项目	初始投资(K)	年净收益(M)	项目	初始投资(K)	年净收益(M)
A	60	18	E	80	21.7
B	55	11.9	E	75	28.3
C	45	15.2	F	70	17

(1)若 $i_0=10\%$,可投资资金 $K'_{max}=250$ 万元,建筑师选择哪些项目最有利?

(2)若 $i_0=10\%$,可投资资金 $K''_{max}=300$ 万元,建筑师选择哪些项目最有利?

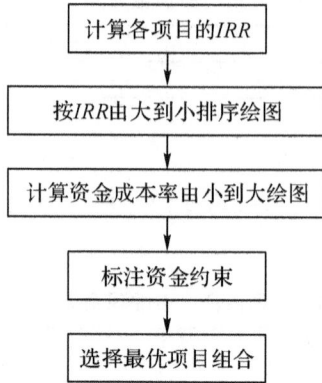

图 4-3 独立项目组合比选框图

(3)若投资资金在 100 万元之内，$i_0 = 10\%$；投资每超出 100 万元，i_0 增加 4 个百分点。这时建筑师又应如何选择独立项目组合才最有利？

解：首先求各项目的比率性指标内部收益率 IRR，简记为 r，排序并绘制出图 4-4。

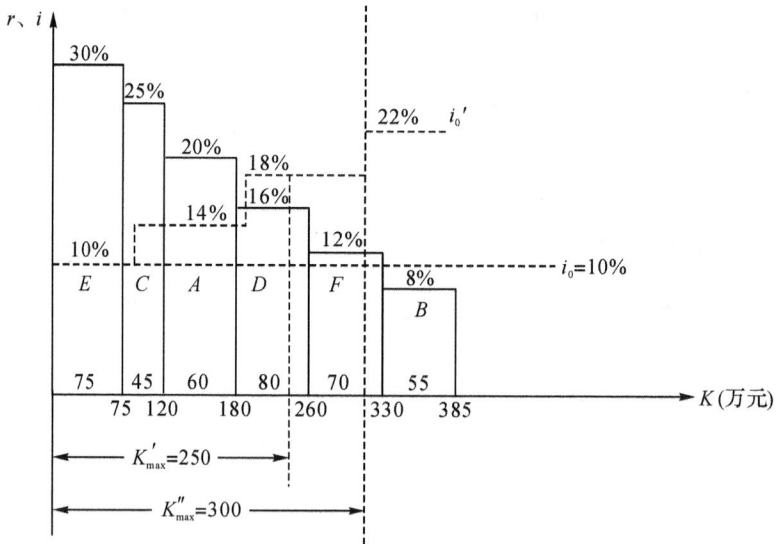

图 4-4 排序图

对于本例，r 可由下式求出：

$$K \times (A/P, r, 6) = M$$

可通过查复利表，利用线性内插法求得 r。

因此有：

$r_A = 20\% ③; r_B = 8\% ⑥; r_C = 25\% ②; r_O = 16\% ④; r_E = 30\% ①; r_F = 12\% ⑤$

（○中的数字为项目优先顺序号）。

然后在图上标注评价标准线 i_0 和资源约束条件 $K'_{max}(K''_{max})$。

最后选择优化组合方案如下：

（1）根据条件（1），$K'_{max} = 250$ 万元时，可依次选择项目 E、C、A，这时投资总额为 180 万元，剩余 70 万元资金不够项目 D 投资之用。由于项目的不可分割性，D 项目不能选中，但下个项目 F 的 $r_F = 120\% > i_c = 10\%$，且 $I_F = 70$ 万元，资金恰好够用，故可被选中。因此，在 $K'_{max} = 250$ 万元的约束条件下，建筑师应选择项目 E、C、A、F 加以组合，这是最佳选择。

（2）根据条件（2），可选择 E、C、A、D，剩余的 40 万元不能投于 F 项目。故建筑师的最佳选择是投资于 E、C、A、D 项目组合，并将剩余的 40 万元资金投到任何能够达到基准收益率 i_0 水平的其他项目上。

（3）根据条件（3）可画出一条变动的资金成本线 i_0，i'_0 与 r 曲线相交于项目 D，由于项目的不可分割性，建筑师的最佳选择是 E、C、A。

值得注意的是，用内部收益率指标排序，来评选独立方案，并不一定能保证获得最佳组合方案。只有当各方案投资占总投资比例很小或者入选方案正好分配完总投资时，才能保证获得最佳组合方案。

第三节 混合型方案的选择

混合型方案通常是指几个独立项目中，某几个或所有项目又包含有若干个互斥方案，在资金受约束的条件下，如何选择最优的组合方案。混合型项目方案群的优化组合方法也有两种：一种方法是建立互斥型方案组合来解，即与求解独立型方案相似，对混合型方案选出可能的方案组合（单方案经济上可行的各种排列组合方案），从中选出能满足资金限额的各方案组合，最后按互斥型方案的选择原则，从中选择最优的方案组合（可按方案组合的净现值最大来选择）。另一种方法是当项目及方案数比较多的时候，此方法比较繁琐，因此通常采用效率指标排序。不过在解决混合型方案优化问题时，排序指标应为增量效率指标，而不是效率指标，若以投资问题为例，则其求解程序框图如图 4-5 所示。

[例 4-14]　某石油化工联合企业有三个下属工厂 A、B、C，分别提出各自的技术改造方案。A、B、C 三厂是相互独立的，但各厂投资项目均由若干排它方案实现（见表 4-14）。假定各方案的寿命均为 8 年，设基准折现率 $i_0 = 15\%$，试在下列资金限制下，从整个企业的角度作出最优决策。

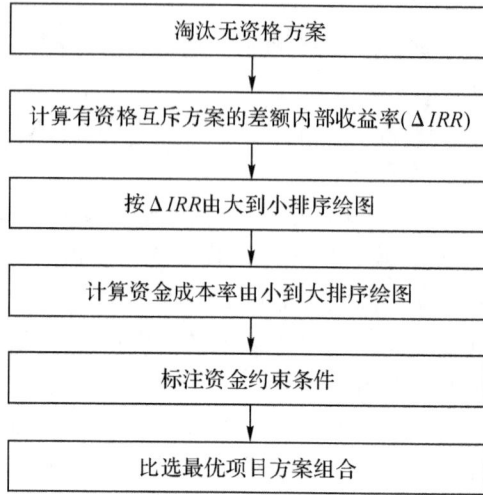

图 4-5　混合型项目方案群优化框图

资金限制:(a)600 万元;(b)800 万元;(c)400 万元

表 4-14　混合型项目数据　　　　　　　　　　　单位:万元

公司	子公司项目(独立)	方案(互斥)	初始投资(K)	年末净收益(R)
M	A	A_1	100	38
		A_2	200	69
		A_3	300	86
	B	B_1	100	19
		B_2	200	55
		B_3	300	75
		B_4	400	92
	C	C_1	200	86
		C_2	300	109
		C_3	400	154

解:若按增量效率指标排序法求解,根据图 4-5 的求解程序,则应:

(1)检查有无资格方案。为此可计算各互斥方案的 $\Delta R/\Delta K$,若$(\Delta R/\Delta K)_i <$ $(\Delta R/\Delta K)_{i+1}$,则方案 i 即为无资格方案。也可以将计算出的追加投资收益率 $\Delta R/$ ΔK,用投资额及年收益为坐标的折线图加以表示,如图 4-6 所示。图中如果存在使曲线向下凸的点,则该点所对应的方案为无资格方案。如果折线均为上凸曲线,则不存在无资格方案。本例中无资格方案为 B_1、C_1,应予以淘汰。然后重新计算除去无资格方案之后的 $\Delta R/\Delta K$ 值(如表 4-15 所示)。在图中将上述关系用虚线相连,这样图中均呈向上凸的曲线。

表 4-15 $\Delta R/\Delta K$ 计算与无资格方案清除

项目	方案	K	R	$\Delta R/\Delta K$	无资格方案	重算 $\Delta R/\Delta K$
A	A_1	100	38	0.38		0.38
	A_2	200	69	0.31		0.31
	A_3	300	86	0.17		0.17
B	B_1	100	19	0.19	B_1	—
	B_2	200	55	0.36		0.275
	B_3	300	75	0.20		0.20
	B_4	400	92	0.17		0.17
C	C_1	200	86	0.43	C_2	0.43
	C_2	300	109	0.23		—
	C_3	400	154	0.45		0.34

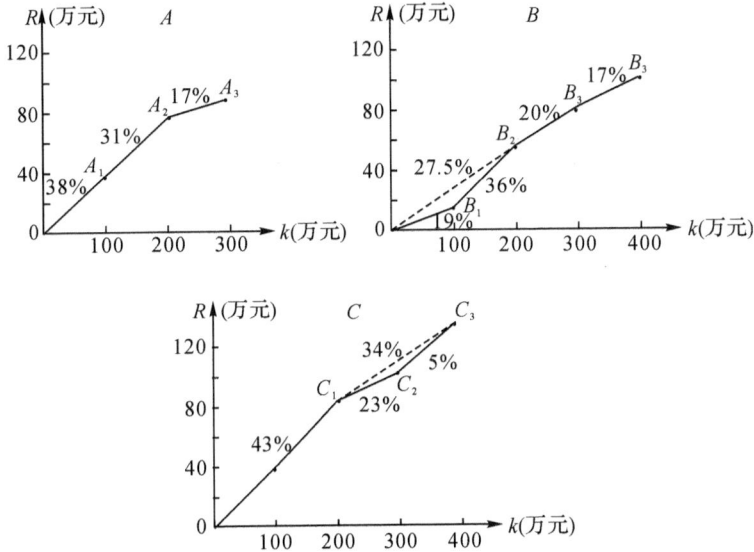

图 4-6 $R-K$ 曲线图与无资格方案

(2)令 $\Delta R-\Delta K(A/P,\Delta r,n)=0$,也即由 $(A/P,\Delta r,n)=\dfrac{\Delta R}{\Delta K}$ 可求出各差额内部收益率如下:

A 工厂:$\Delta r_{A_0A_1}=35\%$②   B 工厂:$\Delta r_{B_0B_2}=22\%$⑤   C 工厂:$\Delta r_{C_0C_1}=40\%$①

$\Delta r_{A_1A_2}=26\%$④ $\Delta r_{B_2B_3}=12\%$⑥ $\Delta r_{C_1C_3}=30\%$③

$\Delta r_{A_2A_3}=10\%$⑦ $\Delta r_{B_3B_4}=7\%$⑧

(○中的数字为方案按 Δr 由大到小排列的序号)

(3)在计算了各互斥方案之间的差额内部收益率以后,将各追加投资部分看成是独立方案的问题,并按差额内部收益率的大小顺序排列绘图(如图 4-7 所示),称

73

该图为混合型项目方案选择图中 $A_0 \rightarrow A_1$, $A_1 \rightarrow A_2$, ……, 分别表示向 A_0 方案追加投资而得 A_1 方案; 向 A_1 方案追加投资而成 A_2 方案等。同时在图中标注资金限制条件 K_{max} 与利率限制线 i_0。画出此图之后即可由左至右加以选择, 直至资金的限额为止。

(4)选优:

由图 4-7 可知:

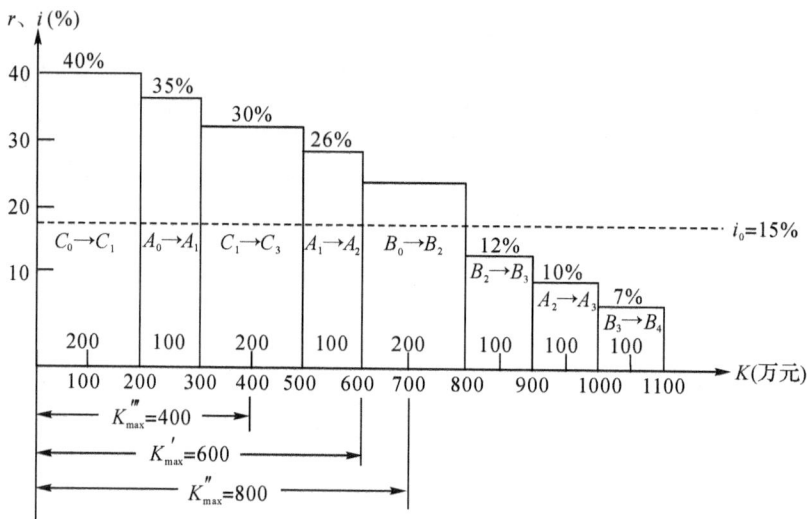

图 4-7　混合型项目方案排序图

①当 $K'_{max} = 600$ 万元, 应选 A_2、C_3 组合;

②当 $K''_{max} = 800$ 万元时, 应选择 A_2、B_2、C_3 方案;

③当 $K'''_{max} = 400$ 万元时, 应选择 A_2、C_1 方案。

这是因为 400 万元资金约束使 $C_1 \rightarrow C_3$ 的追加投资不可行。因此, 要么选择 C_3, 要么选择 A_2、C_1。但由数据可知 A_2、C_1 组合比 C_3 方案的 NPV 大, 故最终应选择 A_2、C_1 组合的方案。

复习思考题

1. 互斥方案的特点是什么? 互斥方案的评价指标有哪些?

2. 如何使用净现值法评价互斥方案?

3. 用内部收益率最大准则选择最优方案是不可靠的, 不能保证比选结论的正确性。为什么?

4. 怎样用内部收益率法进行多方案项目的选优?

5. 用净现值和内部收益率对互斥方案进行比选时, 为什么说净现值在任何情况下都能给出正确的结论?

6. 如何对寿命不等的互斥方案进行经济效果评价与分析?

7. 独立方案的经济效果评价方法有哪些?

8. 如何对混合型方案进行选择?

9. 某公司计划建新车间,有两个方案,甲方案采用流水线,总投资 60 万元,年经营成本 10 万元;乙方案采用自动生产线,总投资 80 万元,年经营成本 5 万元。两个方案的年均收入均为 30 万元,设基准投资回收期为 5 年。基准收益率为 10%,试用净现值法进行方案的选择。

10. 用内部收益率法比选下表所列三个方案($i_0=10\%$)。

A、B、C 三个方案的现金流量表　　　　　　　　单位:万元

	A 方案	B 方案	C 方案
投资	2000	3000	4000
年收益	600	800	940
寿命(年)	10	10	10

11. 修建某大桥,经研究有两个方案。甲方案:投资 3000 万元,年维护费用为 6 万元,每 10 年要大修一次需 15 万元;乙方案:投资 2800 万元,年维护费用为 15 万元,每 3 年小修一次需 10 万元。若基准收益率为 10%,试比较两个方案的优劣。

12. 一路网建设有两种意见,第一个寿命 20 年,第二个寿命 40 年,初始费用分别为 1 亿元和 1.3 亿元,两者的每年收益都是 0.5 亿,基准收益率为 12%,无残值。应选择哪种意见?

13. 某企业现有互相独立的 8 个投资方案。其初期投资额和每期期末的净收益如下表所示。净收益每期都是相等的。各方案的寿命期都为 8 年,基准收益率为 10%。因资金总额有限,想将投资方案的优劣顺序排出来,以便按资金的限额条件予以选择。

投资方案	初期投资额 (万元)	年净收益 (万元)	投资方案	初期投资额 (万元)	年净收益 (万元)
A	10	3.42	E	18	5.56
B	14	4.56	F	17	4.96
C	8	3.00	G	6	2.16
D	15	4.50	H	12	3.80

(1)求出各方案的净现值,依其大小顺序确定优劣,则排列的顺序是什么?

(2)独立方案优先排列的正确尺度应该是什么?用该尺度确定出可以利用的资金限额为 50 万元时的选择顺序。此种选择的净现值是多少?

（3）在相同金额的制约条件下，若以净现值为尺度排列优先顺序，则应作何种选择？此种选择的净现值为多少？请将结果与上述的结果进行比较。

14. 某部门准备生产 A、B、C 三种互不影响的产品（即 A、B、C 是互相独立的），各种产品的投资方案是互斥的（如下表所示），即只能取其中一个方案。假设该部门资金总额不能超过 5000 万元，各方案实施后可以认为寿命期是无限的，部门的基准收益率为 10%。应如何选择方案才能充分地利用现有的资金？

A产品			B产品			C产品		
方案	投资额（万元）	年净收益（万元）	方案	投资额（万元）	年净收益（万元）	方案	投资额（万元）	年净收益（万元）
A_1	2000	600	B_1	1000	100	C_1	2000	430
A_2	3000	650	B_2	2000	440	C_2	3000	750
A_3	4000	840	B_3	3000	600			
			B_4	4000	680			

15. 某企业下设有三个工厂 A、B、C，各厂都有几个互斥的技术改造方案，见下表，各方案的寿命期都是 10 年。

投资方案	初期投资额（万元）	比现状增加的年净收益（万元）	投资方案	初期投资额（万元）	比现状增加的年净收益（万元）
A_1	1000	272	B_3	3000	456
A_2	2000	511	C_1	1000	509
B_1	1000	20	C_2	2000	639
B_2	2000	326	C_3	3000	878

作为资金的来源，可以从 X、Y、Z 银行获得。X 银行的利率是 10%，可以获得贷款 3000 万元；Y 银行的利率是 12%，可以获得贷款 3000 万元；Z 银行的利率是 15%，可以获得贷款 3000 万元。当然也可以不贷款。回答下述问题：

（1）假如每个工厂都可以采用维持现状的方案（即不投资方案），那么怎样筹措资金？选择哪些方案为好？

（2）B 工厂的方案是改善工作环境的方案，由于关系到作业安全，不能维持现状。那么，此时应如何筹措资金，选择哪些方案为好？

第五章 建设项目不确定性分析

本章知识点梳理

1. 不确定性分析

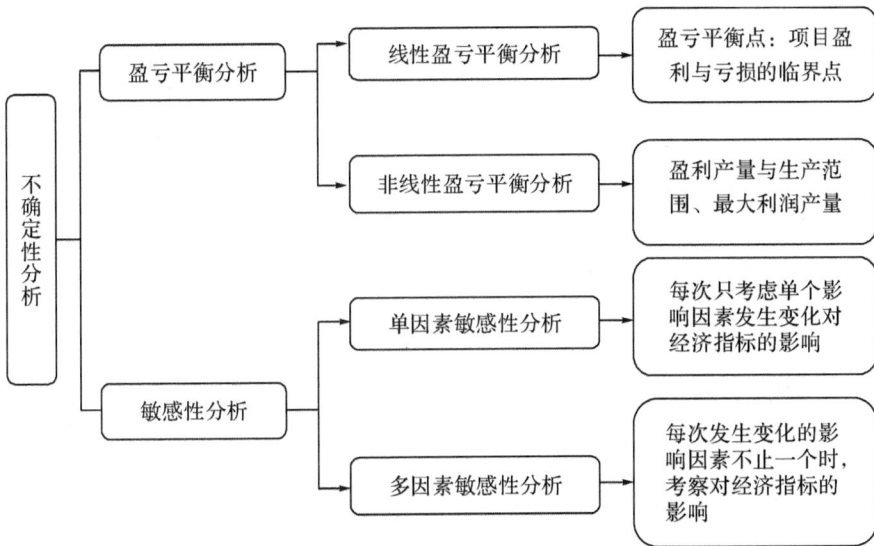

2. 投资项目概率分析

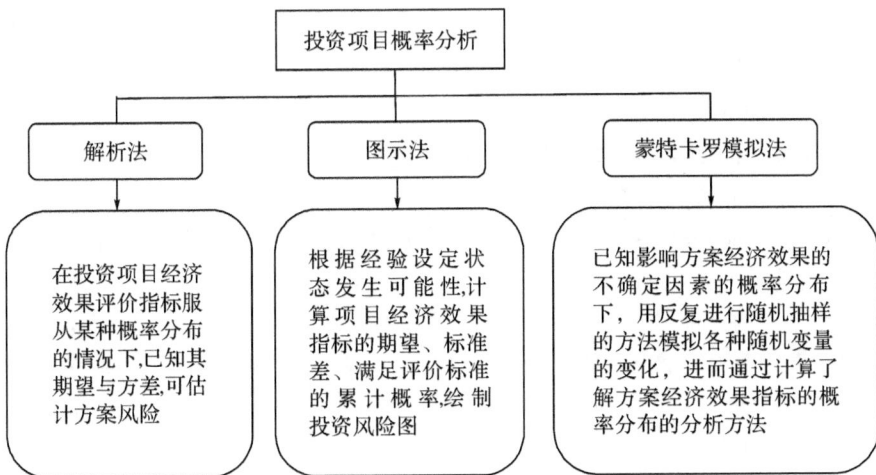

　　由于客观条件的复杂性和主观条件的局限性,建设项目的技术经济分析处于一种不确定性或模糊状态之中。由于技术经济分析评价的依据和数据是建立在分析人员对未来事件的估计和预测基础之上的,在经济评价中使用的投资、成本、收入、产量和价格等基础数据的估计值和预测值难免有偏差,使得投资项目经济效果的实际值可能偏离其预测值,从而给投资者和经营者带来风险。另外,投资项目的政治、经济形势、资源技术发展情况等外部条件的未来变化的不确定性,投资超概算、工期拖延、价格上涨、市场需求变化、产品售价波动,达不到设计生产能力,劳务费用增加、贷款利率变动及外币汇率变动等都可能使一个投资项目达不到预期的经济效果,甚至亏损。为了避免投资失误,有必要进行不确定性分析。

　　所谓不确定性分析,就是考察人力、物力、资金、固定资产投资、生产成本和产品售价等因素变化时,对项目经济效果评价所带来的响应。不确定性分析方法主要包括盈亏平衡分析、敏感性分析及概率分析(也称风险分析)。盈亏平衡分析只适用于财务评价,敏感性分析及概率分析可同时用于财务评价和国民经济评价。

第一节　盈亏平衡分析

一、盈亏平衡分析的基本原理

　　盈亏平衡分析(Break-even Analysis)又称损益平衡分析或量、本、利分析。它是根据投资项目或企业的产品产量、成本和利润间相互关系来对投资方案进行技术经济分析的。它可以用数学公式和图解法,确定盈亏平衡点(Break-Even Point)(简称 BEP),从而拟定企业盈利和亏损时产品数量和价格的界限。即确定投资方案的盈亏临界规模和最优规模,它是经济效果评价方法的一种辅助手段。

　　1. 盈亏平衡点的数解法

　　首先,作如下假定条件:

　　(1)单位产品的价格稳定,且与产品的销售量无关;

　　(2)产品的年销售量与年生产量相等;

　　(3)年生产总成本中,可变成本与产量成正比,而固定成本与产量无关;

　　(4)假定单一产品的情况。

　　虽然企业的产品的生产量可能在较大范围内变化,但它的收入和产品的成本可近似地看作是产品产量的线性函数。因此,企业的收入、生产总成本、产品的产量、单位产品的价格,可变成本、固定成本之间可建立如下基本方程:

　　销售收入方程:　　　　　　　　$R = P \cdot Q$ 　　　　　　　　(5-1)

　　成本费用方程:　　　　　　　　$C = V \cdot Q + F$ 　　　　　　(5-2)

式中：R——总销售收入（企业年总收入）；

　　P——单位产品的销售价格（或出厂价格）；

　　Q——年销售量或年生产量（假定二者相等）；

　　C——总生产成本（企业总支出）；

　　V——单位产品的可变成本；

　　F——总成本中的固定成本。

盈亏平衡时，即销售总收入与生产总支出相等，所求得产量就是盈亏平衡的年产量（即盈亏平衡点）Q_0，即：

$$Q_0 = \frac{F}{P-V} \tag{5-3}$$

由此可见，盈亏平衡点的年产量与固定成本成正比，与销售单价和可变成本的差额成反比。在 $P>V$ 的条件下，当企业的年产量大于盈亏平衡点的年产量 Q_0 时，将有盈利（$R>C$）；若年产量小于 Q_0 时，则企业将亏损（$R<C$）；而年产量等于 Q_0，企业不盈不亏。所以，盈亏平衡点的年产量（Q_0）有时又称保本产量。

如以销售收入来表示 BEP，则：

$$BEP\ 销售收入(R_0) = P\left(\frac{F}{P-V}\right) \tag{5-4}$$

BEP 亦可用生产能力利用率表示，即：

$$BEP\ 生产能力利用率 = \frac{F}{Q_{\max}(P-V)} \tag{5-5}$$

式中：$Q_{\max}$ 表示设计能力（企业达到的最大年产量）。

若生产能力利用率低于 70% 时，说明项目具有足够担风险的能力。

由于项目盈亏平衡时盈利等于零，还可以由（5-1）和（5-2）求得项目的产品价格、可变成本和固定成本的盈亏平衡点 P_0（项目不亏损时，产品最低售价）、V_0 和 F_0。

$$P_0 = \frac{F}{Q} + V \tag{5-6}$$

$$V_0 = P - \frac{F}{Q} \tag{5-7}$$

$$F_0 = Q(P-V) \tag{5-8}$$

如果企业的年产量大于 BEF 产量（Q_0）时，企业所获得的盈利（π）就是企业的总销售费与总成本费之差，即：

$$\pi = R - C = Q(P-V) - F \tag{5-9}$$

根据公式（5-9）还可确定为获得一定盈利时项目的合理生产规模（即合理产品产量）。

$$Q = \frac{\pi + F}{P-V} \tag{5-10}$$

这时项目的生产规模、产品价格、单位可变成本以及固定成本与项目盈亏平衡点 Q_0、P_0、V_0、F_0 的差值可以用下面这些公式表示：

$$\Delta Q = \frac{\pi}{P-V} \tag{5-11}$$

$$\Delta P = P-(V+\frac{F}{Q}) = \frac{(P-V)Q-F}{Q} = \frac{\pi}{Q} \tag{5-12}$$

$$\Delta V = (P+\frac{F}{Q})-V = \frac{(P-V)Q-F}{Q} = \frac{\pi}{Q} \tag{5-13}$$

$$\Delta F = Q(P-V)-F = \pi \tag{5-14}$$

其中 ΔQ、ΔP、ΔV、ΔF 分别表示项目为取得一定盈利条件下，项目的产量、价格、可变成本和固定成本的变化范围。

2. 盈亏平衡点的图解法

用纵坐标表示生产成本与销售收入，横坐标表示产量，根据销售费用与成本费用方程，按比例在直角坐标图上给出固定成本线、总成本线和销售收入线。总成本线与销售收入线之交点，就是盈亏平衡点，其对应的横坐标即为 BEP 产量 Q_0，对应的纵坐标则为 BEP 销售收入 R_0（如图 5-1 所示）。

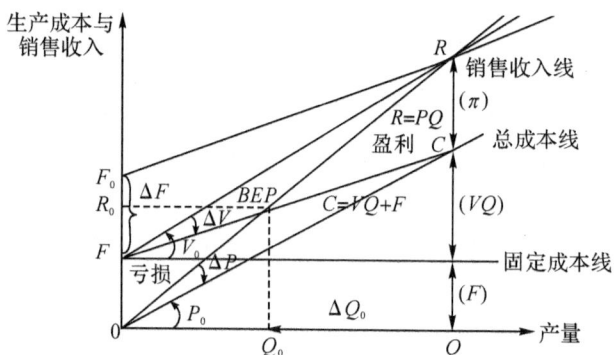

图 5-1 盈亏平衡图

从图中可以看出，当产量小于 Q_0 时，总成本线高于销售收入线，两者之差，表现为亏损；而当产量大于 Q_0 时，销售收入线高于总成本线，两者之差，表现为盈利。而且，盈亏平衡点的数值越小越好。这样，企业能获利的生产量幅度就越大。从公式(5-3)中可看出，要使盈亏平衡点的数值减小，必须降低固定成本费和增大产品单位价格与可变成本费之差额。但在实际工作中，盈亏平衡点的数值大小，是受到固定成本、可变成本和产品单价三个参数之间相互制约的，要降低其数值并非易事。

从图中还可以得到项目不亏损时的产品最低价格 P_0 可以表示为直线 OC 的

斜率,项目不亏损时的最高可变成本是直线 FR 的斜率 V_0,最高固定成本 F_0 就是直线 FC 的平行线 F_0R 与纵轴的交点 F_0 的数值。

上述关于产品产量、价格、单位可变成本和固定成本的盈亏平衡点分析,不仅对项目成本管理及市场适应能力分析具有重要作用,而且对项目方案决策及敏感性分析具有实用价值。

[例 5-1] 某企业生产某种产品,设计生产量为 6500 件。每件产品的出厂价格为 55 元,每件产品的可变成本为 30 元,企业每年固定成本为 75000 元。试求:

(1)企业不盈不亏时的最低年产量(保本产量);

(2)企业最大可能的盈利;

(3)企业达到最大年产量时,产品的最低出厂价格;

(4)企业年利润为 5.5 万元时的产量;

(5)若产品的价格由 55 元降至 50 元,产量为多少才能保持 5.5 万元年利润。

解:(1)企业不盈不亏时的最低年产量为:

$$Q_0 = \frac{F}{P-V} = \frac{75000}{55-30} = 3000(件/年)$$

(2)企业达到最大生产能力(设计生产量)时,最大年盈利额为:

$$\pi_{max} = Q_{max}(P-V) - F = 6500(55-30) - 75000 = 87500(元)$$

(3)企业达到最大生产能力(设计生产量)时,其产品的最低出厂价格为:

$$P_{min} = V + \frac{F}{Q_{max}} = 30 + \frac{75000}{6500} = 41.54(元)$$

(4)企业年利润为 55000 元时的产量为:

$$Q = \frac{\pi + F}{P - V} = \frac{55000 + 75000}{55 - 30} = 5200(件/年)$$

(5)产品的价格降为 50 元,仍保持年利润 55000 元时的产品产量为:

$$Q = \frac{\pi + F}{P' - V} = \frac{55000 + 75000}{50 - 30} = 6500(件/年)$$

需要指出的是,若项目存在销售税金、技术转让费、营业外支出及资源费时,在盈亏平衡点计算公式中,应将上述各项费用扣除。因此,盈亏平衡分析在项目财务评价中应用时要注意这一点。

二、非线性盈亏平衡分析

在上述分析中,我们假定生产成本与销售收入随产量增长而呈线性变化,但实际上的量变关系并不那么简单。一是由于企业生产过程比较复杂,负荷不甚相同,产品成本变化并非是一条直线,其中除总成本的固定成本在一定时期内不随产品数量变化而变化外,而总成本中的可变费用则随产品数量增长呈曲线变化;二是由于市场供求关系的影响,销售收入线也并非一条直线。在产品处于畅销时,销售收入在一定产量(或销售量)范围内随产量增长而呈直线增长,但当市场供求关系超愈饱和直至衰退期,销售收入并不随产量增加而直线增长,甚至到了极限后反而有减少,形成曲线变化。故实际上的盈亏平衡分析图如图 5-2 所示。

从图 5-2 中可看出,总成本线与销售收入线有二个交点 B 与 D(即盈亏平衡点 BEP_1 与 BEP_2)。当产量小于 Q_{01} 时,总成本线高于销售收入线,为企业亏损阶段;在产量 Q_{01} 与 Q_{02} 范围内,销售收入线高于总成本线,为企业盈利阶段;而当产量大于 Q_{02} 时,企业又出现亏损,所以,在盈利阶段的产量 Q_{01} 与 Q_{02} 之间是企业的合理经济产量或者是建设项目的经济规模,而 C 点是最优规模的界限,盈利最大,Q_C 即为最经济的产量规模。通过盈亏平衡分析,就是要在合理的经济产量 Q_{01} 与 Q_{02} 之间寻求实现最大盈利的最优产量。

设销售收入曲线的函数式为 $R(Q)$;总成本曲线的函数式为 $C(Q)$。按盈亏平衡原理 $R(Q)=C(Q)$,解此方程式即可求得两个平衡点(BEP_1 及 BEP_2)相应的临界产量 Q_{01} 及 Q_{02},也就是可求得盈亏区的产量范围(即合理的经济产量)。

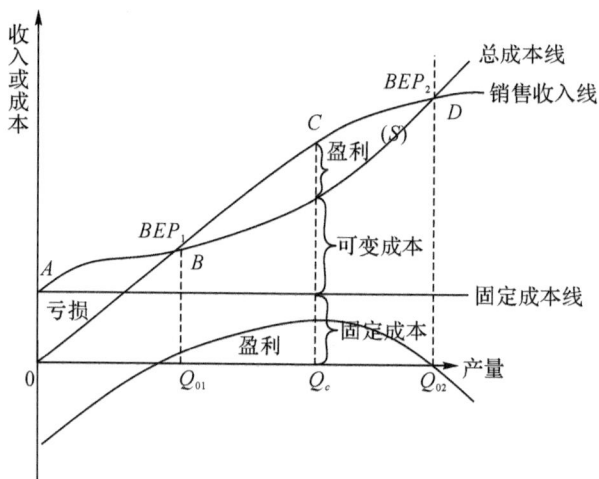

图 5-2　盈亏平衡分析图

盈利的函数式为:$\pi(Q)=R(Q)-C(Q)$

利用极值原理,对上式求一阶导数并令其等于零,就可求得最大盈利 π_{max} 所对应的产量 Q,即:

$$\pi'(Q)=R'(Q)-C'(Q)=0$$

则 $R'(Q)=C'(Q)$,解此方程求出 Q。

由此所求得的产量 Q,是否就是最大盈利时的最优产量,还必须通过对 $\pi(Q)$ 的二阶导数进行检查,如果 $S''(Q)=R''(Q)-C''(Q)<0$,则所求 Q 就是最大盈利时的最优产量。

[**例 5-2**]　例 5-1 中,年固定成本仍为 75000 元,由于原材料整批量采购,原单位产品的可变成本 30 元,可降低产品数量的 0.1%;原单位产品价格 55 元,由于销售量的增加可下降产品数量的 0.3%。试求该企业的盈亏平衡点及最优产量。

解::根据题意,单位产品的价格为:$55-0.003Q$;单位产品的可变成本为:$30-0.001Q$。因此,销售收入和可变成本与产品的产量之间的关系是非线性关系,其基本方程如下:

总收入:　$R(Q)=(55-0.003Q)\times Q=55Q-0.003Q^2$

总成本:　$C(Q)=75000+(30-0.001Q)Q=75000+30Q-0.001Q^2$

(1)求盈亏平衡点的产量 Q_{01} 及 Q_{02}:

使 $R(Q)=C(Q)$ 即:$55Q-0.003Q^2=75000+30Q-0.001Q^2$

$$0.002Q^2-25Q+75000=0$$

解得:　$Q_{01}=\dfrac{25-\sqrt{25^2-4\times0.002\times75000}}{2\times0.002}=5000$

$Q_{02}=\dfrac{25+\sqrt{25^2-4\times0.002\times7500}}{2\times0.002}=7500$

(2)求最优产量:

$$S(Q)=R(Q)-C(Q)=55Q-0.003Q^2-7500-30Q+0.001Q^2$$
$$=-0.002Q^2+25Q-7500$$

令　　$S'(Q)=-0.004Q+25=0$

则　　$Q=\dfrac{25}{0.004}=6250$(件)

因为　$S''(Q)=-0.004<0$

所以　$Q=6250$ 件就是最大盈利时所对应的最优产量。

三、长期投资项目的盈亏平衡分析

在长期项目的寿命期中,由于受通货膨胀和物价变动、技术装备和工艺的改革、生产能力的变化,政府政策与规定的变化等影响,使得项目寿命周期中的不同时期成本和收益发生不规则变化,即不同时期产量、成本和收益都是不同的。这样也不能简单采用前述的线性盈亏平衡模型,需要改进。改进的方法是将项目长期寿命周期划分为许多个更小的分时期,并使得每一个分时期的短期内产量、成本、收益都趋于稳定,并符合普遍盈亏平衡模型的假定条件。

设项目的寿命周期为 T 个时期,P_t、F_t、V_t、Q_t 分别为 t 时期内的售价、固定成本、可变成本和生产能力,则项目第 i 时期期末的累计总收入 $TR(Q_i)$ 和累计总成本 $TC(Q_i)$ 分别计算如下:

$$TR(Q_i)=\sum_{t=1}^{i}P_tQ_t \qquad (5-15)$$

和
$$TC(Q_i) = \sum_{t=1}^{i} F_t + \sum_{t=1}^{i} V_t Q_t \qquad (i = 1,2,3,\cdots,T) \qquad (5\text{-}16)$$

这里,$Q_i = \sum_{t=1}^{i} Q_t (i = 1,2,3,\cdots,T)$。

根据普通盈亏平衡分析模型的概念,通过解方程 $TR(Q_i) = TC(Q_i)$ 可得到盈亏平衡点。然而,在长期项目中能够求得一个或多个盈亏平衡点。图 5-3 的例子表示了一个具有 4 个不同分时期的项目,其中的一条折线表示现金流入量,另一条表示现金流出量,根据普通盈亏平衡分析,当两条线相交时,可求得盈亏平衡点,如 A、B、C。

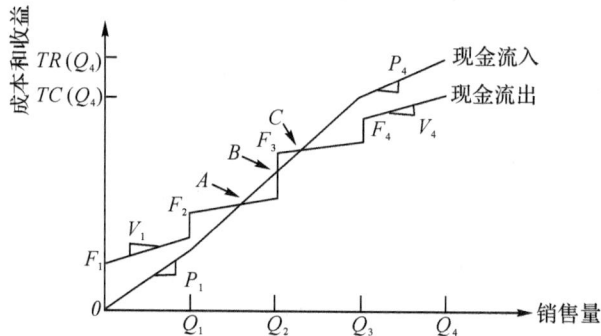

图 5-3　累计总成本和总收益曲线

若设 P_w 和 V_w 为所有不同时期的售价和可变成本,则:

$$TR(Q_i) = P_w \sum_{t=1}^{i} Q_t \qquad (5\text{-}17)$$

和
$$TC(Q_i) = \sum_{t=1}^{i} F_i + V_w \sum_{t=1}^{i} Q_t \qquad (5\text{-}18)$$

因为方程(5-15)和方程(5-17)相同,方程(5-16)和方程(5-18)相同,我们计算 P_w 和 V_w 如下:

$$P_w = \sum_{t=1}^{T} P_t Q_t / \sum_{t=1}^{T} Q_t \qquad (5\text{-}19)$$

$$V_w = \sum_{t=1}^{T} V_t Q_t / \sum_{t=1}^{T} Q_t \qquad (5\text{-}20)$$

由此可见,整个寿命周期内的售价和可变成本是不同时期的售价和可变成本的加权平均值。权重是每个时期的产量占项目寿命周期内总产量的比重,若 F_s 为项目整个寿命周期内的固定成本,则在项目具有多个不同时期的情况下,得到下列等式:

$$P_w Q = F_s + V_w Q \tag{5-21}$$

则项目寿命周期的盈亏平衡点产量可表示为：

$$Q^* = F_s/(P_w - V_w) \tag{5-22}$$

每个时期项目获利的最小产量 q^* 为：

$$q^* = Q^*/T \tag{5-23}$$

盈亏平衡点的时间 T^*，可以根据满足下式的最小 n 值而获得：

$$Q^* \leqslant \sum_{t=1}^{n} Q_t \tag{5-24}$$

综上所述，对于一个项目要在寿命期内获利，每个时期需要生产和销售的产量要大于 q^*。假如项目每个时期生产和销售的数量等于它的生产能力，则盈亏平衡点的时间为 T^*，盈亏平衡点的产量为 Q^*。

当每个时期价格、成本和产量稳定的情况下，在各个时期令 $P_t = P, F_t = F$，$V_t = V$ 及 $Q_t = Q$，则盈亏平衡点的产量和时间很容易由（5-22）和（5-24）式求得：

$$Q^* = F \cdot T/(P-V) \tag{5-25}$$
$$T^* = F \cdot T/((P-V) \cdot Q) \tag{5-26}$$

若项目被作为一个时期计算时，则改进的盈亏平衡方法等价于普通的盈亏平衡分析方法，也就是说，普通的盈亏平衡分析方法可以被认为是改进方法的一种特例。

除了考虑成本和价格的变化以外，在分析长期项目时，也要考虑资金的时间价值。当现金流量以连续方式或以离散的方式被折算成项目期初的现值，改进的方法都适用。然而对后一种情况，在应用这个方法之前，每个时期的可变成本和收益都要换算为各个时期的期末值，以符合资金时间价值的计算条件。这样，P_w、V_w 和 F_s 被调整为如下（P'_w, V'_w, F'_s）：

$$P'_w = \sum_{t=1}^{T} P_t Q_t R_t / \sum_{t=1}^{T} Q_t \tag{5-27}$$

$$V'_w = \sum_{t=1}^{T} V_t Q_t R_t / \sum_{t=1}^{T} Q_t \tag{5-28}$$

$$F'_s = \sum_{t=1}^{T} F_t R_{t-1} \tag{5-29}$$

式中：R_t 为折现系数，在不连续的情况下，$R_t = (1+r)^{-t}$；在连续的情况下，$R_t = e^{-rt}$。

这样，盈亏平衡产量 Q^* 可表示为：

$$Q^* = \frac{F'_s}{(P'_w - V'_w)} \tag{5-30}$$

达到盈亏平衡点所需要的时间 T^* 可由满足公式（5-24）的最小的 n 值而求得：

$$Q^* \leqslant \sum_{t=1}^{T} Q_t$$

在改进的方法中也可容易地求得项目的 NPV 值,可表示为:

$$NPV = \sum_{t=1}^{T} P_t Q_t R_t - \sum_{t=1}^{T} F_t R_{t-1} - \sum_{t=1}^{T} V_t Q_t R_t \tag{5-31a}$$

或

$$NPV = (P'_w - V'_w) \sum_{t=1}^{T} Q_t - F'_s \tag{5-31b}$$

从上述分析可以得出结论,尽管普通的盈亏平衡分析方法在建设项目投资分析中是一种简便和有效的方法。但是,它应用范围比较狭窄,不适用于作为一个长期项目的投资分析工具,以及用作长期投资项目的判断标准。改进的模型,考虑了项目不同时期的单位产品的售价、单位可变成本、固定成本的不同,通过计算不同时期的售价和可变成本的加权平均值,求得整个项目寿命周期内的售价和可变成本,既反映了长期项目成本和收益的不规则变化,又继承了普通盈亏平衡分析方法的优点,能够获得达到盈亏平衡点的产量和时间,为长期项目评价和选择、利润规划等提供了一种有力的工具。它还可以通过控制每个不同分时期的最低产量而使项目在整个寿命周期内获利。在一定程度上,它弥补了传统盈亏平衡分析方法的不足,提高了有效性,扩大了适用范围。

四、优劣平衡点分析

当两个可以互换的方案的费用由同一变量决定时,必然存在着使两个方案费用相等的值。若各个方案的费用表示为同一变量的函数,即:

$$TC_1 = f_1(x)$$
$$TC_2 = f_2(x)$$

式中:TC_1 与 TC_2 分别代表方案 1 与方案 2 在一定时期的总费用。

x 代表两个方案的共同变量。使 $TC_1 = TC_2$,即 $f_1(x) = f_2(x)$。解此方程所求得的 x 值就是两个方案的优劣平衡点,然后根据这个优劣平衡点作出方案的取舍。现举例说明之。

[例 5-3] 有两个排水技术方案,方案 A 采用电动自控排水泵,一次投资共需 3000 元,每年维修费估计 150 元,每运行一小时的电费为 0.9 元,五年后的残值估计 250 元。方案 B 采用内燃机排水泵,一次投资 1200 元,每运行一小时估计燃料费 0.5 元,维修费 0.2 元,人工费 0.8 元,五年后残值 100 元。设年利率 10%,两个方案的排水效果相同。应选何种方案为优?

解:设决定两个方案总费用的同一变量为每年排水时间 t。可按年金法计算两个方案的年度费用总额,即:

$$TC_A = 3000(A/P, 10\%, 5) + 150 + 0.9t - 250(A/F, 10\%, 5)$$

$$= 3000(0.26380) + 150 + 0.9t - 250(0.16380) = 900.45 + 0.9t$$
$$TC_B = 1200(0.26380) + (0.5 + 0.2 + 0.8)t - 100(0.16380) = 300.18 + 1.5t$$

使 $TC_A = TC_B$，即 $900.45 + 0.9t = 300.18 + 1.5t$，解此方程而得：

$$t = \frac{900.45 - 300.18}{1.5 - 0.9} = 1000 \text{ 小时/年}$$

也可用图解法将 $TC_A = 900.45 + 0.9t$ 与 $TC_B = 300.18 + 1.5t$ 画成两条直线，如图 5-4 示。两条直线的交点就是这两个方案的损益平衡点，BEP 年工作小时为 1000 小时。从图中可知：当年运行时间 t 少于 1000 小时，选用内燃机排水泵较为经济；若 t 多于 1000 小时，则选用电动自控排水泵较为经济。

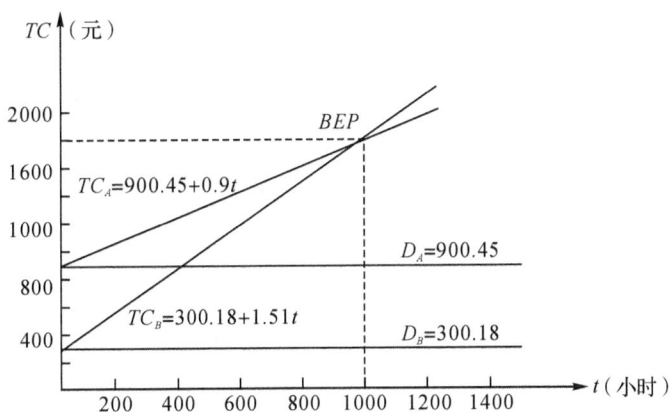

图 5-4 投资平衡分析图

对于两项以上多方案的损益平衡分析，仍可依照上述方法进行。但应在同一变量关系条件下，将各个方案之间均互为对比，即每次把两个方案的总费用使其相等，求出相关的损益平衡点，然后根据平衡点进行分析优选。

第二节 敏感性分析

项目方案的经济性总是受到各种不确定因素的影响，如产品产量、产品价格、产品成本、总投资、项目建设工期、主要原材料和燃料以及动力价格等。不同的因素对项目有着不同的影响程度。所谓敏感性分析，是通过分析项目主要不确定因素发生增减变化时对财务或经济评价指标产生的影响，并计算敏感性系数和临界点，找出敏感因素。通过敏感性分析，可以帮助分析者找出对项目影响程度较大的因素，同时对其给项目技术经济性能带来的影响进行评估和分析，提出减轻不确定因素影响的措施。

敏感性分析一般可按以下步骤进行：

(1)选择需要分析的不确定因素

进行敏感性分析首先要选定不确定因素并确定其偏离基本情况的程度。不确定因素是指那些在项目决策分析与评价过程中设计的对项目效益有一定影响的基本因素。敏感性分析不可能也不需要对项目涉及的全部因素进行分析，而只需对那些有可能更对项目效益产生较大影响的不确定因素进行分析。

不确定因素通常根据行业和项目的特点，参考类似项目的经验特别是项目后评估的经验进行选择和确定。经验表明，对于工程项目，可用于敏感性分析的因素通常有投资额、项目建设期限、产品产量或销售量、产品价格、经营成本和折现率等。

(2)确定不确定因素变化程度

敏感性分析通常是针对不确定因素的不利变化进行的，为绘制敏感性分析图的需要，也可以考虑不确定因素的有利变化。

一般是选取不确定因素变化的百分率，习惯上常选取±10％。为了作图的需要，可分别选取±5％、±10％、±15％、±20％等。对于那些不便用百分数表示的因素，例如建设期，可采用延长一段时间表示，例如延长一年。

百分数的取值其实并不重要，因为敏感性分析的目的并不在于考察项目效益的某个具体的百分数变化下发生变化的具体数值，而只是借助它进一步计算敏感性分析指标，即敏感度系数和临界点。

(3)选取分析指标

建设项目经济评价有一整套指标体系，敏感性分析可选定其中一个或几个主要指标进行。最基本的分析指标是内部收益率或净现值，根据项目的实际情况也可选取投资回收期或其他评价指标，必要时可同时对两个或两个以上的指标进行敏感性分析。

通常财务分析与评价的敏感性分析中必须选的分析指标是项目财务内部收益率，经济分析与评价中必选的分析指标是净现值或内部收益率。

(4)计算敏感度系数，找出敏感因素

敏感度系数是指不确定因素的数值有很小的变动就能使项目经济效果评价指标出现较显著改变的因素。敏感度系数是项目效益指标变化的百分率与不确定因素变化的百分率之比。敏感度系数较高，表示项目效益对不确定因素敏感程度高，应该特别重视该不确定因素对项目效益的影响。敏感度系数计算公式如下：

$$S_{AF} = \frac{\Delta A/A}{\Delta F/F} \tag{5-32}$$

式中：S_{AF}——评价指标 A 对不确定因素 F 的敏感度系数；

$\Delta F/F$——不确定因素 F 变化率（%）；

$\Delta A/A$——不确定因素 F 发生 ΔF 变化时,评价指标 A 的相应变化率（%）。

（5）计算临界点

临界点是指不确定因素的极限变化,指不确定性因素的变化使项目由可行变为不可行的临界数值,也可以说是该不确定因素使内部收益率等于基准收益率或者净现值变为 0 时的变化率。

可以通过敏感性分析图求得临界点的近似值,但由于项目效益指标的变化与不确定因素变化之间不完全是直线关系,有时误差较大,因此最好采用是算法或函数求解。

根据每次考虑的变动因素数目的不同,敏感性分析可分为单因素分析和多因素分析。

敏感性分析包括单因素敏感性分析和多因素敏感性分析。单因素敏感性分析是指每次只改变一个因素的数值来进行分析,估算单个因素的变化对项目效益产生的影响;多因素分析则是同时改变两个或两个以上的因素进行分析,估算多因素同时发生变化的影响。

一、单因素敏感性分析

每次只考虑一个因素的变动,而假设其他因素保持不变时所进行的敏感性分析成为单因素敏感性分析。即假设某一不确定性因素变化时,其他因素不变,各因素之间是相互独立的。下面通过例题说明单因素分析的具体操作步骤。

[例 5-4] 有一个投资方案,用于确定性经济分析的现金流量表如表 5-1 所示,所采用的数据是根据对未来最可能出现的情况预测估算的。由于对未来影响经济环境的某些因素把握不大,投资额、经营成本和产品价格均有可能在 ±20% 的范围内变动。设标准折现率为 10%,试分别就上述三个不确定因素作敏感性分析。

表 5-1 投资项目现金流量表　　　　　　　　　　单位:万元

年 份	0	1	2~10	11
投 资	15000			
销售收入			22000	22000
经营成本			15200	15200
销售税金 （销售收入的 10%）			2200	2200
期末资产残值				2000
净现金流量	−15000	0	4600	4600＋2000

解:根据题意,本题选取的不确定因素分别是投资额、产品价格和经营成本,这

三个不确定因素的变化程度均为±20%,可以选取净现值作为分析指标。净现值计算如下所示:

设投资额为 K,年销售收入为 B,年经营成本为 C,年销售税金 TA,期末资产残值为 V_L。用净现值指标评价本方案的经济效果,计算公式为:

$$NPV=-K+(B-TA-C)(P/A,10\%,10)(P/F,10\%,1)+V_L(P/F,10\%,11)$$

按照表 5-1 的数据,求得:

$$NPV=-15000+4600\times6.144\times0.9091+$$
$$2000\times0.3505=11394(万元)$$

下面用净现值指标分别就投资额、产品价格和经营成本等三个不确定因素作敏感性分析:

设投资额变动的百分比为 x,分析投资额变动对方案净现值影响的计算公式为:

$$NPV=-K(1+x)+(B-TA-C)(P/A,10\%,10)\times(P/F,10\%,1)$$
$$+V_L(P/F,10\%,11)$$

设经营成本变动的百分比为 y,分析经营成本变动对方案净现值影响的计算公式为:

$$NPV=-K+[B-TA-C(1+y)]\times(P/A,10\%,10)\times(P/F,10\%,1)$$
$$+V_L(P/F,10\%,11)$$

设产品价格变动的百分比为 z,产品价格的变动将导致销售收入和销售税金的变动,销售收入和销售税金变动的比例与产品价格变动的比例相同,故分析产品价格变动对方案净现值影响的计算公式可写成:

$$NPV=-K+[(B-TA)(1+z)-C](P/A,10\%,10)\times(P/F,10\%,1)$$
$$+V_L(P/F,10\%,11)$$

按照上述三个公式,使用表 5-1 的数据,分别取不同的 x、y、z 值,可以计算出各不确定因素在不同变动幅度下方案的净现值。计算结果见表 5-2。根据表中数据可以绘出敏感性分析图(图 5-5)。

表 5-2　不确定因素的变动对净现值的影响　　　　　　单位:万元

变动率 不确定因素	−20%	−10%	0	+10%	+20%
投 资 额	14394	12894	11394	9894	8394
经营成本	28374	19884	11394	2904	−5586
产品价格	−10725	335	11394	22453	33513

由表 5-2 和图 5-5 可以看出,在同样的变动率下,产品价格的变动对方案净现值的影响最大,经营成本变动的影响次之,投资额变动的影响最小。

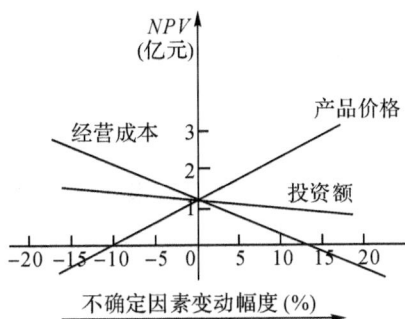

图 5-5 敏感性分析图

使用公式 5-32,可以求得这三个不确定因素的敏感度系数。

投资额敏感度系数:

$$S_{AF} = \frac{\Delta A/A}{\Delta F/F} = \frac{(8394-11394)/11394}{20\%} = -1.32$$

经营成本敏感度系数:

$$S_{AF} = \frac{\Delta A/A}{\Delta F/F} = \frac{(-5586-11394)/11394}{20\%} = -7.45$$

产品价格敏感度系数:

$$S_{AF} = \frac{\Delta A/A}{\Delta F/F} = \frac{(33513-11394)/11394}{20\%} = 9.71$$

再分别使用前面的三个公式,不难计算出,当 $NPV=0$ 时:

$x=76\%$; $y=13.4\%$; $z=-10.3\%$,即为三个不确定因素的临界点。

根据以上计算可以得到敏感度系数和临界点,如表 5-3 所示。

表 5-3 敏感性分析表　　　　　　　单位:万元

序号	不确定因素	不确定因素变化率(%)	净现值	敏感度系数	临界点
	基本方案		11394		
1	投资额变化	+20%	8394	-1.32	76.0%
		-20%	14394	-1.32	
2	经营成本变化	+20%	-5586	-7.45	13.4%
		-20%	28374	-7.45	
3	产品价格变化	+20%	33513	9.71	-10.3%
		-20%	-10725	9.71	

从表中可知,如果投资额与产品价格不变,年经营成本高于预期值 13.4% 以上,或者投资额与经营成本不变,产品价格低于预期值 10.3% 以上,方案将变得不可接受。而如果经营成本与产品价格不变,投资额增加 76.0% 以上,才会使方案变得不可接受。

根据上面的分析,对于本投资方案来说,产品价格与经营成本都是敏感因素。在作出是否采用本方案的决策之前,应该对未来的产品价格和经营成本及其可能变动的范围作出更为精确的预测与估算。如果产品价格低于原预期值 10.3% 以上或经营成本高于原预期值 13.4% 以上的可能性较大,则意味着这笔投资有较大的风险。另外,经营成本的变动对方案经济效益有较大影响这一分析结果还提醒我们,如果实施这一方案,严格控制经营成本将是提高项目经济效益的重要途径。至于投资额,显然不是本方案的敏感因素,即使增加 20% 甚至更多一些也不会影响决策结论。

二、多因素敏感性分析

单因素敏感性分析虽能使我们了解项目经济效果对单一因素的敏感程度,但却无法帮助我们认识多个因素同时变化对项目的影响。而在实际中,项目受到的影响都是多因素的共同作用如成本上升 5%,价格却被迫下降 3%。因此,为使我们能对项目的风险有更全面、准确的认识,还必须对敏感因素的综合叠加作用作深入分析,即进行多因素分析。

多因素敏感性分析要考虑可能发生的各种因素不同变动幅度的多种组合,计算起来要比单因素敏感性分析复杂得多。其中,两个参数同时变化对经济效果的影响,称为双因素分析;三个及三个以上参数同时变化对经济效果的影响,称为多因素分析。由于多因素分析中,双因素分析较为常用,故只介绍双因素敏感性分析。

[例 5-5] 根据例 5-4 给出的数据进行多因素敏感性分析。

解:根据题意,本题选取的两个不确定因素分别是投资额和经营成本,这两个个不确定因素的变化程度均为 ±20%。与上题相同,可以选取净现值作为分析指标(净现值计算结果同上题)。

沿用例 5-4 中使用的符号,如果同时考虑投资额与经营成本的变动,分析这两个因素同时变动对方案净现值影响的计算公式为:

$$NPV = -K(1+x) + [B - TA - C(1+y)](P/A, 10\%, 10)(P/F, 10\%, 1) + V_L(P/F, 10\%, 11)$$

将表 5-1 中的数据代入上式,经过整理得:

$$NPV = 11394 - 15000x - 84900y$$

取 NPV 的临界值,即令 NPV=0,则有:

$$11394 - 15000x - 84900y = 0$$
$$y = -0.1767x + 0.1342$$

这是一个直线方程,将其在坐标图上表
示出来(如图 5-6 所示),即为 $NPV=0$ 的临
界线。在临界线上,$NPV=0$,在临界线左下
方的区域,$NPV>0$,在临界线右上方的区
域,$NPV<0$。也就是说,如果投资额与经营
成本同时变动,只要变动范围不超出临界线
左下方的区域(包括临界线上的点),方案都
是可以接受的。

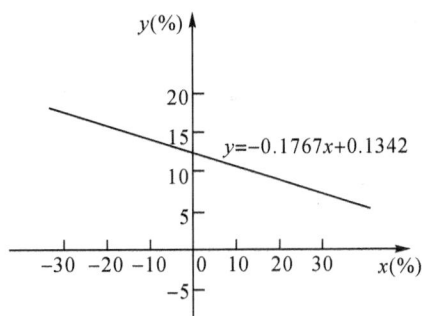

图 5-6 双因素敏感性分析图

第三节 概率分析与风险决策

为了克服敏感性分析没有考虑各种不确定因素在未来发生变动的概率,从而
可能会影响分析结论的准确性的缺陷,必须借助概率分析。概率分析是通过研究
各种不确定因素发生不同幅度变动的概率分布及其对方案经济效果的影响,对方
案的净现金流量及经济效果指标作出某种概率描述,从而对方案的风险情况作出
比较准确的判断。

一、随机现金流

严格说来,影响项目方案的各种经济参数都是随机变量,当然由它们构成的现
金流也是随机的。我们可以预测它们的未来取值范围,估计其取值或值域发生的
概率(主观及客观),但不能肯定地预测它们取什么值。要想完整地描述一个随机
变量,需要确定其概率分布的类型和参数。常见的概率分布类型有均匀分布、正态
分布、二项分布、指数分布、β 分布等。在技术经济分析中最常用的是正态分布和
均匀分布。描述随机变量的主要参数是期望值和方差。期望值是在大量的重复事
件中随机变量取值的平均值。换言之,期望值就是随机变量所有可能取值的加权
平均值,权重就是各种可能取值出现的概率。方差表示随机变量取值的离散程度。

1. 随机变量一般表达式

一般说来,投资项目的随机现金流受多种不确定性因素的影响,并可视为多个
独立的随机变量之和,且近似服从正态分布。

设投资项目各年的净现金流为 $y_t(t=1,2,\cdots,n)$,它可能出现的数值简化为
$y_t^{(1)}, y_t^{(2)}, \cdots, y_t^{(m)}$,各数值的出现概率为 $p_j(j=1,2,\cdots,m)$,且有 $0 \leqslant P_j \leqslant 1$,

$$\sum_{j=1}^{m} P_j = 1 。$$

则第 t 年净现金流 y_t 的期望值为：

$$E(y_t) = \sum_{t=1}^{m} y_t^{(j)} \cdot P_j \qquad (5\text{-}33)$$

第 t 年净现金流 y_t 的方差为：

$$D(y_t) = \sum_{j=1}^{m} [y_t^{(j)} - E(y_t)]^2 \cdot P_j \qquad (5\text{-}34)$$

2. 方案净现值的期望值和方差

由于各年的净现金流都是随机变量，因此各年净现值累计而得到的方案净现值必定也是一个随机变量。多数情况下，随机净现值近似服从正态分布。设各年的随机现金流为 $y_t(t=0,1,\cdots,n)$，则随机净现值的计算公式为：

$$NPV = \sum_{t=0}^{n} y_t(1+i_0)^{-t} \qquad (5\text{-}35)$$

设方案寿命期的周期数 n 为一个常数，根据各年随机现金流的期望值 $E(y_t)$ $(t=0,1,\cdots,n)$，可求出方案净现值的期望值：

$$E(NPV) = \sum_{t=0}^{n} E(y_t) \cdot (1+i_0)^{-t} \qquad (5\text{-}36)$$

方案净现值的方差的大小与各年随机现金流之间是否存在相关关系有关，如果方案寿命期内任意两个随机现金流之间不相关或者不考虑随机现金流之间的相关关系，方案净现值的方差的计算公式为：

$$D(NPV) = \sum_{t=0}^{n} D(y_t) \cdot (1+i_0)^{-2t} = \sum_{t=0}^{n} \sigma_{yt}^2 (1+i_0)^{-2t} \qquad (5\text{-}37)$$

式中：σ_{yt}^2 是第 t 年随机现金流的方差。

如果考虑随机现金流之间的相关关系，方案净现值的方差计算如下：

设 $y_t(t=0,1,2,\cdots,n)$ 是具有均值 $E(y_t)$ 和方差 $D(y_t) = \sigma^2(y_t)$ 的随机现金流，y_τ 和 $y_\theta(\tau\in t;\theta\in t;\tau\neq\theta)$ 是 τ 和 θ 时刻的相关现金流。则 y_τ 和 y_θ 之间的协方差为：

$$Cov(y_\tau, y_\theta) = \rho_{\tau\theta}\sigma_\tau\sigma_\theta \quad (\tau\neq\theta) \qquad (5\text{-}38)$$

式中：$\rho_{\tau\theta}$——相关系数（$-1\leq\rho_{\tau\theta}\leq1$）；

σ_τ——第 τ 时刻的标准差；

σ_θ——第 θ 时刻的标准差。

假定相关系数是对称的（$\rho_{\tau\theta}=\rho_{\theta\tau}$），则项目方案的净现值方案为：

$$D(NPV) = D(y_0) + \frac{D(y_1)}{(1+i_0)^2} + \frac{D(y_2)}{(1+i_0)^4} + \cdots + \frac{D(y_n)}{(1+i_0)^{2n}}$$

$$+ \frac{2Cov(y_0, y_1)}{(1+i_0)} + \frac{2Cov(y_0, y_2)}{(1+i_0)^2} + \cdots + \frac{2Cov(y_1, y_2)}{(1+i_0)^3}$$

$$+ \cdots + \frac{2Cov(y_\tau, y_\theta)}{(1+i_0)^{\tau+\theta}} + \cdots + \frac{2Cov(y_{n-1}, y_n)}{(1+i_0)^{2n-1}}$$

即

$$D(NPV) = \sum_{t=0}^{n} \frac{D(y_t)}{(1+i_0)^{2t}} + 2 \sum_{\tau=0}^{n-1} \sum_{\theta=1}^{n} \frac{Cov(y_\tau, y_\theta)}{(1+i_0)^{\tau+\theta}} \tag{5-39}$$

由 $\sigma_t^2 = D(y_t)$ 和(5-38)可知,上式为:

$$D(NPV) = \sum_{t=0}^{n} \frac{\sigma_t^2}{(1+i_0)^{2t}} + 2 \sum_{\tau=0}^{n-1} \sum_{\theta=1}^{n} \frac{\rho_{\tau\theta}\sigma_\tau\sigma_\theta}{(1+i_0)^{\tau+\theta}} \tag{5-40}$$

当现金流完全相关时,$\rho_{\tau\theta}$不是取-1(负相关)就是取$+1$(正相关)。如果$\rho_{\tau\theta}$取值在-1至$+1$之间(零除外),这种相关就是部分相关;如果$\rho_{\tau\theta}=0$,则公式(5-40)中的第二项等于零,这正是完全独立项目的净现值方差。

[例 5-6]　有一项目,其净现金流如表 5-4 所示。$i=10\%$,$\rho_{01}=0.2$,$\rho_{02}=0.1$,$\rho_{12}=0.5$。试计算其 $E(NPV)$ 和 $D(NPV)$。

表 5-4　净现金流量表　　　　　　　　单位:万元

年份	$E(y_t)$	$D(y_t)$
0	-1000	50^2
1	500	100^2
2	800	200^2

解:$E(NPV) = -1000 + \dfrac{500}{1+0.1} + \dfrac{800}{(1+0.1)^2} = 115.7$(万元)

$$D(NPV) = \left[50^2 + \frac{100^2}{(1+0.1)^2} + \frac{200^2}{(1+0.1)^4} \right]$$

$$+ \left[\frac{2\times0.2\times50\times100}{1+0.1} + \frac{2\times0.1\times50\times200}{(1+0.1)^2} + \frac{2\times0.5\times100\times200}{(1+0.1)^3} \right]$$

$$= 63146.13(\text{万元})$$

当项目的现金流不相关(完全独立)时的方差为:

$$D(NPV) = 50^2 + \frac{100^2}{(1+0.1)^2} + \frac{200^2}{(1+0.01)^4} = 44648.76(\text{万元})$$

分别估算各个周期随机现金流的期望值与方差往往相当麻烦,如果能通过统计分析或主观判断给出方案寿命期内可能发生的各种状态所对应的净现金流序列及其发生概率,就可以用更简便的方法求出方案净现值的期望值与方差。假定某方案寿命期内可能发生 k 种状态,各种状态的净现金流序列为 $\{y_t | t=0,1,\cdots,n\}^{(j)}$ $(j=1,2,\cdots,k)$,对应于各种状态的发生概率为 P_j $(j=1,2,\cdots,k, \sum_{j=1}^{k} P_j = 1)$,则在第 j 种状态下,方案的净现值为

$$NPV^{(j)} = \sum_{t=0}^{n} y_t^{(j)} \cdot (1+i_0)^{-t} \qquad (5\text{-}41)$$

式中:$y_t^{(j)}$ 为在第 j 种状态下,第 t 周期的净现金流。方案净现值的期望值为

$$E(NPV) = \sum_{j=1}^{k} NPV^{(j)} \cdot P_j \qquad (5\text{-}42)$$

在这种情况下净现值方差的计算公式为

$$D(NPV) = \sum_{j=1}^{k} [NPV^{(j)} - E(NPV)]^2 \cdot P_j \qquad (5\text{-}43)$$

净现值的方差与净现值具有不同的量纲,为了便于分析,通常使用与净现值具有相同量纲的参数标准差反映随机净现值取值的离散程度。方案净现值的标准差可由下式求得:

$$\sigma(NPV) = \sqrt{D(NPV)} \qquad (5\text{-}44)$$

[例 5-7] 对某一方案净现金流序列预测数据如表 5-5 所示,假定各年份净现金流之间互不相关,标准折现率为 10%。求 $E(NPV)$、$D(NPV)$。

表 5-5　某方案净现金序列预测数据　　　　　　　　单位:万元

净现金流年份 ＼ 概率 状态	$P_1 = 0.1$	$P_2 = 0.2$	$P_3 = 0.3$	$P_4 = 0.4$
	θ_1	θ_2	θ_3	θ_4
0	-13	-12	-11	-10
1	0	0	0	0
2~11	2	2	3	3

解:先计算对应于状态$(j=1,2,3,4)$的项目净现值 $NPV^{(j)}$

$NPV^{(1)} = -13 + 2(P/A, 10\%, 10)(P/F, 10\%, 1) \approx -1.83$(万元)

$NPV^{(2)} = -12 + 2(P/A, 10\%, 10)(P/F, 10\%, 1) \approx -0.83$(万元)

$NPV^{(3)} = -11 + 3(P/A, 10\%, 10)(P/F, 10\%, 1) \approx 5.76$(万元)

$NPV^{(4)} = -10 + 3(P/A, 10\%, 10)(P/F, 10\%, 1) \approx 6.76$(万元)

则方案净现值的期望值和方差分别为:

$$E(NPV) = \sum_{j=1}^{4} P_j \cdot NPV^{(j)} = 4.08(万元)$$

$$D(NPV) = \sum_{j=1}^{4} [NPV^{(j)} - E(NPV)]^2 \cdot P_j = 12.03$$

由此可知,有了概率分布就掌握了离散型随机变量取任一数值的概率。但在多数情况下,我们不仅想要知道随机变量取任一数值的概率,还想知道随机变量取某些数值的概率。

例如,想要知道随机净现值出现大于或等于零的概率 $P(NPV \geqslant 0)$,这就要引

入分布函数的概念。

分布函数又称累积分布函数。设 X 为一随机变量，x 为任意实数，称函数：

$$F(x) = P(X < x) \quad (-\infty < x < +\infty) \tag{5-45}$$

为随机变量 X 的分布函数。

对于离散型随机变量，只要把它的概率分布逐个累加，就可以得出其分布函数。如已知方案净现值的概率分布：

$$P(NPV = NPV^{(j)}) = P_j \quad (j = 1, 2, \cdots, k) \tag{5-46}$$

则其分布函数为：

$$F(x) = P(NPV \leqslant x) = \sum_{NPV^{(j)} \leqslant x} P_j \tag{5-47}$$

净现值大于零或等于零的概率为：

$$P(NPV \geqslant 0) = 1 - P(NPV < 0)$$
$$= 1 - F(0)$$
$$= 1 - \sum_{NPV^{(j)} < 0} P_j \tag{5-48}$$

二、投资项目的概率分析

投资项目概率分析的常用方法有解析法、图示法和模拟法。

1. 解析法

解析法是指在投资项目经济效果评价指标服从某种概率分布的情况下，如果已知其期望值与标准差，用以进行方案风险估计的方法。

[例 5-8] 已知某项目的净现值服从正态分布规律，其均值和标准差分别为 7825 万元和 6287.8 万元。试求：

(1)净现值大于或等于 0 的概率；

(2)净现值小于 −500 万元的概率；

(3)净现值大于或等于 1 亿元的概率。

解：根据概率论的有关知识我们知道，若连续型随机变量 X 服从参数为 μ, σ 的正态分布，X 具有分布函数

$$F(x) = \frac{1}{\sqrt{2\pi}\sigma} \int_{-\infty}^{x} e^{-\frac{(t-\mu)^2}{2\sigma^2}} \mathrm{d}t$$

令 $u = \dfrac{t - \mu}{\sigma}$，上式可化为标准正态分布函数

$$F(x) = \frac{1}{\sqrt{2\pi}} \int_{-\infty}^{\frac{x-\mu}{\sigma}} e^{-u^2/2} \mathrm{d}u = \Phi\left(\frac{x-\mu}{\sigma}\right)$$

令 $Z = \dfrac{x - \mu}{\sigma}$，由标准正态分布表可直接查出 $X < x_0$ 的概率值

$$P(X < x_0) = P\left(Z < \frac{x_0 - \mu}{\sigma}\right)$$

$$= \Phi\left(\frac{x_0 - \mu}{\sigma}\right)$$

在本例中,我们把方案净现值 NPV 看成是连续型随机变量,已知

$$\mu = E(NPV) = 7825(万元)$$

$$\sigma = \sigma(NPV) = 6287.8(万元)$$

则

$$Z = \frac{NPV - E(NPV)}{\sigma(NPV)} = \frac{NPV - 7825}{6287.8}$$

由此可以计算出各项待求概率

(1)净现值大于或等于 0 的概率:

$$P(NPV \geqslant 0) = 1 - P(NPV < 0)$$

$$= 1 - P\left(Z < \frac{0 - 7825}{6287.8}\right)$$

$$= 1 - P(Z < -1.24)$$

$$= 1 - 0.1075$$

$$= 0.8925$$

(2)净现值小于 -500 万元的概率:

$$P(NPV < -500) = P\left(Z < \frac{-500 - 7825}{6287.8}\right)$$

$$= P(Z < -1.32)$$

$$= 0.0934$$

(3)净现值大于或等于 1 亿元的概率:

$$P(NPV \geqslant 10000) = 1 - P(NPV < 10000)$$

$$= 1 - P\left(Z < \frac{10000 - 7825}{6287.8}\right)$$

$$= 1 - P(Z < 0.35)$$

$$= 1 - 0.6368$$

$$= 0.3632$$

由以上计算可以得知,本方案能够取得满意经济效果($NPV \geqslant 0$)的概率为 89.25%,不能取得满意经济效果($NPV < 0$)的概率为 10.75%,净现值小于 -500 万元的概率为 9.34%,净现值大于或等于 1 亿元的概率为 36.32%。

对于随机净现值服从正态分布的投资方案,只要计算出了净现值的期望值与标准差,就可以根据正态分布的特点,对方案的风险情况作出大致判断。在正态分布条件下,随机变量的实际取值在 $\mu \pm \sigma$(μ 为期望值,σ 为标准差)范围内的概率为 68.3%,在 $\mu \pm 2\sigma$ 范围内的概率为 95.4%,在 $\mu \pm 3\sigma$ 范围内的概率为 99.7%。

2. 图示法

图示法是指根据经验设定各种情况（状态）发生的可能性（概率）后,计算项目经济效果指标（如净现值）的期望值、标准差,以及经济效果指标满足评价标准（如 $NPV \geqslant 0$）的累计概率,并绘出投资风险图表明方案的风险情况。累计概率值越大（越接近 1）,说明方案承担的风险越小;反之,则风险越大。其步骤如图 5-7 所示:

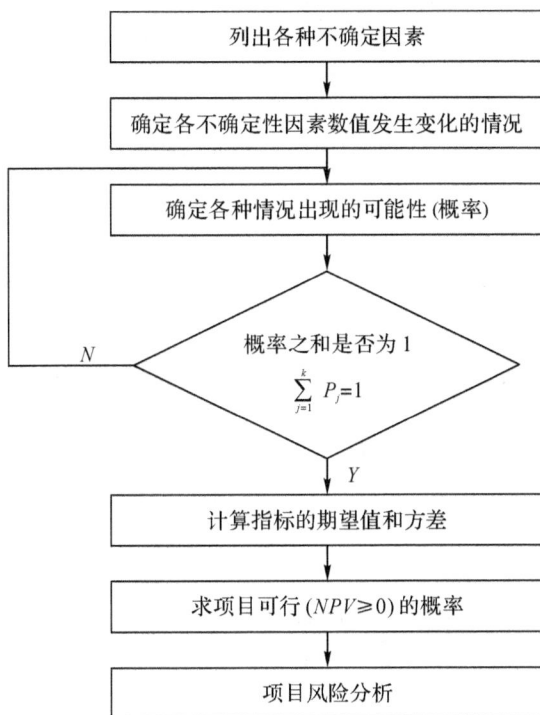

图 5-7　图示法风险分析的步骤

[例 5-9]　某建设项目投资 20 万元,建设期 1 年。根据预测,项目生产期的年收入及其概率,以及每一收入水平不同生产期的概率如图 5-8 所示。设基准折现率 $i_0 = 10\%$,试对此项目进行风险估计,并求净现值大于或等于零的概率。（注:建设投资资金年初流出,营业收入资金年末流入）

解:其概率状态及计算结果如图 5-8 所示。

根据计算,该项目的净现值的期望值为 $E(NPV) = 2.98$ 万元,标准差为 $\sigma(NPV) = 8.99$ 万元。若将净现值由小到大排列。直到出现第一个正值为止;并将各可能发生事件的概率按同样顺序排列求得累计概率,如表 5-6 所示。

发生的可能性 (概率值)	净现值 (元)	加权净现值 (元)
0.3×0.2=0.06	−121111.95	−7266.72
0.3×0.2=0.06	−86961.27	−5217.68
0.3×0.5=0.15	−55915.21	−8387.28
0.3×0.1=0.03	−27691.51	−830.75
0.5×0.2=0.1	−42223.89	−4222.39
0.5×0.2=0.1	26077.45	2607.75
0.5×0.5=0.25	88169.59	22042.40
0.5×0.1=0.05	144616.98	7230.85
0.2×0.2=0.04	−2779.86	−111.20
0.2×0.2=0.04	82596.82	3303.87
0.2×0.5=0.1	160211.98	16021.20
0.2×0.1=0.02	230771.22	4615.42

（决策树：−20万元 → 节点1；5万元支路概率0.3，10万元支路概率0.5，12.5万元支路概率0.2；各支路下分2年、3年、4年、5年，对应概率0.2、0.2、0.5、0.1）

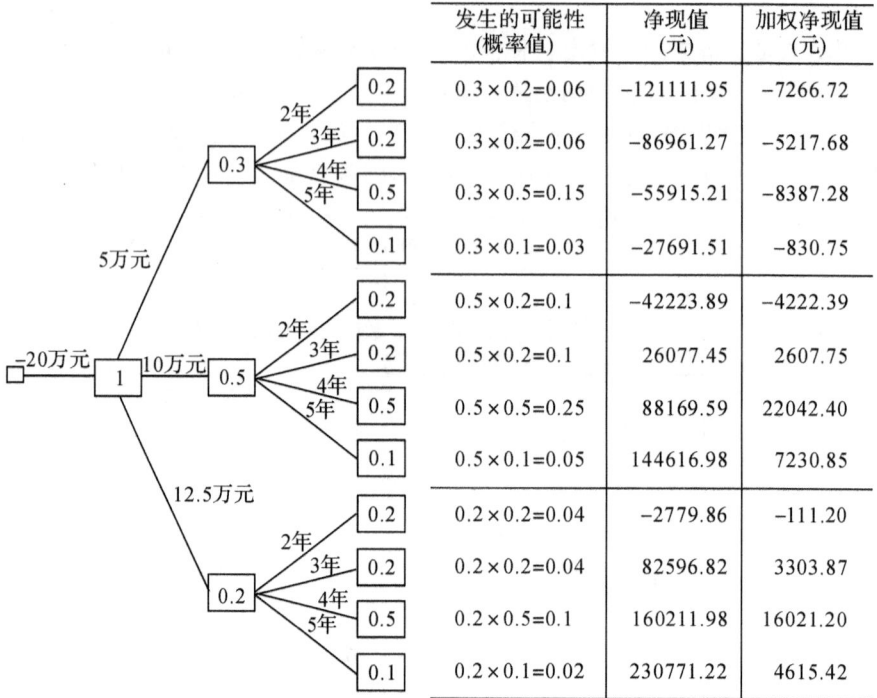

图 5-8　风险分析决策树图

表 5-6　累计概率计算表

净现值(元)	概　率	累计概率
−121111.95	0.06	0.06
−86961.27	0.06	0.12
−55915.21	0.15	0.27
−42223.89	0.10	0.37
−27691.51	0.03	0.40
−2779.86	0.04	0.44
26077.45	0.10	0.54

净现值小于零的概率为：

$$P(NPV<0)=0.44+(0.54-0.44)\times\frac{2779.86}{2779.86+26077.45}=0.45$$

所以净现值大于或等于零的累计概率为：

$$P(NPV\geqslant0)=1-P(NPV<0)=1-0.45=0.55$$

计算结果表明此项目风险较大,净现值大于或等于零的概率,只有 0.55,而且标准差也较大。

若将投资风险现值和累积概率用曲线表示,便能清楚地看出投资项目净现值的累积概率分布(如图 5-9 所示)。图中连续呈曲线明确表示,本例投资项目方案经济效果不好($NPV<0$)的概率为 45%。

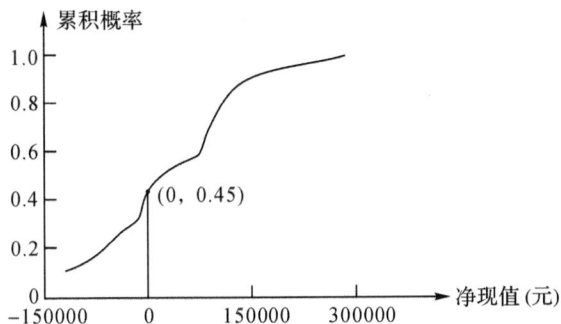

图 5-9 投资风险图

图示法是直接使用随机净现值的离散数据绘制风险分析图,未对概率分布类型作任何假定,而解析法则假定方案净现值服从正态分布的连续型随机变量,在使用离散数据求得期望值和标准差后按连续分布函数进行风险估计。

3. 蒙特卡罗(Monte Carlo)模拟法

模拟法也称蒙特卡罗技术,是在已知影响方案经济效果的不确定因素的概率分布下,用反复进行随机抽样的方法模拟各种随机变量的变化,进而通过计算了解方案经济效果指标的概率分布的一种分析方法。其实施步骤为:

(1)确认随机变量及其概率分布;

(2)用随机数表或计算机产生相应的随机数;

(3)建立经济评价指标的模拟模型;

(4)经过模拟结果,计算出经济评价指标的样本值;

(5)经多次模拟,求出经济评价指标的概率分布及其特征参数;

(6)检验模拟结果是否满足要求。

[例 5-10] 对于某拟议中的工业投资项目,可以比较准确地估算出其初始投资为 150 万元,投资当年即可获得正常收益。项目寿命期估计为 12 年到 16 年,呈均匀分布。年净收益估计呈正态分布,年净收益的期望值为 25 万元,标准差为 3 万元。设期末资产残值为零,用风险模拟的方法描述该方案内部收益率的概率分布。

解:在本例中,需要模拟的随机变量有项目寿命期和年净收益。项目寿命期呈均匀分布,为便于计算我们只取其整数值,根据均匀分布的特点画出其累计概率分布图(如图 5-10 所示),图中横坐标表示项目寿命期,纵坐标表示项目寿命期的取值从 12 年到 16 年发生概率的累计值。年净收益呈正态分布,根据正态分布函数画出其累计概率分布图(图 5-11),图中横坐标为参数 $Z=\dfrac{x-\mu}{\sigma}$(x 为年净收益的随机值,μ 为期望值,σ 为标准差),纵坐标为 Z 值从 -3.0 到 3.0 发生概率的累计值。

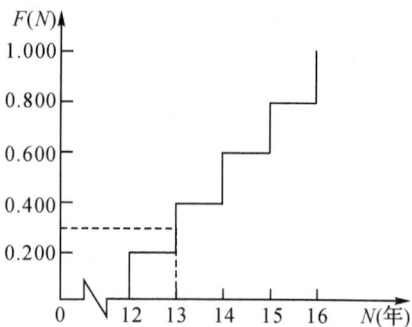

图 5-10　项目寿命期的累计概率分布图

在风险模拟方法中,随机变量的变化常用随机数来模拟。在本例中,我们是用在 $0.000\sim0.999$ 范围内抽取的随机数作为累计概率的随机值,根据累计概率的随机值由概率分布图求出相应的项目寿命期或年净收益的随机值。反复抽取随机数,就可以模拟累计概率的变化,进而模拟项目寿命期与年净收益的变化。随机数可直接用普通函数计算器发生。

从计算器中读出一个随机数 0.303,将其作为项目寿命期取值所对应的累计概率的一个随机值,由图 5-10 可求出累计概率 0.303 所对应的项目寿命期为 13 年。再从计算器中读出一个随机数 0.623,将其作为

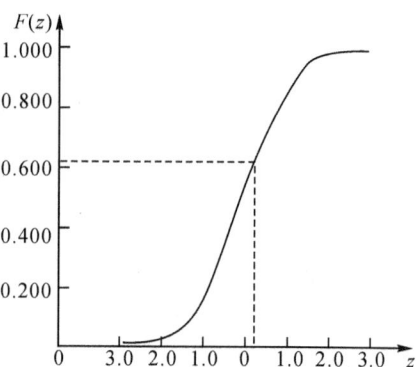

图 5-11　年净收益的累计概率分布图

年净收益取值所对应的累计概率的一个随机值,由图 5-11 可求出累计概率 0.623 所对应的 Z 值为 0.325(实际工作中 Z 值也可以根据累计概率值由标准正态分布表查出)。由 $Z=\dfrac{x-\mu}{\sigma}$ 可得

$$x=\mu+Z\sigma=25+0.325\times3=25.98(万元)$$

即年净收益为 25.98 万元。也就是说,我们抽取的第一套随机样本数据为:项目寿命期 13 年,年净收益 25.98 万元。由计算内部收益率的公式可得:

$$-150+25.98(P/A,IRR,13)=0$$

可解出内部收益率的第一个随机值:

$$IRR=14.3\%$$

重复上述过程可以得到项目寿命期和年净收益的其他随机样本数据及相应的内部收益率计算结果。表 5-7 是 25 套随机样本数据及相应的内部收益率计算结果。在实际应用中,需要更多的样本数据。

将表 5-7 中的内部收益率计算结果以 1% 为级差划分为若干级,求出内部收

益率的随机值出现在每一级的频率，就可以画出直观地反映内部收益率概率分布的直方图（如图5-12所示）。

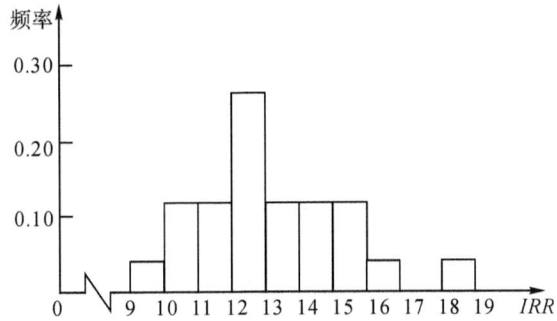

图 5-12　反映 IRR 概率分布的直方图

由图 5-12，我们可以很方便地求出内部收益率的取值发生在某一区间的相对频率，这个频率可以看作是相应的内部收益率取值发生概率的近似值。模拟中取的样本数据越多，相对频率与实际概率越接近。了解了内部收益率取值的概率分布情况，结合给定的基准折现率，就可以对方案的风险情况作出判断。

在本例中，不确定因素项目寿命期和年净收益分别服从均匀分布与正态分布。实际上，本例中介绍的模拟方法适合于不确定因素的任何概率分布类型，包括无法用解析模型加以描述的经验分布。

用模拟法进行风险分析，计算工作量是非常大的，通常要做 400～600 次，靠手工计算进行大样本模拟往往很困难，在实际工作中一般需要借助计算机进行模拟计算。

表 5-7　随机样本数据和 IRR 计算结果

序号	随机数	项目寿命期（年）	随机数	Z 值	年净收益（万元）	内部收益率（％）
1	0.303	13	0.623	0.325	25.98	14.3
2	0.871	16	0.046	−1.685	19.95	10.7
3	0.274	13	0.318	−0.475	23.58	12.2
4	0.752	15	0.318	−0.475	23.58	13.2
5	0.346	13	0.980	2.055	31.15	18.5
6	0.365	13	0.413	−0.220	24.34	12.9
7	0.466	14	0.740	0.640	27.22	15.8
8	0.021	12	0.502	0.005	25.02	12.7
9	0.524	14	0.069	−1.485	20.55	10.2
10	0.748	15	0.221	−0.770	22.69	12.6
11	0.439	14	0.106	−1.245	21.27	10.8
12	0.984	16	0.636	0.345	26.04	15.7
13	0.234	13	0.394	−0.270	24.19	12.7
14	0.531	15	0.235	−0.725	22.83	12.7
15	0.149	12	0.427	−0.185	24.45	12.2

续表

序号	随机数	项目寿命期（年）	随机数	Z 值	年净收益（万元）	内部收益率（%）
16	0.225	13	0.190	−0.880	22.36	11.1
17	0.873	16	0.085	−1.370	20.89	11.5
18	0.135	12	0.126	−1.145	21.57	9.6
19	0.961	16	0.106	−1.245	21.27	11.8
20	0.381	13	0.780	0.770	27.31	15.4
21	0.439	14	0.450	−0.125	24.63	13.7
22	0.289	13	0.651	0.390	26.17	14.4
23	0.245	13	0.654	0.395	26.19	14.4
24	0.069	12	0.599	0.250	25.75	13.4
25	0.040	12	0.942	1.570	29.71	16.7

三、风险决策方法

风险决策的主要特征是预知决策问题未来可能出现的各种自然状态及其概率，但又不能肯定哪一种自然状态必然出现。风险决策可以有不同的决策原则，一般是以损益期望值作为决策的标准，也就是说通过计算各个方案的损益期望值，以该值的大小作出选择，选其收益期望值最大或损失期望值最小者为最优方案。所谓损益期望值，指的是期望达到而非必然实现的损益值。各个方案的损益期望值就是在不同自然状态下的损益值的加权平均值，其权数就是概率，或者说，各个方案的损益期望值等于各种自然状态下的损益值乘以该状态发生的概率之和。因此，自然状态的概率是风险型决策的基本依据。所谓自然状态的概率，就是自然状态出现可能性的量度，同一决策问题的各种自然状态的概率之和必须等于 1。其数学表达式如下：

$$V_i = \sum_{i=1}^{n} V_{ij} \cdot P_j \tag{5-49}$$

式中：V_i——第 i 方案的损益期望值（$i = 1, 2, \cdots, m$）；

V_{ij}——第 i 方案在自然状态 S_j 下的损益值（$j = 1, 2, \cdots, n$）；

P_j——自然状态 S_j 发生的概率（$0 \leqslant P_j < 1$，且 $\sum_{j=1}^{n} P_j = 1$）。

采用损益期望值进行决策的具体方法常用决策树法，它是运用图论中的"树"来模拟决策问题，它是把各个备选方案，可能出现的各种自然状态及其概率，各个方案在各种自然状态下的损益值绘在一张图上，直接在图上进行损益期望的计算，并进行分析比较和选择最优方案。由于这种图形似树枝，故称"决策树"。这种方法使决策问题表达得形象直观，简明清晰，便于系统分析，尤其对于多级决策，最为方便和有效。

决策树由决策点和方案枝、自然状态点和概率枝,结果点所组成。决策树的模型如图 5-13 所示。

图中符号含义如下:

□——决策点,由此引出的分支称方案枝,枝数即为方案数。在决策树上只有一个决策点,属单级决策问题,即只需作出一次决策。若决策树上有两个或两个以上决策点,则属多级决策问题,即对决策问题需要进行多次决策。

○——自然状态点(又称概率点),由此引出的分支称概率枝,在概率枝上标出各种自然状态及其概率,分枝数即为自然状态数。

△——结果点,是在概率枝的末端,并在其后标出各方案在相应自然状态下的损益值。

决策点在方框内一般用罗马数字编号;自然状态点在圆圈内则用阿拉伯数字顺序编号;也可将决策点和自然状态点用阿拉伯数字连续顺序编号。

用决策树进行决策的一般方法是:由结果点开始,从右至左依次计算各结点的损益期望值,并标注在相应的结点上。各结点的损益期望值,就是各自引出的各概率枝末端的损益值乘以相应概率之和。然后将各结点的损益期望值进行比较,就可决定方案的取舍,对于被舍去的方案,可在此方案枝上标出"≠"记号,称"剪枝",以最后剩下的方案枝即为最优方案。现举例说明如下。

[例 5-11] 某年钢筋混凝土预制构件厂为了生产一种新产品,拟定了两个方案,一是建大厂需投资 320 万元,另一个是先建小厂,如销路好,则 3 年末扩建成大厂。建小厂期初需投资 180 万元,3 年末扩建需追加投资 120 万元,两方案的使用年限均为 10 年。在前 3 年内,产品销路好和销路差的概率分别为 0.7 和 0.3。3 年后根据新的市场信息预测,前 3 年若销路好,则后 7 年销路也好的概率为 0.9;前 3 年若销路差,则后 7 年销路一定差。小厂扩建后损益值与大厂相同。两方案在销路好和销路差状态下的年度损益值如下表 5-8 所示。试用决策树法进行正确决策。基准折现率 $i_0 = 10\%$。

表 5-8 建厂方案的损益值与概率　　　　单位:万元

损益值　自然状态　　方案	销路好(S_1)	销路差(S_2)
	$P_1 = 0.7$	$P_2 = 0.3$
建大厂(A_1)	110	−22
建小厂(A_2)	55	14

解:画出决策树图,如图 5-13 所示。

这是一个两阶段决策问题。先比较扩建与不扩建方案,为此要计算:

$$E(NPV_3) = (110 \times 0.9 - 22 \times 0.1) \times (P/A, 10\%, 7) - 120 = 351.22(万元)$$

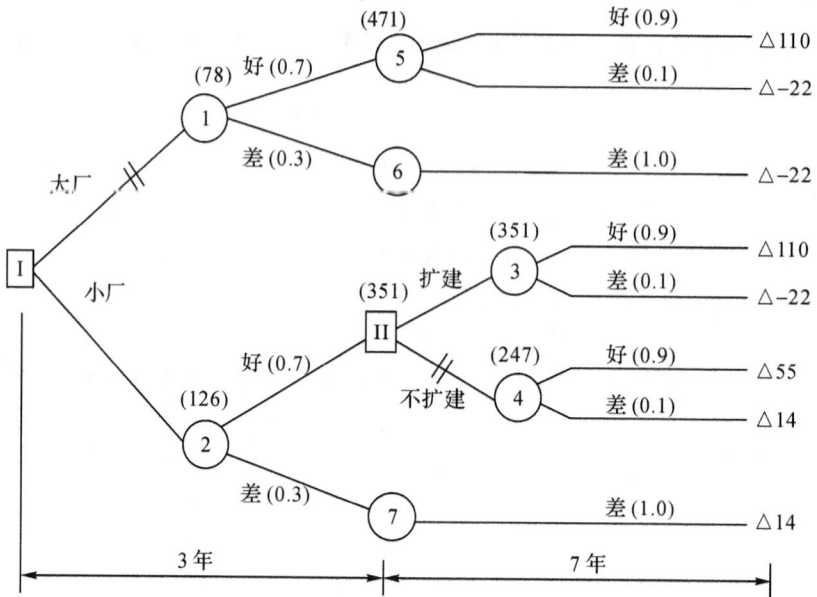

图 5-13　多级决策树图

$E(NPV_4) = (55 \times 0.9 + 14 \times 0.1) \times (P/A, 10\%, 7) = 247.78(万元)$

两者比较,应剪断不扩建这一枝。

再比较点 1 和点 2 的期望净现值:

$$E(NPV_1) = [E(NPV_5) \times (P/F, 10\%, 3) + 110 \times (P/A, 10\%, 3)] \times 0.7 + (-22) \times (P/A, 10\%, 10) \times 0.3 - 320 = 78.77(万元)$$

$$E(NPV_2) = [E(NPV_3) \times (P/F, 10\%, 3) + 55 \times (P/A, 10\%, 3)] \times 0.7 + 14 \times (P/A, 10\%, 10) \times 0.3 - 180 = 126.68(万元)$$

两者比较,应剪掉建大厂这一枝。故最终应选择建小厂方案,即前 3 年销路好,再扩建这个新方案。

复习思考题

1. 什么是不确定性分析? 不确定性分析包括哪些内容?

2. 为什么要进行不确定性分析?

3. 什么是盈亏平衡分析? 盈亏平衡点的计算需要哪些假定条件?

4. 盈亏平衡分析方法有哪些优点?

5. 盈亏平衡分析在实际运用中存在哪些局限性?

6. 什么是敏感性分析? 简述敏感性分析的步骤。

7. 敏感性分析的目的是什么? 存在哪些不足?

8. 什么是临界点？临界点通常如何表示？

9. 什么是概率分析？它有什么用途？

10. 盈亏分析、敏感性分析及概率分析各适用于什么范围？

11. 不确定性分析和风险分析有什么联系和区别？

12. 什么是蒙特卡罗模拟法？如何实施？

13. 已知某化工厂项目，设计年产量为 5800kg，估计产品售价为 72 元/kg，固定成本为 60000 元/年，可变成本为 32 元/kg，其销售收入和总成本费用与产量皆呈线性关系，销售税金及附加和增值税共为 10 元/kg，求以产量、生产能力利用率、销售价格、单位产品可变成本表示的盈亏平衡点。

14. 假定某公司计划修建一个小工厂，估计寿命期为 15 年，计划年初一次性投资 200 万元，第二年年初投产，每天生产产品 100m^3，每年可利用 250 天时间，每立方米产品售价估计为 40 元，每立方米产品生产成本估计为 10 元。估计到期时设备残值为 20 万元，基准贴现率为 15%，分别就售价、投资额、产量 3 个影响因素对投资方案进行敏感性分析，计算敏感度系数和临界点。

15. 某项目需投资 20 万元，建设期 1 年。根据预测，项目生产期的年收入（各年相同）为 5 万元、10 万元和 12.5 万元的概率分别为 0.3、0.5 和 0.2。在每一收入水平下生产期为 2 年、3 年、4 年和 5 年的概率分别为 0.2、0.2、0.5 和 0.1，折现率为 10%，试进行概率分析。

16. 某建筑企业计划筹建附属加工厂生产一种新产品，预计行销期为 10 年。面临的问题是，建大厂还是先建小厂待经营好后再建大厂。若建小厂，部分市场可能被其他同类厂所占有，建大厂若销路不好则要蒙受损失。市场调查与预测的结果认为，建大厂从 10 年内看，销售状况一直好的概率为 60%，前 2 年好而后 8 年不好的概率为 10%，销路一直不好的概率为 30%。建大厂需投资 300 万元，如果销路好，年净收益为 100 万元，销路不好则年净收益为 10 万元。若先建小厂，需投资 100 万元，前 2 年经营好的概率为 70%，经营不好的概率为 30%。如果经营好，前 2 年内年净收益为 40 万元，经营不好则不扩建且 10 年内年净收益为 8 万元。经营好而后再扩建或不扩建的有关数据列于下表：

方　案	投资（万元）	销路好		销路不好		收益计算期（年）
		概率	年净收益（万元）	概率	年净收益（万元）	
扩建	220	0.86	80	0.14	10	8
不扩建	0	0.86	20	0.14	5	8

按照动态分析，内部收益率要求为 15%，试画出决策树，并根据最大收益期望值进行决策。

第六章　建设项目资金筹措

本章知识点梳理

1. 建设项目资金来源及筹措方式

建设项目的资金来源主要分为内部筹资和外源筹资，筹措方式如下：

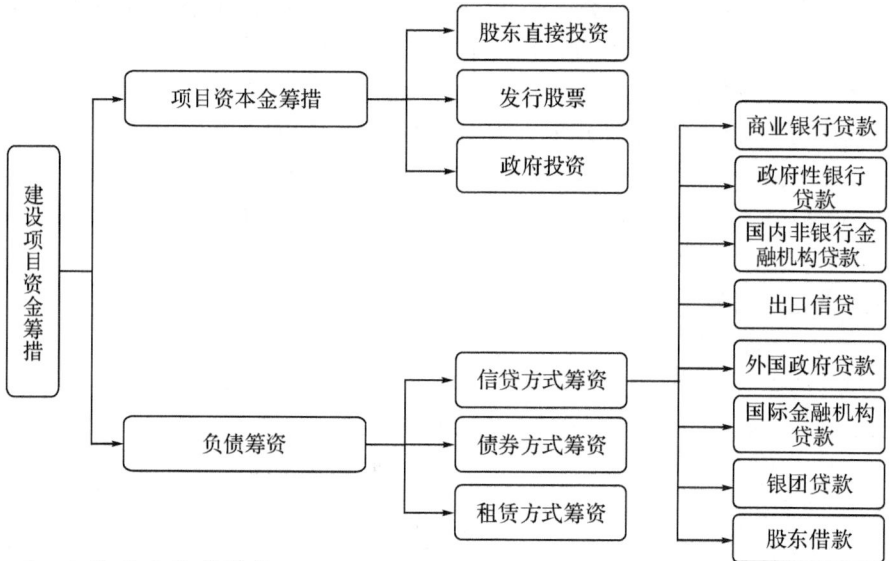

```
                          ┌─── 股东直接投资
              ┌─ 项目资本金筹措 ─┼─── 发行股票
              │               └─── 政府投资
建设                                            ┌─── 商业银行贷款
项                                              ├─── 政府性银行贷款
目                                              ├─── 国内非银行金融机构贷款
资                                              ├─── 出口信贷
金            │           ┌─ 信贷方式筹资 ───────┼─── 外国政府贷款
筹            └─ 负债筹资 ─┼─ 债券方式筹资        ├─── 国际金融机构贷款
措                        └─ 租赁方式筹资        ├─── 银团贷款
                                                └─── 股东借款
```

2. 公共项目融资模式

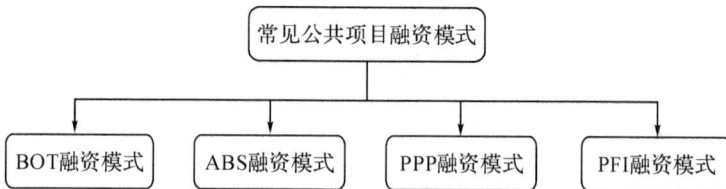

```
            常见公共项目融资模式
      ┌────────┬────────┬────────┐
  BOT融资模式  ABS融资模式  PPP融资模式  PFI融资模式
```

3. 资金成本

通用计算公式：

$$K = \frac{D}{(P-F)} \text{ 或 } K = \frac{D}{P(1-f)}$$

4. 投资决策

主要有加权平均资金成本比较法、边际资金成本比较法、每股收益分析法及综合分析法等决策方法。

第一节 概　述

一、资金筹措的概念与分类

建设项目资金筹措是指建设项目的主体根据其建设活动和资金结构的需要，通过一定的筹资渠道，采取适当的方式，获取所需资金的各种活动的总称。这里建设项目的主体包括政府部门、企事业单位以及个人。

建设项目资金筹措可以按照所筹资金性质、资金使用期限的长短、是否通过金融代理机构以及出资者对资金的追索性质等角度作不同的划分，如图 6-1 所示。

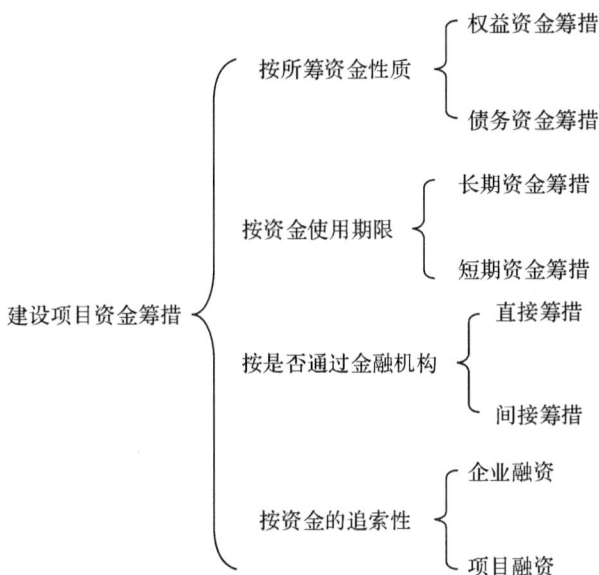

图 6-1　建设项目资金筹措的分类

1. 权益资金筹措和债务资金筹措

按照所筹措资金的性质，建设项目资金筹措分为权益资金筹措和债务资金筹措。

权益资金筹措是指资金占有者以所有者身份投入到建设项目中的方式进行筹资。权益资金一般不用还本，又称之为自有资金。权益资金形成企业的"所有者权益"和项目的"资本金"。相对于负债资金而言，权益资金的财务风险小，但是付出的资金成本较高。权益资金可以通过吸收股东直接投资、发行股票等方式筹措。

债务资金筹措是指项目投资中以负债方式从金融机构、证券市场等资本市场取得的资金的方式。债务资金到期要还本付息，因而称之为借入资金。一般来说，债务资金的财务风险高于权益资金，但付出的资金成本较低。债务资金可以通过银行借款、发行债券、商业信用和融资租赁等方式筹措。

2. 长期资金筹措和短期资金筹措

按照所筹措资金的使用年限，可以分为长期资金筹措和短期资金筹措。

长期资金是指建设项目的主体购置或者建设固定资产、无形资产或者进行长期投资而筹集的并且使用期限在一年以上的资金。长期资金可以通过吸收直接投资、发行股票、发行长期债券、长期借款、融资租赁等方式筹得。

短期资金是指建设项目主体因季节性或临时性资金需求而筹集并且使用期限在一年以内的资金。短期资金可以通过短期借款、商业信用、商业票据等方式筹得。

3. 直接筹资和间接筹资

按是否通过金融机构进行融资，项目资金筹措可以分为直接筹资和间接筹资。

直接筹资是指不经过银行等金融机构，直接从资金占有者手中筹集资金。发行股票、债券、票据等都属于直接融资方式。

间接融资是指借助于银行等金融机构进行的融资，如银行借款、融资租赁、保险、信托等融资方式。

4. 企业融资和项目融资

按照资金所有者对资金的追索权的不同，可以分为企业融资和项目融资。

企业融资也叫公司融资，指依赖于一家现有企业的资产负债表及总体信用状况（通常企业涉及多种业务及资产），为企业（包括项目）筹集资金。以企业融资方式为项目筹措资金属于追索权融资，即当该项目的净运营收益不能满足合同规定的报偿或偿还贷款资金时，可追索企业其他项目、业务收益及资产来偿还。

项目融资是通过某一项目的期望收益或者现金流量、资产和合同权益而进行的融资，债权人的追索权仅限于该项目本身，而不能追索债务人其他项目的资产及业务收益，属于无追索权或有限追索权融资。为一个项目单独成立的项目公司，通常采用项目融资的方式筹资。

企业融资和项目融资的比较详见本章第三节。

二、建设项目资本金制度

资本金是指项目总投资中，由投资者认缴的出资额，对项目来说是非负债资金，项目法人不承担这部分资金的任何利息和债务；投资者可按照其出资比例依法享有所有者权益，也可转让其出资，但一般不得以任何形式抽回。

为了建立投资风险约束机制，有效地控制投资规模，提高投资效益，国务院决定从 1996 年开始,对经营性项目试行资本金制度,规定了经营性项目的建设都要有一定数额的资本金,并提出了各行业投资项目资本金的最低比例要求。国家将根据经济形势发展和宏观调控需要,适时调整固定资产投资项目最低资本金比例,2009 年新发布的《国务院关于调整固定资产投资项目资金比例的通知》(国发[2009]27 号)对各行业的固定资产投资项目资本金最低比例规定如表 6-1 所示:

表 6-1 国务院规定的各行业项目资本金的最低比例

投资行业	项目资本金占总投资的最低比例(%)
钢铁、电解铝项目	40%
水泥项目	35%
煤炭、电石、铁合金、烧碱、焦炭、黄磷、玉米深加工、机场、港口、沿海及内河航运项目	30%
铁路、公路、城市轨道交通、化肥(钾肥除外)项目	25%
保障性住房和普通商品住房项目	20%
其他房地产开发项目	30%
其他项目	20%

投资项目资本金的具体比例,由负责项目审批单位根据投资项目的经济效益以及银行贷款意愿和评估意见等情况,在审批可行性研究报告时核定。经国务院批准,对个别情况特殊的国家重点建设项目,可以适当降低资本金比例。

项目的资本金可以用货币出资,也可以用实物、工业产权、非专利技术、土地使用权作价出资。对作为资本金的实物、工业产权、非专利技术、土地使用权,必须经过有资格的资产评估机构按照法律、法规,评估作价,不得高估或低估。以工业产权、非专利技术作价出资的比例不得超过投资项目资本金总额的 20%,国家对采用高新技术成果有特别规定的除外。投资者以货币方式认缴的资本金,其资金来源有:

(1)各级人民政府的财政预算内资金、国家批准的各种专项建设基金、"拨改贷"和经营性基本建设基金回收的本息、土地批租收入、国有企业产权转让收入、地方人民政府按国家有关规定收取的各种规费及其他预算外资金;

(2)国家授权的投资机构及企业法人的所有者权益(包括资本金、资本公积金、盈余公积金和未分配利润、股票上市收益资金等)、企业折旧资金以及投资者按照国家规定从资金市场上筹措的资金;

(3)社会个人合法所有的资金;

(4)国家规定的其他可以用作投资项目资本金的资金。

第二节　建设项目资金的来源及筹措

一、资金来源分类

制定资金筹措方案必须要有明确的资金来源,并围绕可能的资金来源,选择合适的筹资方式,制定科学的资金筹措方案。资金来源按筹资主体分为内部资金来源和外部资金来源。相应的筹资可以分为内源筹资和外源筹资两个方面。由于内源筹资不需要实际对外支付利息或股息,故应首先考虑内源筹资,然后再考虑外源筹资。对于既有法人项目来说,其资金筹措可以是内源筹资,也可以是外源筹资;对新设法人项目来说,一般采取外源筹资方式。

1. 内源筹资

内源筹资,即将作为筹资主体的既有法人内部的资金转化为投资的过程,也称内部筹资。既有法人内部筹资的渠道和方式主要有:货币资金、资产变现、企业产权转让、直接使用非现金资产。

2. 外源筹资

外源筹资,即吸收筹资主体外部的资金,外部资金的来源渠道很多,应当根据外部资金来源供应的可靠性、充足性以及融资成本、融资风险等,选择合适的外部资金来源渠道。

当前我国建设项目外部资金来源渠道主要有:
(1)中央和地方政府可用于项目建设的财政性资金;
(2)商业银行和政策性银行的信贷资金;
(3)证券市场的资金;
(4)非银行金融机构的信贷资金;
(5)国际金融机构的信贷资金;
(6)外国政府提供的信贷资金、赠款;
(7)企业、团体和个人可用于项目建设投资的资金;
(8)外国公司或个人直接投资的资金。

二、项目资本金筹措

项目资本金是指由项目权益投资人以获得项目财产权和控制权的方式投入的资金。资本金的筹措方式一般包括股东直接投资、发行股票、政府投资等。

1. 股东直接投资

股东直接投资包括政府授权投资机构入股资金、国内外企业入股资金、社会团体和个人入股的资金以及基金投资公司入股的资金,分别构成国家资本金、法人资本金、个人资本金、和外商资本金。

对于既有法人筹资项目,股东直接投资表现为扩充既有企业的资本金,包括原有股东增资扩股和吸收新股东投资。对于新设法人筹资项目,股东直接投资表现为投资者为项目提供资本金。合资经营公司的资本金由企业股东按股权比例认缴,合作经营公司的资本金由合作投资方按预先约定的金额投入。

2. 发行股票

股票是股份公司发给股东作为已投资入股的证书和索取股息的凭证,是可作为买卖对象或质押品的有价证券。

(1)股票的种类

按股东承担风险和享有权益的大小,股票可分为普通股和优先股两大类。

①优先股:在公司利润分配方面较普通股有优先权的股份。优先股的股东按一定的比例取得固定股息;企业倒闭时,能优先得到剩下的可分配给股东的部分财产;

②普通股:在公司利润分配方面享有普通权利的股份。普通股股东除能分得股息外,还可在公司盈利较多时再分享红利。所以普通股获利水平与公司盈亏息息相关。股票持有人不仅可据此分摊股息和获得股票涨价时的利益,且有选举该公司董事、监事的机会,有参与公司管理的权利,股东大会的选举权根据普通股持有额计票。

(2)发行股票筹资的优点

①以股票筹资是一种有弹性的融资方式。由于股息或红利不像利息那样必须按期支付,当公司经营不佳或现金短缺时,董事会有权决定不发股息或红利,因而公司融资风险低。

②股票无到期日。其投资属永久性投资,公司不需为偿还资金而担心。

③发行股票筹集资金可降低公司负债比率,提高公司财务信用,增加公司今后的融资能力。

(3)发行股票筹资的缺点

①资金成本高。购买股票承担的风险比购买债券高,投资者只有在股票的投资报酬高于债券的利息收入时,才愿意投资于股票。另外债券利息可在税前扣除,而股息和红利须在税后利润中支付,这样就使股票筹资的资金成本大大高于债券筹资的资金成本。

②增发普通股须给新股东投票权和控制权,降低原有股东的控制权。

3. 政府投资

政府投资包括加强公益性和公共基础设施建设,保护和改善生态环境,促进欠发达地区的经济和社会发展,推进科技进步和高新技术产业。分别采取直接投资、资本金注入、投资补助、转贷和贷款贴息等方式。政府投资在项目评价中应根据自己投入的不同情况进行不同处理：

(1)全部使用政府直接投资的项目，一般为非经营性项目，不需要进行筹资方案分析；

(2)以资本金注入方式投入的政府投资资金，在项目经济评价中视为权益资金；

(3)以投资补贴、贷款贴息等方式投入的政府投资资金，在项目经济评价中视为现金流入，应根据具体情况分别处理；

(4)以转贷方式投入的政府投资资金（统称国外贷款）在项目经济评价中视为债务资金。

三、负债筹资

项目的负债是指项目承担的能够以货币计量且需要以资产或者劳务偿还的债务。它是项目筹资的重要方式，一般包括信贷、发行债券、融资租赁等筹资方式。

1. 信贷方式筹资

(1)商业银行贷款

商业银行贷款按照贷款期限分为短期贷款、中期贷款和长期贷款。短期贷款年限在1年以内，超过1年至3年的为中期贷款，3年以上的为长期贷款。商业银行贷款通常不超过10年，超过10年期限，商业银行需要特别报经人民银行备案。

按资金用途，商业银行贷款在银行内部管理中分为固定资产贷款、流动资金贷款、房地产开发贷款等。

商业银行贷款具有以下特点：

①筹资手续简单，速度较快。贷款的主要条款只需取得银行的同意，不必经过诸如国家金融管理机关、证券管理机构等部门的批准。

②筹资成本较低。借款人与银行可直接商定信贷条件，无需大量的文件制作，而且在经济发生变化的情况下，如需变更贷款协议的有关条款，借贷双方可采取灵活的方式进行协商处理。

利率方面，国内商业银行贷款利率目前受到人民银行的调控，人民银行不定期对贷款利率进行调整。国外商业银行贷款利率有浮动利率与固定利率两种形式。浮动利率通常以某种国际金融市场的利率为基础，加上一个固定的加成率构成。

(2)政策性银行贷款

政策性银行是指由政府创立、参股或者保证的，不以营利为目的，专门为贯彻、配合政府社会经济政策或意图，在特定的业务领域内，直接或间接从事政策性融资活动，充当政府发展经济、促进社会进步、进行宏观经济管理工具的金融机构。政策性银行贷款利率通常比商业银行低。在我国政策性银行曾有国家开发银行、中国进出口银行、中国农业发展银行。

国家开发银行重点向国家基础设施、基础产业和支柱产业投资项目以及重大技术改造和高新技术产业化项目发放贷款。国家开发银行贷款分为两个部分：一是软贷款，即国家开发银行注册资本金，按项目配股需要贷给国家控股公司和中央企业集团，由其对所需企业参股、控股；二是硬贷款，即国家开发银行运用借入资金直接贷给建设项目。国家开发银行于2008年12月经国务院同意，经中国银监会批准进行改制，设立国家开发银行股份有限公司，其性质已由政策性银行转变为商业银行。

中国进出口银行的主要任务是执行国家产业政策和外贸政策，为扩大我国机电产品和成套设备等资本性货物出口提供政策性金融支持。主要为出口提供卖方信贷和买方信贷支持。该行还办理中国政府的援外贷款及外国政府贷款的转贷业务。

中国农业发展银行的主要任务是，按照国家有关法律、法规和方针、政策，以国家信用为基础，筹集农业政策性信贷资金，承担国家规定的农业政策性金融业务，代理政策性支农资金的拨付。

（3）国内非银行金融机构贷款

非银行金融机构指银行以外的其他经营金融性业务的公司或组织。非银行金融机构主要有信托资产投资公司、财务公司和保险公司等。

①信托投资公司贷款。信托贷款是信托投资公司运用吸收的信托存款、自有资金和筹集的其他资金对审定的贷款对象和工程项目发放贷款。与商业银行贷款相比，信托贷款具有以下几个特点：银行贷款由于现行信贷制度的限制，无法对一些企业特殊但合理的资金需求予以满足，信托贷款恰好可以满足企业特殊的资金需求。银行贷款按贷款的对象、期限、用途不同，有不同的利率，但不能浮动，信托贷款的利率则相对比较灵活，可在一定范围内浮动。

信托贷款主要有技术改造信托贷款、补偿贸易信托贷款、单位住房信托贷款、联营投资信托贷款和专项信托贷款等。

②财务公司贷款。财务公司是由企业集团成员单位组建又为集团成员单位提供中长期金融业务服务为主的非银行金融机构。财务公司贷款有短期贷款和中长期贷款。短期贷款一般为1年、6个月、3个月以及3个月以下不定期的临时贷款；中长期贷款一般为1~3年、3~5年以及5年以上的贷款。

③保险公司贷款。虽然我国目前不论是法律法规的规定，还是现实的操作，保险公司尚不能对工程项目提供贷款，但从西方经济发达国家的实践来看，保险公司的资金，不但可以进入证券市场，用于购买各种股票和债券，而且可向工程项目提供贷款，特别是向有稳定市场和收益的基础设施项目提供贷款。

（4）出口信贷

项目建设需要进口设备的，可以使用设备出口国的出口信贷。出口信贷也称长期贸易信贷,是指商品出口国的官方金融机构或者商业银行以优惠利率向本国出口商、进口方银行或进口商提供的一种补贴性贷款。出口信贷分为买方信贷和卖方信贷。

买方信贷以设备进口商为借款人,取得贷款资金用于支付进口设备贷款,并对银行还本付息,买方信贷可以通过本国商业银行转贷,也可以不通过本国商业银行转贷。

卖方信贷以设备出口商为借款人,从设备出口国的银行取得贷款,设备出口商给予设备购买方以延期付款条件。

出口信贷通常不能对设备价款全额贷款,只能提供设备价款85%的贷款,其余15%的价款需要由进口商以现金支付。出口信贷的利率通常低于国际上商业银行的贷款利率,但需要支付一定的附加费用,如管理费、承诺费、信贷保险费等。

(5)外国政府贷款

外国政府贷款是指一国政府利用财政资金向另一国政府提供援助性贷款。项目使用外国政府贷款需要得到我国政府的安排和支持。外国政府贷款经常与出口信贷混合使用,有时还伴有一部分赠款。

外国政府的贷款利率通常很低。一般是2%~4%,甚至无息;期限较长,还款平均期限20~30年,有的甚至长达50年;限制用途,如贷款必须用于采购贷款国的设备;数量也有限。

(6)国际金融机构

国际金融机构提供项目贷款主要有:世界银行、国际金融公司、欧洲复兴与开发银行、亚洲开发银行、美洲开发银行等全球性或地区性金融机构。国际金融机构的贷款通常带有一定的优惠性,贷款利率低于商业银行贷款利率,但也有可能需要支付某些附加费用;贷款期限可以安排得很长。另外国际金融机构通常要求设备采购进行国际招标。

国际金融机构的贷款通常需要按这些机构拟定的贷款政策提供,这些机构认为应当支持的发展项目才给予贷款。使用国际金融机构的贷款需按照这些机构的要求提供材料,并且需按规定的程序和方法进行。

(7)银团贷款

银团贷款也叫辛迪加贷款,它是由一家或几家银行牵头,多家国际商业银行参与,共同向一国政府、企业的某个项目(一般是大型的基础设施项目)提供数额较大、期限较长的一种贷款。此种贷款的特点:必须有一家牵头银行,该银行与借款人共同议定一切贷款的初步条件和相关文件,然后再安排其他参加银行,协商确定贷款额,达成正式协议后,即把下一步工作移交代理银行;必须有一个代理银行,代表银团严格按照贷款协议履行其权利的义务,并按各银行出资份额比例提款、计息和分配收回的贷款等一系列事宜;贷款管理十分严密;贷款利率比较优惠,贷款期限也比较长,并且没有指定用途。

(8)股东借款

股东借款是指公司的股东对公司提供的贷款,对于借款公司来说,在法律上是一种负债。项目的股东借款是否后于其他项目贷款受偿,需要依照预先的约定。如果没有预先约定偿还顺序,股东贷款与其他债务处于同等受偿顺序,只有预先约定了后于项目贷款受偿条件下,相对于项目的贷款人来说,股东借款可视为项目的资本金(准资本金)。

2. 债券方式筹资

债券是企业为取得资金而发行的借款凭证,是企业承诺在规定的日期按规定的利率支付债券利息,并按特定日期偿还本金的一种债权、债务证书。债权人无权参与公司管理,但优先股东分红而取得利息,可在企业破产时优先收回本金。

企业债券的发行条件是:

①股份有限公司的净资产额不低于人民币 3000 万元,有限责任公司的净资产额不低于人民币 6000 万元;

②累计债券总额不超过公司净资产额的 40%;

③最近三年可分配利润足以支付公司债券一年的利息;

④筹集的资金投向符合国家产业政策;

⑤债券的利率不得超过国务院限定的利率水平,以及国家规定的其他条件。

企业可以通过两种方式来发行债券,一是私募发行,就是发行者以特定的少数投资者为对象发行债券;二是公募发行,即在证券市场上以非特定的众多的投资者为对象,公开募集发行。我国发行的债券又可分为国家债券、地方政府债券、企业债券和金融债券。

(1)债券筹资的优点

①支出固定。不论企业将来盈利如何,它只需付给持券人固定的债券利息。

②企业控制权不变。债券持有者无权参与企业管理,因此公司原有投资者控制权不因发行债券而受到影响。

③少纳所得税。合理的债券利息可计入成本,实际上等于政府为企业负担了部分债券利息。

④可以提高自有资金利润率。如果企业投资报酬率大于利息率,由于财务杠杆的作用,发行债券可提高股东投资报酬率。

(2)债券筹资的缺点

①固定利息支出会使企业承受一定的风险。特别是在企业盈利波动较大时,按期偿还本息较为困难。

②发行债券会提高企业负债比率,增加企业风险,降低企业的财务信誉。

③债券合约的条款,常常对企业的经营管理有较多的限制,如限制企业在偿还

期内再向别人借款、未按时支付到期债券利息不得发行新债券、限制分发股息等，所以企业发行债券在一定程度上约束了企业从外部筹资的扩展能力。

一般来说，当企业预测未来市场销售情况良好、盈利稳定、预计未来物价上涨较快，企业负债比率不高时，可以考虑以发行债券的方式进行筹资。

（三）租赁方式筹资

所谓租赁，是出租人和承租人之间订立契约，由出租人应承租人的要求，购买其所需的设备，在一定时期内供其使用，并按期收取租金。租赁期间设备的产权属出租人，用户只有使用权，且不得中途解约。期满后，承租人可以从以下的处理方法中选择：(1)将所租设备退还出租人；(2)延长租期；(3)作价购进所租设备；(4)要求出租人更新设备，另订租约。

采用租赁的方式，虽然比直接购买设备的费用要高，但它却具有用户不必在设备上一次投入大笔资金、可及时利用先进设备、加速企业技术进步等优点，是企业通常采用的一种灵活的筹资方式。

租赁的方式可分为：(1)融资租赁，即首先由租赁公司融资，把设备买进，然后租给企业使用，企业按规定交付租金；(2)经营租赁，即出租人将自己经营的出租设备进行反复出租（租出去收回来，再租出去……），直至设备报废或淘汰为止的租赁业务；(3)服务出租，主要用于车辆的租赁，即租赁公司向用户出租车辆时，还提供保养、维修、检车、事故处理等业务。

在以上租赁方式中，融资租赁作为一种融资与融物相结合的筹资方式，其应用日益广泛。在融资租赁中，涉及出租方、承租方和供货方，他们的关系如图 6-2 所示。

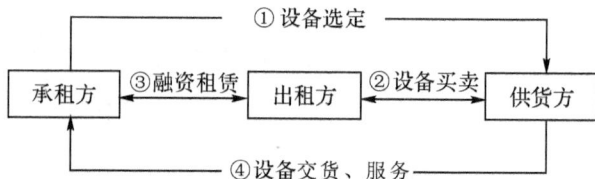

图 6-2 融资租赁关系图

融资租赁筹资具有以下优点：

(1)能迅速获得所需资产。融资租赁集"融资"与"融物"于一身，一般要比先筹措现金再购置设备来得更快，可使企业尽快形成生产经营能力；

(2)租赁筹资限制较少，企业运用股票、债券、长期借款等筹资方式，都会受到相当多的资格条件限制，相比之下，租赁筹资的限制条件很少；

(3)免遭设备陈旧过时的风险。随着科学技术的不断进步，设备陈旧过时的风

险很高,而多数租赁协议规定由出租人承担,承租企业可免遭这种风险;

(4)到期还本负担轻。全部租金在整个租期内分期支付,可降低不能偿付的危险。

(5)税收负担轻。租金在所得税前扣除,具有抵免所得税的效用。

(6)租赁可提供一种新资金来源。在企业负债比例过高,借款信贷额度全部用完,贷款协议限制企业进一步举债的情况下,租赁方式使企业不付出大量资金就能得到所需的设备;

融资租赁筹资的主要缺点是资金成本高。其租金通常比银行借款或发行债券所负担的利息要高,而租金总额通常要高于设备价值的 30%;承租企业在财务困难时期,支付固定的租金也将构成一项沉重的负担。另外采用租赁筹资方式如不能享有设备残值,也将视为承租企业的一种机会损失。

第三节 项目融资模式

一、项目融资定义

项目融资可以从广义和狭义上来理解。从广义理解,项目融资是为特定项目所进行的建设、收购以及债务重组所进行的一切融资活动,债权人对债务人(如项目公司)抵押资产以外的资产有 100% 追索的权利。从狭义上理解,项目融资就是根据项目建成后的期望收益或现金流量、资产和合同权益来融资的活动,这里债权人对借款人抵押资产以外的资产没有追索权或仅有有限追索权。本书讨论的建设工程项目融资是狭义的项目融资。

项目融资是一种无追索权或有限追索权的融资。按照中国银监会发布的《项目融资业务指引》项目融资是符合以下特征的贷款:

(1)贷款用途通常是用于建造一个或一组大型生产装置、基础设施、房地产项目或其他项目,包括对在建或已建项目的再融资;

(2)借款人通常是为建设、经营该项目或为该项目融资而专门组建的企事业法人,包括主要从事该项目建设、经营或融资的既有企事业法人;

(3)还款资金来源主要依赖该项目产生的销售收入、补贴收入或其他收入,一般不具备其他还款来源。

项目融资与企业融资(传统融资)存在着显著不同,下面就用图例来说明:

假设某公司拥有 A、B 两个工厂,现因业务扩大,需要新建一个工厂。如图 6-3(a)所示的企业融资中,公司向银行贷款新建工厂 C,贷款者(银行)拥有对借款者(公司)的完全追索权,即以整个公司(所有工厂,包括 A、B)的现金流和资产来

偿还 C 工厂的贷款的权利。对公司来说这种融资模式的优点是,融资过程简单,拥有对工厂 C 的全部控制权;一旦项目运行成功,总公司将获得项目的全部收益。缺点是一旦 C 工厂运营失败,总公司的 A、B 两厂将受到牵连或者倒闭。

如图 6-3(b)图所示总公司出一定的资金,注册成立一个专门运作 C 工厂的项目公司,并且找几个对 C 工厂运作有帮助的股东,如设备/材料供应商、销售商等,以项目公司的名义,通过 C 工厂的资产和期望收益寻求银行贷款。银行可能要求总公司和其他股东的母公司为项目提供有限的担保(不是全额担保)来减少投资风险。因为贷款责任是由项目公司担负的,银行没有权利对整个总公司或它拥有的其他工厂要求赔偿,而只拥有对 C 工厂和合同约定的项目公司之外的担保范围内的资产有限追索权,即为有限追索。这种融资模式的优点是,当项目运行失败时,总公司(包括工厂 A、B)的损失将是已投入工厂 C 的有限资产和有限担保,可避免受到太大的牵连。缺点是融资过程复杂,总公司对项目公司控制权减少;总公司不能获得 C 公司的全部利润,其利润将在项目公司股东间分配;另外,由于银行承担较大风险,银行对项目公司的贷款和收入监管较严。

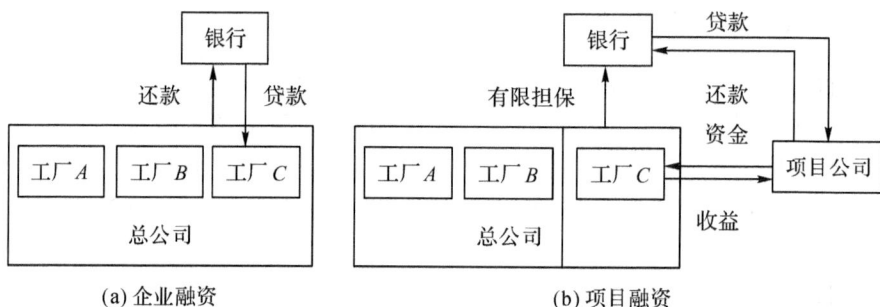

图 6-3　企业融资与项目融资的图示比较

项目融资与企业融资相比,主要体现在融资主体、融资基础、追索程度、风险分担、资本金和贷款比例、会计处理等方面的不同,如表 6-2 所示。

表 6-2　项目融资与公司融资的区别

要素	项目融资	企业融资/传统融资
融资主体	项目公司	项目发起人
融资基础	项目公司预期收益及资产	发起人资产、信用和盈利
追索程度	有限追索或无追索 (现实中很难实现)	完全追索(包括抵押资产以外 的其他资产)

续表

要素	项目融资	企业融资/传统融资
风险分担	项目参与各方①	集中于发起人/债权人/担保者
资本金和贷款比例	发起人出资比例较低 （通常小于30%），杠杆比率高	发起人出资比例较高， 通常为30%～40%
会计处理	资产负债表外融资，债务不出现在 发起人（母公司）的资产负债表上， 仅出现在项目公司（子公司）的资 产负债表上	债务出现在发起人的资产 负债表上

二、公共项目融资的常见模式

1. BOT 融资模式

（1）BOT 融资模式概念

BOT，即 Build-Operate-Transfer（建造—经营—移交），是比较常见的基础设施项目融资模式。BOT 是指一国财团或投资人作为项目发起人，从政府获得某些基础设施的特许经营权，然后由其独立或者联合其他参与方组建项目公司，负责项目的融资、设计、建造和营运，在整个特许期内项目公司通过项目运营获得的收益来偿还项目融资的债务、回收经营成本和进行项目维护，并获取利润，特许期满后，项目将以无偿或极低的价格转交给政府。

（2）BOT 基本形式及演变形式

世界银行在《1994年世界发展报告》中指出，BOT 共有3种最基本的形式：

①BOT（Build-Operate-Transfer，建造—经营—移交），这是最经典的 BOT 形式，项目公司没有项目的所有权，只有建设和经营权。

② BOOT（Build-Own-Operate-Transfer，建造—拥有—经营—移交）：与基本的 BOT 主要的不同之处是，项目建成后项目公司在规定的期限和范围内拥有项目的所有权。另外 BOOT 模式比 BOT 模式的特许权也相对较长。

③BOO（Build-Own-Operate，建造—拥有—经营）：与前两种形式主要不同之处在于项目公司不需要将项目移交给政府，即为永久私有化。

随着在实践中的应用，该模式还出现了很多衍生模式，主要有：BT（Build-Transfer，建造—移交）；BOOST（Build-Own-Operate-Subsidy-Transfer，建造—拥有—经营—补贴—移交）；ROT（Rehabilitate-Operate-Transfer，修复—经营—移交）；TOT（Transfer-Operate-Transfer，移交—经营—移交）；DBOT（Design-Build-

---

① 项目融资的参与方有项目发起人、项目公司、贷款机构、工程承包商、项目设备及材料供应商、项目产品的购买及使用者、保险公司、政府机构等

Operate-Maintain,设计—建设—经营—维护)等。

其中,BT 是指政府在项目建成后从民营机构中购回项目(一次性支付或分期支付),但与政府投资建造项目不同的是,政府用于购回项目的资金往往是事后支付,支付资金主要来自财政拨款和项目运营回收资金,但更多的是采用后者。TOT 是指民营资本从政府部门购买某公共项目的经营权,购买者在约定的时间内通过经营该项目收回全部投资并取得合理回报后,再将项目无偿交还给政府。不同于 BOT,TOT 融资基础是已建成项目的现金流量。

(3)BOT 模式参与方

BOT 项目的参与人主要有政府、项目承办人(即被授予特许经营权的私营部门)、投资者、贷款人、保险和担保人、总承包商(项目建设阶段的设计和建造)、运营开发商(项目建成后的运营和管理)等。此外,项目的用户也因投资、贷款或保证而成为 BOT 项目的参与者,各参与人之间的权利义务关系依各种合同、协议而确立。

BOT 模式主要由项目发起人、项目的直接投资和经营者、项目的贷款银行三方组成。

①项目发起人

项目发起人也是项目的最终所有者,是指项目所在国政府、政府机构或政府制定的公司。从项目所在国政府的角度考虑,采用 BOT 融资模式的主要吸引力在于:

1)可以减少项目建设的初始投入。大型基础设施项目,如发电站、高速公路、铁路等公共设施的建设,资金用量大,投资回收期长,而资金紧缺和投资不足是发展中国家政府所面临的一个普遍性问题。利用 BOT 模式,政府部门可以将有限的资金投入到更多的领域。

2)可以吸引外资,引进先进技术,改善和提高项目的管理水平。

在 BOT 融资期间,项目发起人在法律上既不拥有项目,也不经营项目,而是通过给予某些特性经营权和一定数额的从属性贷款或担保作为项目建设开发和融资安排的支持。在融资期末结束后,项目发起人通常无偿地获得项目的所有权和经营权。

②项目的直接投资和经营者

项目的投资和经营者是 BOT 融资模式的主体。项目经营者从项目所在国政府获得建设和经营项目的特许权,负责组织项目的建设和生产经营,提供项目开发所必需的股本资金和技术,安排融资,承担项目风险,并从项目经营中获得利润。项目经营者的角色可由一个专门组织起来的项目公司承担。项目公司的组成以在这一领域具有技术能力的经营公司和工程承包公司作为主体,有时也吸收项目产品或服务的购买者和一些金融性投资者参与。因为在特许经营结束时,项目要最

终交换给项目发起人,所以从项目所在国政府的角度,选择项目经营者的标准和要求如下:

1)项目经营者要求有一定的资金、管理和技术能力,保证能够在特许权协议期间提供符合要求的服务;

2)经营的项目要符合环境保护标准和安全标准;

3)项目产品或服务的收费要合理;

4)项目经营要保证做好设备的维修和保养工作,保证在特许权协议终止时,项目发起人接受的是一个运行正常、保养良好的项目,而不是一个过度运用的超期服役的项目。

③项目的贷款银行

BOT 模式中的贷款银行组成较为复杂。除了商业银行组成的贷款银团之外,政府的出口信贷机构和世界银行或地区性开发银行的政策性贷款在 BOT 模式中通常也扮演很重要的角色。BOT 项目贷款的条件取决于项目本身的经济强度、项目经营者的经营管理能力和资金状况,但是在很大程度上依赖于项目发起人和所在国政府为项目提供的支持和特许权协议的具体内容。

(4)BOT 模式的操作程序

BOT 项目虽然不尽相同,但一般来说,每个项目都经过项目确定、准备、招标、各种协议和合同的谈判与签订,以及建设、运营和移交等过程。在此将其大致分为准备、实施和移交三个阶段。

①准备阶段

这一阶段主要是选定 BOT 项目,通过资格预审与招标,选定项目承办人。项目承办人选定合作伙伴并取得他们的合作意向,提交项目融资与项目实施方案文件,项目参与各方草签合作合同,申请成立项目公司。政府依据项目发起人的申请,批准成立项目公司,并通过特许权协议,授予项目公司特许权。项目公司股东之间签订股东协议,项目公司与财团签订融资等主合同以后,项目公司另与 BOT 项目建设、运营等各参与方签订子合同,提出开工报告。

②实施阶段

实施阶段包括 BOT 项目建设与运营阶段。在建设阶段,项目公司通过顾问咨询机构,对项目组织设计与施工,安排进度计划与资金运营,控制工程质量与成本,监督工程承包商,并保证财团按计划投入资金,确保工程按预算、按时完工。在项目运营阶段,项目公司的主要任务是要求运营公司尽可能边建设、边运营,争取早投入、早收益,特别要求注意外汇资产的风险管理及现金流量的安排,以保证按时还本付息,并最终使股东获得一定的利润。同时在运营过程中要注意项目的维修与保养,以期项目最大效益地运营以及最后顺利地移交。

③移交阶段

特许期满时,项目公司将项目移交给东道国政府。项目移交包括资产评估、利润分红、债务清偿、纠纷仲裁等。

2. ABS 项目融资模式

(1)ABS 项目融资的定义

ABS(即 Asset-Backed/Based Securitization,基于资产证券化的融资模式,是指将缺乏流动性但可能产生可预见的、稳定的现金流量的资产归集起来,通过一定的安排,对资产中的风险与收益要素进行分离与重组,进而转换为在金融市场上可以出售和流通的证券的过程。具体的做法是项目发起人将项目资产出售给特设机构(Special Purpose Corporation,SPC),SPC 凭借项目未来可预见的稳定现金流,并通过寻求担保等信用提高手段,在国际资本市场上发行具投资价值的高级债券,一次性地为项目进行融资,还本付息主要依靠项目未来收益。

(2)ABS 项目融资的运作过程

①组建特设机构(SPC)

SPC 是进行融资的载体,可以是由投资银行、信托投资、信用担保公司、投资保险公司或其他与证券投资相关的金融机构组成,一般这些机构能获得国家权威资信评级机构给予的较高资信评定等级(AAA 或 AA 级)。

②SPC 与项目结合

即 SPC 寻找进行资产证券化融资的对象(也可以理解为项目原始权益人或项目筹资人为进行 ABS 融资而寻找 SPC)。一般来说,投资项目所依附的资产只要在未来一定时期内能带来现金收入,就可以进行 ABS 融资。它们可以是房地产的未来租金收入,飞机、汽车等未来的运营的收入,项目产品出口贸易收入等。拥有这种未来现金流量所有权的企业(项目公司)成为原始权益人。SPC 与这些项目的结合,就是以合同、协议等方式将原始权益人所拥有的项目资产的未来现金收入的权利转让给 SPC,转让的目的在于将原始权益人本身的风险隔断,使其融资风险仅与项目未来的现金收入有关,而与建设项目的原始权益人本身的风险无关。

③信用增级

由于证券化资产的信誉和现金流量很难与投资者的需求吻合,因此需要通过一定的方式使信用升级。信用增级的方式可以是直接追索、资产储备—超额、建立优次级结构、超额利差等内部信用增级方式,也可以是金融担保公司签发信用证等外部信用增级方式。

④发行阶段

SPC 直接在资本市场上发行债券募集资金,或者经过 SPC 通过信用担保,由其他机构组织债券发行,并将债券筹集的资金用于项目建设。

⑤偿债阶段

由于项目原始受益人已将项目资产的未来现金收入权让渡给 SPC,因此 SPC 就能利用项目资产的现金流入量,清偿在高级投资证券市场上所发行的债券的本息。

采用 ABS 融资模式,在债券发行期间,项目的资产所有权虽归 SPC 所有,但是项目的经营决策权依然归原始权益人所有,可以使原始权益人(项目筹资人)保持对项目运营的控制。原始权益人有义务把项目的现金收入支付给 SPC,待债券到期,用资产产生的收入还本付息后,资产的所有权又复归原始权益人。因此,这一融资方式在基础设施项目的投融资当中能够得到更广泛的运用。

(3)ABS 模式主要当事人

①发起人或原始权益人

发起人或者原始权益人是被证券化的相关资产的原始所有者,也是资金的最终使用者。对于项目收益资产证券化来说,发起人是项目公司,而对于项目贷款资产证券化来说,发起人包括商业银行、抵押银行、政府机构等。

一般情况下,发起人的主要作用是:1)收取贷款申请;2)评审借款人申请抵押贷款的资格;3)组织贷款;4)从借款人手中收取还款;5)将借款还款转交给抵押支持证券的投资者等。

②服务人

服务人通常由发起人自身或者指定的银行来承担。服务人的主要作用体现在两个方面:

1)负责归结权益资产到期的现金流,并催讨过期的应收款;2)代替发行人向投资者或者投资者的代表受托人支付证券的本息。服务的内容包括收集原借款人的还款,以及其他一些为担保履行还款义务和保护投资者的权利所必需的步骤。

③发行人

作为发行人来说,它可以是中介公司,也可以是发起人的附属公司、参股公司或者投资银行。有时,受托管理人也承担这一责任,即在证券化资产没有卖给上述的公司或者投资银行时,它常常被直接卖给受托管理人。该受托管理人是一个信托实体,其创立的唯一目的就是购买拟证券化的资产和发行资产支持证券。该信托实体控制着作为担保品的资产并负责管理现金流的收集和支付。信托实体通常就是发起人的一家子公司,或承销本次证券发行的投资银行的一家子公司。在某些情况下,由于单个发起人的资产不足以创造一个合格的资产组合,这时就需要由几个发起人的资产共同组成一个资产的组合。

当发行人从原始权益人手中购得权益资产在未来收取一定现金流的权利后,就要对其进行包装,然后以发行证券的方式在二级市场上出售给投资者。

④证券商

ABS 由证券商承销,证券商或者向公众出售其包销的证券,或者私募债券。作为包销人,证券商从发行人处购买证券,再出售给公众,如果是私募债券,证券商并不购买证券,而是作为发行人的代理人,为其成功发行提供服务。

⑤信用增级机构

在资产证券化过程中,一个尤为关键的环节就是信用增级,而信用增级主要由信用增级机构完成。从某种意义上说,资产支持证券投资者的投资收益能否得到有效的保护和实现,主要取决于证券化产生的信用保证。所谓信用增级,即信用等级的提高,经信用包装而得以提高等级的证券将不再按照原发行人的等级或贷款抵押资产等级进行交易,而是按照担保机构的信用等级进行交易。

信用增级一般采取内部信用增级和外部信用增级两种方式,发行人提供的信用增级即内部信用增级;第三者提供的信用增级即外部信用增级。

⑥信用评级机构

信用评级机构是依据各种条件评级 ABS 等级的专门机构。ABS 的投资人依赖信用评级机构为其评估资产支持证券的信用风险和再融资风险。信用评级机构须持续监督资产支持证券的信用评级,根据情况变化对其等级进行相应调整。

⑦受托管理人

在资产证券化的操作中,受托管理人充当着服务人与投资者的中介,也充当着信用强化机构和投资者的中介。受托管理人的职责主要体现在三个方面:1)作为发行人的代理人向投资者发行证券,并由此形成自己收益的主要来源;2)将借款者归还的本息或者权益资产的应收账款转给投资者,并且在项款没有立即转给投资者时有责任对项款进行再投资;3)对服务人提供的报告进行确认并转给投资者。

3. PPP 融资模式

PPP,即 Public-Private-Partnership 的缩写,即公共部门与私营企业合作模式,是指政府与民间投资人合作投资基础设施。从更广泛的意义上讲,只要是旨在促进私营企业与政府合作进行基础设施发展的模式都可以归入这一类别。这里说的 PPP 模式主要是围绕基础设施特许经营权,在基础设施建设和运营中,公共部门与私营企业的合作模式。

该融资模式侧重于项目所在国政府或者所属机构与项目的投资者和经营者之间的相互协调及其在项目建设中发挥的作用。吸引私营企业参与公共基础设施建设的一个目的就是利用私营企业的资金、先进技术和管理经验来更好地进行公共基础设施的建设,提高服务。

在 BOT 融资模式中,项目的确认、设计和可行性研究等前期工作基本上都是由项目所在国政府或者所属机构进行并报政府审批,这个阶段基本上没有私营部门参与,私营部门只能根据政府拟定的建设方案和经营方案通过参加类似的招标活动参与方案的实施;而 PPP 方式可以使参与公共基础设施项目的私营部门在项目的前期就参与进来,有利于私营部门先进的技术和管理经营,有利于控制项目的建设成本和运营成本。

PPP 模式本质上是政府部门和社会投资者之间一系列复杂的合约安排,要平衡公共部门和私营企业不同利益方的利益和要求,以及合理分配各方的责任和应承担的风险。通过协商,明确基础设施项目的建设方案和经营方案,围绕项目的融资活动进行相应的规划,提供各自的支持和配合,并根据这种参与协调的结果,形成特许经营的协议框架,合作各方再根据特许经营协议来实施该项目。

4. PFI 融资模式

PFI,即 Private-Finance-Initiative,通常译为"私人主动融资",是指由私营企业进行项目的建设与运营,从政府或接受服务方收取费用以回收成本,与 PPP 相比,PFI 更强调的是私营企业在融资中的主动性和主导性。在这种方式下,政府以不同于传统的由政府负责提供项目产出的方式,而是采取促进私营企业有机会参与基础设施和公共物品的生产和提供公共服务的一种全新的公共项目产出方式。在 PFI 方式下,政府部门发起项目,由私营企业负责进行项目的建设和运营,并按事先的规定提供所需的服务;政府部门以购买私营企业提供的产品或服务,或给予私营企业以收费特许权,或政府与私营企业以合伙方式共同运营等方式,来实现政府公共物品产出中的资源配置最优化、效率和产出最大化。

PFI 模式是传递某种公共项目的服务,而不是提供某个具体项目的构筑物。政府采用 PFI 的目的在于获得有效的服务,而并非旨在最终的基础设施和公共服务设施的所有权。在 PFI 下,公共部门在合同期限内因使用承包商提供的设施而向其付款,在合同结束时,有关资产的所有权或留给承包商,或交回公共部门,取决于原合同的规定。私营企业的目的在于通过提供服务来获得政府或公众的付费,实现收入和完成利润目标。从这里可以看出,PFI 和 BOT 本质的不同在于政府着眼点的不同:BOT 旨在公共设施的最终拥有,而 PFI 在于公共服务的私营企业提供。

第四节 资金成本

一、资金成本概念

1. 资金成本的含义

资金成本就是企业在筹集资金时所支付的一定代价。企业可以利用各种方式从多种渠道筹集资金,但不论具体方式如何,企业都要付出一定代价,花费一定的成本,即付出筹资费和使用费。筹资费是指企业在筹集资金过程中发生的各种费用,如委托金融机构代理发行股票、债券而支付的注册费和代理费等,向银行借款而支付的手续费等。使用费是指企业因使用资金而向资金提供者支付的报酬,如使用发行股票筹集的资金要向股东们支付利息、红利;使用发行债券和银行贷款借入的资金,要向债权人支付利息;使用租入的资产,要向出租人支付租金,等等。由于在不同情况下筹集资金的总额不同,为了便于比较,资金成本通常以相对数来表示,即用资金成本率来表示。

资金成本率一般用下式来计算:

$$K=\frac{D}{P-F} \tag{6-1}$$

或
$$K=\frac{D}{P(1-f)} \tag{6-2}$$

式中:K 为资金成本率(一般称为资金成本);P 为筹集资金总额;D 为使用费;F 为筹资费;f 为筹资费费率(即筹资费占筹集资金总额的比率)。

2. 资金成本的作用

资金成本是市场经济条件下,企业财务管理中的一个重要概念,它是选择资金来源、拟定筹资方案的主要依据,是评价投资项目可行性的主要经济标准,也可作为评价企业财务经营成果的依据。

二、各种来源的资金成本

1. 优先股成本

优先股资金成本率可按下式计算:

$$K_p=\frac{D_p}{P_0(1-f)}=\frac{i}{1-f} \tag{6-3}$$

式中:K_p 为优先股成本率;D_p 为优先股每年股息;P_0 为优先股票面值;i 为股息率;f 为筹资费率。

[例 6-1] 某公司发行优先股股票,票面额按正常市价计算为 200 万元,筹资费费率为 4%,股息年利率为 14%,则其资金成本率为:

$$K_p=\frac{200\times14\%}{200\times(1-4\%)}=\frac{14\%}{1-4\%}=14.58\%$$

由于优先股票持有人的投资风险大于债券持有人的投资风险,这就使优先股的股息率高于债券的利息,而股息还是以所得税后的净利支付,不减少公司的应缴所得税,因而优先股成本率一般明显高于债券成本率。

2. 普通股的成本

如果普通股各年的股利固定不变,则其成本率可按下式计算:

$$K_0 = \frac{D}{P_0(1-f)} = \frac{P_0 i}{P_0(1-f)} = \frac{i}{1-f} \qquad (6-4)$$

式中: K_0 为普通股成本率; P_0 为普通股股票票面价值或市场总额; D 为每年固定股利总额 (i 为股息率); f 为筹资费率。

但是,普通股的股利往往不是固定的,通常有逐年上升的趋势。如果假定每年股利增长平均为 g,第一年的股利为 D_1,则第二年为 $D_1(1+g)$,第三年为 $D_1(1+g)^2$……,第 n 年为 $D_1(1+g)^{n-1}$。因此,计算普通股成本率的公式为:

$$K_0 = \frac{D_1}{P_0(1-f)} + g = \frac{i}{1-f} + g \qquad (6-5)$$

[例 6-2] 某公司发行普通股正常市价为 300 万元,筹资费费率为 4%。第一年的股利率为 10%,以后每年增长 5%,则其成本率为:

$$K_0 = \frac{300 \times 10\%}{300 \times (1-4\%)} + 5\% = 15.4\%$$

3. 债券成本

企业发行债券后,所支付的债券利息是列入企业的费用开支的,因而使企业少缴一部分所得税,两者相抵后,实际上企业支付的债券利息仅为:债券利息 $\times$ (1-所得税税率)。因此,债券成本率可以按下式计算:

$$K_B = \frac{I(1-T)}{B_0(1-f)} = \frac{i(1-T)}{1-f} \qquad (6-6)$$

式中: K_B 为债券成本率; B_0 为债券发行总额; I 为债券年利息总额; f 为筹资费率; T 为所得税税率; i 为债券年利息率。

[例 6-3] 某企业发行长期债券 400 万元,筹资费率为 2%,债券利息率为 12%,所得税税率为 33%,则其成本率为:

$$K_B = \frac{12\%(1-33\%)}{(1-2\%)} = 8.2\%$$

如果债券是溢价或折价发行,则应将发行差额按年进行摊销,这时成本率计算公式为:

$$K_B = \frac{[I + (B_0 - B_1) \times \frac{1}{n}](1-T)}{B_1 - F} \qquad (6-7)$$

式中: B_1 为发行价, n 为债券的还款年限; F 为发行债券的筹资费。

4. 借款成本

向银行借款,企业所支付的利息和费用一般可作为企业的费用开支,相应减少一部分利润,会使企业少缴一部分所得税,因而使企业的实际支出相应减少。对每年年末支付利息、贷款期末一次全部还本的借款,其借款成本率为:

$$K_g = \frac{I(1-T)}{G-F} = \frac{i(1-T)}{1-f} \qquad (6-8)$$

式中:K_g 为借款成本率;G 为贷款总额;I 为贷款年利息(i 为贷款年利率);F 为贷款费用。

如果利息的支付采取贴现的形式,在贷款中预先扣除,而不是在贷款期末支付,其贷款成本可按下式计算:

$$K = \frac{I(1-T)}{G-I-F} \qquad (6-9)$$

式中:K 为贷款成本率;其余符号同上。

5. 租赁成本

企业租入某项资产,获得其使用权,要定期支付租金,并将租金列入企业成本,可以减少应付所得税。因此,其租金成本率为:

$$K_L = \frac{E}{P} \times (1-T) \qquad (6-10)$$

式中:K_L 为租赁成本率;P 为租赁资产价值;E 为年租金额;T 为所得税税率。

6. 留用利润的成本

企业留用一部分利润,等于普通股股东对企业进行了追加投资,使普通股的资金增加。股东对这一部分追加投资同以前缴给企业的股本一样,也要求给予相应比率的报酬。因此,企业对这部分资金并不能无偿使用,也应计算其资金成本。由于留用利润不需要支付筹资费,其计算公式如下:

$$K_n = \frac{D_1}{P_0} + g \qquad (6-11)$$

式中:K_n 为留用利润的成本率;D_1 为第 1 年股利;P_0 为留用利润总额;g 为股利年平均增长率。

三、加权平均资金成本

加权平均资金成本又称综合资金成本,是指以各种筹资方式的筹资额占总筹资额的比重权数,对各种个别资金成本进行加权平均后的资金成本。

在实践中,由于受各种因素的影响,基于对风险以及优化资本结构的考虑,项目主体在融资时不可能只使用单一的方式来筹集资金,而必须从多种渠道来取得资金,这样就产生了各种来源资金的组合问题,为此需要计算全部资金来源的加权平均资金成本。其计算公式如下:

$$K = \sum_{i=1}^{n} W_i K_i \qquad (6-12)$$

式中:K 为平均资金成本率;W_i 为第 i 种资金来源占全部资金的比重;K_i 为第 i 种资金来源的资金成本率。

一般来说,降低平均资金成本的途径有两个:一是降低各项资金的成本,例如选择利息较低的贷款;二是调整企业资金来源结构,尽量提高资金成本较低的资金在全部资金中的比重。

四、边际资金成本

边际成本是指增加一单位筹资所增加的资金成本数额。对任何一个企业来说,都不可能以一个固定的资金成本筹措无限的资金,当其筹措的资金超过一定限度时,资金成本率就会增加,而且随着时间的推移或筹资条件的变化,个别资金成本也会随之变化。随着新资本的扩大,企业经营规模增大,经营风险增加,若企业债务继续增加,新债权人考虑到财务风险,则会要求更高的利率,从而使债务成本提高;如增加发行普通股,投资者风险增加,要求更高的风险补偿,导致权益资金成本提高。可见,新资本增加会引起边际资金成本上升。因此,企业在追加筹资时,就需要考虑新筹资额的资金成本,需要知道筹资额在什么数额上会引起资金成本发生怎么样的变化。

计算边际资金成本要先计算筹资总额分界点,筹资总额分界点是指保持某资金成本率条件下,可以筹集到的资金总限额。在筹资总额分界点范围内,原来的资金成本率不会改变;一旦筹资额超过分界点,即使维持现有的资本结构,其资金成本也会增加,筹资总额分界点的计算公式为:

$$筹资总额分界点 = \frac{第 j 种筹资方式的成本分界点}{目标资本结构中第 j 种筹资方式所占的比例} \qquad (6-13)$$

根据计算得出的筹资总额突破点,可得出若干组新的筹资总额范围,对筹资总额范围分别计算加权平均资金成本,即可得到各种筹资范围的边际资金成本。

第五节 筹资决策

资金结构是指项目主体所拥有的各种资金的构成及其比例关系。对企业来说主要包括资本金与债务资金的比例、股本结构比例和债务结构比例。

最优资金结构是指在一定条件下使加权平均资金成本最低,企业价值最大的资金结构。要确定企业的最优资金结构,无论在理论上还是在实务上都比较困难,但寻找到一个区间范围却是可行的。目前,已有加权平均资金成本比较法、边际资金成本法、每股收益分析法以及综合分析法可供选择。这里介绍加权平均资金成本比较法和边际资金成本分析法。

一、加权平均资金成本比较法

[例6-4] 某企业计划年初的资金结构如表6-3所示。普通股股票每股票面

额 200 元，今年期望股息为 20 元，预计以后每年股息增加 5%。该企业所得税假定为 33%，并且发行各种证券均无筹资费。

现在，该企业拟增资 400 万元，有两个备选方案：

甲方案：发行长期债券 400 万元，年利率为 10%。同时，普通股股息增加到 25 元，以后每年还可增加 6%。

表 6-3 某企业年初资金结构一览表　　　　　　　　单位：万元

各种资金来源		金额
B 长期债券，年利率 9%		600
P 优先股，年股息率 7%		200
C 普通股，40000 股	年股息率 10%	800
	年增长率 5%	
合　　计		1600

乙方案：发行长期债券 200 万元，年利率 10%，另发行普通股 200 万元，普通股股息增加到 25 元，以后每年再增加 5%。

试比较甲乙方案的综合资金成本率，选择最佳筹资方案。

解：(1)计算采用甲方案后，企业的综合资金成本率 $K_甲$。

各种资金来源的比重和资金成本率分别为：

原有长期债券

$$W_{B1} = \frac{600}{2000} = 30\% \qquad K_{B1} = \frac{9\% \times (1-33\%)}{1-0} = 6.03\%$$

新增长期债券

$$W_{B1} = \frac{400}{2000} = 20\% \qquad K_{B2} = \frac{10\% \times (1-33\%)}{1-0} = 6.7\%$$

优先股

$$W_P = \frac{200}{2000} = 10\% \qquad K_P = \frac{7\%}{1-0} = 7\%$$

普通股

$$W_C = \frac{800}{2000} = 40\% \qquad K_C = \frac{25}{200} + 6\% = 18.5\%$$

综合资金成本率

$$K_甲 = 30\% \times 6.03\% + 20\% \times 6.7\% + 10\% \times 7\% + 40\% \times 18.5\% = 11.25\%$$

(2)计算采用乙方案后，企业的综合资金成本率 $K_乙$。各种资金来源的比重和资金成本率分别为：

原有长期债券

$$W_{B1} = \frac{600}{2000} = 30\% \qquad K_{B1} = 6.03\%$$

新增长期债券

$$W_{B2}=\frac{200}{2000}=10\%\qquad K_{B2}=6.7\%$$

优先股

$$W_P=\frac{200}{2000}=10\%\qquad K_P=7\%$$

普通股

$$W_C=\frac{1000}{2000}=50\%\qquad K_C=\frac{25}{200}+5\%=17.5\%$$

综合资金成本率

$$K_Z=30\%\times6.03\%+10\%\times6.7\%+10\%\times7\%+50\%\times17.5\%=11.93\%$$

从以上计算可以看出，$K_Z>K_甲$，所以应选择甲方案进行筹资。

二、边际资金成本分析法

[例6-5] 某公司目前共有资本1亿元，其中长期债务3000万元，优先股1000万元，普通股6000万元。现公司拥有5个投资方案(方案为独立方案)，经计算其投资额与内部收益率见表6-4。为了满足投资要求，准备追加筹资，试用边际资金成本分析法确定可以投资的方案。

表6-4　独立方案投资额及内部收益率资料

方案	A	B	C	D	E
投资额(万)	2	3	5	4	3
内部收益率	12.8%	12.4%	11.9%	11.0%	10.3%

解：计算步骤如下：

(1)确定公司最优的资金结构。企业在追加筹资时有两种情况，一是改变现行的资金结构，如增加举债或增加股本，企业按新的目标资金结构进行筹资；二是不改变资金结构，即认为现行资金结构为理想资金结构，仍按此资金结构追加筹资。公司的财务人员经过认真分析，认为目前的资金结构即为最优的资金结构，新筹资将继续保持长期债务占30%，优先股占10%，普通股占60%的资金结构。

(2)确定各种资金的成本。该公司财务人员认真分析了目前金融市场状况和企业筹资能力，认为随着公司筹资规模的不断增加，各种筹资成本也会增加，详细情况见下表。

表6-5　某公司筹资资料

筹资方式	目标资金结构	新筹资的数量范围(万元)	资金成本(%)
长期债务	0.30	0～90	5
		90～450	6
		>450	7

续表

筹资方式	目标资金结构	新筹资的数量范围(万元)	资金成本(%)
优先股	0.10	0~30 >30	8 10
普通股	0.60	0~300 300~900 >900	14 15 16

(3)计算筹资总额分界点。根据目标资金结构和筹资方式资金成长变化的分界点,计算筹资总额分界点,该公司的筹资总额分界点的计算如表6-6所示。

表6-6显示了特定筹资种类成本变化的分界点。例如,对长期债务而言,在90万元以内,其成本为5%,而在目标资金结构中,债务的比重为30%。这表明在债务成本有5%上升到6%之前,企业可筹集300万元(90/0.30)的资金。当筹资总额大于300万元时,债务成本就会上升到6%。

表6-6 筹资总额分界点计算表

筹资方式	资金成本(%)	特定筹资方式的筹资范围(万元)	筹资总额分界点(万元)	筹资总额的范围
长期债务	5 6 7	0~90 90~450 >450	90/0.30=300 450/0.30=1500	0~300 300~1500 >1500
优先股	8 10	0~30 >30	30/0.10=300	0~300 >300
普通股	14 15 16	0~300 300~900 >900	300/0.60=500 900/0.60=1500	0~500 500~1500 >1500

(4)计算边际资金成本。根据表6-6计算的分界点,可得出如下四组新的筹资范围:①0~300万元;②300~500万元;③500~1500万元;④1500万元以上。对这四个筹资范围计算加权平均资金,便可得到各种筹资范围资金的边际成本。具体计算见表6-7。

表6-7 边际资金成本规划

序号	筹资总额的范围(万元)	筹资方式	资金结构	筹资成本(%)	边际资金成本
1.	0~300	长期债务 优先股 普通股	0.30 0.10 0.60	5 8 14	1.5 0.8 8.4

第一个范围的边际资金成本=10.7

序号	筹资总额的范围(万元)	筹资方式	资金结构	筹资成本 (%)	边际资金成本
2.	300～500	长期债务	0.30	6	1.8
		优先股	0.10	10	1
		普通股	0.60	14	8.4

第二个范围的边际资金成本=11.2

序号	筹资总额的范围(万元)	筹资方式	资金结构	筹资成本 (%)	边际资金成本
3.	500～1500	长期债务	0.30	6	1.8
		优先股	0.10	10	1
		普通股	0.60	15	9

第三个范围的边际资金成本=11.8

序号	筹资总额的范围(万元)	筹资方式	资金结构	筹资成本 (%)	边际资金成本
4.	1500 以上	长期债务	0.30	7	2.1
		优先股	0.10	10	1
		普通股	0.60	16	9.6

第四个范围的边际资金成本=12.7

(5)进行投资方案选择。将边际资金成本和投资方案(按内部收益率从大到小排列)绘制成一张图,见图 6-4。从图中可以看出筹资总额增加时边际资本成本的变化,公司可以依此做出追加筹资的规划。

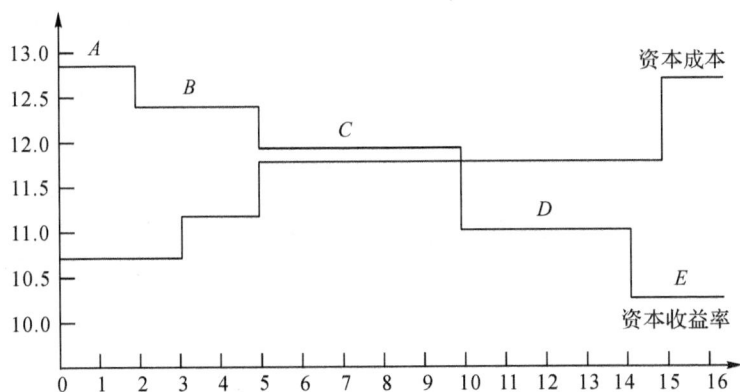

图 6-4 边际资金成本图

从图中可以看出,项目资本收益率高于资本成本的投资项目都是合理的选项,因此公司筹集资本首先用于资本收益率最大的 A 项目,然后有可能再选择 B 项目,依此类推。如图所示,资本收益率折线和资本成本折线相交处即为最大筹集资金量,即此时可选择 A、B 和 C 三个项目,它们的资本收益率高于相应的边际资本成本。D 项目的资本收益率虽然高于目前的资本成本,但低于为其筹资所需的边际资本成本,是不可取的。

复习思考题

1. 什么是建设项目资金筹措? 可以分为哪几类?

2. 项目资本金的来源有哪些? 有哪些筹措方式?

3. 负债筹资的筹措方式有哪些?

4. 发行股票筹资和发行债券筹资各有哪些优缺点?

5. 商业银行贷款、政策性银行贷款和国内非银行金融贷款有什么区别?

6. 融资租赁方式筹资有哪些优点和缺点?

7. 项目融资和企业融资有什么区别?

8. 简述 BOT 模式的特点及操作程序。

9. 简述 ABS 模式的特点及操作程序。

10. PPP 融资方式和 PFI 融资方式有哪些不同之处?

11. 资金成本的含义是什么? 有什么作用?

12. 优先股与普通股有什么区别?

13. 资本金筹措和负债资金各有哪些筹措方式?

14. 某企业共有资本成本 1000 万元,其中银行借款 100 万元,资金成本 6.73%;债务资金 300 万元,资金成本 7.42%;优先股 100 万元,资金成本 10.42%;普通股 400 万元,资金成本 14.57%;留存收益 100 万元,资金成本 14%。试计算该企业加权平均资金成本。

15. 某企业由于扩大经营规模的需要,拟筹措新资金,有关资料见下表。计算其筹资总额边界点与边际资金成本。

某企业筹资资料

资金种类	目标资金结构	新筹资额	资本成本
长期借款	15%	45000 元以内 45000 元以上	3% 5%
长期债券	25%	200000 元以内 200000 元以上	10% 11%
普通股	60%	300000 元以内 300000 元以上	13% 14%

第七章　建设项目可行性研究

本章知识点梳理

1. 可行性研究：可行性研究是运用现代经济与技术分析方法，事先研究论证工程建设项目的建设可行性、技术先进性、经济合理性的一种科学方法。

2. 可行性研究的意义：可行性研究能够帮助工程参与各方减少决策的盲目性、提高项目建设的速度和确保项目建设的质量。

3. 可行性研究报告的编制要求。

4. 可行性研究的内容与基本步骤。

5. 可行性研究的审批制度。

第一节　可行性研究及其意义

可行性研究是一门管理技术，通常是指在投资决策之前，决定项目在技术上、经济上是否可行所必须进行的技术经济分析论证的一种方法。它在企业投资、工程项目、技术改造、技术引进、新产品开发和课题研究等许多方面得到广泛应用。

一、可行性研究

可行性研究是世界上普遍采用的一种研究投资项目是否可行的科学方法，即运用现代经济与技术分析方法，事先研究论证工程建设项目的建设可行性、技术先进性、经济合理性的一种科学方法。具体说来，可行性研究是指在对某工程项目作出是否投资的决策之前，先对与该项目相关的技术、经济、社会、环境等方面进行调查研究，对项目各种可能的拟建方案认真地进行技术经济分析论证，研究项目在技术上的适用性，在经济上的合理性和建设上的可能性，对项目建成后的经济效益、社会效益、环境效益等进行科学的预测和评价，据此提出该项目是否应该投资建设，以及选定最佳投资建设方案等绪论性意见，为项目投资决策提供依据。它从技术、市场、财务、经济、社会等方面加以评价，利用各种有效的方法对投资项目进行分析研究，最终为投资决策者提供是否选择该项目进行投资的依据。投资项目可行性研究具有极强的综合性、逻辑性与科学性，是一项涉及多学科、多领域的系统分析工作。可行性研究在项目的整个研究与开展过程中具有重要的作用。在决定项目决策方面,其直接依据是可行性研究;在编制项目设计文件方面,其依据是可行性研究;在建设单位融资特别是向银行贷款方面,其重要依据是可行性研究;在项目建设单位向国土开发等土地管理部门申请建设用地方面,其依据是批准的可行性研究;在项目建设期项目管理方面,其依据是可行性研究,在工程建设管理工作中可行性研究是重要环节;在项目后评估方面,其依据是可行性研究。总而言之,项目可行性研究是项目的执行过程中不可缺少的重要环节。

二、可行性研究的意义

可行性研究是项目决策的基础和依据,是科学地进行工程建设、提高经济效益的重要手段。其意义主要有:

(1)减少决策的盲目性。现代工程项目的建设涉及面广,相关因素多,如市场问题突出,建设新项目的条件苛刻,技术因素复杂,资金筹措困难以及国家政策等方面的因素。如果投资主体不能就投资项目所涉及的各个主要方面进行深入调研、预测和定量估算而盲目投资,就有可能使项目出现一些遗留问题,造成新项目的畸形发展,甚至会出现达不到设计要求的情况。

(2)提高项目建设的速度和确保项目建设的质量。可行性研究工作虽然要占用项目建设前期的时间,而且还要支付研究费用,但由于它所研究的工作内容是项目设计、施工时所需要的数据和资料,因而可以相应减少后期的工作,即缩短建设期的周期。可行性研究是投资前期所必需的阶段,是投资决策的依据。可行性研究之所以受到如此重视,是因为它是行之有效、合乎建设规律的一种科学方法,也是提高建设项目经济效益的首要环节。我国有关部门明确规定,凡是未经可行性研究或可行性研究深度不够的项目,设计任务书将不予批准,不得列入基建计划。

三、可行性研究的内容

可行性研究的主要内容有:

(1)总论。包括:项目概况,包括项目名称、建设单位、承担可行性研究的单位、研究工作的主要依据、工作范围及工作程序;研究结论概要;存在的问题和建议。

(2)项目背景。包括:项目提出的背景(改、扩建项目要说明企业现有状况);投资的必要性和经济意义;研究工作的依据和范围。

(3)需求预测及拟建规模。包括:国内外需求情况的预测;国内现有生产能力的估计;销售预测、价格分析、产品竞争能力分析、进入国际市场的背景;拟建项目的规模、产品方案和发展方向的技术经济比较和分析。

(4)资源、原材料、燃料及公用事业。包括:经过正式批准的资源储量、品位、成分以及开采、使用条件的评述;原料、辅助材料、燃料的种类、数量、来源和供应的可能;所需公用设施的数量、供应方式和供应条件。

(5)建厂条件和厂址方案。包括：建厂的地理位置、气象、水文、地质、地形条件和社会经济现状；交通、运输及水、电、气的现状及发展趋势；厂址的比较与选择意见。

一般来讲，厂址的选择应满足以下的条件：

①政策规划条件。项目建设地区的选择必须符合国家和当地政府对该地区的产业政策、投资政策、税收政策、环境保护政策等各种政策，并与当地的地区规划或城镇总体规划要求相协调。

②自然条件。自然条件包括地质、水文和气候等。厂址应尽量选在工程地质、水文地质条件较好的地段，土的承载力应满足拟建厂的要求，严防选在断层、滑坡、岩溶、流沙层与有用矿床地区，以及洪水淹没区、已采矿坑塌陷区。厂址的地下水位应尽可能低于地下建筑物的基准面。而气候条件不仅影响职工的身心健康和工作效率，对有些产业还会直接影响产品的质量，甚至影响生产的正常进行。

③资源条件。项目所需资源不仅包括项目建设过程中所需的各种建筑材料，还包括项目建成后生产所需的自然资源、原材料和原料等。因此，厂址应尽量选择在具备与拟建项目相适应的资源条件的地区。

④能源条件。项目的建设和企业的生产都离不开能源。在选择厂址时，需要保证所选地区有充足的电能、热能等能源供应，尤其是耗能较大的项目。

⑤运输条件。运输条件包括运输方式、运输距离、运输能力、运输速度、运输费用以及制约因素等方面。厂址的选择应根据具体的项目情况，选择在靠近铁路、公路或水路的地点，在满足运输能力、速度和安全等要求的前提下，尽量缩短运输路程，减少建设投资和生产成本。

⑥外部协作条件。外部协作条件包括供电、供热、技术支持和生活服务设施等，厂址的选择应便于这些外部协作条件的取得，以保证项目的顺利建设和正常运行。

⑦环境保护条件。厂址的选择应尽量减少对环境的污染。对于排放大量有害气体和烟尘的项目，不能建在城市的上风口，以免对整个城市造成污染；对于噪声大的项目，厂址应选在距离居民集中地区较远的地方，同时，要设置一定宽度的绿化带，以减弱噪声的干扰。

另外，在确定厂址时，除比较上述厂址条件外，还应进行多方案的技术经济分析、比较，选择最佳厂址。进行技术经济分析，应从以下两方面进行：

①项目投资费用。包括：土地征购费、拆迁补偿费、土石方工程费、运输设施费、排水及污水处理设施费、动力设施费、生活设施费、临时设施费、建材运输费等。

②项目投产后生产经营费用比较。包括：原材料燃料运入及产品运出费用，给水、排水、污水处理费用，动力供应费用等。

(6)方案设计。包括：项目的构成范围（指包括的主要单项工程），技术来源和生产方法,主要技术工艺和设备选择方案的比较,引进技术、设备的来源国别,与外商合作制造的可能性,改、扩建项目要说明对原有固定资产的利用情况;全厂布置方案的初步选择和土建工程量的估算;公用辅助设施和厂内外交通运输方式的比较和初步选择。

(7)环境保护。包括:对环境现状的调查;预测项目对环境的影响;提出环境保护和治理"三废"的初步方案。

(8)企业组织、劳动定员和人员培训口包括:企业生产管理体制及机构设置的方案;项目实施不同时期需要的管理人员、工程技术人员、工人及其他人员的数量、水平以及来源;人员培训规划和费用的估算。

(9)实施进度的建议。包括:项目建设的基本要求和实施进度总计划;勘察设计、设备制造、工程施工、安装、调试、投产、达产所需时间和进度要求;最佳实施方案的选择,使用横道图或网络图表示。

(10)投资估算和资金筹措。包括:主体工程和协作配套工程所需的投资;生产流动资金的估算;资金来源、筹措方式和贷款的偿付方式。

(11)项目财务评价。从企业的角度,根据国家现行财税制度和现行价格,分析、测算项目的效益和费用,考察项目的获利能力、清偿能力和外汇效果等财务状况,从而判断项目的可行性。

(12)项目国民经济评价。从国家的角度,根据影子价格、影子工资、影子汇率和社会折现率等考察项目的效益和费用,计算、分析项目给国民经济带来的净收益,从而评价项目的合理性。

(13)结论和建议。运用研究所得的各项数据,从技术、财务、经济等方面论述项目的可行性,指出存在的问题,并提出相应的建议。

四、可行性研究的作用

可行性研究是投资项目建设前期研究工作的关键环节,从宏观上可以控制投资的规模和方向,改进项目管理;微观上可以减少投资决策失误,提高投资效果。其作用为:

(1)作为投资项目决策的依据。投资主体是否决定兴建该项目,主要依据可行性研究提出的研究结论。

(2)作为投资项目设计的依据。项目设计要严格按照批准的可行性研究报告的内容进行,不得任意修改。

(3)作为向银行贷款的依据。银行通过审查可行性研究报告,判断项目的盈利能力和偿还能力,决定是否贷款。

(4)作为向当地土地、环保、消防等主管部门申请开工建设手续的依据。

(5)作为项目实施的依据。项目被列入年度投资计划之后,项目实施计划、施工材料及设备采购计划都要参照可行性研究报告提出的方案进行。

(6)作为项目评估的依据。

(7)作为科学实验和设备制造的依据。

(8)作为项目建成后,企业组织管理、机构设置、职工培训等工作的依据。

第二节 可行性研究的工作阶段与基本步骤

可行性研究是在投资前期所作的工作。它分为四个工作阶段,每个阶段的内容逐步由浅到深。

一、可行性研究的工作阶段

1. 投资机会研究

该阶段的主要任务是对项目或投资方向提出建议,即在一定的地区和部门内,以自然资源和市场的调查预测为基础,寻找最有利的投资机会。投资机会研究分为一般投资机会研究和特定项目的投资机会研究。前者又分三种:地区研究、部门研究和以利用资源为基础的研究,目的是指出具体的投资方向。后者是要选择确定项目的投资机遇,将项目意向变为概略的投资建议,使投资者可据以决策。投资机会研究的主要内容有:地区情况、经济政策、资源条件、劳动力状况、社会条件、地理环境、国内外市场情况、项目建成后对社会的影响等。投资机会研究相当粗略,主要依靠笼统的估计而不是依靠详细的分析。该阶段投资估算的精确度为±30%,研究费用一般占总投资的0.2%～0.8%。如果机会研究认为是可行的,就可以进行下一阶段的工作。

2. 初步可行性研究

初步可行性研究亦称"预可行性研究",在机会研究的基础上,进一步对项目建设的可能性与潜在效益进行论证分析,主要解决的问题包括:

(1)分析机会研究的结论,在详细资料的基础上做出是否投资的决定;

(2)是否有进行详细可行性研究的必要;

(3)有哪些关键问题需要进行辅助研究。

在初步可行性研究阶段,需对以下内容进行粗略的审查:市场需求与供应、材料供应状况、项目所在地区的社会经济情况、项目地址及其周围环境、项目规划设计方案、项目进度、项目销售收入与投资估算、项目财务分析等。初步可行性研究阶段投资估算精度可达±20%,研究费用一般占总投资的0.25%～1.5%。所谓辅助研究是对项目的一个或几个重要方面进行单独研究,用作初步可行性研究和详细可行性研究的先决条件,或用以支持这两项研究。

3. 详细可行性研究

即通常所说的可行性研究。详细可行性研究是项目投资决策的基础,是在分析项目技术、经济可行性后做出投资与否决策的关键步骤。这一阶段对建设投资估算的精度在±10%,所需费用,小型项目约占投资的 1.0%～3.0%,大型复杂的项目约占 0.2%～1.0%。

4. 项目评估与决策

按照国家有关规定,政府对《政府核准的投资项目目录》以内的企业投资项目实行核准制度,对《政府核准的投资项目目录》以外的企业投资项目实行备案制度。国家、省、市、区(县)政府投资主管部门在对项目进行核准或备案时,开发建设单位必须提交由具备相应资质的机构编制的《项目申请报告》。未取得政府核准文件的项目,均不得开工建设。

政府对企业投资项目进行核准的过程,实际上是由投资管理部门组织,或授权给有资质的工程咨询或投资咨询机构或有关专家,代表国家对开发建设单位提交的项目可行性研究报告进行全面审核和再评估的过程。项目决策,通常包括国家投资管理部门组织的项目核准评估和企业内部投资决策人员的评估。项目核准评估的工作重点,除审查项目是否具备相应的开发建设条件外,还要确保项目符合以下要求:(1)符合国家法律法规;(2)符合国家及本市国民经济和社会发展规划、城市总体规划、土地利用总体规划以及行业发展规划;(3)符合国家宏观调控政策、产业政策、行业准入标准;(4)符合当地区域布局和产业结构调整的要求;(5)符合土地、水、能源的合理开发和有效利用要求,有利于促进环境保护和改善生态环境;(6)符合自然文化遗产、文物保护的有关政策,主要产品未对国内市场形成垄断,未影响国家及本市经济安全;(7)符合社会公众利益,未对项目建设地及周边地区的公众利益产生重大不利影响。而企业内部的评估工作,则主要审查项目的经济可行性。

二、可行性研究的基本步骤

可行性研究按以下五个步骤进行。

1. 接受委托

在项目建议书被批准之后,开发商即可委托咨询评估公司对项目进行可行性研究。双方签订合同协议,明确规定可行性研究的工作范围、目标意图、进度安排、费用支付办法及协作方式等内容。承担单位接受委托时,应获得项目建议书和有关项目背景介绍资料,搞清楚委托者的目的和要求,明确研究内容,制定计划,并收集有关的基础资料、指标、规范、标准等基本数据。

2. 调查研究

主要从市场调查和资源调查两个方面进行。市场调查应查明和预测市场的供给和需求量、价格、竞争能力等,以便确定项目的经济规模和项目构成。资源调查包括建设地点、项目用地、交通运输条件、外围基础设施、环境保护、水文地质、气象等方面的调查,为下一步规划方案设计、技术经济分析提供准确的资料。

3. 方案选择和优化

根据项目建议书的要求,结合市场和资源调查,在收集到资料和数据的基础上,建立若干可供选择的开发方案,进行反复的方案论证和比较,会同委托单位或部门明确方案选择的重大原则问题和优选标准,采用技术经济分析的方法,评选出合理的方案。研究论证项目在技术上的可行性,进一步确定项目规模、构成、开发进度。

4. 财务评价和综合评价

对经上述分析后确定的最佳方案,在估算项目投资、成本、价格、收入等基础上,对方案进行详细财务评价和综合评价。研究论证项目在经济上的合理性和盈利能力,进一步提出资金筹措建议和项目实施总进度计划。

5. 编制可行性研究报告

经过上述分析与评价,即可编制详细可行性研究报告推荐一个以上的可行方案和实施计划,提出结论性意见、措施和建议,供决策者作为决策依据。

第三节 可行性研究报告

投资项目的可行性研究报告是可行性研究结果的最终体现形式。项目为了取得最佳效果,避免失误,在正式立项前进行全面而深入的调查、预测、论证,选出技术上先进、经济上合理、实施上可能的最优方案,供投资决策者参考,这个步骤叫做可行性研究,形成的书面材料就叫做可行性研究报告。

一、建设项目可行性研究报告

建设可行性研究报告原先是在基本建设前期准备工作中初步选择和制定项目规划提出的文书。意在减少项目决策的盲目性,使建设项目的确定具有切实的科学性。它是审批确定拟建项目的主要依据。现在政治、经济、社会、文化等事项的重大举措的决策,事先也常进行可行性研究,以利切实了解其必要性与可能性、客观条件与未来前景,从分析中确定是否可行,从比较中选择最佳方案,从而避免投资决策的失误。建设项目可行性研究规范化管理是完成一个高质量可行性研究的保证。在进行可行性研究工作时先要明确项目目的,继而确定好评估指标体系,为准确评估项目效益提供科学决策的依据。为此须根据不同项目的特点及其投资目标有重点地确定各种评估指标,构建起由各类基本参数组成的一个项目的完善评估体系。按照原国家计划委员会颁布的《投资项目可行性研究指南》要求,编写可行性研究报告,要做到数据可靠、推算准确、论证严密、行文简练、条理清晰、深度和广度适当。

二、建设项目可行性研究报告编制依据

(1)国家相关法律法规;

(2)国民经济和社会发展规划、城市规划、土地利用总体规划以及行业发展规划;

(3)国家宏观调控政策、产业政策、行业准入标准;

(4)城市规划行政主管部门出具的规划意见;

(5)《国有土地使用权出让合同》或国有土地使用权证书,或国土资源行政主管部门出具的项目用地预审意见;

(6)环境保护行政主管部门出具的环境影响评价文件的审批意见;

(7)交通行政主管部门出具的交通影响评价文件的意见;

(8)自然、地理、气象、水文地质、经济、社会等基础资料;

(9)有关工程技术方面的标准、规范、指标、社会等基础资料;

(10)国家所规定的经济参数和指标;

(11)项目比选方案的土地利用条件、规划设计条件以及比选规划设计方案等。

三、可行性研究报告的框架

1. 可行性研究报告的框架

在投资领域扩大,投资机会增多,投资环境越来越复杂的情况下,能否选择最好的投资项目,做出最科学的投资决策,把有限的资金用到最需要的地方并取得最佳的经济效益和社会效益是至关重要的。因此,开展项目的可行性研究,可以为投资决策者提供必要的信息资料,以利于做出正确的投资决策。可行性研究报告由标题、目录、报告和附件四部分组成。

(1)标题

标题一般由企业性质、企业名称和文种三部分构成。标题下面应署编制单位、负责人姓名和编制日期。以上部分可以写在第一页封面上,换页再写其他部分。

(2)目录

紧接着封面以后是可行性研究报告的目录,这部分不仅要标注正文各部分所在的位置,而且还需注明附件及其名称。

(3)报告

报告在目录之后,是可行性研究的主体部分,主要依据目录中列举的内容针对

整个项目分别进行技术上和经济上的分析、评价,最后得出综合结论。

四、可行性研究报告的要求

1. 编制要求

为了保证可行性研究报告的科学性、客观性和公正性,防止错误和虚假,可行性研究报告应满足下列要求:

(1)从客观数据出发,通过科学分析,得出可行或不可行的结论,不能限定可行的结论或为可行去编造数据。

(2)可行性研究报告的内容深度要达到国家规定的标准,基本内容要完整。要坚持多方案的比较,择优选取;要坚持先有论据,后下结论。

(3)为保证可行性研究的质量,承办单位要配齐相关领域的专业人才,要求有足够的时间保证,要严格执行签订的合同,并按合同的要求签订验收可行性研究的工作和报告。

2. 编写要求

(1)客观、全面、实事求是地收集和研究材料,在调查研究的基础上,比较多个方案,按客观情况论证和评价,按科学规律办事。

(2)明确报告的写作目的。可行性研究报告要用于立项和申请贷款等,所以在内容上要满足审批部门和银行等特定读者的需要。在写可行性研究报告的时候不仅要考虑项目的技术先进性、经济和资金筹措方面的可行性,还要从法律、政策等方面审查项目的合法性和合理性,以及投资各方的经济实力等。

(3)全面、准确、具体地回答可行性研究必须回答的问题。可行性研究是指对所提出的设想和解决办法要加以分析,说明其合理性,说明项目实施的前提条件。此外,可行性研究还应对各种制约因素提出解决办法,深入分析,说明项目的风险和不明确因素。

(4)目标明确。可行性研究报告要目标明确,前后一致,始终围绕项目的必要性、可能性和可行性进行分析,比较论证,切忌因内容繁杂、材料多而出现目标不明和前后脱节的问题。在具体论证时一定要算好两笔账:一是核算好投资规模账,尽量做到以最少的投资取得最好的效益;二是核算好收益账,投资利润率是投资双方都关心的热点问题,所以,核算投资利润率要客观准确并留有余地,避免满打满算。

(5)论据充分,论证科学、灵活、周密。

(6)重视附件的特殊作用。可行性研究报告往往附有大量的附件与图片,这些附件和图表具有专业性、技术性强、数量多的特点。它除了有使正文表达简练的作用外,更具有补充正文,使正文论证观点更研磨、更具科学性的独特作用。

五、可行性研究报告相关制度

根据国家相关规定,可行性研究报告的相关制度分为审批制、核准制与备案制。

1. 审批制

(1)审批范围。审批制适用于政府投资项目。政府投资项目是指全部或部分使用中央预算内资金、国债专项资金、省级预算内基本建设和更新改造资金投资建设的地方项目。

(2)投资内容。政府投资主要用于社会公益事业、公共基础设施和国家机关建设,改善农村生产生活条件,保护和改善生态环境,调整和优化产业结构,促进科技进步和高新技术产业化。

(3)投资方式。政府投资采取直接投资、资本金注入、投资补助、贴息等投资方式。

(4)审批权限。省发改部门是负责全省政府投资管理工作的主管部门;市、州、县(市、区)发展改革部门是负责本行政区域内的政府投资管理工作的主管部门。

政府投资项目根据建设性质、资金来源和投资规模,分别由国家、省级和市、州政府投资主管部门或由政府投资主管部门会同相关部门审批项目建议书、可行性研究报告、初步设计及概算。政府投资项目的可行性研究报告、初步设计,由政府投资主管部门委托有咨询评估机构进行咨询评估或评审;重大项目应当进行专家评议。咨询评估没有通过的不予审批。

政府投资 300 万元及以上的建设项目,由省级投资主管部门审批项目建议书、可行性研究报告、初步设计及概算,并组织竣工验收(初步设计概算总投资不得超过审定的可行性研究报告的总投资的 10%。确需超过的,应当按程序重新报批可行性研究报告)。

政府投资 300 万元以下的建设项目,按职责权限和隶属关系由省直有关部门或市、州政府投资主管部门审批项目建议书、可行性研究报告、初步设计及概算,并组织竣工验收。

2. 核准制

企业投资国务院《政府核准的投资项目目录》中所列重大项目和限制类项目的,均应当向当地投资主管请求核准。进行核准的项目,应当向核准机关提交申请报告。申请报告应当由具备相应工程资质的机构编制。

3. 备案制

凡属于《政府核准的投资项目目录》以外的企业投资项目,均实行备案制。总投资在 1 亿元以上的项目,由省发展改革部门备案;总投资在 1 亿元以下的项目,由市(州)发展改革部门备案。

4. 三者的区别

审批制、核准制与备案制的区别主要体现在三个方面。第一,适用的范围不同。审批制只适用于政府投资项目;核准制则适用于企业不使用政府资金投资建设的重大项目和限制类项目;备案制适用于企业投资的中小项目。第二,审核的内容不同。过去的审批制是对投资项目的全方位审批,而核准制只是政府从社会和经济公共管理的角度审核,不负责考虑企业投资项目的市场前景、资金来源、经济效益等因素。第三,程序环节不同。过去的审批制一般要经过项目建议书、可研报告、初步设计等多个环节,而核准制、备案制只有项目申请核准或备案一个环节。

根据《国务院关于投资体制改革的决定》(国发[2004]20号),建设项目可行性研究报告的审批和项目建议书的审批相同。对于政府投资项目或使用政府性资金、国际金融组织或外国贷款投资建设的项目,继续实行审批制,需要报批可行性研究报告;对于不使用政府性资金、国际金融组织和外国政府贷款投资建设的项目,一律不再实行审批制,区别不同情况实行核准制和备案制,无需报批项目可行性研究报告。

可行性研究报告经批准后,不得随意修改和变更。如果在建设规模、产品方案、建设地区、主要协作关系等方面有变动及突破投资控制数时,应经原批准机关同意。经过批准的可行性报告,是确定建设项目、编制设计文件的依据。

复习思考题

1. 什么是可行性研究?
2. 可行性研究的意义是什么?
3. 可行性研究有什么作用?
4. 建设项目可行性研究的内容有哪些?
5. 简述可行性研究报告的编制要求。
6. 可行性研究的基本步骤是什么?

第八章 建设项目的财务评价

本章知识点梳理

1. 财务评价概述

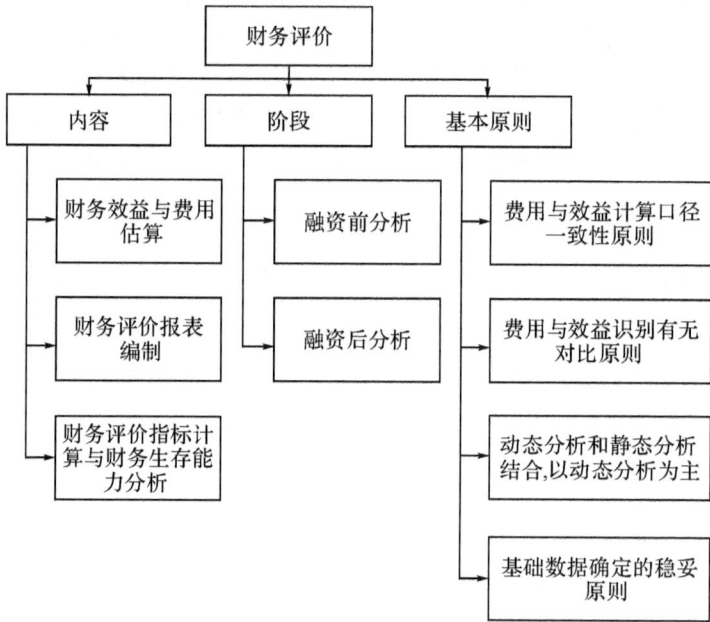

```
                    ┌──────────┐
                    │  财务评价  │
                    └──────────┘
         ┌──────────────┼──────────────────┐
    ┌────────┐     ┌────────┐        ┌──────────┐
    │  内容   │     │  阶段   │        │  基本原则  │
    └────────┘     └────────┘        └──────────┘
```

内容	阶段	基本原则
财务效益与费用估算	融资前分析	费用与效益计算口径一致性原则
财务评价报表编制	融资后分析	费用与效益识别有无对比原则
财务评价指标计算与财务生存能力分析		动态分析和静态分析结合,以动态分析为主
		基础数据确定的稳妥原则

2. 财务效益与费用估算

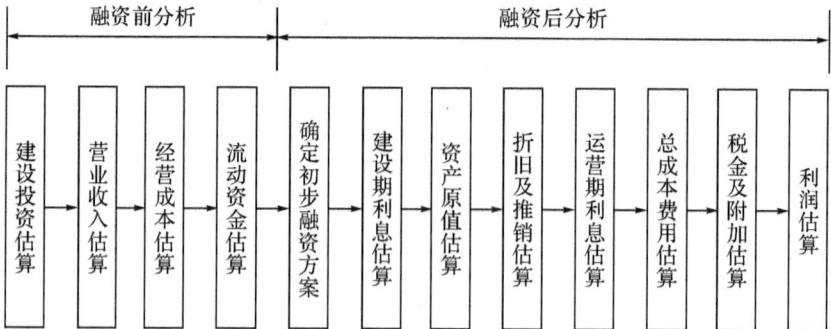

融资前分析				融资后分析							
建设投资估算	营业收入估算	经营成本估算	流动资金估算	确定初步融资方案	建设期利息估算	资产原值估算	折旧及摊销估算	运营期利息估算	总成本费用估算	税金及附加估算	利润估算

其中:

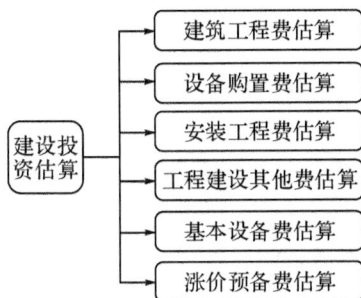

3．财务评价报表与评价指标

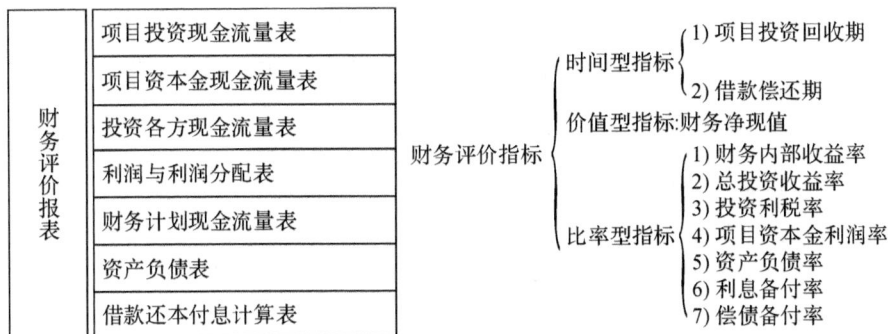

　　财务评价(也称财务分析)是从项目角度出发的经济效果评价,是建设项目经济评价的重要内容。建设一个项目,必须事先对项目的财务活动有一个客观而明确的认识,了解项目的技术经济特点,计算项目的效益和费用,从财务上评价项目是否可行。按照项目性质分类建设项目的财务评价可以分为新建项目财务评价、改扩建项目财务评价、并购项目财务评价。本章将着重介绍新建项目财务评价的基本概念与财务评价方法。

第一节　财务评价概述

一、财务评价概念

　　财务评价是在国家现行财税制度和价格体系下,从项目的角度出发,计算项目范围内的财务效益和费用,编制财务辅助报表和财务报表,计算财务评价指标,考察和分析项目的盈利能力、偿债能力和财务生存能力,判断项目的财务可行性。

　　财务评价的目的与作用:

　　1．从项目角度出发,分析投资的效益与企业将由此获得的利益

　　项目投资者和经营者对项目的盈利水平、收益率以及项目的清偿能力都十分

关心,财务评价为企业所有者和经营者提供了相关的数据和结果。

2. 制订企业或项目的资金规划

建设项目的投资规模、资金的可能来源、用款计划的安排和筹资方案的选择都是财务评价要解决的问题。

3. 为协调企业利益和国家利益提供依据

对某些国民经济评价结论好又为民生所需,但财务评价不可行的项目,必要时可向国家提出采取经济优惠措施的建议,使项目具有财务上的生存能力。此时,财务评价可以为优惠方式及幅度的确定提供依据。

4. 为中外合资项目提供双方合作的基础

合同条款是中外合资项目双方合作的首要前提,而合同的正式签订又离不开经济效益分析,实际上合同条款的谈判过程就是财务评价的测算过程。

二、财务评价的内容

项目在财务上的生存能力取决于项目的财务效益和费用的大小及其在时间上的分布情况。项目盈利能力、清偿能力等财务状况,是通过编制财务报表及计算相应的评价指标来进行判断的。由此,为判别项目的财务可行性所进行的财务评价应该包括以下基本内容:

1. 财务效益与费用估算

选取必要的数据进行财务效益与费用估算,包括营业收入、成本费用和相关税金估算等。以上内容是在为财务评价进行准备,也称财务评价基础数据与参数的确定、估算与分析。按国家发改委和建设部《建设项目经济评价方法与参数》(第三版)的规定,财务评价应以市场价格体系为基础的预测价格。

2. 财务评价报表编制

在项目财务效益和费用识别与计算的基础上,可着手编制项目的财务报表,包括财务评价辅助报表和财务评价报表;为分析项目的盈利能力需编制的主要报表有:现金流量表、利润与利润分配表及相应的辅助报表;为分析项目的清偿能力需编制的主要报表有:资产负债表、借款还本付息计划表以及相应的辅助报表。

3. 财务评价指标计算与财务生存能力分析

根据财务报表可以比较方便地计算出各财务评价指标。通过与评价标准或基准值的对比分析,即可对项目的盈利能力、清偿能力、财务生存能力等财务状况做出评价,判别项目的财务可行性。财务评价的盈利能力分析要计算财务内部收益率、总投资收益率、项目资本金净利润率等主要评价指标。清偿能力分析要计算资产负债率、利息备付率、偿债备付率等指标。此外,还需根据财务计划现金流量表进行财务生存能力分析。

按上述三大块内容完成财务评价后,还应对财务评价指标进行汇总,并结合不确定性分析的结果,做出项目财务评价的结论。

三、财务评价的阶段

财务评价可分为融资前分析和融资后分析两个阶段,一般宜先进行融资前分析,在融资前分析结论满足要求的情况下,初步设定融资方案,再进行融资后分析。在项目建议书阶段,可只进行融资前分析。财务效益与费用估算、融资方案是财务评价的基础,在实际操作过程中,财务效益与费用估算、融资方案选择穿插于财务评价过程中。财务评价的阶段以及与财务效益与费用估算、融资方案的关系如图8-1所示。

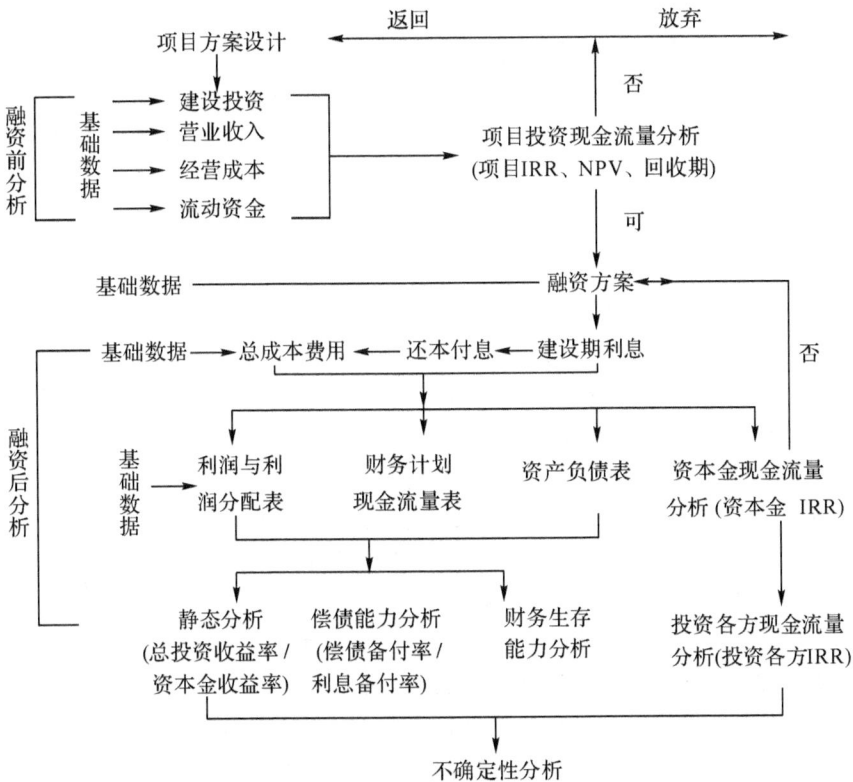

图 8-1　财务评价阶段示意图

1. 融资前分析

融资前分析是指在考虑融资方案前就开始进行的财务评价,即不考虑债务融资条件下进行的分析。项目决策分为投资决策和融资决策两个层次,融资前分析

151

属于项目决策中的投资决策。

融资前分析的准备工作首先是部分基础数据估算,包括建设投资、营业收入、经营成本和流动资金等数据。然后在这些数据估算的基础上编制部分财务报表,其中财务辅助报表包括建设投资估算表、流动资金估算表、营业收入、营业税金及附加和增值税估算表及部分总成本费用估算表。如果总成本费用估算表按生产要素法进行编制,需要编制外购原材料费估算表、外购燃料和动力费估算表、工资及福利费估算表等辅助报表。

融资前分析以项目投资折现现金流量分析为主,并且只进行盈利能力分析。融资前项目投资现金流量分析,是从项目投资总获利能力角度,考察项目方案设计的合理性。需计算的评价指标主要是财务内部收益率、财务净现值,也可计算静态投资回收期。

融资前分析通常从两种角度进行考察,一种是所得税前分析,另一种是所得税后分析。所得税前分析是从息税前角度进行的分析,相应的计算指标是息税前内部收益率(FIRR)和息税前财务净现值。所得税后分析是从息税后角度进行的分析。

只有通过了融资前分析的检验,才有必要进一步进行融资后分析。如果融资前分析结果不能满足要求,可返回对项目建设方案进行修改;若多次修改后分析结果仍不能满足要求,可作出放弃或者暂时放弃项目的建议。

2. 融资后分析

融资后分析属于项目决策中的融资决策,是以设定的融资方案为基础进行的财务评价,重在考察项目的资金筹措方案能否满足要求。融资后分析包括盈利能力分析、偿债能力分析和财务生存能力分析。

融资后分析的准备工作包括融资方案确定与财务报表的编制,需要编制的财务辅助报表有建设期利息估算表、项目总投资使用计划与资金筹措表以及总成本费用估算表。总成本费用估算表如果按生产要素法编制还需要编制固定资产折旧费估算表、无形资产和其他资产摊销估算表。需要编制的财务评价报表包括项目资本金现金流量表、投资各方现金流量表、利润与利润分配表、财务计划现金流量表、资产负债表和借款还本付息计划表。

融资后盈利能力分析包括动态分析和静态分析两种。动态分析可从项目资本金现金流量和投资各方现金流量两个层次进行分析,相应的计算指标主要有项目资本金(投资各方)财务内部收益率、项目资本金(投资各方)财务净现值。静态分析主要依据利润与利润分配表,计算指标有资本金利润率(ROE)、总投资收益率(ROI)等。

融资后偿债能力分析主要考察项目能否按期偿还借款的能力,主要通过计算利息备付率和偿债备付率等指标来判断项目的偿债能力。

财务生存能力分析主要考察项目是否有足够多的净现金流量维持正常运营，主要通过编制财务计划现金流量表和结合偿债能力分析进行考察。

四、财务评价的基本原则

1. 费用与效益计算口径一致性原则

将效益与费用限定在同一范围内，才有可能进行比较，计算的净效益才是项目投入的真实回报。如果在投资估算中包括了某项工程，那么因建设该工程增加的效益就应该考虑，否则就低估了项目的效益；反之，如果考虑了该工程对项目效益的贡献，但投资却未计算进去，那么项目的效益就被高估。

2. 费用与效益识别有无对比原则

"有无对比"是指"有项目"相对于"无项目"的对比分析。"无项目"状态是指不对该项目进行投资时，在计算期内，与项目有关的资产、费用与效益的预计发生情况；"有项目"状态指对该项目进行投资后，在计算期内，资产、费用与效益的预计发生情况。在识别项目的效益和费用时，需要注意的是只有"有无对比"的差额部分才是由于项目的建设增加的效益和费用，即增量效益和费用，它排除了项目实施以前各种条件的影响，突出了项目活动的效果。

3. 动态分析和静态分析结合，以动态分析为主的原则

国际通行的财务评价都是以动态分析方法为主，即根据资金时间价值原理，考虑项目整个计算期内各年的效益和费用，采用现金流量分析的方法，计算内部收益率和净现值等评价指标。我国分别于 1987 年、1993 年和 2006 年由国家发改委和建设部发布实施的《建设项目经济评价方法与参数》第一版、第二版及第三版，都采用了动态分析与静态分析相结合，以动态分析为主的原则，制定出一整套项目经济评价方法与指标体系。

4. 基础数据确定的稳妥原则

财务评价结果的准确性取决于基础数据的可靠性。财务评价中所需要的大量基础数据都来自预测和估算，难免有不确定性。为了使财务评价结果能提供较为可靠的信息，避免人为的乐观估计所带来的风险，更好地满足投资决策的需要，在基础数据的确定和选取中遵循稳妥原则是十分必要的。

第二节 财务效益与费用估算

财务效益与费用是财务评价的重要基础，其估算的准确性与可靠性程度直接影响财务评价的结论。

一、财务效益与费用估算步骤

财务效益与费用的估算步骤应与财务评价的步骤相匹配,分融资前分析和融资后分析两个阶段,如图 8-2 所示。融资前分析阶段,先进行独立于融资方案的建设投资和营业收入的估算,然后估算经营成本和流动资金。融资后分析阶段,在确定初步融资方案的基础上,先估算建设期利息,然后完成固定资产原值的估算,并通过还本付息计算求得运营期各年利息,最终完成总成本费用估算。但需要说明的是,上述步骤只是体现了融资前分析和融资后分析对财务效益和费用数据的要求,并非实践中必须遵循的原则。

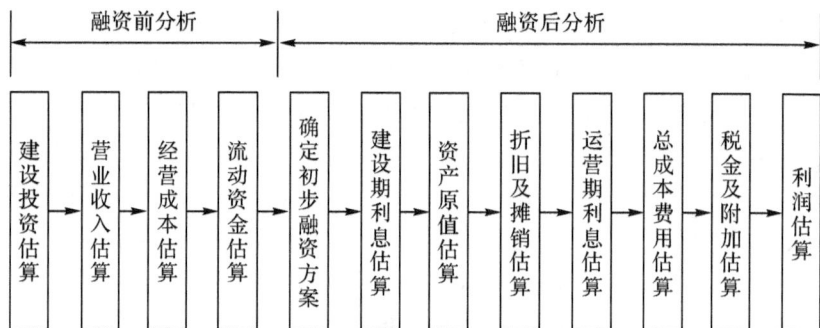

图 8-2 财务效益和费用估算步骤示意图

二、建设投资估算

建设投资是项目总投资的重要组成部分,项目总投资由建设投资、建设期利息和流动资金构成,如图 8-3 所示。建设投资是指在项目筹建与建设期间所花费的全部建设费用,按概算法分类包括工程费用、工程建设其他费用和预备费用,其中工程费用包括建设工程费、设备购置费和安装工程费,预备费用包括基本预备费和涨价预备费。

建设投资估算方法有简单估算法和分类估算法,简单估算法还可以分为单位生产能力估算法,生产能力指数法、比例估算法、系数估算法和指标估算法等。前四种估算方法准确度不高,主要适用于投资机会研究和初步可行性研究阶段,项目可行性研究阶段采用指标估算法和分类估算法。下面对分类估算法进行阐述。

1. 建筑工程费估算

(1)建筑工程费是指为建造永久性建筑物和构筑物所需要的费用,主要包括以下内容:

①各类房屋建筑工程和列入房屋建筑工程预算的供水、供暖、卫生、通风、煤气

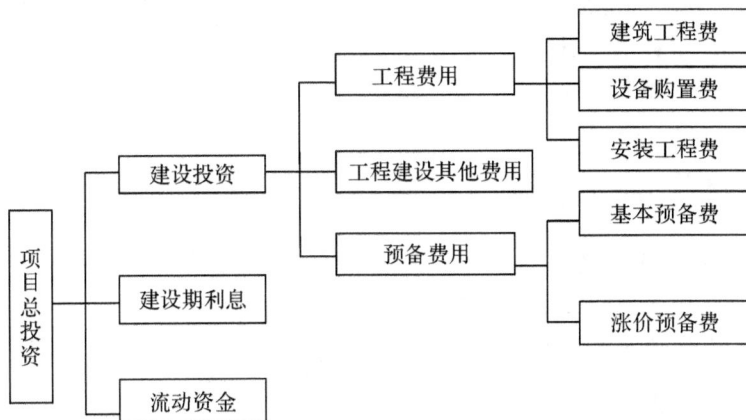

图 8-3 项目总投资构成

等设备费用及装饰、油饰工程的费用,列入建筑工程的各种管道、电力、电信和电缆导线敷设工程的费用。

②设备基础、支柱、工作台、烟囱、水塔、水池、灰塔等建筑工程以及各种窑炉的砌筑工程和金属结构工程的费用。

③建设场地的大型土石方工程、施工临时设施和完工后的场地清理、环境绿化的费用。

④矿井开凿、井巷延伸、露天矿剥离,石油、天然气钻井,修建铁路、公路、桥梁、水库、堤坝、灌渠及防洪等工程的费用。

(2)建筑工程投资估算一般采用以下方法:

①单位建筑工程投资估算法

单位建筑工程投资估算法,是以单位建筑工程量投资乘以建筑工程总量来估算建筑工程费的方法。一般工业与民用建筑以单位建筑面积(m^2)投资,工业窑炉砌筑以单位容积(m^3)投资,水库以水坝单位长度(m)投资,铁路路基以单位长度(m)投资,矿山掘进以单位长度(m)投资乘以相应的建筑工程总量计算建筑工程费。

②单位实物工程量投资估算法

单位实物工程量投资估算法,是以单位实物工程量投资乘以实物工程量总量来估算建筑工程费的方法。土石方工程按每立方米(m^3)投资,矿井巷道衬砌工程按每延长米(m)投资,路面铺设工程按每平方米(m^2)投资,乘以相应的实物工程量总量计算建筑工程费。

③概算指标投资估算

建筑工程概算指标通常以整个建筑物为对象,以建筑面积、体积等为计量单位

155

来确定劳动、材料和机械台班消耗量标准和造价指标。采用这种方法,需要占有较为详细的工程资料,建筑材料价格和工程费用指标,工程量较大。具体方法可参照专门机构发布的概算编制办法。

2. 设备购置费估算

设备购置费包括国内设备购置费、进口设备购置费和工器具及生产家具购置费。

(1)国内设备购置费

国内设备购置费由设备原价和设备运杂费构成。

国内设备原价按照是否存在国家定型标准和是否能够批量生产而分,国内设备原价为国产标准设备原价和国产非标准设备原价。国产标准设备原价可通过查询相关价格目录或向厂家询价获得;国产非标准设备原价可采用多种计算方法,但无论采用什么方法都应使非标准设备计价接近实际出厂价。

设备运杂费通常由运输费、装卸费、运输包装费、供销手续费和仓库保管费等各项费用构成。一般按设备原价乘以设备运杂费费率计算。

(2)进口设备购置费估算

进口设备购置费由进口设备货价、进口从属费用及国内运杂费组成。

①进口设备货价按交货地点和方式不同,分为离岸价(FOB,出口货物运抵出口国口岸交货价格)和到岸价(CIF,进口货物抵达进口国口岸交货的价格)。进口设备到岸价与离岸价的关系如下:

进口设备到岸价(CIF)=离岸价(FOB)+国外运费+国外运输保险费 (8-1)

②进口设备从属费用包括国外运费、国外运输保险费、进口关税、进口环节消费税、进口环节增值税、外贸手续费和银行财务费。各费用计算公式如下:

国外运费=进口设备离岸价×国外运费费率 (8-2a)

或 国外运费=单位运费×运量 (8-2b)

国外运输保险费=(进口设备离岸价+国外运费)×国外运输保险费费率 (8-3)

进口关税=进口设备到岸价×人民币外汇牌价×进口关税税率 (8-4)

$$进口环节消费税=\frac{(进口设备到岸价×人民币外汇牌价+进口关税)}{1-消费税税率}×消费税税率 \quad (8-5)$$

进口环节增值税=(进口设备到岸价×人民币外汇牌价+进口关税+消费税)×增值税税率 (8-6)

外贸手续费=进口设备到岸价×人民币外汇牌价×外贸手续费费率 (8-7)

银行财务费=进口设备货价×人民币外汇牌价×银行财务费费率 (7-8)

③国内运杂费通常由运输费、运输保险费、装卸费、包装费和仓库保管费费用

构成,计算公式如下:

国内运杂费＝进口设备离岸价×人民币外汇牌价×国内运杂费费率　(8-9)

[例8-1]　某公司拟从国外进口一套机电设备,重量300吨,离岸价为560万美元。其他有关费用参数为:国外运费标准380美元/吨;海上运输保险费费率为0.266％;银行财务费费率为0.5％;外贸手续费费率为1.5％;关税税率为22％;进口环节增值税税率为17％;人民币外汇牌价为1美元＝6.70元人民币,设备的国内运杂费费率为2.5％。不计进口环节消费税试估算该套设备的购置费。

解:根据上述各项费用的计算公式,则有:

进口设备离岸价＝560×6.70＝3752(万元)

国外运费＝380×6.70×300÷10000＝76.38(万元)

国外运输保险费＝(3752＋76.38)×0.266％＝10.18(万元)

进口关税＝(3752＋76.38＋10.18)×22％＝844.48(万元)

进口环节增值税＝(3752＋76.38＋10.18＋844.48)×17％＝796.12(万元)

外贸手续费＝(3752＋76.38＋10.18)×1.5％＝57.58(万元)

银行财务费＝3752×0.5％＝18.76(万元)

国内运杂费＝3752×2.5％＝93.75(万元)

设备购置费＝3752＋76.38＋10.18＋844.48＋796.12＋57.58＋18.76＋93.75＝5649.25(万元)

(3)工器具及生产家具购置费估算

工器具及生产家具购置费是指按照有关规定,为保证新建或扩建项目初期正常生产必须购置的第一套工卡模具、器具及生产家具购置费用。一般以国内生产原价和进口设备离岸价为计算基数,按照部门或行业规定的工器具及生产家具费费率计算。

3. 安装工程费估算

安装工程费一般包括:

(1)生产、动力、起重、运输、传动和医疗、实验等各种需要安装的机电设备、专用设备、仪器仪表等设备的安装;

(2)工艺、供热、供电、给排水、通风空调、净化及除尘、自控、电讯等管道、管线、电缆等材料费和安装费;

(3)设备和管道的保温、绝缘、防腐,设备内部的填充物等的材料费和安装费。

安装工程费通常根据行业或专门机构发布的安装工程定额、取费标准进行估算。具体计算可按安装费费率、每吨设备安装费指标或每单位安装实物工程费用指标进行估算。计算公式如下:

安装工程费＝设备原价×安装费费率　　　　　　　　(8-10a)

或　安装工程费＝设备吨位×每吨设备安装费指标　　　(8-10b)

或　安装工程费＝安装工程实物量×每单位安装实物工程量费用指标

$$(8\text{-}10\text{c})$$

4. 工程建设其他费用估算

工程建设其他费用是指建设投资中除建筑工程费、设备购置费、安装工程费以外的，为保证工程建设顺利完成和交付使用后能够正常发挥效用而发生的各项费用。一般包括建设用地费用、与项目建设有关的费用、与项目运营有关的费用。

建设用地费用是建设项目取得土地使用权而必须支付的费用。主要包括征地补偿费，土地使用权出让(转让)金，租用建设项目土地使用权在建设期支付的租地费用，以及建设期间临时用地补偿。

与建设项目有关的费用主要包括建设单位管理费、工程建设监理费、工程质量监督费、可行性研究费、研究试验费、勘察设计费、环境影响评价费、职业安全卫士健康评价费、场地准备及临时设施费、引进技术和设备其他费用、工程保险费、市政公用设施建设及绿化补偿费等。

与项目运营有关费用主要包括专利及技术使用费、联合试运转费、生产准备费、办公及生活家居购置费等。

工程项目其他费用的具体科目及取费标准应根据各级政府物价部门有关规定并结合项目的具体情况确定。上述各项费用并不是每个项目必定发生的费用，应根据项目具体情况进行估算。

5. 基本预备费估算

基本预备费是指项目实施中可能发生、但在项目决策阶段难以预料的支出，需要事先预留的费用，又称工程建设不可预见费。基本预备费以工程费用和工程建设其他费用之和为基数，按照部门或行业主管部门规定的基本预备费费率估算，计算公式如下：

基本预备费＝(工程费用＋工程建设其他费用)×基本预备费费率　(8-11)

6. 涨价预备费估算

涨价预备费是对建设工期较长的项目，由于在建设期可能发生材料、设备、人工等价格上涨引起投资增加而需要事先预留的费用，也称价格变动不可预见费。涨价预备费以分年的工程费用为计算基数，计算公式如下：

$$P = \sum_{t=1}^{n} I_t \left[(1+f)^t - 1 \right] \qquad (8\text{-}12)$$

式中：I_t——建设期第 t 年的工程费之和；

　　　f——建设期价格上涨指数；

　　　n——建设期。

[例 8-2]　某项目工程费用为 4000 万元，按投资进度计划建设期为 2 年，分

年工程费用投资比例为第一年60%,第二年40%,建设期内年平均价格上涨指数为7%,试估算该项目的涨价预备费。

第一年涨价预备费 $P_1 = 4000 \times 60\% \times [(1+7\%)-1] = 168$ 万元

第二年涨价预备费 $P_2 = 4000 \times 40\% \times [(1+7\%)^2-1] = 231.84$ 万元

建设期涨价预备费合计 $= 168 + 231.84 = 399.84$ 万元

三、营业收入估算

营业收入是指销售产品或者提供服务所获得的收入,是现金流量表中现金流流入的主体,也是利润表的主要科目。对于销售产品的项目,营业收入即为销售收入。

工业项目经济评价中营业收入的估算基于一项重要的假定,即当期的产出(扣除自用量后)当期全部销售,也就是说当期产品产量等于当期销售量。主副产品(或不同等级产品)的销售收入应全部计入营业收入,其中某些行业的产品成品率按行业习惯或规定;其他行业提供的不同服务类型收入也应同时计入营业收入。

$$营业收入=分年运营量×产品(服务)单价 \qquad (8\text{-}13)$$

分年运营量可根据经验确定负荷率后计算或通过制定销售(运营)计划确定。采用经验确定法时,先根据以往项目的经验,结合项目的实际情况,粗略估算各年的运营负荷(以设计能力百分数表示),以设计生产能力乘以当年运营负荷即是当年的分年运营量。采用营销计划法时,通过制定详细的营销计划,确定各种产出物各年的生产量和商品量。应该说,第二种方法更值得提倡。

产品(服务)单价通过预测确定。应遵循稳妥原则,在估算营业收入时应对市场预测的相关结果以及建设规模、产品或服务方案进行概括的描述或确认,特别对采用的价格的合理性进行说明。

四、经营成本估算

经营成本是财务评价的现金流量分析中所使用的特有概念,作为运营期内的主要现金流出,经营成本与融资方案无关。因此在完成建设投资和营业收入估算后,就可以估算经营成本,为项目融资前的现金流量分析提供数据,经营成本的构成见公式8-14,经营成本与总成本费用的关系见公式8-15。

$$经营成本=外购原材料费+外购燃料及动力费+工资及福利费$$
$$+修理费+其他费用 \qquad (8\text{-}14)$$
$$经营成本=总成本费用-折旧费-摊销费-利息支出 \qquad (8\text{-}15)$$

经营成本之所以要从总成本费用中剔除折旧费、摊销费是因为在经济评价中,投资是计入现金流出的,如再将折旧、摊销费随成本计入现金流出,会造成现金流出的重复计算;经营成本也要从总成本费用中剔除利息,利息是使用借贷资金所要

159

付出的代价,对于项目来说是实际的现金流出,但在评价项目全部投资的经济效果时,并不考虑资金来源问题,故在这种情况下也不考虑利息的支出。

五、流动资金估算

流动资金是指项目运营期内长期占用并周转使用的运营资金,不包括运营中临时性需要的资金。

项目运营需要流动资产投资,但项目评价中需要估算并预先筹措的是从流动资产中扣除流动负债,即企业短期信用融资(应付账款)后的流动资金。项目评价中流动资金的估算应考虑应付账款对需要预先筹措的流动资金的抵减作用。对有预收账款的某些项目,还可同时考虑预收账款对流动资金的抵减作用。

流动资金估算方法可采用扩大指标估算法或分项详细估算法。这里介绍分项详细估算法。进行流动资金分项估算首先要确定各分项最低周转次数,周转次数计算公式见 8-16,各流动资产和流动负债的最低周转天数参照同类企业的平均周转天数并结合项目特点确定,或按部门(行业)规定。

$$周转次数＝360/最低周转天数 \tag{8-16}$$

分项详细估算法是对流动资产和流动负债主要构成要素即存货、现金、应收账款、预收账款以及应收账款和预付账款等几项内容进行估算,计算公式如下:

$$流动资金＝流动资产－流动负债 \tag{8-17}$$

$$流动资产＝应收账款＋预付账款＋存货＋现金 \tag{8-18}$$

$$流动负债＝应付账款＋预收账款 \tag{8-19}$$

$$流动资金本年增加额＝本年流动资金－上年流动资金 \tag{8-20}$$

$$应收账款＝年经营成本/应收账款周转次数 \tag{8-21}$$

$$预付账款＝外购商品或服务年费用金额/预付账款周转次数 \tag{8-22}$$

$$存货＝外购原材料、燃料＋其他材料＋在产品＋产成品 \tag{8-23}$$

$$外购原材料、燃料＝年外购原材料、燃料费/分项周转次数 \tag{8-24}$$

在产品＝

$$\frac{(年外购原材料、燃料及动力费＋年工资及福利费＋年修理费＋年其他制造费)}{在产品周转次数}$$

$$\tag{8-25}$$

$$产成品＝(年经营成本－年其他营业费用)/产成品周转次数 \tag{8-26}$$

$$现金＝(年工资及福利费＋年其他费用)/现金周转次数 \tag{8-27}$$

其中:年其他费用＝制造费用＋管理费用＋营业费用－(以上三项费用中所含的工资及福利费、折旧费、摊销费、修理费) (8-28)

应付账款＝外购原材料、燃料、动力费及其他材料年费用/应付账款周转次数

$$\tag{8-29}$$

预收账款＝预收的营业收入年金额/预收账款年周转次数　　(8-30)

用详细估算法计算流动资金,需要经营成本及其中某些科目为基础,因此流动资金估算实际上在经营成本估算后进行,进行流动资金估算需要注意以下问题:

(1)投入物和产出物使用中不含增值税价格时,估算中应注意将销项税和进项税额分别包含在相应的收入成本收支中。

(2)流动资金一般应在项目投产前开始筹资,为简化计算,流动资金可在投产第一年开始安排,并随着生产运营计划的不同而有所不同,因此流动资金的估算应根据不同的生产运营计划分年进行。

[例 8-3]　某建设项目达到设计生产能力后,每年发放的工资及福利费为 720 万元,每年其他费用为 810 万元(其中:其他年制造费用为 660 万元);年外购原材料、燃料、动力费估算为 18990 万元;年经营成本为 21000 万元,年销售收入 37000 万元,年修理费为 2500 万元,年预付账款为 700 万元,年预收账款为 1300 万元。各项流动资金最低周转天数:应收账款、应付账款、预付账款、预收账款为 30 天;现金与存货为 40 天。请用分项详细估算法估算拟建项目的流动资金。

解:根据上述各项计算公式,则有:

(1)流动资产计算,流动资产由应收账款、存货、现金、预付账款组成,各分项计算如下:

1)应收账款＝$21000 \div (360 \div 30) = 1750$(万元)

2)存货

①外购原材料、燃料、动力费＝$18990 \div (360 \div 40) = 2110$(万元)

②在产品＝$(720 + 660 + 18990 + 2500) \div (360 \div 40) = 2541.11$(万元)

③产成品＝$21000 \div (360 \div 40) = 2333.33$(万元)

存货＝$2110 + 2541.11 + 2333.33 = 6984.44$(万元)

3)现金＝$(720 + 810) \div (360 \div 40) = 170$(万元)

4)预付账款＝$700 \div (360 \div 30) = 58.33$(万元)

(2)流动负债计算

1)应付账款＝$18990 \div (360 \div 30) = 1582.5$(万元)

2)预收账款＝$1300 \div (360 \div 30) = 108.33$(万元)

(3)流动资金计算

流动资产＝$1750 + 6984.44 + 170 + 58.33 = 8962.77$(万元)

流动负债＝$1582.5 + 108.33 = 1690.83$(万元)

流动资金＝$8962.77 - 1690.83 = 7271.94$(万元)

六、建设期借款利息估算

建设期利息应按照年有效利率计息,分情况分别计算。建设期借款利息估算见第二章第三节。

七、总成本费用估算

1. 总成本费用构成

总成本费用是在一定时期(项目评价中一般指一年)为生产和销售产品或提供服务而发生的全部费用。财务评价中总成本费用的构成和计算通常有生产成本加期间费用估算法和生产要素估算法两种,其中生产要素估算法更多地被采用,其计算公式见 8-31。

总成本费用=外购原材料、燃料及动力费+工资及福利费+折旧费+摊销费+修理费+利息支出+其他费用 (8-31)

总成本费用可分解为固定成本和可变成本。固定成本主要包括工资及福利费(计件工资除外)、折旧费、摊销费、修理费和其他费用。可变成本包括外购原材料、燃料、动力费和计件工资等。

2. 总成本费用估算要点

(1)外购原材料、燃料动力费估算

外购原材料和燃料、动力费的估算需要相关专业所提出的外购原材料和燃料动力年消耗用量,以及在选定价格体系下的预测价格,该价格应按入库价格计,即到厂价格并考虑途库消耗量,采用的价格体系与营业收入估算的一致。

(2)人工工资及福利费估算

人工工资及福利费是指企业为获得职工提供的服务而给予各种形式的报酬,通常包括职工工资、奖金、津贴和补贴及职工福利费。按"生产要素法"估算总成本费用时,人工工资及福利费按项目全部人员数量估算。确定人工工资及福利费时需要考虑项目性质、项目地点、行业特点、原企业工资水平等因素。

根据不同项目的需要,财务评价中可视情况选择按项目全部人员年工资的平均数值计算或者按照人员类型和层次分别设定不同档次的工资进行计算。

(3)固定资产原值和折旧费

1)固定资产原值

固定资产原值是指项目投产时按规定由投资形成固定资产的部分,一般包括以下四个部分:

①工程费用,即建筑工程费用、设备购置费和安装工程费;

②工程建设其他费用中应计入固定资产原值的部分,也称固定资产其他费用。即除了按规定计入无形资产和其他资产以外的工程建设其他费用,一般包括建设单位管理费、勘察设计费、可行性研究费、环境影响评价费、场地准备及临时设施费、引进技术和引进设备其他费用、工程保险费和联合试运转费等;

③预备费;

④建设期利息。

2）固定资产折旧

固定资产在使用过程中会受到磨损，其价值损失通常是通过提取折旧费方式补偿。按财税制度规定，企业固定资产应当按月计提折旧，并根据用途计入相关资产的成本或者当期损益。按生产要素法估算总成本费用时，固定资产折旧费可直接列支于总成本费用。固定资产折旧可在税法允许的范围内自行确定，一般采用直线折旧法，包括年限平均法和工作量法。我国税法也允许对某些机械设备采用快速折旧费，即双倍余额递减法和年数总和法。固定资产折旧计算公式见公式（8-32）~（8-42）。

固定资产折旧年限、预计残值率可在税法允许的范围内由企业自行确定，或按行业规定。财务评价中固定资产折旧年限一般按税法明确规定的分类折旧年限，也可按行业规定的综合折旧年限。

①年限平均法：

$$年折旧率 = \frac{1 - 预计净残值率}{折旧年限} \times 100\% \tag{8-32}$$

$$年折旧额 = 固定资产原值 \times 年折旧率 \tag{8-33}$$

②工作量法：

工作量法又分为两种，一是按照行驶里程计算折旧，二是按照工作小时计算折旧，计算公式如下：

按照行驶里程计算折旧的公式：

$$单位里程折旧额 = \frac{固定资产原值 \times (1 - 预计净残值率)}{总行驶里程} \tag{8-34}$$

$$年折旧额 = 单位里程折旧额 \times 年行驶里程 \tag{8-35}$$

按照工作小时计算折旧的公式：

$$每工作小时折旧额 = \frac{固定资产原值 \times (1 - 预计净残值率)}{总工作小时} \tag{8-36}$$

$$年折旧额 = 每工作小时折旧额 \times 年工作小时 \tag{8-37}$$

③双倍余额递减法：

$$年折旧率 = \frac{2}{折旧年限} \times 100\% \tag{8-38}$$

$$年折旧额 = 年初固定资产净值 \times 年折旧率 \tag{8-39}$$

$$年初固定资产净值 = 固定资产原值 - 以前各年累计折旧 \tag{8-40}$$

实行双倍余额递减法，应在折旧年限到期前两年内，将固定资产净值扣除净残值后的净额平均摊销。

④年数总和法：

$$年折旧率 = \frac{折旧年限 - 已使用年数}{折旧年限 \times (折旧年限 + 1) \div 2} \times 100\% \tag{8-41}$$

$$年折旧额＝(固定资产原值－预计净残值)×年折旧率 \qquad (8\text{-}42)$$

[例 8-4] 设固定资产原值为 2000 万元,综合折旧年限为 4 年,净残值率 8％。试分别按年限平均法、双倍余额递减法和年数总和法计算折旧。

解:(1)按年限平均法:

年折旧率＝(1－8％)÷4＝23％

各年折旧额＝2000×23％＝460(万元)

(2)按双倍余额递减法:

年折旧率＝2÷4×100％＝50％

第 1 年折旧额＝2000×50％＝1000(万元)

第 2 年折旧额＝(2000－1000)×50％＝500(万元)

第 3、4 年折旧额＝[(2000－1000－500)－(2000×8％)]/2＝170(万元)

(3)年数总和法

第 1 年折旧率＝(4－0)÷[4×(4+1)÷2]＝40％

第 1 年折旧额＝(2000－2000×8％)×40％＝736(万元)

第 2 年折旧率＝(4－1)÷[4×(4+1)÷2]＝30％

第 2 年折旧额＝(2000－2000×8％)×30％＝552(万元)

第 3 年折旧率＝(4－2)÷[4×(4+1)÷2]＝20％

第 3 年折旧额＝(2000－2000×8％)×20％＝368(万元)

第 4 年折旧率＝(4－3)÷[4×(4+1)÷2]＝10％

第 4 年折旧额＝(2000－2000×8％)×10％＝184(万元)

(4)固定资产修理费

固定资产修理费是指为保持固定资产的正常运转和使用,充分发挥其使用效能,在运营期内对其进行必要修理所发生的费用。按修理范围的大小和时间间隔的长短可分为大修理和中小修理。

财务评价中修理费可直接按固定资产原值(扣除所含的建设期利息)的一定百分数估算,百分数的选取应考虑行业和项目特点。

(5)无形资产和其他资产

无形资产是指企业拥有的或者控制的没有实物形态的可辨认的非货币性资产,包括专利权、非专利技术、商标权、著作权、土地使用权和特性经营权等。其他资产原称递延资产,是指固定资产、无形资产和流动资产以外的其他资产,如长期待摊费用。

按照有关规定,无形资产从开始使用之日起,在有效使用期限内平均摊入成本。法律和合同规定了法定有效期限或者受益期限的,在有效期限内遵从其规定,否则摊销年限应注意符合税法的要求。无形资产的摊销一般采用年限平均法,不计残值。

（6）其他费用估算

其他费用包括其他制造费用、其他管理费用和其他营业费用三项，是指由制造费用、管理费用和营业费用中分别扣除工资及福利费、折旧费、摊销费、修理费后的其余部分。

在财务评价中三项费用一般采用简化估算方法。其中其他制造费用一般按固定资产原值（扣除所含建设期利息）的百分数或者按人员定额进行估算；其他管理费用采用工资及福利费总额的倍数或按人员定额估算；其他营业费用按营业收入百分数进行估算。

（7）利息支出估算

利息支出估算包括长期借款利息（即建设投资借款在投产后需要支付的利息）、用于流动资金的借款利息和短期借款利息三部分。

建设期借款一般是长期借款。国际上通行的还本付息方法主要有等额还本付息和等额还本、利息照付两种，有时也可以采取其他方法。

①等额还本付息方式。等额还本付息方式是在指定还款期内每年还本付息的总额相同，随着本金的偿还，每年支付的利息逐年减少，同时每年偿还的本金逐年增多。还本付息计算公式如下：

$$A = I_c \times \frac{i(1+i)^n}{(1+i)^n - 1} \qquad (8\text{-}43)$$

式中　A——每年还本付息额（等额年金）；

　　　I_c——还款起始年年初的借款余额（含未支付的建设期利息）；

　　　i——年利率；

　　　n——预定的还款期。

$\dfrac{i(1+i)^n}{(1+i)^n - 1}$——资金回收系数，可以自行计算或查复利系数表

在每年还本付息额 A 中：

每年支付利息＝年初借款余额×年利率

每年偿还本金＝A－每年支付利息

以后各年年初借款余额＝I_c－本年以前偿还的本金累计

②等额还本、利息照付方式。等额、利息照付方式是在每年等额还本的同时，支付逐年相应减少的利息。还本付息计算公式如下：

$$A = \frac{I_c}{n} + I_c \times (1 - \frac{t-1}{n}) \times i \qquad (8\text{-}44)$$

式中　A——第 t 年还本付息额（等额年金）；

　　　$\dfrac{I_c}{n}$——每年偿还本金额；

$I_c \times (1 - \dfrac{t-1}{n}) \times i$——第 t 年支付利息额。

流动资金和短期借款的利息计算公式见公式(8-45)，只不过其利息分别计入流动资金借款利息和短期借款利息。需要说明的是财务评价中的流动资金借款从本质上说应归类为长期借款，但目前企业往往有可能与银行达成共识，按期末偿还、期初再借款的方式处理，并按一年期利息计算。

$$每年支付利息 = 年初借余额 \times 年利率 \qquad (8-45)$$

八、相关税金估算

财务评价涉及的税金主要包括增值税、营业税、资源税、消费税、企业所得税、城市维护建设税和教育费附加、关税等，有些行业还涉及土地增值税。财务评价时应说明税种、征税方式、计税依据、税率等，如有减免应当说明减免依据及减免方式。不同项目涉及的税金种类和税率可能各不相同，要依据项目的具体情况选择适宜的税种和税率。

1. 增值税

增值税是对我国境内销售货物、进口货物以及加工、修理修配劳务的单位和个人，就其取得的货物销售额、进口货物金额、应税劳务额计算税额，并实行税款抵扣制的一种流转税。

财务评价中计算增值税应符合税法计算规定。当采用含增值税价格计算销售收入和原材料、燃料动力成本时，利润和利润分配表以及现金流量表中应单列增值税科目，采用不含增值税价格计算时，利润和利润分配表以及现金流量表中不包含增值税科目。

2. 营业税

营业税是对我国境内从事交通运输业、建筑业、金融保险业、邮电通信业、文化体育业、娱乐业、服务业或有偿转让无形资产、销售不动产行为的单位和个人，就其营业额所征收的一种税。营业税税额计算公式如下：

$$应纳营业税税额 = 营业额 \times 适用税率 \qquad (8-46)$$

3. 消费税

我国对部分货物征收消费税。项目评价中涉及适用消费税的产品或进口货物时，应按税法规定计算消费税。

4. 城市维护建设税、教育费附加

城市维护建设税和教育费附加是以流转税(包括增值税、营业税和消费税等)为计税基数征收的一种税。城市维护建设税按纳税人所在地区实行差别税率，项目所在地为市区、县城及镇、乡村的税率分别为7%、5%、1%。教育费附加征收税

率为 3%。

应纳城市维护建设税(教育费附加)额

$$=(增值税+消费税+营业税)的实纳税额×适用税率 \qquad (8-47)$$

5. 关税

关税是以进出口货物为纳税对象的税种。财务评价中涉及应税货物的进出口时,应按规定计算。引进技术、设备材料的关税体现在投资估算中,而进口原材料的关税体现在成本中。

6. 资源税

国家对开采特定矿产品或者生产盐的单位和个人征收的税种,通常按矿产的产量计算。

7. 土地增值税

土地增值税是按转让房产取得的增值额征收的税种。房地产项目应按规定计算土地增值税。

8. 企业所得税

企业所得税是针对企业应纳税所得额征收的税种。纳税人每一纳税年度的收入总额减去准予扣除项目的余额为应纳税所得额;纳税人发生年度亏损的,可用下一纳税年度的所得弥补,下一纳税年度所得不足弥补的可以逐年延续弥补,但是延续弥补期最长不得超过 5 年。企业所得税计算公式如下:

$$所得税应纳税额=应纳税所得额×25\% \qquad (8-48)$$

九、财务评价辅助报表

财务效益和费用估算的结果将形成下列辅助报表:

(1)建设投资估算表(如表 8-2 所示);

(2)流动资金估算表(如表 8-3 所示);

(3)建设期利息估算表(如表 8-4 所示);

(4)项目总投资使用计划与资金筹措表(如表 8-5 所示);

(5)营业收入、营业税金及附加和增值税估算表(如表 8-6 所示);

(6)总成本费用估算表(如表 8-7 所示);

(7)固定资产折旧费估算表(如表 8-8 所示);

(8)无形资产和其他资产摊销估算表(如表 8-9 所示)。

对于采用生产要素法编制的总成本费用估算表,除了编制固定资产折旧费估算表和无形资产和其他资产摊销估算表外,还可以编制其他基础报表,包括:外购原材料费估算表,外购燃料和动力费估算表,工资及福利费估算表。

第三节　财务分析报表编制与评价指标计算

财务评价是在财务效益与费用的估算以及编制财务辅助报表的基础上,编制财务报表,计算财务评价指标,考察和分析项目的盈利能力、偿债能力和财务生存能力。从而判断项目的财务可行性,明确项目对财务主体的价值以及对投资者的贡献,为投资决策、融资决策以及银行审贷提供依据。

一、财务评价报表

财务评价报表主要有 7 种,它们分别是:项目投资现金流量表,项目资本金现金流量表、投资各方现金流量表、利润与利润分配表、财务计划现金流量表、资产负债表、借款还本付息计划表。

1. 项目投资现金流量表(如表 8-10 所示)

项目投资现金流量表不分投资资金来源,以全部投资作为计算基础,用以计算全部投资所得税前及所得税后财务内部收益率、财务净现值及投资回收期等评价指标,考察项目全部投资的盈利能力,为各个投资方案(不论其资金来源及利息多少)进行比较建立共同基础。换句话说,它是在设定项目全部投资均为自有资金条件下的项目现金流量系统的表格式反映。

(1)现金流入为营业收入、补贴收入、回收固定资产余值、回收流动资金四项之和。营业收入和补贴收入的各年数据取自营业收入、销售税金及附加和增值税估算表。固定资产余值和流动资金均在计算期最后一年回收,固定资产余值回收额为固定资产折旧费估算表中固定资产期末净值合计,流动资金回收额为项目全部流动资金。

(2)现金流出项由建设投资、流动资金、经营成本、营业税金及附加、维持运营投资五个分项组成。建设投资和流动资金的数额取自项目总投资使用计划与资金筹措表中总投资项下的有关分项。经营成本取自总成本费用估算表。营业税金及附加取自营业收入、营业税金及附加和增值税估算表。维持运营投资的数据则来源于财务计划现金流量表。

(3)各年所得税前净现金流量为各年现金流入量减对应年份的现金流出量,各年累计所得税前净现金流量为本年及以前各年所得税前净现金流量之和。

(4)调整所得税为以息税前利润为基数计算的所得税,区别于"利润与利润分配表"、"项目资本金现金流量表"和"财务计划现金流量表"中的所得税。

$$调整所得税=息税前利润\times 所得税税率 \tag{8-49}$$

其中:息税前利润=营业收入+补贴收入-营业税金及附加-经营成本-折

旧费－摊销费   (8-50)

2．项目资本金现金流量表(如表 8-11 所示)。

项目资本金现金流量表从投资者角度出发,以投资者的出资额作为计算基础,把借款本金偿还和借款利息支付、所得税作为现金流出(由于现金流入是全部投资所获得),用以计算资本金财务内部收益率、财务净现值等评价指标,考察项目资本金的盈利能力。

(1)现金流入各项和数据来源与全部投资现金流量表相同。

(2)现金流出项项目资本金数额取自项目总投资使用计划与资金筹措表中总投资项下的资本金分项。借款本金偿还由两部分组成:一部分为借款还本付息计算表中本年还本额;一部分为流动资金借款本金偿还,一般发生在计算期最后一年,但需根据项目实际情况进行调整。借款利息支付数额来自借款还本付息计划表。现金流出中其他各项与项目投资现金流量表中相同。

(3)项目计算期各年的净现金流量为各年现金流入量减对应年份的现金流出量。

3．投资各方现金流量表(如表 8-12 所示)

投资各方现金流量表,该表分别以投资各方的出资额作为计算基础,编制各方的财务现金流量表,用于计算投资各方的内部收益率。

(1)现金流入是指出资方因该项目的实施将实际获得的各种收入。实分利润是指投资者由项目获得的利润。资产处置收益分配是指对有明确的合营期限或者合资期限的项目,在期满时对资产余值按股比或约定比例的分配。租赁费收入是指出资方将自己的资产租赁给项目使用所获得的收入,此时应将资产价值作为现金流出,列为租赁资产支出科目。技术转让或使用收入是指资方将专利或专有技术转让或者允许该项目使用所获得的收入。

(2)现金流出是指资方因该项目的实施将实际投入的各种支出。

4．利润与利润分配表(如表 8-13 所示)

利润与利润分配表反映项目计算期内各年的利润总额、所得税及税后利润的分配情况,用以计算总投资收益率、资本金利润率等指标。

(1)营业收入、营业税金及附加、总成本费用的各年度数据分别取自相应的辅助报表。

(2)利润总额＝营业收入－营业税金及附加－总成本费用＋补贴收入。

(3)应纳税所得额＝利润总额－弥补以前年度亏损。

应纳税所得额为利润总额根据国家有关规定进行调整后的数额。在建设项目财务评价中,主要是按减免所得税及用税前利润弥补上年度亏损的有关规定进行的调整。

(4)所得税＝应纳税所得额×所得税税率。

(5)净利润＝利润总额－所得税。

(5)可供分配利润＝净利润＋期初未分配利润

(6)提取法定盈余公积金。法定盈余公积金按当年税后净利润的 10% 提取，其累计额达到项目法人注册资本的 50% 以上可不再提取。法定盈余公积金可用于弥补亏损或按照国家规定转增资本金等。

(7)可供投资者分配的利润。提取法定盈余公积金后的净利润，向投资者分配，这部分可分配利润成为可供投资者分配的利润。

可供投资者分配利润按照下列顺序分配：

①应付优先股(存在优先股时)，是指按照利润分配方案分配给优先股股东的现金股利。

②提取法定盈余公积金，是指按照规定提取的法定盈余公积。

③应付普通股股利，指企业按照利润分配方案分配给普通股股东的现金股利。

经过上述分配后剩余的部分为未分配利润。

5. 财务计划现金流量表(如表 8-14 所示)

财务计划现金流量表是国际上通用的财务报表，用于反映建设期内各年的投资活动、融资活动和经营活动所产生的现金流入、现金流出和净现金流量，考察资金平衡和余缺情况，是表示财务状况的重要财务报表。财务计划现金流量表的绝大部分数据可来自于其他报表。

6. 资产负债表(如表 8-15 所示)

资产负债表综合反映项目计算期内各年末资产、负债和所有者权益的增减变化及对应关系，以考察项目资产、负债、所有者权益的结构是否合理，同时计算资产负债率、流动比率及速动比率，进行债偿能力分析。

(1)资产由流动资产、在建工程、固定资产净值、无形及其他资产净值四项组成。其中：

①流动资产总额为货币资金、应收账款、预付账款、存货和其他之和。前三项数据来自流动资金估算表。

②在建工程是指项目总投资使用计划与资金筹措表中的建设投资、建设期利息、流动资金的年累计额。

③固定资产净值和无形及递延资产净值分别从固定资产折旧费估算表和无形资产和其他资产摊销估算表取得。

(2)负债包括流动负债总额、建设投资借款、流动资金借款。流动负债总额中的短期借款、应付账款和预收账款数据可由流动资金估算表直接取得。建设投资借款和流动资金借款均指借款余额，可来自借款还本付息计划表。

(3)所有者权益包括资本金、资本公积、累计盈余公积金和累计未分配利润。

其中,累计未分配利润可直接得自利润与利润分配表;累计盈余公积金也可由利润与利润分配表中盈余公积金项计算各年份的累计值,但应据有无用盈余公积金弥补亏损或转增资本金的情况进行相应调整。资本金为项目投资中累计自有资金(扣除资本溢价),当存在由资本公积金或盈余公积金转增资本金的情况时应进行相应调整。资本公积金为累计资本溢价及赠款,转增资本金时进行相应调整。资产负债表满足等式:

$$资产＝负债＋所有者权益 \tag{8-51}$$

7. 借款还本付息计划表(如表8-16所示)

借款还本付息计划表主要用于反映项目计算期内各年的借款本金偿还和利息支付情况,用于计算借款偿还期或者偿债备付率和利息备付率等指标。

按现行的财税制度,偿还借款的资金来源主要有未分配利润、折旧费、摊销费及其他资金。

各种报表之间的关系如图8-4所示。

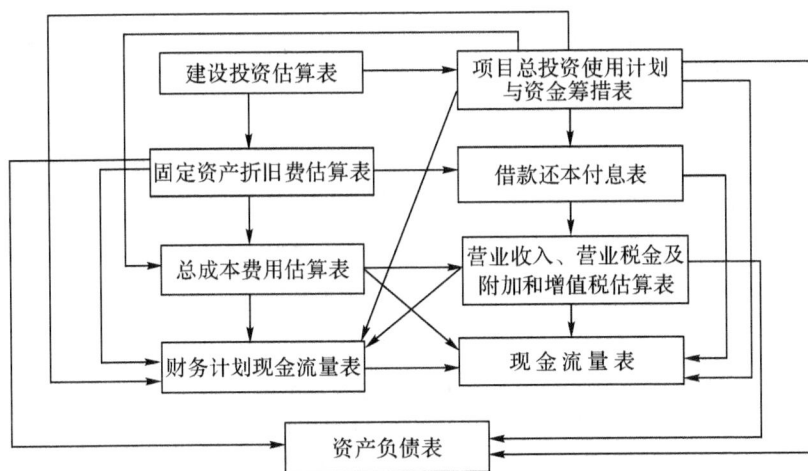

图 8-4　各种财务报表之间的关系

二、财务评价指标的计算与分析

具备了足够的数据、资料、编制完财务评价的财务报表后,就可计算与分析反映项目投资效果的财务评价指标。建设项目财务评价的评价内容、财务报表及评价指标的对应关系见表8-1。其中财务内部收益率、项目投资回收期、资产负债率为必做指标。其他指标的取舍可根据具体情况决定。比如为了衡量项目(特别是一些税大利小的项目)为国家所创造的积累,可以计算投资利税率指标。

表 8-1 财务评价内容与评价指标

评价内容	财务报表	财务评价指标	
		静态指标	动态指标
盈利能力分析	项目投资现金流量表	项目投资回收期	财务内部收益率 财务净现值
	项目资本金现金流量表		财务内部收益率 财务净现值
	投资各方现金流量表		财务内部收益率 财务净现值
	利润与利润分配表 项目总投资使用计划与资金筹措表	总投资收益率 项目资本金利润率	
清偿能力分析	借款还本付息计划表 利润与利润分配表 总成本费用表	借款偿还期 利息备付率 偿债备付率	
	资产负债表	资产负债率 流动比率 速度比率	

需要注意的是,借款偿还期指标是为估算利息备付率和偿债备付率指标所用,不应与利息备付率和偿债备付率指标并列使用。

财务评价指标除可如表 8-1 所示,按是否考虑资金的时间价值分为静态指标和动态指标外,还可按指标表示的时间量、价值量或比率关系,分为时间型指标、价值型指标及比率型指标,如图 8-5 所示。

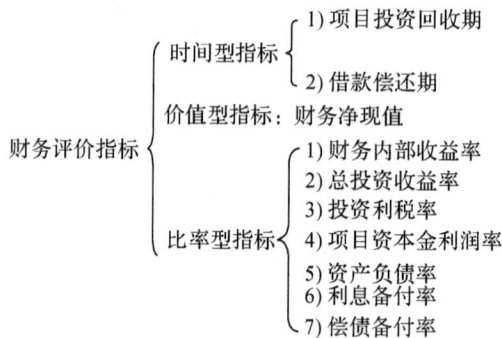

图 8-5 建设项目财务评价指标体系

上述大部分经济效果指标(如 NPV、IRR、T_P、R)的含义、计算公式与评价标准,我们在前面已经详细讨论过。它们主要是通过现金流序列进行计算。因此,我们的关键是要在正确划分效益费用的基础上,从已有的资料中导出投资项目的现金流序列,从而计算这些指标。

三、财务生存能力分析

财务生存能力分析是为了考察企业"有项目"时在整个计算期内的资金充裕程度,分析财务可持续性,判断在财务上的生存能力,其分析依据是财务计划现金流量表,并需结合偿债能力分析进行。

可以通过以下相辅相成的两个方面具体判断项目的财务生存能力:

(1)拥有足够的经营现金流量是财务可持续的基本条件,特别是在运营初期。一个项目具有较大的经营净现金流量,说明项目方案比较合理,实现自身资金平衡的可能性大,不会过分依赖短期融资来维持运营;反之,一个项目不能产生足够多的经营净现金流量,或经营净现金流量为负值,说明维持项目正常运行遇到财务上的困难,项目方案缺乏合理性,实现自身资金平衡的可能性小,有可能要靠短期融资来维持运营;或者是非经营性项目本身无能力实现自身资金平衡,需要靠政府补贴。

(2)各年累计盈余资金不出现负值是财务生存的必要条件。在整个运营期间允许个别年份的净现金流量出现负值,但不能容许任意年份的累计盈余资金出现负值。一旦出现负值时应适时进行短期融资,该短期融资应体现在财务计划或较频繁的短期融资上,有可能导致以后的累计盈余资金无法实现正值,致使项目难以维持运营。

第四节　项目财务评价案例分析

本项目为一新建化工项目,拟生产目前国内外市场均较为紧俏的 P 产品。这种产品目前在国内市场上供不应求,每年需要一定数量的进口,项目投产后可以产顶进。

本项目经济评价前的基础工作已经完成,对项目市场、生产规模、工艺技术方案、原材料和燃料及动力供应、建厂条件和厂址方案、公用工作和辅助设施、环境保护、工厂组织和劳动定员,以及项目实施规划等诸方面进行了全面充分的研究论证和多方案比较,确定了项目的最优方案。

项目生产规模为年产 P 产品 1.25 万吨,部分技术和设备拟从国外引进。厂址位于城市近郊;占用一般农田 250 亩,靠近主要原料和燃料产地,且交通运输方便,水电供应可靠。

项目主要设施包括生产车间、与工艺生产相适应的辅助生产设施、公用工程,以及有关的生产管理和生产福利等设施。

一、财务预测数据

1. 建设投资估算、流动资金

(1)建设投资估算

本项目建设投资采用概算法估算,估算额为 19217.17 万元,其中外汇为 1131 万美元。基本预备费按公式(8-11)计算,基本预备费费率取 10%,涨价预备费按公式(8-12)计算,建设期物价年平均涨价率取 5%,外汇与人民币换算的汇率为 1 美元=6.70 元计算。建设投资估算结果见表 8-2(辅助报表 1)。

(2)流动资金估算

本项目流动资金按分项详细估算法进行估算,估算总额为 3718.28 万元,详见表 7-3(辅助报表 2)。流动资产为应收账款、现金、存货和预付账款之和;流动负债为应付账款和预收账款之和;两项之差为流动资金。采用分项详细估算法估算流动资金需要用到总成本费用估算表中的数据。正常年份的预付的年外购原材料、燃料及动力费为 800 万元,正常年份预收的营业收入为 1800 万元。第三、四年份的年外购商品或服务费和年预收的营业收入分别按正常年份的 70% 和 90% 计算。

2. 项目总投资使用计划与资金筹措、建设期利息

按本项目实施进度规划,项目计算期 10 年,其中项目建设期为 2 年,第一年完成建设投资 60%,第二年完成建设投资 40%。本项目资本金为 7626.49 万元,其中用于建设投资 6795.24 万元,建设期内均衡投入;用于流动资金 831.25 万,运营期第一年投入,其余均为借款。资本金由甲、乙两个投资者出资,出资比例为 60% 与 40%。外汇通过中国银行向国外借款,年利率为 3.25%;建设投资部分由中国建设银行提供贷款,年利率 6.54%,流动资金由中国交通银行贷款,年利率 5.45%。本项目第三年投产,当年生产负荷为设计能力的 70%,第四年为 90%,第五年达到 100%。

建设期利息估算见表 7-4(辅助报表 3),项目总投资使用计划与资金筹措详见表 7-5(辅助报表 4)。

3. 营业收入、营业税金及附加和增值税

产品售价以市场价格为基础,预测到生产初期的市场价格,每吨出厂价按 14500 元计算(不含增值税),正常年份的营业收入为 18125 万元。

营业税金及附加按国家规定计取。产品缴纳增值税,增值税税率为 17%,其中销项税额按营业收入的 17% 计取,进项税额按外购原材料、外购燃料及动力费、80% 的修理费(参照最新的《中华人民共和国增值税暂行条例》〔国务院令 538 号〕规定,固定资产修理费中的进项税可以抵扣增值税,这里作简化处理,取修理费的 80% 计算进项税税额)这三项之和的 17% 计取。城市维护建设税按增值税额的

7%计取,教育费附加按增值税额3%计取。正常生产年份的年销售税金及附加估算值为140.46万元,增值税为1404.58万元。

营业收入、营业税金及附加和增值税的估算见表8-6(辅助报表5)。

4. 总成本费用估算

总成本费用估算见表8-7(辅助报表6)。经营成本为外购原材料、外购燃料和动力费、工资及福利费、修理费、摊销费之和。总成本费用为经营成本、折旧费、摊销费和利息支出之和,其中可变成本为经营成本中的外购原材料和外购燃料、动力费之和,总成本中扣除可变成本为固定成本。

(1)原材料、燃料、动力费

所有外购原材料、燃料、动力费价格均以近几年国内市场已实现的价格为基础,预测到生产期初的价格。正常年份的外购原材料费为8091.34,外购燃料、动力费为851.55万元。

(2)工资及福利费估算

全厂定员210人,工资及福利费按每人每年30000元估算(其中福利费按工资额的14%计算),全年工资及福利费估算为630万元。

(3)固定资产折旧费

本项目计入固定资产原值的费用包括:固定资产投资中的工程费用、土地费用和预备费、建设期利息。固定资产原值合计为19164.25万元,按年限平均法计算折旧,折旧年限为8年,净残值率取4%,由此得年折旧额为2299.71(万)元。详见表7-8(辅助报表7)。

(4)无形资产和其他资产

本项目固定资产投资中第二部分费用除土地费用进入固定资产原值外,其余费用计为项目的无形及递延资产,其值为726.83万元。其中,无形资产为400万元,其他资产326.83万元。

无形资产按8年摊销,年摊销费为50万元;其他资产按5年摊销,年摊销65.37万元。详见表8-9(辅助报表8)。

(5)修理费

修理费按折旧额的50%计取,每年为1149.86万元。

(6)其他费用

其他费用是指从制造费用、管理费用和营业费用中扣除折旧费、摊销费、修理费、工资及福利费之后的其余部分,这里作简单处理,每年计取727.51万元。其他费用中各年的制造费用均为400万元,各年的营业费用均为200万元。

5. 利润及利润分配

本项目利润及利润分配估算见表7-13,其中:

(1)所得税按利润总额的25%计取。利润为负值的亏损年份,则不计该年所得税。

（2）法定盈余公积金按净利润的 10% 提取。

（3）若可供投资者分配利润＋折旧＋摊销≤该年应还本金,则该年的可供投资者分配利润全部转入还款未分配利润,不足部分为该年的资金亏损,不提取各方利润分配,并需要通过借款来弥补偿还本金不足部分。若可供投资者分配利润＋折旧＋摊销＞该年应还本金。则该年为资金盈余年份,还款未分配利润按以下公式计算:

$$\text{该年还款未分配利润} = \text{该年应还本金} - \text{折旧} - \text{摊销} \qquad (8\text{-}52)$$

（4）各方投资利润分配额按可供投资者利润分配额的 60% 提取,甲乙双方按其出资比例分配。

6. 借款还本付息估算

本项目借款的还本付息估算见表 8-16。累计到运营期初的建设期利息转计为借款本金,还本资金来源为折旧费、摊销费和可供投资者分配利润。

（1）建设期人民币借款在运营期的前 3 年内按等额还本付息法偿还,还本付息计算公式见(8-43)。

（2）外汇借款从运营期第 2 年起按 7 年等额还本、利息照付方式偿还,还本付息计算公式见(8-44)。表中外汇借款还本付息估算系折算为人民币列示。由于本项目产品用于替代进口且出售时全部收取人民币,项目没有外汇收入,偿还外汇借款本息的外汇系按 1 美元兑 6.70 元人民币的比价购买的调剂外汇。

（3）流动资金借款于计算期末一次性偿还。

二、财务分析

1. 财务盈利能力分析

（1）项目投资现金流量表见表 8-10,由该表计算得到的财务评价指标来看:

①项目所得税后及税前财务内部收益率分别为 14.81% 及 18.63%,均大于行业基准收益率 $i_c = 12\%$;项目所得税后及税前财务净现值($i_c = 12\%$)分别为 2365.81 万元及 5836.52 万元,均大于零。表明该项目从全部投资角度看盈利能力已满足了行业最低要求,在财务上值得进一步研究。

②项目所得税后及税前全部投资回收期(含建设期)分别为 9.26 年及 8.03 年,均小于行业基准投资回收期 10 年。表明项目投资能够在规定时间内回收。

（2）项目资本金现金流量表见表 8-11,由该表计算得到的财务评价指标看,项目财务内部收益率为 27.36%＞$i_c = 12\%$,财务净现值为 5797.98 万元,大于零,表明项目在财务上可以考虑接受。

（3）由项目利润与利润分配表和项目总投资使用计划与资金筹措表数据,可以计算以下指标:

$$\text{总投资收益率} = \frac{\text{年平均息税前利润}}{\text{项目总投资}} \times 100\% = \frac{3692.43}{23609.36} \times 100\% = 15.64\%$$

$$项目资本金净利润率=\frac{年平均净利润}{项目资本金}\times100\%=\frac{2471.96}{7626.49}\times100\%=32.41\%$$

本项目总投资收益率、项目资本金净利润率大于行业平均利润率,表明项目单位投资盈利能力达到了行业平均水平。

2. 清偿能力分析

基于借款还本付息计划表、利润与利润分配表、总成本费用表的有关数据,采用本方案设定的还款方式计算得到的利息备付率、偿债备付率见借款还本付息计划表(表8-16)中最后两行数据。资产负债率见资产负债表(表8-15)最后一行数据。本项目利息备付率和偿债备付率均不小于1,支付利息、借款本金的保证度大,偿债风险小。

3. 财务生存能力分析

财务计划现金流量表见表7-14,从表中可以看出项目各年财务净现金流量均不小于0,且各年累计净现金流量不出现负值,说明项目方案比较合理,可以实现自身资金平衡,不需要依赖短期融资来维持运营,项目的财务是可持续的。

4. 财务评价结论

由上述财务分析结果看,本项目财务内部收益率高于行业基准收益率,财务净现值大于零,投资回收期低于行业基准投资回收期,借款偿还能满足贷款机构要求,项目各年的财务状况也较好,且具有一定的抗风险能力。因此,从财务上讲项目可以接受。

表 8-2 建设投资估算表(辅助报表 1) 单位:万元、万美元

序号	工程或费用名称	建筑工程费	设备购置费	安装工程费	其他费用	合计	其中外汇	比例(%)
1	工程费用	1665.66	9914.53	3631.30		15211.49	1131.00	79.16%
1.1	主体工程	1100.29	8321.53	3163.24		12585.06	1131.00	
1.2	辅助工程	217.89	473.40	35.16		726.45		
1.3	公用工程	189.22	1119.60	412.90		1721.72		
1.4	厂区服务性工程	117.90				117.90		
1.5	厂外工程	40.36		20.00		60.36		
2	工程建设其他费用				1276.83	1276.83		6.64%
	其中:土地费用				550.00	550.00		
3	预备费				2728.85	2728.85		14.20%
3.1	基本预备费				1648.83	1648.83		
3.2	涨价预备费				1080.02	1080.02		
4	建设投资合计	1665.66	9914.53	3631.30	4005.68	19217.17	1131.00	
	比例(%)	8.67%	51.59%	18.90%	20.84%			100.00%

注:表中数字加和尾数有可能不对应,系计算机自动圆整所致。以下表格都可能有此问题,不再重复说明。

表 8-3　流动资金估算表(辅助报表 2)　　　　单位:万元

序　号	项　目	最低周转天数	周转次数	计算期			
				3	4	5	6～10
1	流动资产			3475.66	4234.24	4613.52	4613.52
1.1	应收账款	30	12	730.62	879.66	954.19	954.19
1.2	存贷			2585.25	3181.45	3479.54	3479.54
1.2.1	原材料	40	9	629.33	809.13	899.04	899.04
1.2.2	燃料及动力	40	9	66.23	85.16	94.62	94.62
1.2.3	在产品	40	9	937.76	1136.50	1235.86	1235.86
1.2.4	产成品	40	9	951.93	1150.66	1250.03	1250.03
1.3	现金	30	12	113.13	113.13	113.13	113.13
1.4	预付账款	30	12	46.67	60.00	66.67	66.67
2	流动负债			626.67	805.72	895.24	895.24
2.1	应付账款	30	12	521.67	670.72	745.24	745.24
2.2	预收账款	30	12	105.00	135.00	150.00	150.00
3	流动资金(1－2)			2848.99	3428.52	3718.28	3718.28
4	流动资金增加额			2848.99	579.53	289.76	0.00

表 8-4　建设期利息估算表(辅助报表 3)　　　　单位:万元

序　号	项　目	利　率	合　计	建设期	
				1	2
1	外汇借款(折成人民币)				
1.1	建设期利息	3.25	273.30	73.88	199.42
1.1.1	期初借款余额				4620.50
1.1.2	当期借款			4546.62	3031.08
1.1.3	当期应计利息			73.88	199.42
1.1.4	期末借款余额			4620.50	7851.00
1.2	其他融资费用				
1.3	小计(1.1＋1.2)		273.30	73.88	199.42
2	人民币借款				
2.1	建设期利息	6.54	400.60	117.26	283.34
2.1.1	期初借款余额				3703.33
2.1.2	当期借款			3586.06	1258.17
2.1.3	当期应计利息			117.26	283.34
2.1.4	期末借款余额			3703.33	5244.84
2.2	其他融资费用				
2.3	小计(2.1＋2.2)		400.60	117.26	283.34
3					
3.1	建设期利息合计(1.1＋2.1)		673.91	191.15	482.76
3.2	其他融资费用合计(1.2＋2.2)				

表8-5　项目总投资使用计划与资金筹措表（辅助报表4）

单位：万元、万美元

序号	项目	合计人民币	1 外币	1 折人民币	1 人民币	1 小计	2 外币	2 折人民币	2 人民币	2 小计	3 人民币	3 小计	4 人民币	4 小计	5 人民币	5 小计
1	总投资	23609.36	689.63	4620.50	7100.95	11721.45	482.16	3230.50	4939.13	8169.63	2848.99	2848.99	579.53	579.53	289.76	289.76
1.1	建设投资	19217.17	678.60	4546.62	6983.68	11530.30	452.40	3031.08	4655.79	7686.87						
1.2	建设期利息	673.91	11.03	73.88	117.26	191.15	29.76	199.42	283.34	482.76						
1.3	流动资金	3718.28									2848.99	2848.99	579.53	579.53	289.76	289.76
2	资金筹措	23609.36	689.63	4620.50	7100.95	11721.45	482.16	3230.50	4939.13	8169.63	2848.99	2848.99	579.53	579.53	289.76	289.76
2.1	项目资本金	7626.49			3397.62	3397.62			3397.62	3397.62	831.25	831.25				
2.1.1	用于建设投资	6795.24			3397.62	3397.62			3397.62	3397.62						
2.1.2	用于流动资金	831.25									831.25	831.25				
2.2	债务资金	15982.87	689.63	4620.50	3703.33	8323.83	482.16	3230.50	1541.51	4772.01	2017.74	2017.74	579.53	579.53	289.76	289.76
2.2.1	用于建设投资	12421.93	678.60	4546.62	3586.06	8132.68	452.40	3031.08	1258.17	4289.25						
2.2.2	用于建设期利息	673.91	11.03	73.88	117.26	191.15	29.76	199.42	283.34	482.76						
2.2.3	用于流动资金借款	2887.03									2017.74	2017.74	579.53	579.53	289.76	289.76
2.3	其他资金															

单位: 万元

表 8-6 营业收入、营业税金及附加和增值税估算表（辅助报表 5）

序号	项目	合计	计算期					
			3		4		5~10	
			销售量（t）	金额	销售量（t）	金额	销售量（t）	金额
1	营业收入	137750.00	8750.00	12687.50	11250.00	16312.50	12500.00	18125.00
2	营业税金与附加	1061.22		93.63		124.85		140.46
2.1	营业税金							
2.2	消费税							
2.3	城市维护建设税	742.86		65.54		87.39		98.32
2.4	教育费附加	318.37		28.09		37.45		42.14
3	增值税	10612.24		936.29		1248.48		1404.58
3.1	销项税额	23417.50		2156.88		2773.13		3081.25
3.2	进项税额	12805.26		1220.58		1524.64		1676.67

单位：万元

表8-7　总成本费用估算表　（辅助报表6）

序号	项目	合计	计算期							
			3	4	5	6	7	8	9	10
1	外购原材料	61494.18	5663.94	7282.21	8091.34	8091.34	8091.34	8091.34	8091.34	8091.34
2	外购燃料及动力费	6471.78	596.09	766.40	851.55	851.55	851.55	851.55	851.55	851.55
3	工资及福利费	5040.00	630.00	630.00	630.00	630.00	630.00	630.00	630.00	630.00
4	修理费	9198.84	1149.85	1149.85	1149.85	1149.85	1149.85	1149.85	1149.85	1149.85
5	其他费用	5820.05	727.51	727.51	727.51	727.51	727.51	727.51	727.51	727.51
6	经营成本 (1+2+3+4+5)	88024.85	8767.39	10555.97	11450.25	11450.25	11450.25	11450.25	11450.25	11450.25
7	折旧费	18397.68	2299.71	2299.71	2299.71	2299.71	2299.71	2299.71	2299.71	2299.71
8	摊销费	726.83	115.37	115.37	115.37	115.37	115.37	50.00	50.00	50.00
9	利息支出	3171.87	708.14	632.55	497.70	339.60	303.15	266.70	230.25	193.79
10	总成本费用合计 (6+7+8+9)	110321.23	11890.60	13603.59	14363.03	14204.92	14168.47	14066.66	14030.21	13993.75
	其中：固定成本	42355.27	5630.58	5554.99	5420.14	5262.03	5225.58	5123.77	5087.32	5050.86
	可变成本	67965.96	6260.02	8048.60	8942.89	8942.89	8942.89	8942.89	8942.89	8942.89

表 8-8　固定资产折旧费估算表（辅助报表 7）

单位：万元

序号	项目	合计	3	4	5	6	7	8	9	10
						计算期				
1	固定资产合计									
1.1	原值	19164.25								
1.2	当期折旧费	18397.68	2299.71	2299.71	2299.71	2299.71	2299.71	2299.71	2299.71	2299.71
	净值		16864.54	14564.83	12265.12	9965.41	7665.70	5365.99	3066.28	766.57

表 8-9　无形资产和其他资产摊销估算表（辅助报表 8）

单位：万元

序号	项目	摊销年限	合计	3	4	5	6	7	8	9	10
							计算期				
1	无形资产	8	400								
	原值										
	当期摊销费			50.00	50.00	50.00	50.00	50.00	50.00	50.00	50.00
	净值			350.00	300.00	250.00	200.00	150.00	100.00	50.00	0.00
2	其他资产（开办费）	5	326.83								
	原值										
	当期摊销费			65.37	65.37	65.37	65.37	65.37			
	净值			261.46	196.10	130.73	65.37	0.00			
3	合计		726.83								
	原值										
	当期摊销费			115.37	115.37	115.37	115.37	115.37	50.00	50.00	50.00
	净值			611.46	496.10	380.73	265.37	150.00	100.00	50.00	0.00

表8-10 项目投资现金流量表

单位：万元

序号	项目	合计	1	2	3	4	5	6	7	8	9	10
1	现金流入	142234.85			12687.50	16312.50	18125.00	18125.00	18125.00	18125.00	18125.00	22609.85
1.1	营业收入	137750.00			12687.50	16312.50	18125.00	18125.00	18125.00	18125.00	18125.00	18125.00
1.2	补贴收入											
1.3	回收固定资产余值	766.57										766.57
1.4	回收流动资金	3718.28										3718.28
2	现金流出	112021.53	11530.30	7686.87	11710.01	11260.34	11880.47	11590.71	11590.71	11590.71	11590.71	11590.71
2.1	建设投资	19217.17	11530.30	7686.87								
2.2	流动资金	3718.28			2848.99	579.53	289.76					
2.3	经营成本	88024.85			8767.39	10555.97	11450.25	11450.25	11450.25	11450.25	11450.25	11450.25
2.4	营业税金及附加	1061.22			93.63	124.85	140.46	140.46	140.46	140.46	140.46	140.46
2.5	维持运营投资											
3	所得税前净现金流量（1-2）	30213.32	-11530.30	-7686.87	977.49	5052.16	6244.53	6534.29	6534.29	6534.29	6534.29	11019.14
4	累计所得税前净现金流量		-11530.30	-19217.17	-18239.68	-13187.52	-6942.99	-408.70	6125.59	12659.88	19194.18	30213.32
5	调整所得税	7384.85			352.85	804.15	1029.80	1029.80	1029.80	1046.15	1046.15	1046.15
6	所得税后净现金流量（3-5）	22828.47	-11530.30	-7686.87	624.64	4248.01	5214.73	5504.49	5504.49	5488.15	5488.15	9973.00
7	累积所得税后净现金流量		-11548.98	-19235.85	-18611.21	-14363.20	-9148.48	-3643.99	1860.50	7348.65	12836.79	22809.79

计算期

表8-11 项目资本金现金流量表

单位：万元

序号	项目	合计	计算期									
			1	2	3	4	5	6	7	8	9	10
1	现金流入	142234.85			12687.50	16312.50	18125.00	18125.00	18125.00	18125.00	18125.00	22609.85
1.1	产品营业收入	137750.00			12687.50	16312.50	18125.00	18125.00	18125.00	18125.00	18125.00	18125.00
1.2	补贴收入											
1.3	回收固定资产余值	766.57										766.57
1.4	回收流动资金	3718.28										3718.28
2	现金流出	122459.19	3397.62	3397.62	12214.99	14826.89	15975.49	13996.78	13969.44	13958.45	13931.11	16790.80
2.1	项目资本金	7626.49	3397.62	3397.62	831.25							
2.2	借款本金偿还	15982.87			1638.77	2867.51	2981.70	1121.57	1121.57	1121.57	1121.57	4008.60
2.3	借款利息支付	3171.87			708.14	632.55	497.70	339.60	303.15	266.70	230.25	193.79
2.4	经营成本	88024.85			8767.39	10555.97	11450.25	11450.25	11450.25	11450.25	11450.25	11450.25
2.5	营业税金及附加	1061.22			93.63	124.85	140.46	140.46	140.46	140.46	140.46	140.46
2.6	所得税	6591.89			175.82	646.02	905.38	944.90	954.02	979.47	988.58	997.70
2.7	维持运营投资											
3	净现金流量（1-2）	19775.66	-3397.62	-3397.62	472.51	1485.61	2149.51	4128.22	4155.56	4166.55	4193.89	5819.05

表 8-12 甲方投资财务现金流量表

单位：万元

序号	项目	合计	计算期										
			1	2	3	4	5	6	7	8	9	10
1	现金流入	9004.56			170.89	696.29	995.66	1112.73	1372.40	1501.00	1561.31	1594.28
1.1	实分利润	9004.56			170.89	696.29	995.66	1112.73	1372.40	1501.00	1561.31	1594.28
1.2	资产处置收益分配											
1.3	租赁费收入											
1.4	技术转让或使用收入											
1.5	其他现金流入											
2	现金流出	4575.89	2038.57	2038.57	498.75							
2.1	实缴资本	4575.89	2038.57	2038.57	498.75							
2.2	租赁资产支出											
2.3	其他现金流出											
3	净现金流量 (1-2)	4428.67	-2038.57	-2038.57	-327.86	696.29	995.66	1112.73	1372.40	1501.00	1561.31	1594.28

计算指标：

甲方投资财务内部收益率=13.07%

185

表 8-13 利润和利润分配估算表　　　　　　　　单位:万元

序号	项目	合计	计算期							
			3	4	5	6	7	8	9	10
1	营业收入	137750.00	12687.50	16312.50	18125.00	18125.00	18125.00	18125.00	18125.00	18125.00
2	营业税金及附加	1061.22	93.63	124.85	140.46	140.46	140.46	140.46	140.46	140.46
3	总成本费用	110321.23	11890.60	13603.59	14363.03	14204.92	14168.47	14066.66	14030.21	13993.75
4	补贴收入									
5	利润总额 (1−2−3+4)	26367.54	703.27	2584.06	3621.51	3779.62	3816.07	3917.89	3954.34	3990.79
6	弥补以前年度亏损									
7	应纳税所得额 (5−6)	26367.54	703.27	2584.06	3621.51	3779.62	3816.07	3917.89	3954.34	3990.79
8	所得税	6591.89	175.82	646.02	905.38	944.90	954.02	979.47	988.58	997.70
9	净利润(5−8)	19775.66	527.45	1938.05	2716.14	2834.71	2862.05	2938.41	2965.75	2993.09
10	期初未分配利润	7214.58	0.00	189.88	321.21	539.67	1236.37	1524.88	1667.78	1734.78
11	可供分配的利润 (9+10−6)	26990.24	527.45	2127.93	3037.35	3374.38	4098.42	4463.30	4633.54	4727.87
12	提取法定盈余公积金	1977.57	52.75	193.80	271.61	283.47	286.21	293.84	296.58	299.31
13	可供投资者分配的利润(11−12)	25012.68	474.71	1934.13	2765.73	3090.91	3812.21	4169.46	4336.96	4428.57
14	各方投资利润分配	15007.61	284.82	1160.48	1659.44	1854.55	2287.33	2501.67	2602.18	2657.14
	其中:甲方	9004.56	170.89	696.29	995.66	1112.73	1372.40	1501.00	1561.31	1594.28
	其中:乙方	6003.04	113.93	464.19	663.78	741.82	914.93	1000.67	1040.87	1062.86
15	未分配利润	10005.07	189.88	773.65	1106.29	1236.37	1524.88	1667.78	1734.78	1771.43
15.1	还款未分配利润	2677.95	0.00	452.44	566.62	0.00	0.00	0.00	0.00	1658.89
15.2	剩余转下年期初未分配利润	7327.12	189.88	321.21	539.67	1236.37	1524.88	1667.78	1734.78	112.53
16	息税前利润(利润总额+利息支出)	29539.41	1411.41	3216.61	4119.22	4119.22	4119.22	4184.58	4184.58	4184.58
17	息税折旧摊销前利润(息税前利润+折旧+摊销)	48663.92	3826.48	5631.69	6534.29	6534.29	6534.29	6534.29	6534.29	6534.29

单位：万元

表8-14　财务计划现金流量表

序号	项目	合计	计算期									
			1	2	3	4	5	6	7	8	9	10
1	经营活动净现金流量 (1.1-1.2)	42072.04			3650.67	4985.67	5628.91	5589.39	5580.28	5554.82	5545.71	5536.60
1.1	现金流入	161167.50			14844.38	19085.63	21206.25	21206.25	21206.25	21206.25	21206.25	21206.25
1.1.1	营业收入	137750.00			12687.50	16312.50	18125.00	18125.00	18125.00	18125.00	18125.00	18125.00
1.1.2	增值税销项税额	23417.50			2156.88	2773.13	3081.25	3081.25	3081.25	3081.25	3081.25	3081.25
1.1.3	补贴收入											
1.1.4	其他流入											
1.2	现金流出	119095.46			11193.71	14099.96	15577.34	15616.86	15625.97	15651.43	15660.54	15669.65
1.2.1	经营成本	88024.85			8767.39	10555.97	11450.25	11450.25	11450.25	11450.25	11450.25	11450.25
1.2.2	增值税进项税额	12805.26			1220.58	1524.64	1676.67	1676.67	1676.67	1676.67	1676.67	1676.67
1.2.3	营业税金及附加	1061.22			93.63	124.85	140.46	140.46	140.46	140.46	140.46	140.46
1.2.4	增值税	10612.24			936.29	1248.48	1404.58	1404.58	1404.58	1404.58	1404.58	1404.58
1.2.5	所得税	6591.89			175.82	646.02	905.38	944.90	954.02	979.47	988.58	997.70
1.2.6	其他流出											
2	投资活动净现金流量 (2.1-2.1)	-23609.36	-11721.45	-8169.63	-2848.99	-579.53	-289.76					
2.1	现金流入	23609.36	11721.45	8169.63	2848.99	579.53	289.76					
2.2	建设投资	19891.08	11721.45	8169.63								
2.2.1	维持运营投资				2848.99	579.53	289.76					
2.2.2	流动资金											
2.2.3	其他流出											
3	筹资活动净现金流量	-10552.98	11721.45	8169.63	217.27	-4081.01	-4849.08	-3315.72	-3712.05	-3889.94	-3953.99	-6859.54
3.1	现金流入	23609.36	11721.45	8169.63	2848.99	579.53	289.76					
3.1.1	项目资本金投入	7626.49	3397.62	3397.62	831.25							
3.1.2	建设投资借款	13095.84	8323.83	4772.01								
3.1.3	流动资金借款	2887.03			2017.74	579.53	289.76					
3.1.4	短期借款											
3.1.5	其他流入											
3.2	现金流出	34162.34			2631.73	4660.54	5138.84	3315.72	3712.05	3889.94	3953.99	6859.54
3.2.1	各种利息支出	3171.87			708.14	632.55	497.70	339.60	303.15	266.70	230.25	193.79
3.2.2	偿还债务本金	15982.87			1638.77	2867.51	2981.70	1121.57	1121.57	1121.57	1121.57	4008.60
3.2.3	应付利润	15007.61			284.82	1160.48	1659.44	1854.55	2287.33	2501.67	2602.18	2657.14
3.2.4	其他流出											
4	净现金流量 (1+2+3)	7909.69	0.00	0.00	1018.94	325.13	490.07	2273.67	1868.23	1664.88	1591.71	-1322.94
5	累计盈余资金		0.00	0.00	1018.94	1344.07	1834.14	4107.81	5976.04	7640.92	9232.63	7909.69

单位：万元

表 8-15　资产负债表

序号	项目	计算期									
		1	2	3	4	5	6	7	8	9	10
1	资产	11721.45	19891.08	21970.60	20829.12	19604.61	20002.88	20692.40	21532.45	22442.24	20504.37
1.1	流动资产总额			4494.60	5768.19	6958.76	9772.10	12876.70	16066.46	19325.96	19737.80
1.1.1	货币资金			1132.06	1647.08	2458.36	5271.70	8376.30	11566.06	14825.56	15237.40
	其中：现金			113.13	113.13	113.13	113.13	113.13	113.13	113.13	113.13
	其中：累计期初末分配利润			1018.94	1344.07	1834.14	4107.81	5976.04	7640.92	9232.63	7909.69
1.1.2	应收账款			0.00	189.88	511.10	1050.77	2287.13	3812.02	5479.80	7214.58
1.1.3	预付账款			730.62	879.66	954.19	954.19	954.19	954.19	954.19	954.19
1.1.4	存货			46.67	60.00	66.67	66.67	66.67	66.67	66.67	66.67
1.1.5	其他			2585.25	3181.45	3479.54	3479.54	3479.54	3479.54	3479.54	3479.54
1.2	在建工程	11721.45	19891.08								
1.3	固定资产净值			16864.54	14564.83	12265.12	9965.41	7665.70	5365.99	3066.28	766.57
1.4	无形及递延资产净值			611.46	496.10	380.73	265.37	150.00	100.00	50.00	0.00
2	负债及所有者权益（2.4+2.5）	11721.45	19891.08	21970.60	20829.12	19604.61	20002.88	20692.40	21532.45	22442.23	20504.24
2.1	流动负债总额			626.67	805.72	895.24	895.24	895.24	895.24	895.24	895.24
2.1.1	短期借款										
2.1.2	应付账款			521.67	670.72	745.24	745.24	745.24	745.24	745.24	745.24
2.1.3	预收账款			105.00	135.00	150.00	150.00	150.00	150.00	150.00	150.00
2.1.4	其他										
2.2	建设投资借款	8323.83	13095.84	11457.07	8589.56	5607.86	4486.29	3364.72	2243.14	1121.57	0.00
2.3	流动资金借款			2017.74	2597.27	2887.03	2887.03	2887.03	2887.03	2887.03	0.00
2.4	负债小计（2.1+2.2+2.3）	8323.83	13095.84	14101.49	11992.55	9390.13	8268.56	7146.99	6025.42	4903.84	895.24
2.5	所有者权益	3397.62	6795.24	7869.12	8836.57	10214.48	11734.32	13545.41	15507.03	17538.39	19609.13
2.5.1	资本金	3397.62	6795.24	7626.49	7626.49	7626.49	7626.49	7626.49	7626.49	7626.49	7626.49
2.5.2	累计盈余公积金			52.75	246.55	518.16	801.63	1087.84	1381.68	1678.26	1977.57
2.5.3	累计未分配利润			189.88	963.53	2069.83	3306.19	4831.08	6498.86	8233.64	10005.07
	计算指标：资产负债率（%）			0.64	0.58	0.48	0.41	0.35	0.28	0.22	0.04

单位：万元

表8-16　借款还本付息计划表

序号	项目	合计	计算期									
			1	2	3	4	5	6	7	8	9	10
1	长期人民币借款											
1.1	期初借款余额			3703.33	5244.84	3606.07	1860.13					
1.2	当期还本付息	5945.34			1981.78	1981.78	1981.78					
	其中：还本	5244.84			1638.77	1745.94	1860.13					
	付息	700.50			343.01	235.84	121.65					
1.3	期末借款余额		3703.33	5244.84	3606.07	1860.13	0.00					
2	长期外币借款											
2.1	期初借款余额	9126.79		4620.50	7851.00	7851.00	6729.43	5607.86	4486.29	3364.72	2243.14	1121.57
2.2	当期还本付息	7851.00			255.16	1376.73	1340.28	1303.83	1267.38	1230.93	1194.47	1158.02
	其中：还本	7851.00			0.00	1121.57	1121.57	1121.57	1121.57	1121.57	1121.57	1121.57
	付息	1275.79			255.16	255.16	218.71	182.26	145.80	109.35	72.90	36.45
2.3	期末借款余额		4620.50	7851.00	7851.00	6729.43	5607.86	4486.29	3364.72	2243.14	1121.57	0.00
3	流动资金借款											
3.1	期初借款余额	4082.61			2017.74	2017.74	2597.27	2887.03	2887.03	2887.03	2887.03	2887.03
3.2	当期还本付息	2887.03			109.97	141.55	157.34	157.34	157.34	157.34	157.34	3044.37
	其中：还本	2887.03										2887.03
	付息	1195.58			109.97	141.55	157.34	157.34	157.34	157.34	157.34	157.34
3.3	期末借款余额				2017.74	2597.27	2887.03	2887.03	2887.03	2887.03	2887.03	0.00
4	借款合计											
4.1	期初借款余额	19154.74	8323.83	8323.83	15113.58	13474.82	11186.83	8494.89	7373.32	6251.75	5130.18	4008.60
4.2	当期还本付息	15982.87			2346.90	3500.06	3479.40	1461.17	1424.72	1388.27	1351.82	4202.40
	其中：还本				1638.77	2867.51	2981.70	1121.57	1121.57	1121.57	1121.57	4008.60
	付息	3171.87			708.14	632.55	497.70	339.60	303.15	266.70	230.25	193.79
4.3	期末余额		8323.83	13095.84	13474.82	11186.83	8494.89	7373.32	6251.75	5130.18	4008.60	0.00
计算指标	利息备付率				1.99	5.09	8.28	12.13	13.59	15.69	18.17	21.59
	偿债备付率				1.56	1.42	1.62	3.83	3.92	4.00	4.10	1.32

复习思考题

1. 何谓财务评价？财务评价的作用是什么？

2. 财务评价包含哪些内容？

3. 什么是项目的融资前分析？什么是项目的融资后分析？

4. 财务评价应遵循怎样的原则？

5. 财务效益和费用估算的步骤有哪些？

6. 按概算法分类建设投资有哪几部分组成？

7. 建设工程投资估算有哪些？

8. 财务评价所需的财务分析报表有哪些？财务评价的主要指标有哪些？各财务评价指标如何进行计算与评价？

9. 什么是财务生存能力分析？如何判别项目是否具有财务生存能力？

10. 某项目固定资产原值为 10000 万元，综合折旧年限为 6 年，净残值率 9%。试分别按年限平均法、双倍余额递减法和年数总和法计算折旧。

11. 某公司拟从国外进口一套机电设备，到岸价为 3500 万美元。其他有关费用参数为：银行财务费费率为 0.38%；外贸手续费费率为 1.21%；关税税率为 22%；进口环节增值税税率为 17%；人民币外汇牌价为 1 美元=6.70 元人民币，设备的国内运杂费费率为 3.5%。试估算该套设备的购置费。

12. 某项目的工程费用为 30000 万元，按项目进度计划，项目建设期为 3 年，分年的工程费用比例为 30%、40%、30%。建设期内年平均价格上涨指数为 5%，试估算该项目的涨价预备费。

13. 某项目建成达产后，全厂定员 1200 人，工资及福利费按照每人每年 7 万元估算，每年其他费用为 1200 万元（其中：其他制造费用为 570 万，其他营业费用 200 万）；年外购原材料费 13500 万元；年外购燃料费 623 万元；年经营成本 23450 万元，年销售收入 37000 万元，年修理费占经营成本 10%；年预付账款 920 万元；年预收账款 1300 万元。各项流动资金最低周转天数分别为：应收、应付、预收、预付账款为 30 天，现金和存货 40 天。问题：用分项详细估算法估算拟建项目的流动资金，编制流动资金估算表。

14. 某建设项目建设期 2 年，运营期 8 年，建设期均匀投入 2700 万元（不含建设期贷款利息），其中形成无形资产 600 万元。从项目建成投产起，当地政府每年拨款 70 万元用于安置下岗职工就业。无形资产在运营期 8 年中均匀摊入成本。固定资产使用年限 10 年，残值为 200 万元，按照直线折旧法折旧。项目建设投资资金来源为资本金和贷款，贷款总额为 1600 万元，在建设期每年贷入 800 万元，贷款年利率为 5.85%（按季计息），在运营期前 3 年按照等额本息法偿还。流动资金 500 万元，投产第一年投入 360 万元（其中 200 万元为银行借款），投产第二年投入

140 万元(其中 90 万元为银行借款),项目期末全部回收。流动资金贷款利率为 3%。项目投产当年需购置的设备预计投资 400 万元,投产当年的经营成本为 820 万元,以后各年经营成本为 1100 万元。项目运营期内正常年份的营业收入为 2600 万元,投产第一年生产负荷为 75%,第二年达产。股东会约定正常年份按可供投资者分配利润 50%,提取应付投资者各方的股利,运营期第一年根据达产比例按照正常年份的 75% 比例提取。营业税金及附加合并税率为 6%,企业所得税税率为 25%,该行业基准收益率为 10%,基准投资回收期为 7 年。其中:调整所得税=息税前利润×所得税税率,息税前利润=营业收入+补贴收入-营业税金及附加-经营成本-折旧费-摊销费。计算结果保留两位小数。问题:

(1)计算建设期贷款利息、固定资产年折旧费、无形资产摊销费;

(2)编制项目还本付息计划表;

(3)编制总成本费用估算表;

(4)编制项目投资现金流量表;

(5)编制项目资本金现金流量表;

(6)编制利润与利润分配表;

(7)计算项目所得税后静态、动态投资回收期,项目财务净现值,总投资收益率,项目资本金净利润率,利息备付率,偿债备付率;并从财务角度分析该项目的可行性。

第九章　建设项目的国民经济评价

本章知识点梳理

1. 国民经济评价的概念：国民经济评价是指从国家或全社会的立场出发，以资源的最佳配置为原则，以国民收入增长为目标的盈利性分析。要求用影子价格、影子工资、影子汇率和社会折现率等经济参数分析、计算建设项目对国民经济整体贡献，评价项目的经济合理性。

2. 影子价格：指资源处于最佳分配状态时，其边际产出价值。即社会经济处于某种最优化状态下，能够反映社会劳动消耗、资源稀缺程度和对最终产品需求情况的价格。

3. 国民经济评价指标：经济净现值（ENPV），经济内部收益率（EIRR），经济效益费用比（R_{BC}）

第一节　概　述

一、国民经济评价的概念

国民经济评价，也称经济分析，是指在合理配置社会资源的前提下，从国家整体利益的角度出发，采用社会折现率、影子价格、影子工资和货物影子价格等经济分析参数，计算项目对国民经济的贡献，分析项目的经济效益、效果和对社会的影响，评价项目在宏观经济上的合理性。国民经济评价可采用经济费用效益分析或经济费用效果分析的方法。

在国民经济评价中，项目的效益是指项目对国民经济所作的贡献，分为直接效益和间接效益。直接效益是指由项目产出物产生并在项目范围内计算的经济效益，间接效益是指由项目引起而在直接效益中未得到反映的那部分效益。

项目的费用是指国民经济为项目付出的代价，分为直接费用和间接费用。直接费用是指项目使用投入物所产生并在项目范围内计算的经济费用，间接费用是指由项目引起而在项目的直接费用中未得到反映的那部分费用。

国家发改委"关于建设项目经济评价工作的若干规定"中指出，"建设项目的经济评价，对于财务评价结论和国民经济评价结论都可行的建设项目，可予通过；反之应予否定,对于国民经济评价结论不可行的项目,一般予以否定;对于关系公共利益、国家安全和市场不能有效配置资源的经济和社会发展项目,如果国民经济评价结论可行,但财务评价结论不可行,应重新考虑方案,必要时可提出经济优惠措施的建议,使项目具有财务生存能力。"

二、国民经济评价的作用

1. 正确反映项目对社会经济的净贡献,评价项目的经济合理性

财务评价主要是从企业角度考察项目的效益。由于企业的利益并不总是与国家和社会的利益完全一致,项目的财务盈利性至少在以下几个方面可能难以全面正确反映项目的经济合理性:

(1)国家给予项目补贴;

(2)企业向国家缴税;

(3)某些货物市场价格可能扭曲;

(4)项目的外部效果。

因此需要从项目对社会资源增加所做贡献和项目引起社会资源耗费增加的角度,进行项目的国民经济评价,以便正确反映项目的经济效益和对社会福利的净贡献。

2. 为政府合理配置资源提供依据

合理配置有限的资源(包括劳动力、土地、各种自然资源、资金等)是人类经济社会发展所面临的共同问题。在完全的市场经济状态下,可通过市场机制调节资源的流向,实现资源的优化配置。在非完全的市场经济中,需要政府在资源配置中发挥调节作用。但是由于市场本身的原因及政府的不恰当的干预,可能导致市场配置资源的失灵。

项目的国民经济评价对项目的资源配置效率,即项目的经济效益(或效果)进行分析评价,可为政府的资源配置决策提供依据,提高资源配置的有效性。

3. 政府审批或核准项目的重要依据

在我国新的投资体制下,国家对项目的审批和核准重点放在项目的外部性、公共性方面,国民经济评价强调从资源配置效率的角度分析项目外部效果,是政府审批或核准项目的重要依据。

4. 为市场化运作的基础设施等项目提供财务方案的制订依据

对部分或完全市场化运作的基础设施等项目,可通过国民经济评价论证项目的经济价值,为制订财务方案提供依据。

5. 有助于实现企业利益与全社会利益有机地结合和平衡

国家实行审批和核准项目,应当特别强调要从社会经济的角度评价和考察,支持和发展对社会经济贡献大的项目。正确运用国民经济评价方法,在项目决策中

可以有效地察觉盲目建设、重复建设项目,有效地将企业利益与全社会利益有机地结合。

6. 比选和优化项目(方案)的重要作用

为提高资源配置的有效性,方案比选应根据能反映资源真实经济价值的相关数据进行,这只能依赖于国民经济评价,因此国民经济评价在方案比选和优化中可发挥重要作用。

三、国民经济评价的适应范围

现阶段需要进行国民经济评价的项目分为以下几类:

(1)政府预算内投资用于关系国家安全、国土开发和市场不能有效配置资源的公益性项目和公共基础设施项目、保护和改善生态环境项目、重大战略性资源开发项目。

(2)政府各类专项建设基金投资用于交通运输、农林水利等基础设施、基础产业建设项目。

(3)利用国际金融组织和外国政府贷款,需要政府主权信用担保的建设项目。

(5)法律、法规规定的其他政府性资金投资的建设项目。

(6)企业投资建设的涉及国家经济安全,影响环境资源、公共利益,可能出现垄断,涉及整体布局等,需要政府核准的建设项目。

四、国民经济评价与财务评价的异同与联系

建设项目的国民经济评价与财务评价一道共同组成了完整的项目经济评价。它们之间是相互联系的,既有共同之处,又有区别。

两种评价的共同点有:①理论方法相同,两者都使用效益与费用比较的理论方法;②遵循原则相同,两者都遵循效益与费用识别的有无对比原则;③盈利能力计算指标相同,依据资金时间价值原理,运用动态分析方法,计算项目的内部收益率、财务净现值等指标。

财务评价与国民经济评价的性质与作用又有很大区别,主要表现为以下几点:

1. 评价角度不同

财务评价是站在项目的层次上,从项目的财务主体、投资者、外来的债权人角度,分析项目的财务效益和财务可持续性,分析投资各方的实际收益或损失,分析投资或者贷款的风险及收益;国民经济评价则是站在国家的层次上,从全社会的角度分析评价项目对社会经济的效益和费用。

2. 效益与费用的含义及划分范围不同

财务评价只根据项目直接发生的收支,计算项目的直接效益和费用。国民经

济评价不仅要考虑直接的效益和费用,还要考虑间接的效益和费用。从全社会的角度考虑,项目的有些收入和支出不能作为费用或效益,例如企业向政府缴纳的大部分税金和政府给予企业的补贴,国内银行贷款利息。

3. 评价时所采用的价格体系不同

财务评价使用预测的财务收支价格,国民经济评价采用影子价格。

4. 评价内容不同

财务评价要进行盈利能力分析、偿债能力分析、财务生存能力分析;国民经济评价只进行盈利能力分析,即经济效益分析。

5. 主要参数不同

财务评价采用官方汇率和行业基准收益率,国民经济评价采用国家统一的影子汇率和社会折现率。

财务评价与国民经济评价之间的联系是很密切的,在很多情况下,国民经济评价是在财务评价基础上进行的,利用财务评价中已经使用过的数据资料,以财务评价为基础进行所需要的调整,得到国民经济评价的结论。国民经济评价也可以独立进行,即在项目财务评价之前就进行国民经济评价。

第二节　效益和费用的识别与确定

一、效益和费用分析法的理论基础

项目的国民经济评价是建立在社会费用—效益分析法的基础上的,也就是建立在潜在的帕累托(Pareto)准则之上的。

潜在的 Pareto 准则认为:社会的效益和费用是社会成员效益和费用的加总,项目的得益者可以补偿损失者,故在评选项目时可不考虑效益和费用在社会成员之间的分配问题。因此,如果某个项目的实施能使社会所得(效益)补偿社会所失(费用),则这个项目的实施就有利于社会。

在效益和费用分析中,个人的利益是以个别人对物品的"支付愿望"(Willing-ness to Pay—WTP)即个别人为取得商品或服务所愿意付出的代价来度量的。

对全社会来讲,个人支付意愿的总和,就相当于总需求曲线下边的面积。在图8-1中,曲线 DD' 表示了全社会成员(所有消费者)对物品 i 的总需求曲线,则面积 $ODEQ$ 就是当物品 i 的提供总量 Q 时的支付意愿。

当消费者实际付出的代价的面积 $OPEQ$(以 P 的价格取得了 Q)时,支付意愿是大于实际支付的,二者的差即面积 PDE 就是消费者剩余(Consumer's Surplus—CS)。这是效益的转移,销售者的收益减了 PDE 这一块,而消费者相应增加了这一块的"消费者剩余"。因此在国民经济评价中不扣除这笔消费者剩余。

一项活动能更大程度地满足社会成员日益增长的物质需求和精神需求,则该活动对国民经济的效益越大。在帕雷托最优情形下,社会经济效益可以用消费者支付意愿度量。

在不同的情况下,消费者的支付意愿是不同的:

(1)假如某项目的建成只是增加了货物 i 的国内市场供应量,在货物 i 处于供需平衡状态,消费者能按市场价格从市场上自由采购取得时,则消费者的支付意愿就是市场价格。

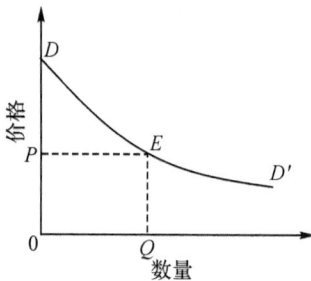

图 9-1　需求曲线与支付意愿　　　图 9-2　不同情况下的消费者支付意愿

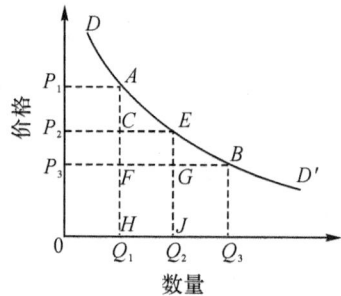

(2)假如某项目生产的货物 i 在市场上占有很大份额,则在项目投产前,货物 i 的价格是 P_1,需求量(等于供应量)为 Q_1,投产后将改变为 P_2 和 Q_2,这时消费者为项目所生产的 $Q_2 - Q_1$ 单位的货物 i 的支付意愿是用图 9-2 中 $AEJH$ 的面积来衡量的,它高于消费者实际支付部分 $CEJH$ 的面积。其高出部分——AEC 的面积即为消费者剩余。

(3)假如某项目所生产的货物 i 在市场上不能自由买卖,国家的控制价格是 P_3,显然,P_3 不是消费者的支付意愿,消费者对拟建项目所生产的 $Q_2 - Q_1$ 单位的货物 i 的支付意愿仍是 $AEJH$ 的面积,而消费者的实际支付为 $FGJH$ 的面积,即减少了 $CEGF$ 这一块面积。

综上可知,如果一个项目的产品不能按某一市场价格自由采购得到,或是项目的产量大到足以引起市场价格发生变化,则消费者的支付意愿就不能用市场价格来衡量,而会超过其实际支付值。这时,如想估算消费者的支付意愿,就需要给出货物的需求曲线。

以上是对最终消费货物的分析。对于需要进一步加工的中间货物或资本货物(生产其他货物的货物,即通常所称的生产资料),显然也适用上述的原则。

在对项目进行国民经济评价时,不可能得到与项目有关的各种货物的需求曲线。但因一般项目产品的市场占有率不会太大,项目的产出不会引起价格的降低,故可近似地认为原来的市场价格可以代表消费者的支付意愿。

二、效益和费用识别原则

效益和费用的识别遵循以下原则：

1. 增量分析原则

项目经济费用效益分析应建立在增量效益和增量费用识别和计算的基础上，不应考虑沉没成本和已实现的效益。应按照"有无对比"的原则，通过项目的实施效果与无项目情况下可能发生的情况进行对比分析，作为计算机会成本或增量效益的依据。

2. 全面识别原则

经济分析应考虑关联效果，对项目涉及的所有社会成员的有关效益和费用进行全面识别。凡项目对社会经济所作的贡献，均计为项目的经济效益，包括项目的直接效益和间接效益。凡社会经济为项目所付出的代价（即社会资源的耗费，或称社会成本）均计为项目的经济费用，包括直接费用和间接费用。

3. 以本国居民作分析对象原则

对于跨越国界，对本国之外的其他社会成员产生影响的项目，应重点分析对本国公民新增的效益和费用。项目对本国以外的社会群体所产生的效果，应进行单独陈述。

4. 正确处理"转移支付"原则

经济效益和费用识别的关键是正确处理"转移支付"。对社会成员之间发生的财务收入与支出，应从是否新增加社会资源和是否增加社会资源消耗的角度出发加以识别，将不新增社会资源和不增加社会资源消耗的财政收入与支出视作社会成员之间的"转移支付"，在经济分析中不作为经济效益与费用。

5. 合理确定经济效益与费用识别的时间跨度

经济效益与费用识别的时间跨度应足以包含项目所产生的全部重要效益和费用，不完全受财务分析计算期的限制。不仅要分析项目的近期影响，还可能需要分析项目将带来的中期、远期影响。

三、直接效益与直接费用

1. 直接效益

项目的直接效益是指由项目产出物产出的并在项目范围内计算的经济效益，一般表现为项目为社会生产提供的物质物品、科技文化成果和各种各样的服务所产生的效益。例如工业项目生产的产品、矿产开采项目的矿产品、邮电通信项目提供的邮电通信服务等满足社会需求的效益；运输项目提供的运输服务满足人们物流需要、节约时间的效益;医院提供医疗服务满足人们增进健康减少死亡的需求;学校提供的学生就学机会满足人们对文化、技能提高的要求等。

项目直接效益具有多种表现:

(1)项目产出物用于满足国内新增的需求时,项目直接效益表现为国内新增需求的支付意愿。

(2)项目产出物用于替代其他厂商的产品或服务时,使被替代厂商减少或停产,从而使其他厂商耗用社会资源得到节省,项目直接效益表现为这些资源的节省。

(3)项目的产出物直接出口或者替代进口商品导致进口减少,项目直接效益表现为国家外汇收入的增加或支出的减少。

以上(1)~(3)条所述的项目直接效益大多数在财务分析中能够得到反映,尽管有时这些反应会有一定程度的价值失真。对于价值失真的直接效益在国民经济评价中应按影子价格重新计算。

(4)某些行业的项目,其产生的效益有特殊性,不可能体现在财务分析的营业收入中。例如,交通运输项目产生的体现为时间节约的效果,教育项目、医疗卫生和卫生保健项目等产生的体现为人力资本、生命延续或疾病预防等方面的影响效果,从国民经济评价角度都应该记作项目的直接经济效益。

2. 直接费用

项目直接费用是指项目使用投入物所产生并在项目范围内计算的经济费用,一般表现为投入项目的各种物料、人工、资金、技术以及自然资源而带来的社会资源的消耗。

项目直接费用也具有多种表现:

(1)社会扩大生产规模用以满足项目对投入物的需求时,项目直接费用表现为社会扩大生产规模所增加耗用的社会资源价值。

(2)社会不能增加供给时,导致其他人被迫放弃使用这些资源来满足项目的需要,项目直接费用表现为因其他人被迫放弃使用这些资源而损失的效益。

(3)项目的投入物导致进口增加或减少出口时,项目直接费用表现为国家外汇支出的增加或外汇收入的减少。

直接费用一般在项目的财务分析中已经得到反映,尽管有时这些反映会有一定程度的价值失真。对于价值失真的直接费用在经济分析中应按影子价格重新计算。

四、间接效益与间接费用

每个投资项目,除了会产生与其投入和产出所对应的直接费用和直接效益外,还会对社会其他部门产生间接费用和(或)间接效益,这种间接费用和间接收益习惯上也被称作项目的外部效果。间接效益与间接费用是经济分析所特有的费用或收益项,其识别和计量都是比较困难的,考虑外部效果时既要避免发生重复计算,又要做到不虚假扩大项目的间接效益。

1. 间接效益

间接效益是指项目引起,在直接效益中没有得到反映的效益。例如项目使用劳动力,非技术劳动力经训练变成技术劳动力。再如技术扩散的效益等。

2. 间接费用

间接费用是指由项目引起而在项目直接费用中没有得到反映的费用。例如,项目对自然环境造成的损害,项目产品大量出口而引起该种产品出口价格下降等。

3. 间接效益与间接费用的表现

项目的间接效益与间接费用的识别通常应考虑环境及生态影响效果、技术扩散效果、产业关联效果。

（1）环境及生态影响效果

有些项目会对自然环境产生污染,对生态环境造成破坏。项目造成的环境污染和生态破坏,是项目的一种间接费用,这种间接费用一般难以定量计算,近似的可按同类企业所造成的损失估算,或按照恢复环境质量所需的费用估算。例如,发电厂排放的烟尘可使附近田园的作物产量减少、质量下降,化工厂排放的污水可使附近江河的鱼类资源骤减等等,都是技术扩散费用的例子。环境治理项目,会对环境产生好的影响,评价中应考虑相应的效益。环境和生态影响不能定量计算的,应做定性描述。

（2）技术扩散效果

技术扩散效果是指项目的投建和运行、技术人员的流动、技术在社会上的推广和扩散,对整个社会产生的影响。技术扩散效果应作为效益或费用,因为它反映了社会生产和消费的真实变化,这种真实变化必然引起社会资源配置的显著变化。例如,水电建设项目附带产生的防洪效益、灌溉效益和旅游效益。技术扩散效果通常难以定量计算,一般只做定性说明。

（3）产业关联效果

产业关联效果是指项目的实施引起该产业内部和其他相关产业发展的效果。例如兴建汽车厂项目,会带动零部件生产发展,带动各种金属材料和非金属材料生产的发展,还能带动机床生产、能源生产的发展,甚至间接带动旅游业、服务业等的发展。

4. 外部效果内部化

在相互关联的多个项目中,彼此之间常会相互作用、相互影响,因而相互之间常会出现难以识别和难以计量的外部效果问题。在这种情况下,若有可能,最好把这些项目作为一个项目组合体进行整体考察,这样,项目之间的外部效果就变成了内部效果,从而避免了外部效果的识别和计量上的困难。上述处理办法称之为外部效果内部化。

外部效果内部化的处理方法,对于妥善处理改建、扩建和并购项目的外部效果尤其重要。这些项目的新增投资与原有可利用的有形资产、无形资产一起,对未来的生产经营共同发挥作用,这种情况下,想单独识别和计量项目投资的经济效益就会十分困难。因为很难说得清,原有资产为这些项目提供了多少贡献。避免识别和计量项目与原有资产之间产生的外部效果的一种有效办法,就是把经济分析的对象从项目扩大到原有整个企业,只去考察整个企业改扩建、并购的增量效益,就可得出这些项目的真实效益。这种把新上项目与原有企业作为整体分析的处理方式,把二者之间的外部予以内部化,从而消除了识别和计量这些外部效果的必要性。

五、转移支付

项目财务评价中的某些财务费用和财务效益并未伴有资源的相应投入和产出,不影响社会最终产品的增减,因而不反映国民收入的变化。它们只表现为资源的支配权力从项目转移到社会其他实体,或者从社会其他实体转移给项目。这种转移,只是货币在项目和社会其他实体之间的转移,并不同时发生社会资源的相应变动。项目与社会实体之间的这种并不伴随资源变动的纯粹货币性质的转移,称为项目的直接转移支付。

在项目的国民经济评价中,有以下几种常见的支付转移:

1. 税金

在财务分析中,税金是一种财务支出。企业纳税,就要减少它的净收益,但是企业纳税并未减少国民收入,并未发生社会资源的变动,只不过是将企业的这笔货币收入转移到政府手中而已,是收入的再分配。所以,从整个社会角度看,税金并不是经济费用。

本书所述的国民经济评价系统,是从资源增减的角度考察项目的收益和费用的。税金既然不对应于资源的变动,因而也不能把税金作为收益项列入国民收入账户。

总之,在项目的国民经济评价中,不管税金的名目和具体形式如何,即不论它是增值税或进口税,还是所得税、调节税,都是项目的转移支付,都不能列为项目的费用和收益。

需要说明的是,被作为转移支付看待的税金,只限于那些体现纯粹货币转移的税款,对于那些似乎具有税金形式,但实质上是对劳务投入和其他投入作相应回报的支付,不能作为直接转移支付处理。例如,港口的装卸费、场地占用费等就是项目的实际费用。保险费是对实际财产损失的一种预期估价,也应当作为实际费用看待,不能按转移支付处理。

2. 补贴

补贴是一种货币流动方向与税金相反的转移支付。政府如果对某些产品实行价格补贴,可能会降低项目投入的支付费用,或者会增加项目的收入,从而增加项目的净收益。但是,从社会资源变动的角度看,补贴既未增加社会资源,也未减少社会资源,国民收入并未因补贴的存在而发生变化,仅是货币在项目和政府间的转移,因而补贴不被视作国民经济评价中的费用和收益。

至于补贴的形式如何,那是无关紧要的。补贴的一种形式,是将投入物的价格压到它的真实价值以下,或将产出物的价格抬到它的真实价值以上,这是一种直接补贴。还有一种是更为广泛的间接补贴。比如对进口品实行高额征税或者禁止这种商品进口,以维持国产商品在国内市场上的高价,如此产生的较高控制价格与不采取限制进口措施所形成的较低价格之间的差额,代表了一种间接补贴,也是一种由商品用户向生产厂家的转移支付。

3. 国内贷款及其还本付息

项目的国内贷款及其还本付息也是一种直接转移支付。从企业(项目)角度看,从银行得到贷款就是货币流入,因而在资本金的财务效益分析中,贷款被视作收入(现金流入)项。还本付息则是与贷款相反的货币流动过程,因而被视作财务支出(现金流出)项。从整个国民经济角度看,情况则不同。贷款并没有增加国民收入,还本付息也没有减少国民收入,这种货币流动过程仅仅代表资源支配权力的转移,社会实际资源并未增加或减少,因而它们不是国民经济评价意义上的收益和费用,只不过是一种转移支付。

4. 国外贷款及其还本付息

在利用国外贷款的投资项目中,国外贷款构成财务分析中的收益(现金流入)项,还本付息构成财务分析中的费用(现金流出)项。那么在国民经济评价中,它们又应当如何处理呢?这个问题与国外贷款的条件及国民经济评价的目的有关。

(1)评价国内投资经济效益时的处理原则。项目的国民经济评价是以项目所在国的经济利益为根本出发点,所以必须考察国外贷款及其还本付息对项目举办国的真实影响,项目全部投资(包括国外贷款投资)经济效益的好坏并不一定反映受贷国的真正受益状况。如果国外贷款利率很高,高于全部投资的内部收益率,那么一个全投资经济效益较好项目,也可能由于偿还国外债务而造成大部分肥水外流的局面,致使本国投资得不偿失。为了能够揭示这种情况,如实判断本国投资资金的盈利水平,必须进行国内投资的经济效益分析。

在考察国内投资的经济效益时,国外贷款意味着国外资源流入国内,因而应当把国外贷款视作收益(现金流入)项;还本付息意味着国内资源流入国外,因而应当视作费用(现金流出)项。

(2)评价包括国外贷款在内的全投资经济效益时的处理原则。对项目进行国民经济评价的目的,是使有限的资源得到最佳配置。因此,应当对项目所用全部资源的利用效果作出分析评价,这种评价就是所谓的全投资(包括国外贷款投资在内)国民经济效益评价。不过,对使用国外贷款的项目进行全投资经济评价应是有条件的,这个条件就是国外贷款不是针对某一项目专款专用,该贷款还应允许用于其他项目。在这种情况下,与贷款对应的实际资源虽然来自国外,但受贷国在如何有效利用这些资源的问题上,面临着与国内资源同样的优化配置任务,因而应当对包括国外贷款在内的全部资源的利用效果作出评价。在这种评价中,与国内信贷交易和处理原则一样,国外贷款及其还本付息既不视作收益,也不视作费用,不出现于国民经济分析所用的全投资评价现金流量表中。

如果国外贷款的有无只取决于某特定项目,倘若不上该项目就无法得到这笔贷款,这时便无须进行全投资经济效益评价,只可进行国内投资资金的经济效益评价。这是因为,全投资经济效益评价的目的在于对包括国外贷款在内的全部资源多种用途进行比较和选优,既然国外贷款的用途已经唯一限定,别无其他选择,也就没有必要对其利用效果作出评价了。

因此,对于利用国外贷款的投资项目,其国民经济评价应以国内投资经济效益评价为主,在这种评价中,国外贷款及其还本付息分别视为收益和费用。如果不是指定项目的国外贷款,则还应进行全投资经济效益评价。在这种评价中,国外贷款及其还本付息既不视作收益,也不视作费用。指定项目的国外贷款,可只进行国内投资经济效益评价。

5. 折旧

折旧是会计意义上的生产费用要素。但是,不论财政制度上对折旧基金的上交或留用作任何规定,它都不构成国民经济评价中的费用或效益项。因为已把投资当作费用,而折旧只不过是投资形成的固定资产在再生产过程中的价值转移的一种方式而已。所以不能再把折旧作为费用和效益处理,否则就是重复计算。如果财务评价中已经把折旧当作成本费用从收益中扣除,则国民经济评价中应把这种"扣除"视同转移支付,重新补充进来,但这绝不意味着把折旧视同为效益。

6. 工资

如果项目的国民经济评价的判别指标为国民收入的变化,这时,工资及福利实质上也是可能包含着部分转移支付,即实际支付的工资费用与影子工资的差异部分。对这种转移支付的处理通常通过选择适当的影子工资率来予以调整。

综上可知,在国民经济评价中,应根据项目对国民经济贡献的正负确定效益与费用。这样,某些在财务评价中出现的费用或收益,在国民经济评价中由于是内部转移将不再列为费用或收益。此外,由于存在着价格的扭曲,在财务评价中采用的按照资源的市场价格计算费用和收益的方法,也不再能适用于项目的国民经济评价。这是因为市场价格既不能代表国家资源的稀缺程度,又不反映资源优化分配的结果,所以需要用能够如实反映国民经济得失的计算价格即影子价格来代替市场价格。关于影子价格的确定方法,将在下一节具体介绍。

第三节　经济效益与费用的估算

国民经济评价中最核心的问题,便是价格问题,价格是对投资项目的费用和效益进行定量分析的重要前提。对于财务评价而言,计算项目的财务费用和效益都是采用市场价格计量的,如果在较完全的市场机制下,这样的价格能够真实反映各种资源的经济价值,那么国民经济评价也应当采用这种市场价格。然而,在现实经济生活中,市场竞争机制的不完善造成各种产品和服务的市场价格往往不能正确反映其实际经济价值,即存在价格"失真"的情况,它也不能作为资源配置的正确信号和计量依据。因此,对项目进行国民经济评价时不能不加分析地采用市场价格,那么存在不存在一种合适的价格,它能够确切地反映社会的费用和效益呢? 从理论上说是有的。这种价格是在社会最优的生产组织情况下,供应与需求达到均衡时的产品和资源的价格,它可以通过解数学规划的方法来求得,定名为影子价格。下面首先介绍理论影子价格的含义和实质,然后介绍评价中的实用影子价格的求法及原理。

一、影子价格的含义

影子价格这一术语是上世纪 30 年代末 40 年代初,由荷兰数理经济学家、计量经济学创始人詹思·丁伯根和前苏联经济学家康特罗维奇最先提出的。它被定义为:某种资源处于最佳分配状态时,其边际产出价值,就是这种资源的影子价格。虽然"不完全"的市场机制可以造成市场价格和影子价格之间的巨大差别,国民经济评价不能简单地采用市场价格,但是现实经济中的市场交换价格毕竟是对资源价值的一种估价,而且这种价格信息又是最大量最丰富地存在于现实经济中。因此,总可以在市场价格基础上,通过调整市场价格为影子价格以使其能够真实反映产品和服务的价值及稀缺性,达到资源优化配置的目的。

具体地说,影子价格是在完善的市场经济条件下,资源的分配和利用达到最优状态——供求均衡时的均衡价格,它真实地反映了社会必要劳动消耗、资源稀缺程度和市场供求状况,能实现资源配置的最优化,把最稀缺的资源优先配给效益好的项目。影子价格也叫经济价格、预测价格、计划价格,它不是用于实际的交换,而是用于经济评价、预测、计划等工作。

理论上的影子价格,可应用线性规划方法求出,下面介绍线性规划和影子价格的关系。

某企业有 m 种有限资源,可用于生产 n 种产品(或进行 n 种其他经济活动),问应如何安排生产方案(或经济活动方案),才能使 m 种资源的投入取得最大的产出?

这是一个资源分配问题,在经济分析中是极为常见的,对这一问题建立线性规划模型,则

目标函数
$$Z_{\max} = \sum_{i=1}^{n} P_i x_i \qquad (9\text{-}1)$$

$$s \cdot t \begin{cases} \sum\limits_{i=1}^{n} C_{ij} x_i \leqslant b_j \\ x_i \geqslant 0, \end{cases} i = 1, 2, \cdots, n; j = 1, 2, \cdots, m \qquad (9\text{-}2)$$

式中:Z—— 总收益;

$\quad x_i$—— 第 i 种经济活动的水平或产品产量;

$\quad P_i$—— 第 i 种产品价格;

$\quad C_{ij}$—— 每生产单位 i 产品所需 j 资源的量;

$\quad b_j$—— 现有的第 j 种资源的量。

对以上模型求解,可同时得到最优生产计划和最优目标函数值。如果对上一问题换一种提法就是,假如这个企业打算将这些资源全部卖掉,应如何确定各种资源的价格,才能既保证总收益不低于原来用于从事生产活动的收益,又能在市场上具有竞争力呢?

对这一问题建立线性规划模型,则

目标函数
$$Z'_{\min} = \sum_{j=1}^{m} b_j y_i \qquad (9\text{-}3)$$

$$s \cdot t \begin{cases} \sum\limits_{j=1}^{m} C_{ij} y_i \geqslant p_j \\ y_i \geqslant 0, \end{cases} i = 1, 2, \cdots, n; j = 1, 2, \cdots, m \qquad (9\text{-}4)$$

式中:y_j—— 第 j 种资源的价格;

$\quad Z'$—— 资源的总价值。

其他符号含义同前。

由线性规划理论知道,这个规划问题正好是前一个规划问题的对偶问题,第二个线性规划问题的最优解 y_j^*($j = 1, 2, \cdots, m$)就是各种资源的所谓影子价格。

由线性规划的对偶原理可知:对于原始问题和对偶问题的最优解 x_i^* 和 y_j^*,总有:

$$Z_{\max} = Z'_{\min} \qquad (9\text{-}5)$$

即有 $Z^* = Z'^* = \sum\limits_{j=1}^{m} b_j y_j$,$Z^*$ 是按最优解 x_i^* 进行生产的产出总价值,Z'^* 是按影

子价格计算的资源总价值,因此,在资源最优配置的条件下,资源用于生产的产出总价值等于用影子价格计算的资源总价值。影子价格的数学表达式为:

$$\frac{\partial Z^*}{\partial b_j} = y_j^* \qquad (j = 1, 2, \cdots, m) \tag{9-6}$$

通过以上讨论可知,影子价格在数学上,表现为数学规划原问题的目标函数的最优值对某一约束条件的一阶偏导数;在经济上,它是当某资源得到最优利用时的边际产出的价值,或者说为某资源每个单位对产生总价值的贡献。

对于一个企业,如果某种资源市场价格低于其影子价格,则继续购进这种资源有利,如果市场价格高于或等于影子价格,则再购入这种资源无利。对于一个国家,当某一资源的国际市场价格低于其影子价格,应进口这种资源,反之,就不应进口,反而出口这种资源经济上更合算。

利用对偶线性规划理论求解资源影子价格只有理论意义,因为在利用线性规划安排生产时,实际上是假定产品的价格为已知的,如果企业预先没有一个合理的产品价格结构,求出的"最优解"可能对国家来说并不见得最优,得到的影子价格意义也不大。对于国民经济评价而言,要求的是对整个国家的各种资源影子价格,求解要涉及数量庞大的各种资源和产品,而建立和求解这样庞大复杂的线性规划模型是十分困难的,很难在项目经济评价中应用。在项目经济评价中,确定影子价格的实用方法,是用机会成本和消费者支付意愿来个别地(不和其他资源或产品相联系)考察度量投入费用和产出效益的影子价格,项目投入物的机会成本就是投入物的影子价格,项目产出物的消费者支付意愿就是产出物的影子价格。

机会成本是指由于本项目占用了某种投入物资源,而使其他能使用这种资源的替代项目不能使用这种资源而被迫放弃这种资源在其他替代项目产生的效益,这被迫放弃的可能最大效益就是本项目使用这些资源的机会成本。例如,劳动力是一种投入物资源,被本项目所使用的劳动力的机会成本是指这些劳动力在其他能使用这些劳动力的替代项目所产生的最大净效益,由于本项目占用了这些劳动力,使这些劳动力在其他替代项目可能产生的最大净效益被迫放弃。如果劳动力来自社会失业者,一般可认为其机会成本为零。

消费者支付意愿是指消费者愿意为商品或劳务付出的价格。

鉴于实际中完全应用机会成本和支付意愿的原则去估计影子价格的困难,一些西方学者提出了一种从根本上解决的办法,即在项目经济评价中,以国际市场价格为基础来调整国内市场价格而得到影子价格。国际市场价格虽然不是理想的影子价格,但是由于它是在国际范围的市场竞争中形成的,不受任何国家的控制,比较真实地反映了商品的价值。而且以国际市场价格为基础来确定影子价格,方法简单实用。在这方面,最著名的是由利特尔(Little,I)和米尔理斯(Mlirrless)提出,被世界经济合作与发展组织(OECD)和世界银行所采用的利特尔—米尔斯法

（简称 L—M 法），另一种是联合国工业发展组织推荐的 UNIDO 法，其中 L-M 法是以本国货币表示的边境价格作为计算基准，UNIDO 法是选用国内价格水平的本国货币作为计量单位，它们都属于资源利用效率的经济分析系统。

二、国民经济评价参数

国民经济评价参数是进行国民经济评价的重要工具，正确理解和使用这些参数，对正确估算经济效益和费用，计算经济评价指标并进行经济合理性的判断，以及方案的比选优化是十分重要的。国民经济评价参数分为两类，一类是通用参数，包括社会折现率、影子汇率、影子工资等，由专门机构组织测算和发布；另一类是各种货物、服务、土地、自然资源等影子价格，需由项目评价人员根据项目具体情况自行测算。

1. 社会折现率

社会折现率反映社会成员对于社会费用效益价值的时间偏好，也即对于现在的社会价值与未来的价值之间的权衡。社会折现率又代表着社会投资所要求的最低动态收益率。社会折现率又称资金的影子价格，单位资金的影子价格就称为影子利率。

社会折现率是国民经济评价的重要参数，既用作经济内部收益率的判别基准，也用做计算经济净现值的折现率。

社会折现率根据社会经济发展多种因素综合测定，由专门机构统一测算发布。目前公布的社会折现率取值，是以资本的社会机会成本与费用效益的时间偏好率二者为基础进行测算的结果。2006 年国家发展改革委和建设部发布的《建设项目经济评价方法与参数》（第三版）（下称《方法与参数》）推荐的社会折现率为 8%。

2. 影子汇率和换算系数

汇率是指两个国家不同货币之间的比价或交换比率。在财务评价中，项目的各项投入的外汇成本和产出的外汇收益均用官方汇率估价，但实际上由于官方汇率偏低，其估价并不能反映外币与本国币的真实比价。因此，在国民经济评价中要求计算外汇成本和收益的真正代价，即影子汇率。

影子汇率是反映外汇真实价值的汇率。在国民经济评价中，影子汇率通过影子汇率换算系数计算。影子汇率换算系数是影子汇率与国家外汇牌价的比值，由国家统一测定和发布。根据我国外汇收支情况、进出口结构、进出口环节税收及出口退税补贴等情况，目前我国的影子汇率换算系数取值为 1.08。

[例 9-1]　若美元兑人民币的外汇牌价=6.67 元/美元，影子汇率换算系数取值 1.08，试计算美元的影子汇率。

解：美元的影子汇率=美元的外汇牌价×影子汇率换算系数=6.67×1.08=7.20(元/美元)

3. 影子工资换算系数

影子工资换算系数是影子工资与财务评价中的劳动力工资的比值,是计算影子工资的重要参数。根据目前我国劳动力市场供求状况,技术性工资劳动力的影子工资换算系数取值为 1,非技术性工种劳动力的影子工资换算系数取值在 0.25 ～0.8,具体可根据当地的非技术劳动力供求状况确定,非技术劳动力较为富余的地区可取较低值,不太富余的地区可取较高值,中间状况可取 0.5。

三、影子价格确定

确定各种货物的影子价格前需要对货物(广义的货物,指项目的各种投入物和产出物)进行分类,货物根据是否可外贸性,分为可外贸货物和非外贸货物;根据货物价格机制的不同,分为市场定价货物和非市场定价货物。可外贸货物通常属于定价货物。非外贸货物中既有市场定价货物也有非市场定价货物。另外由于土地、劳动力和自然资源的特殊性,将他们归类为特殊投入物。

在明确货物类型后,即可针对性地采取适当的定价原则和方法。

1. 市场定价货物的影子价格

(1)可外贸货物的影子价格

项目使用或生产可外贸货物,将直接或间接影响国家对这种货物的进口或出口。可外贸货物包括:项目产出物直接出口、间接出口和替代进口;项目投入物直接进口、间接进口和减少出口。

原则上,对于那些对进口有不同影响的货物,应当分不同情况,采取不同的影子价格定价方法。但在实践中,为了简化工作,可以只对项目投入物中直接进口和产出物中直接出口的,采取进口价格测定影子价格,公式见(9-7)、(9-8)。对于其他几种情况仍按国内市场价格定价。

直接进口投入物的影子价格(到厂价)=到岸价(CIF)×影子汇率+进口费用

$$(9-7)$$

直接出口产出物的影子价格(出厂价)=离岸价(FOB)×影子汇率-出口费用

$$(9-8)$$

其中进口费用和出口费用是指货物进出口环境在国内所发生的各种相关费用,包括货物的交易、储运、再包装、短距离倒运、装卸、保险、检验等物流环节上的费用支出,也包括物流环境及损失、损耗以及资金占用的机会成本,还包括工厂与口岸之间的长途运输费。进口费用和出口费用采用影子价格估算,用人民币计价。

[例 9-2] 某工厂进口原材料 A 的到岸价格为 250 美元/吨,其生产的产品 B 将出口国外,B 的离岸价为 400 美元/吨,用影子价格估算的进口费用和出口费用同为 30 元/吨。影子汇率取 1 美元=6.70 人民币元。试计算 A、B 的影子价格。

解:货物 A 的影子价格为 250×6.70+30=1750(元/吨)

货物 B 的影子价格为 $400 \times 6.70 - 30 = 2650$(元/吨)

(2)非外贸货物影子价格

①价格完全取决于市场的,且不直接进出口的项目投入物和产出物,按照非外贸货物定价,其国内市场价格作为确定影子价格的基础,并按下式换算为到厂价格和出厂价:

$$投入物影子价格(到厂价) = 市场价格 + 国内运杂费 \qquad (9-9)$$
$$产出物影子价格(出厂价) = 市场价格 - 国内运杂费 \qquad (9-10)$$

②投入与产出的影子价格中含流转税按下列原则处理:

A. 项目产出物

A_1 若项目产出物需求空间较大,项目的产出对市场价格影响不大,影子价格按消费者意愿确定,即采用含税的市场价格;

A_2 若项目产出物用以顶替原有市场供应的,也即挤占其他生产厂商市场份额,应该用节约的社会成本作为影子价格,这里节约的社会成本是其他生产厂商减产或停产所带来的社会资源的节约,可用不含税的市场价格表示;

对于可能导致其他企业减产或停产,产出物质量又相同的,甚至可以按被替代企业的产品分解可变成本定价(即定位于不合理重复建设的情况)。

B. 项目投入物

B_1 若该投入物的生产能力较富裕或较容易扩容来满足项目的需要,可通过新增供应来满足项目需求的,采用社会成本作为影子价格,这里的社会成本是指社会资源的新增消耗。

对于市场定价的货物,其不含税的市场价格可以看作其社会成本。对于价格受管制的货物,其社会成本通过分解成本法来确定,对于这部分货物,若通过新增投资增加供应的采用全部成本分解,而通过挖潜增加供应的,用可变成本分解。

B_2 若该投入物供应紧张,短期内无法通过增产或扩容来满足项目投入的需要,只能排挤原有用户来满足项目的需要时,影子价格按支付意愿确定,即含税的市场价格。

C. 在不能判别产出或者投入是增加供给还是挤占(替代)原有供给的情况下,可简化处理为:产出物的影子价格一般包含实际缴纳的流转税,投入物的影子价格一般不含实际缴纳流转税。

③如果项目的投入物或产出物的规模很大,项目的实施将足以影响其市场价格,导致"有项目"和"无项目"两种情况下市场价格不一致,在项目评价实践中,取二者的平均值作为测算影子价格的依据。

2. 不具市场价格的产出效果的影子价格

当项目的产出效果不具有市场价格,或市场价格难以真实反映其经济价值时,对项目的产品或服务的影子价格进行重新测算可采用下列方法。

（1）显示偏好法

按照消费者支付意愿的原则，通过其他相关市场价格信号，按照"显示偏好"的方法，寻找揭示这些影响的隐含价值，对其效果进行间接估算。如项目的外部效果导致关联对象产出水平或成本费用的变动，通过对这些变动进行客观量化分析，作为对项目外部效果进行量化的依据。

（2）陈述偏好法

根据意愿调查评估法，按照"陈述偏好"的原则进行间接估算。一般通过对被评估值的直接调查，直接评价调查对象的支付意愿或接受补偿的意愿，从中推断出项目造成的有关外部影响的影子价格。

3. 政府调控价格货物的影子价格

我国尚有少部分产品或服务，如电、水和铁路运输等，不完全由市场机制决定价格，而是由政府部门调控价格。政府调控价格包括：政府定价、指导价、最高限价、最低限价等。这些产品或服务的价格不能完全反映其真实的价值。在国民经济评价中往往需要采取特殊的方法测定这些产品或服务的影子价格，测定方法主要有成本分解法、支付意愿法和机会成本法。

（1）成本分解法

成本分解法是指通过对某种货物的边际成本（实践中往往采取平均成本）进行分解，并用影子价格进行调整换算，最后得到该货物的分解成本，这种方法是确定非外贸货物影子价格的一种重要方法。

分解成本是指某种货物的生产所需要耗费的全部社会资源的价值，包括各种物料投入以及人工、土地等投入，也包括资本投入所应分摊的费用，各种耗费都需要用影子价格重新计算。

成本分解法的具体步骤如下：

①数据准备。列出该非外贸货物按生产费用要素计算的单位财务成本。主要要素有：原材料、燃料和动力费、工资、折旧费、修理费、流动资金利息支出以及其他支出，对其中重要的原材料、燃料和动力，要详细列出价格、耗用量和耗用金额。列出单位货物所占有的固定资产原值，以及占用的流动资金数额。调查确定或设定该货物生产厂的建设期、建设期各年投资比例、经济寿命期限及寿命期结束时的固定资产余值。

②确定重要原材料、燃料、动力、工资等投入物的影子价格，计算单位经济费用。

③对建设投资进行调整和等值计算。按照建设期各年的投资比例，计算出建设期各年的建设投资额，用下式把分年建设投资额换算到生产期初：

$$I_F = \sum_{t=1}^{n_1} I_t(1+i_s)^{n_1-t} \tag{9-11}$$

式中：I_F——等值计算到生产期初的单位建设投资；

I_t——建设期各年调整后的单位建设投资（元）；

n_1——建设期（年）；

i_s——社会折现率（%）。

④用固定资金回收费用取代财务成本中的折旧费。

设每单位该货物的固定资金回收费用为 M_F，不考虑和考虑固定资产余值回收时，M_F 的计算公式分别为（9-12）及（9-13）。

$$M_F = I_F \times (A/P, i_s, n_2) \tag{9-12}$$

$$M_F = (I_F - S_V) \times (A/P, i_s, n_2) + S_V \times i_s \tag{9-13}$$

式中：S_v——计算期末回收的固定资产余值；

n_2——生产期。

⑤用流动资金回收费用取代财务成本中的流动资金利息。

设每单位该货物的流动资金回收费用为 M_w，则有：

$$M_w = W \times i_s \tag{9-14}$$

式中：W——单位该货物占用的流动资金。

⑥财务成本中的其他科目可不予调整。

⑦完成上述调整后，计算各项经济费用总额即为该货物的分解成本，可作为其出厂影子价格。

[例 9-3] 某电网满足新增用电将主要依赖新建的火电厂供给，现收集到该火电厂基本数据如下：火电厂机组为 3000MW，单位千瓦需要的建设投资为 4500 元，建设期为 2 年，分年投资比例各 50%，不考虑固定资产余值回收，单位千瓦占用的流动资金为 198 元；生产期按 20 年计，年运行 6600 小时；发电煤耗按 330 克标准煤/千瓦时，换算为标准煤的到厂价格为 127 元/吨，火电厂用电率 6%；典型的 300MW 火电机组单位发电成本见表 9-1。取社会折现率 8%，按分解成本计算电力影子价格。

表 9-1　300MW 火电机组单位发电成本表

要素成本费用项目	成本费用金额（元/千瓦时）
燃煤成本	0.042
运营及维护费用	0.05
折旧费用	0.041
财务费用	0.033
发电成本（元/千瓦时）	0.166

解：

（1）调整燃煤成本

当地无大型煤矿，靠小煤矿供煤，小煤矿安全性差，开采燃煤对于自然资源损害严重,应当按照大型煤矿的分解成本测定燃煤按分解成本计算的影子价格。经测算为每吨 140 元,另加运杂费 60 元,到厂价格为 200 元/吨,换算为标准煤的到厂价格为 255 元/吨,则

调整后的燃煤成本=0.042×255÷127=0.084 元/千瓦时

(2)调整建设投资

按公式(9-11)将各年的建设投资换算到生产期初:

$$I_F = \sum_{t=1}^{n_1} I_t(1+i_s)^{n_1-t} = 4500 \times 50\% \times (1+8\%)^{2-1}$$
$$+ 4500 \times 50\% \times (1+8\%)^{2-2} = 4680(\text{元})$$

(3)计算固定资金回收费

按公式(9-12)计算单位千瓦固定资金回收费用:

$$M_F = I_F \times (A/P, i_s, n_2) = 4680 \div 6600 \times (A/P, 8\%, 20)$$
$$= 0.709 \times 0.10185 = 0.072(\text{元/千瓦时})$$

(4)计算流动资金回收费

按公式(9-14)计算流动资金回收费用:

$$M_w = W \times i_s = 198 \div 6600 \times 8\% = 0.0024(\text{元/千瓦时})$$

(5)将折旧费及财务费用从成本中扣除,改为按社会折现率计算的固定资金回收费用和流动资金回收费用:

$$0.072 + 0.0024 = 0.074(\text{元/千瓦时})$$

(6)运营及维护费用不做调整,仍为 0.05。

(7)计算火电厂发电的分解成本

综合以上各步,计算的火电厂发电分解成本为:

火电厂发电分解成本=0.084+0.05+0.074=0.208(元/千瓦时)

(8)计算电力影子价格

扣除厂用电后(厂用电率 6%):

上网电分解成本=0.208÷(1-6%)=0.208÷0.94=0.22(元/千瓦时)

则电力影子价格为 0.22 元/千瓦时

如果用电项目不是建设在火电厂旁边,还需要另外计算网输费(包括输变电成本及输电线损)

(2)支付意愿法

支付意愿是指消费者为获得某种商品或服务所愿意付出的价格,在国民经济评价中,常常采用消费者支付意愿测定影子价格。

在完善的市场中,市场价格可以正确地反映消费者的支付意愿。应注意在不完善的市场中,消费者的行为有可能被错误地引导,因此市场价格也存在不能正确地反映消费者支付意愿的情况。

（3）机会成本法

机会成本是指用于拟建项目的某种资源若改用于其他替代机会，在所有其他替代机会中所能获得的最大经济效益。例如资金是一种资源，在各种投资机会中都可以使用，一个项目使用了一定量的资金，这些资金就不能再在别的项目中使用，它的机会成本就是所放弃的所有投资机会中可获得的最大净效益。

以下为在国民经济评价中，机会成本法也是测定影子价格的重要方法之一。

几种主要的政府调控价格产品及服务的影子价格。

①电价

作为项目的投入物时，电力的影子价格可以按成本分解法测定。一般情况下应当按当地的电力供应完全成本口径的分解成本定价。有些地区，若存在阶段性的电力过剩，可以按电力生产的可变成本分解定价。

作为项目产出物时，电力的影子价格应当按照电力对于当地经济的边际贡献测定。

②铁路运价

铁路运输作为项目投入时，一般情况下按完全成本分解定价。在铁路运输能力过剩的地区，可按照可变成本分解定价，在铁路运输紧张地区，应当按照被挤占用户的支付意愿定价。

铁路运输作为产出物时，经济效益的计算采取专门的方法，按替代运输量运输成本的节约、诱发运输量的支付意愿以及时间节约的效益等测算。

③水价

作为项目投入物时，按后备水源的成本分解定价，或者按照恢复水功能的成本定价。作为项目产出物时，水的影子价格按消费者支付意愿或者按消费者承受能力加政府补贴测定。

3. 特殊投入物的影子价格

（1）劳动力的影子价格

劳动力作为一种资源，项目使用了劳动力，社会要为此付出代价，国民经济评价中用"影子工资"来表示这种代价。影子工资是指建设项目使用劳动力、耗费劳动力资源而使社会付出的代价，即影子工资由劳动力机会成本和劳动力转移而引起的新增资源消耗构成。

劳动力机会成本是指劳动力在本项目被使用，而不能在其他项目中使用而被迫放弃的劳动收益。劳动力机会成本应根据项目所在地的人力资源市场及就业状况、劳动力来源以及技术熟练程度等方面分析确定。技术熟练程度要求高的，稀缺的劳动力，其机会成本高，反之机会成本低。劳动力的机会成本是影子工资的主要组成部分。

新增资源消耗是指劳动力在本项目新就业或其他就业岗位转移来本项目而发

生的社会资源消耗,包括迁移费、新增的城市交通、城市基础设施配套等相关投资和费用。

(2)土地的影子价格

土地是一种重要的经济资源,项目占用的土地无论是否需要实际支付财务成本,均应根据土地用途的机会成本原则或消费者支付意愿的原则计算其影子价格。

①生产性用地的影子价格

生产性用地主要是指农业、林业、牧业、渔业及其他生产性用地。生产性用地的影子价格按照这些生产用地未来可以提供的产出物的效益及其因改变土地用途而发生的新增资源消耗进行计算,见公式(9-15)。

$$土地的影子价格 = 土地的机会成本 + 新增资源消耗 \qquad (9\text{-}15)$$

土地的机会成本应按照社会对这些生产性用地未来可以提供的消费产品的支付意愿价格进行分析计算,一般按照项目占用土地在"无项目"情况下的"最佳可替代用途"的生产性产出的净效益现值进行计算,并适当考虑净效益的递增速度与净效益的计算基年距项目开工年的年数,见公式(9-16)。

$$OC = NB_0(1+g)^{\tau+1} \times [1-(1+g)^n(1+i_s)^{-n}]/(i_s-g) \qquad (9\text{-}16)$$

式中:OC——土地机会成本;

n——项目计算期;

NB_0——基年土地的最佳可行替代用途的净效益(用影子价格计算);

τ——净效益计算基年距项目开工年的年数;

g——土地的最佳可行替代用途的年评价净效益增长率;

i_s——社会折现率($i_s \neq g$)。

新增资源消耗应按照在"有项目"情况下的土地的征用造成原有地上附属物财产的损失及其他资源消耗来计算。土地平整等开发成本应计入工程建设成本中,在土地经济成本估算中不再重复计算。

[例 9-4] 某项目拟占用农业用地 150 亩,该地现行用途为种植水稻。经调查,该地的各种可行的替代用途中最大净收益为 8000 元(采用影子价格计算的当地某年每亩地年净效益)。在项目计算期 30 年内,估计该最佳可行替代用途的年净效益按平均递增 3%的速度上升($g=3\%$)项目预计 1 年后开始建设,社会折现率取 8%。计算该土地的机会成本。

解:项目一年后建设所以 $\tau=1$,计算每亩土地的机会成本

$$OC = 8000 \times (1+3\%)^{1+1} \times [1-(1+3\%)^{30}(1+8\%)^{-30}]/$$
$$(8\%-3\%) = 128799(元)$$

则 150 亩土地的机会成本为:128799×150=19319850(元)

②非生产性用地影子价格

对于非生产性用地,如住宅、休闲用地等,应按照支付意愿的原则,根据市场交

易价格测算其影子价格。

（3）自然资源影子价格

自然资源是指自然形成的，在一定的经济、技术条件下可以被开发利用以提高人民生活福利水平和生存能力，并同时具有某种"稀缺性"的实物性资源的总称，包括土地资源、森林资源、矿产资源和水资源等。项目经济费用效益分析将自然资源分为资源资产和非资产性自然资源，在影子价格计算中只考虑资源资产。矿产等不可再生资源的影子价格应按该资源用于其他用途的机会成本计算，水和森林等可再生资源的影子价格可以按资源再生费计算。为了方便测算，自然资源影子价格也可以通过投入物替代方案的费用确定。

第四节 经济费用效益分析指标及报表

在经济费用效益分析中，当费用和效益流量识别和估算完成之后，应编制经济费用效益分析报表，并根据报表计算评价指标，进行经济效益分析，判断项目的经济合理性。

一、经济费用效益分析指标

1. 经济净现值（ENPV）

经济净现值是按照社会折现率将项目计算期内各年的净收益流量折算到建设期初的现值之和，是经济费用效益分析的主要评价指标。其表达式为：

$$ENPV = \sum_{t=1}^{n} (B-C)_t (1+i_s)^{-t} \qquad (9\text{-}17)$$

式中：B——经济效益流量；

C——经济费用流量；

$(B-C)_t$——第 t 期的经济净效益流量；

n——项目计算期；

i_s——社会折现率。

判别准则：经济净现值等于或大于零则表示国家拟建项目付出代价后，可以得到符合社会折现率的社会盈余，或除了得到符合社会折现率的社会盈余外，还可以得到以现值计算的超额社会盈余，这时就认为项目是可以考虑接受的。

2. 经济内部收益率（EIRR）

经济内部收益率是项目在计算期内各年经济净效益流量的现值累计等于零时的折现率，是经济费用效益分析的辅助评价指标。其表达式为：

$$\sum_{t=1}^{n} (B-C)_t (1+EIRR)^{-t} = 0 \qquad (9-18)$$

式中：B——经济效益流入量；

C——经济费用流入量；

$(B-C)_t$——第 t 期的经济净效益流量；

n——计算期；

$EIRR$——经济内部效益率。

判别准则：经济内部收益率等于或大于社会折现率表明项目对国民经济的净贡献达到或超过了要求的水平，这时应认为项目是可以考虑接受的。

3. 效益费用比（R_{BC}）

效益费用比是项目在计算期内效益流量的现值与费用流量的现值的比率，是经济费用效益分析的辅助评价指标。计算公式为：

$$R_{BC} = \frac{\sum_{i=1}^{n} B_s (1+i_s)^{-t}}{\sum_{i=1}^{n} C_t (1+i_s)^{-t}} \qquad (9-19)$$

式中：R_{BC}——效益费用比；

B_t——第 t 期的经济效益；

C_t——第 t 期的经济费用。

判断准则：R_{BC} 大于 1，表明项目资源配置的经济效益达到了可以被接受的水平。

二、经济费用效益分析报表

1. 经济费用效益流量表的编制方式

经济费用效益流量表的编制，可以按照经济费用效益识别和计算的原则与方法直接进行，也可以在财务分析的基础上将财务现金流量表转换为反映真正资源变动状况的经济费用效益流量。

（1）直接编制

直接进行经济费用效益流量的识别和计算并编制经济费用效益流量表的步骤如下：

①分析确定经济效益、费用的计算范围，包括直接效益、直接费用和间接效益、间接费用。

②测算各项投入物和产出物的影子价格，对各项产出效益和投入费用进行估算。

③根据估算的效益和费用流量，编制项目投资经济费用效益流量表和国内投

资经济费用效益流量表。

④对能够货币量化的外部效果,尽可能货币量化,并纳入经济效益费用流量表的间接费用和间接效益,对难以进行货币量化的产出效果,应尽可能地采用其他量纲进行量化,难以量化的,进行定性描述。

(2)财务评价基础上编制

在财务评价基础上编制经济分析报表,主要包括效益和费用范围调整和数值调整两方面内容。

①效益和费用范围调整

1)剔除财务现金流量中不反映真实资源流量变动状况的转移支付因素,包括国家对项目的各种补贴、项目向国家支付的大部分税金、国内借款利息等;

2)剔除财务现金流量中的通货膨胀因素,得到以实价表示的财务现金流量,通过剔除建设投资中涨价预备费实现;

3)剔除流动资金中部分构成,剔除项目包括现金和应收、预收、应付、预付账款。

4)识别项目的外部效果,分别纳入效益和费用利率。根据项目具体情况估算项目的间接效益和间接费用。对于可货币化的外部效果,应将货币化的外部效果计入经济效益费用流量;对于难以进行货币化的外部效果,应尽可能地采用其他量纲进行量化。难以量化的,进行定性描述,以全面反映项目的产出效果。

②效益和费用数值调整

1)调整直接效益流量,项目的直接效益大多为营业收入,根据影子价格计算营业收入。

2)建设投资调整。建设投资中涨价预备费从费用流量中剔除,建设投资中劳动力按影子价格计算费用,土地费用按土地影子价格调整。

3)调整建设期利息。

4)调整经营费用。对于具有市场价格的产出物,以市场价格为基础计算其影子价格;对于没有市场价格的产出效果,以支付意愿或接受补偿意愿的原则计算其影子价格;

5)流动资金调整。

2. 经济费用效益分析主要报表

(1)项目投资经济费用效益流量表

项目投资经济费用效益流量表(见表9-5)用以综合反映项目计算期内各年的按项目投资口径计算的各项经济效益与费用流量及净效益流量,并可用来计算项目投资经济净现值和经济内部收益率指标。

(2)国内投资经济费用效益流量表

国内投资经济费用效益流量表(见表9-6)用以综合反映项目计算期内各年按

国内投资口径计算的各项经济效益与费用流量及净效益流量。表 9-6 的效益流量与表 9-5 相同,不同之处在于"费用流量"。由于要计算国内投资的经济效益,项目从国外的借款不在建设期列出,但需要在还款期费用流量中列出用于偿还国外借款本息的支出。

对于有国外资金的项目,应当编制该表,并计算国内投资经济净现值和经济内部收益率指标。

第五节　项目国民经济评价案例分析

一、基础数据准备

国民经济评价所需基础数据由第七章第四节项目财务评价案例分析的基础数据调整求得。

1．效益和费用范围的调整

(1)剔除计入财务效益和费用中的转移支付。包括:

① 项目向国家支付的大部分税金;

② 国家对项目的各种补贴;

③ 国内借款利息;

④ 涨价预备费;

⑤ 流动资产和流动负债包括现金、应收、预收账款和应付、预付账款;

(2)计入间接效益和间接费用。本项目引进先进技术设备,通过技术培训、人才流动、技术推广和扩散,整个社会都将受益,应计为项目的间接效益。但由于计量上的困难,只能作定性描述。本项目无明显的间接费用。

2．效益和费用数值的调整

(1) 投资的调整。本项目国民经济评价投资调整见表 9-2。

①外币部分按影子汇率换算为人民币,调整后的影子汇率＝6.7×1.08＝7.236美元/人民币。

②因建筑材料市场供应偏紧,建筑材料影子价格按市场价格确定(含增值税进项税额)即不予调整其财务数值;对其中的非技术劳动力费用采用影子工资换算系数调整。

③同样,国内设备费影子价格也按市场价格(含增值税进项税额),即不予调整其财务数值;由于该项目享受免除进口关税和进口环节增值税的优惠政策,其财务数值中不包含进口关税和进口环节增值税,因此国外设备的经济数值与财务数值相同,只是将外币部分采用影子汇率换算后合计数有所不同。

表 9-2　国民经济评价建设投资调整计算表（单位：万元、万美元）

序号	项　目	财务评价			国民经济评价			国民经济评价比财务评价增减
		外币	人民币	合计	外币	人民币	合计	
1	建设投资	1131.00	11639.46	19217.17	1062.42	10945.63	18633.30	
1.1	建筑工程费	0.00	1665.66	1665.66	0.00	1599.04	1599.04	−66.62
1.2	设备购置费	900.50	3881.18	9914.53	900.50	3881.18	10397.20	482.67
1.3	安装工程费	23.01	3477.13	3631.30	23.01	3477.13	3643.63	12.33
1.4	其他费用	42.33	993.22	1276.83	42.33	993.22	1299.52	22.69
1.4.1	其中：土地费用	0.00	550.00	550.00	0.00	550.00	550.00	0.00
1.4.2	专利及专有技术费	30.11	0.00	201.74	30.11	0.00	217.88	16.14
1.5	基本预备费	96.58	1001.74	1648.83	96.58	995.06	1693.91	45.08
1.6	涨价预备费	68.58	620.53	1080.02	0.00	0.00	0.00	−1080.02

注：表中数字加和尾数有可能不对应，系计算机自动圆整所致。以下表格都可能有此问题，不再重复说明。

④安装工程费的调整方法同设备费。

⑤工程建设其他费用中，由于是按市场价格购买开发区的土地使用权，因此土地的经济数值等同于财务数值；专利与专有技术费采用影子汇率换算为人民币；其他各项未予调整。

⑥基本预备费费率不变，按调整后的数值重新计算。

⑦剔除涨价预备费。

(2)建设期利息调整。国内借款的建设期利息不作为费用流量，来自国外的外汇贷款利息需要按影子汇率换算，用于计算国外资金流量。

(3)经营费用的调整。本项目国民经济评价正常年份经营费用调整计算见表9-3。其中：

① 外购原料 A、B、C 均为非外贸货物。A 在市场上较富裕且为市场定价货物，其不含税价格可以看作社会成本，故其影子价格与财务分析时价格相同；原材料 B、C 在市场上供应紧张，短期内无法通过扩容来满足项目投入的需要，只能排挤原有用户来满足项目需要，影子价格按支付意愿确定，即采用含税市场价格。

② 项目所在地区电力的影子价格为 0.80 元/度。

③项目所在地区煤的影子价格按市场定价，价格不予调整。

④生产厂所在地区水的影子价格为 3.75 元/吨。

⑤其他项目不予调整。

由此得项目正常年份的经营费用为 12424.77 万元，在运营期前两年，外购原材料和外购燃料及动力费按正常年份的 70% 和 90% 计算而得，由此可以计算得到运营期第一年和第二年的经营费用分别为 8697.39、11182.93 万元。

表 9-3　国民经济评价项目经营费用调整(万元)

序号	项　目	单　位	投入量	财务评价 单价(元)	财务评价 成本	国民经济评价 单价(元)	国民经济评价 成本
1	外购原材料				8091.34		9030.53
1.1	原材料 A	吨	7285.61	3523	2566.72	3523	2566.72
1.2	原材料 B	吨	8853.43	3867	3423.62	4524.39	4005.64
1.3	原材料 C	吨	7889.60	2663	2101.00	3115.71	2458.17
	外购燃料及动力费				851.55		886.88
2.1	水	吨	288802.40	3.34	96.46	3.75	108.30
2.2	电	度	3915675.68	0.74	289.76	0.80	313.25
2.3	煤	吨	5287.84	880	465.33	880	465.33
3	工资及福利费	人	210.00	30000	630.00	30000	630.00
4	修理费				1149.85		1149.85
5	其他费用				727.51		727.51
	合计				11450.25		12424.77

(4)营业收入调整。该项目产品在国内销售,产品需求空间较大,项目的产出对市场价格的影响不大,产品影子价格按消费者支付意愿确定,采用含增值税销项税额的市场价格。含增值税销项税的价格为 16965 元/吨,则运营期第一年、第二年、正常年份的营业收入分别为 14844.38、19085.63、21206.25 万元。

(5)流动资金调整。在财务分析中,流动资金采用分项详细估算法估算,在剔除了现金和应收、应付、预收、预付账款后,剩余的存货部分按影子价格计算。其中原材料、动力费调整方法同经营费用调整,在产品费不调整,产成品费调整方法同营业收入调整。调整后的流动资金见表 9-4。

表 9-4　国民经济评价项目流动资金调整(万元)

序号	项目	3 财务评价	3 国民经济评价	4 财务评价	4 国民经济评价	5 财务评价	5 国民经济评价	6~10 财务评价	6~10 国民经济评价
1	流动资产	3497.88	2786.24	4256.46	3419.98	4635.74	3736.84	4635.74	3736.84
1.1	应收账款	730.62	0.00	879.66	0.00	954.19	0.00	954.19	0.00
1.2	存货	2607.48	2786.24	3203.67	3419.98	3501.76	3736.84	3501.76	3736.84
1.2.1	原材料	629.33	642.48	809.13	826.05	899.04	917.83	899.04	917.83
1.2.2	燃料及动力	66.23	66.23	85.16	85.16	94.62	94.62	94.62	94.62
1.2.3	在产品	937.76	937.76	1136.50	1136.50	1235.86	1235.86	1235.86	1235.86
1.2.4	产成品	974.15	1139.76	1172.89	1372.28	1272.25	1488.53	1272.25	1488.53
1.3	现金	113.13	0.00	113.13	0.00	113.13	0.00	113.13	0.00
1.4	预付账款	46.67	0.00	60.00	0.00	66.67	0.00	66.67	0.00

续表

序号	项目	计算期							
		3		4		5		6～10	
		财务评价	国民经济评价	财务评价	国民经济评价	财务评价	国民经济评价	财务评价	国民经济评价
2	流动负债	626.67	0.00	805.72	0.00	895.24	0.00	895.24	0.00
2.1	应付账款	521.67	0.00	670.72	0.00	745.24	0.00	745.24	0.00
2.2	预收账款	105.00	0.00	135.00	0.00	150.00	0.00	150.00	0.00
3	流动资金（1－2）	2871.22	2786.24	3450.74	3419.98	3740.50	3736.84	3740.50	3736.84
4	流动资金增加额	2848.99	2660.23	579.53	760.07	289.76	380.03	0	0

二、国民经济盈利能力分析

（1）项目投资经济费用效益流量表见表 9-5。由表计算得到的国民经济评价指标看，经济净现值为 22972.34 万元，大于零；项目经济内部收益率为 28.72% ≥ $i_s = 8\%$，表明从全部投资角度看项目在经济上是合理的。

（2）国内投资经济费用效益流量表见表 9-6。由表计算得到的国民经济评价指标看，经济净现值为 23953.96 万元，大于零；项目经济内部收益率为 39.90% ≥ $i_s = 8\%$，表明国家为本项目付出代价后可得到超过社会折现率所代表的国民经济盈余，项目在经济上是合理的，应考虑接受。

三、项目国民经济评价结论

由上述国民经济评价结果看，本项目经济净现值大于零，经济内部收益率高于社会折现率，因此可以认为项目在经济上是合理的，应考虑接受该项目。

表 9-5 项目投资经济费用效益流量表

单位: 万元

序号	项目	合计	计算期									
			1	2	3	4	5	6	7	8	9	10
1	效益流量	165734.34			14844.38	19085.63	21206.25	21206.25	21206.25	21206.25	21206.25	25773.09
1.1	项目直接效益	161167.50			14844.38	19085.63	21206.25	21206.25	21206.25	21206.25	21206.25	21206.25
1.2	回收资产余值	766.51										766.51
1.3	回收流动资金	3800.33										3800.33
1.4	项目间接效益	0.00										
2	费用流量	116861.90	11179.98	7453.32	11357.57	11942.36	12804.81	12424.77	12424.77	12424.77	12424.77	12424.77
2.1	建设投资	18633.30	11179.98	7453.32								
2.2	维持营运投资	0.00										
2.3	流动资金	3800.33			2660.23	760.07	380.03					
2.4	经营费用	94428.27			8697.34	11182.30	12424.77	12424.77	12424.77	12424.77	12424.77	12424.77
2.5	项目间接效益	0.00										
3	净效益流量 (1-2)	48872.44	-11179.98	-7453.32	3486.80	7143.26	8401.44	8781.48	8781.48	8781.48	8781.48	13348.31

计算指标

项目投资经济净现值 ($i_s=8\%$): $NPV=22972.34$ 万元

项目投资内部收益率: 28.72%

注:本表回收资产余值取财务数值,不作调整。

221

单位：万元

表9-6 国内投资经济费用效益流量表

序号	项目	合计	计算期									
			1	2	3	4	5	6	7	8	9	10
1	效益流量	165734.34			14844.38	19085.63	21206.25	21206.25	21206.25	21206.25	21206.25	25773.09
1.1	项目直接效益	161167.50			14844.38	19085.63	21206.25	21206.25	21206.25	21206.25	21206.25	21206.25
1.2	回收资产余值	766.51										766.51
1.3	回收流动资金	3800.33										3800.33
1.4	项目间接效益	0.00										
2	费用流量	128888.10	6567.38	4378.26	11633.14	13429.23	14252.31	13832.91	13793.54	13754.17	13714.80	13675.44
2.1	建设投资中国国内资金	10945.64	6567.38	4378.26								
2.2	流动资金中国国内资金	3800.33			2660.23	760.07	380.03					
2.3	经营费用	94428.27			8697.34	11182.30	12424.77	12424.77	12424.77	12424.77	12424.77	12424.77
2.4	流至国外的资金	9856.94			275.57	1486.87	1447.50	1408.13	1368.77	1329.40	1290.03	1250.66
2.4.1	国外借款本金偿还	8479.08			0.00	1211.30	1211.30	1211.30	1211.30	1211.30	1211.30	1211.30
2.4.2	国外借款利息偿还	1377.85			275.57	275.57	236.20	196.84	157.47	118.10	78.73	39.37
2.5	项目间接费用	0.00										
3	净效益流量 (1-2)	46703.13	-6567.38	-4378.26	3211.23	5656.40	6953.94	7373.34	7412.71	7452.08	7491.45	12097.65

计算指标
项目投资经济净现值 (i_s=8%) NPV=23953.93 万元
项目投资内部收益率：39.90%

第六节　建设项目的费用效果分析

一、费用效果分析概述

费用效果分析,也称成本效果分析、成本效用分析等,是指通过对项目预期效果和所支付的费用的比较,判断项目费用的有效性和项目经济合理性的分析方法。费用效果分析可以从广义和狭义上理解,广义的费用效果分析不刻意强调采用何种计量方式,狭义的费用效果分析专指费用采用货币计量,效果采用非货币计量的分析方法。而效果和费用均采用货币计量的称为费用效益分析,属广义的费用效果分析。项目评价中一般采用狭义的概念。

费用效果分析中效果是指项目引起的效应或者效能,表示项目目标的实现程度,费用是指社会经济为项目所付出的代价。实际中,效果往往不能或难以货币量化。

费用效益分析简洁、明了、结果透明、易于被人们接受,在财务分析和经济分析中被广泛的采用;而费用效果分析回避了效果定价的难题,直接用非货币化的效果指标与费用指标进行比较,方法相对简单,在效果难以被货币化的领域应用较多。费用效果分析既可以应用于财务现金流量,也可用于国民经济费用效益流量。当用于前者时,主要用于项目各个环节的方案比选,项目总体方案的初步筛选;当用于后者时除了可以用于方案比选、筛选外,对那些效益难以货币化的项目,则可取代费用效益分析,并作为国民经济评价的最终结论。

效益费用分析的目的就在于促使固定资金的合理使用和分配,以最大限度地满足社会或公众利益的需要,提高投资的经济效果。

二、费用效果分析的要求

1. 遵循多方案比选原则

费用效果分析通过对各种方案的费用和效果进行比较,选择最好或者较好的方案。对于单一方案的项目,由于费用与效果采取不同的度量单位和指标,其合理性往往不易直接评价。进行费用效果分析方案不应少于 2 个。

2. 备选方案互斥且目标相同

备选方案必须是互斥的或可以转换为互斥方案。备选方案的目标相同且均能满足最低效果标准的要求。所谓方案的目标是指不以货币计量的一项具体使命。目标不同的方案,不满足最低要求的方法不具可比性。

3. 费用测算强调寿命周期费用

寿命周期费用是项目从建设投资开始到项目终结整个过程期限内所发生的全部费用,包括投资、经营成本、期末资产回收和拆除、恢复环境的处置费用。寿命周期费用一般按现值或年值计算。

4. 费用采用货币计量,效果采用非货币指标计量

费用与效果的单位的选择既要能够切实度量项目目标的实现程度,也要便于计算。应选择那些能反映项目目标实现程度的非货币指标来计量效果,例如,供水工程选用供水量、教育项目选用受教育人数等。效果指标有时可能是多个,需要采用加权平均方法处理为一个统一的当量。费用采用货币指标,正常情况下应计算包括投资、运营及寿命期末处理的全过程的折现费用,即项目周期费用。

三、费用效果分析的基本程序

(1)确立项目目标,并将其转化为可量化的效果指标。
(2)拟定各种可以完成任务(既定目标)的方案。
(3)识别和计算各种方案的费用与效果。
(4)计算指标,综合比较,分析各方案的优缺点。
(5)推荐最佳方案或提出优先采用的方案。

四、费用效果分析的基本指标

费用效果分析一般采用效果费用比($R_{E/C}$)指标,即单位费用所达到的效果,是费用效果分析基本指标,另外,习惯上也可采用费用效果比($R_{C/E}$),即单位效果所付出的费用。两个指标的计算公式如下:

$$R_{E/C} = \frac{E}{C} \qquad\qquad (9\text{-}20)$$

$$R_{C/E} = \frac{C}{E} \qquad\qquad (9\text{-}21)$$

式中:$R_{E/C}$——效果费用比;

　　$R_{C/E}$——费用效果比;

　　E——项目效果;

　　C——项目费用。

五、费用效果分析基本方法

1. 最小费用法

当项目的效果有明确数量要求时,例如需要增加的供水量或污水处理量,可采用达到相同目标所需费用最低的方案。这种满足固定效果寻求费用最小方案的方

法称为最小费用法,也称固定效果法。

2. 最大效果法

将费用固定,追求效果最大化的方法称为最大效果法,也称固定费用法。例如用于某贫困地区扶贫的资金通常是事先固定的,扶贫效果最大化是通常要追求的目标。

3. 增量分析法

当备选方案的效果和费用均不固定,且分别具有较大幅度的差别时,应比较两个备选方案之间的费用差额和效果差额,分析获得增量效果所花费的增量费用是否值得,不可盲目选择效果费用比大的方案或者费用效果比小的方案。

采用增量分析法时,需要事先确定基准指标,例如$[E/C]_0$或$[C/E]_0$(也称截至指标)。当$\Delta E/\Delta C \geqslant [E/C]_0$或$\Delta C/\Delta E \leqslant [C/E]_0$时,选择费用高的方案,否则选择费用低的方案。基准指标需要根据国家经济状况、行业特点、以往不同项目E/C比值水平综合确定。

增量分析法的步骤如下:

(1)将方案费用从小到大排列;

(2)从费用最小的两个方案比较开始,通过增量分析选择优胜方案;

(3)将优胜方案与紧邻的下一个方案进行增量分析,并选出新的优胜方案;

(4)重复第三步,直至最后一个方案,最终被选定的方案为最优方案。

[**例 9-5**] 某地方政府拟定实施一个 3 年的小学教育补助项目,以提高教育落后地区小学教育水平。设计了 A、B、C 三个备选方案,效果为受惠小学生人数,费用为方案实施的全部费用,三个方案实施期和效果预测期相同。拟通过费用效果比计算,在政府财力许可情况下,决定采用何种方案,根据以往经验,设定基准指标$[C/E]_0$为 800,即每名小学生花费 800 元。

解:

(1)预测的教育补助项目费用和效果现值及费用效果比见表 9-7。

表 9-7 方案费用效果比计算表

项目	A 方案	B 方案	C 方案
费用	1780 万元	2000 万元	1600 万元
效果	2.65 万人	2.94 万人	1.85 万人
费用效果比	672 元/人	680 元/人	865 元/人

(2)C 方案费用效果比明显高于基准标准值,不符合备选方案的条件,应予以放弃。

(3)A、B 两个方案费用效果比都低于标准值,符合备选方案的条件。计算 A、B 两互斥方案的增量费用效果比:

$$\Delta C / \Delta E = (2000 - 1780) \div (2.94 - 2.65) = 759(元/人)$$

(4)由计算结果看，A 和 B 两方案费用效果比都低于设定的基准值 800，而增量费用效果比也低于基准值 800，说明费用高的 B 方案优于 A 方案，在政府财力许可情况下可选择 B 方案。如果资金限制，也可以选择 A 方案。

复习思考题

1. 何谓国民经济评价？国民经济评价的作用是什么？

2. 现阶段应该对哪些项目进行国民经济评价？

3. 国民经济评价和财务评价有什么区别，它们的共同点又是什么？

4. 国民经济评价效益与费用识别应遵循哪些原则？

5. 什么是项目的直接效益和直接费用？

6. 什么是项目的间接效益和间接费用？

7. 什么是社会折现率、影子汇率、影子工资、影子价格？

8. 项目的间接效益和间接费用有哪些表现形式？

9. 常见的支付转移有哪些，国民经济评价中应如何处理？

10. 政府调控价格货物的影子价格的测定方法有哪些？

11. 对于非外贸货物，投入产出物中的影子价格含流转税时，该怎么处理？

12. 成本分解法的步骤有哪些？

13. 直接编制经济效益费用流量表的步骤有哪些？

14. 在财务评价基础上编制经济效益费用流量表的步骤有哪些？

15. 某进口产品，其国内现行价格为 318 元/吨，其影子价格换算系数为 2.31，按影子价格估算的进口费用为 42 元/吨，人民币对某外币的影子汇率为 9.8，求该进口产品用外币表示的到岸价格 CIF。

16. 某产品共有 3 种原料，A、B 两种原料为非外贸货物，其国内市场价格总额每年分别为 150 万元和 50 万元。C 原料为进口货物，其到岸价格总额每年为 100 万美元。影子汇率换算系数取 1.08，外汇牌价取 6.7 元/美元，在不考虑国内运费和贸易费的情况下，求该产品国民经济评价的年原材料成本总额。

17. 某国家扶持项目拟占用农业用地 350 亩，该地现行用途为种植果树的经济作物。经调查，该地区的各种可行的替代用途中最大净收益为 7890 元，在项目计算期 20 年内，估计该最佳可行替代用途的年净效益按平均递增 2% 的速度上升（$g = 2\%$）项目预计 3 年后开始建设，社会折现率取 8%。试计算该土地的机会成本。

第十章　设备更新的经济分析

本章知识点梳理

1. 设备磨损与补偿

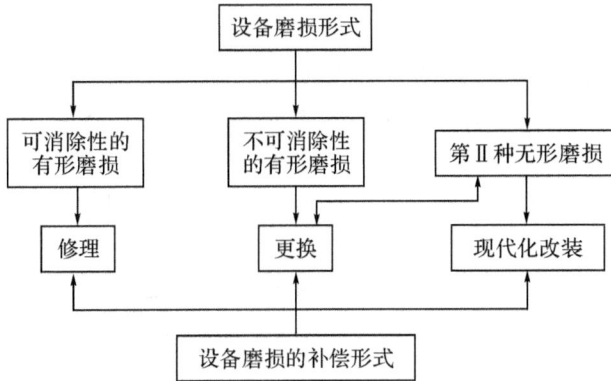

```
                    ┌──────────┐
                    │ 设备磨损形式 │
                    └──────────┘
        ┌───────────────┼───────────────┐
┌──────────┐    ┌──────────┐    ┌──────────┐
│ 可消除性的 │    │ 不可消除性 │    │ 第Ⅱ种无形磨损 │
│ 有形磨损  │    │ 的有形磨损 │    │          │
└──────────┘    └──────────┘    └──────────┘
     │               │               │
┌────────┐      ┌────────┐      ┌──────────┐
│  修理  │      │  更换  │      │ 现代化改装 │
└────────┘      └────────┘      └──────────┘
        └───────────────┼───────────────┘
                ┌──────────────┐
                │ 设备磨损的补偿形式 │
                └──────────────┘
```

2. 设备经济寿命计算

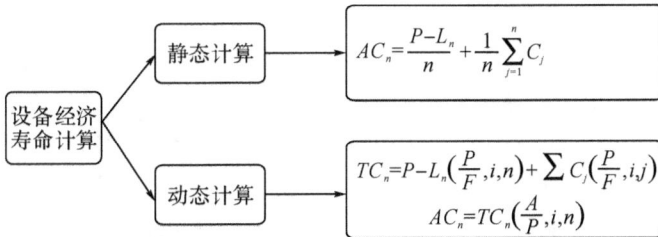

```
                    ┌────────┐      ┌─────────────────────────────┐
                ┌─→ │ 静态计算 │ ──→  │                             │
┌──────────┐   │   └────────┘      └─────────────────────────────┘
│ 设备经济   │ ──┤
│ 寿命计算   │   │   ┌────────┐      ┌─────────────────────────────┐
└──────────┘   └─→ │ 动态计算 │ ──→  │                             │
                    └────────┘      └─────────────────────────────┘
```

$$AC_n = \frac{P - L_n}{n} + \frac{1}{n}\sum_{j=1}^{n} C_j$$

$$TC_n = P - L_n\left(\frac{P}{F}, i, n\right) + \sum C_j\left(\frac{P}{F}, i, j\right)$$
$$AC_n = TC_n\left(\frac{A}{P}, i, n\right)$$

如设备的经济寿命为 m 年,应满足:

$$AC_{(m-1)} \geqslant AC_m, AC_{(m+1)} \geqslant AC_m$$

3. 更新时机决策

(1)边际成本法:比较旧设备的年度边际成本和新设备的年均总成本(2)总更新费用现值法:计算从现在起到第 K 年旧设备进行更新,总的更新费用成本现值 RC_k,当 $RC_{k-1} \geqslant RC_k, RC_k \leqslant RC_{k+1}$ 时,第 K 年更新最经济。

设备是现代工业生产的重要物质和技术基础,它是衡量一个国家生产技术水平的重要标志,也是判断一个企业的技术能力、开发能力和创新能力的重要标准。设备在使用过程中,会发生磨损,当设备因物理损坏或因陈旧落后不能继续使用或不宜继续使用时,就需要进行更新。

研究设备更新主要是从以下两个方面入手分析：一种是通过计算设备的经济技术参数以确定设备的最佳使用年限；另一种是比较旧设备继续使用与新设备替代的经济性以判断更新是否合理。

第一节　设备的磨损与更新

一、设备的有形磨损

机械设备在使用（或闲置）过程中所发生的实体的磨损称为有形磨损，也称为物理磨损。有形磨损是由于设备在外力作用下的运动过程中而造成的（有形磨损 I），也可能是由于设备长期闲置，受自然力的影响，设备受到侵蚀，老化而形成的（有形磨损 II）。这种磨损是可以被人们观察或感觉到的。同时，有形磨损的范围是从设备的个别部位开始并逐步扩大的，磨损的程度也会随使用时间的延长越来越严重。

有形磨损会导致设备精度降低，劳动生产率下降，甚至发生故障而无法正常工作，或完全丧失工作能力，为了避免这种设备使用价值的降低或丧失，必须支出相应的补偿费用，以抵偿相应贬值的部分。

二、设备的无形磨损

机械设备在使用过程或闲置过程中，除遭受有形磨损外，还遭受无形磨损，亦称经济磨损，它是由于非使用和非自然力作用所引起的机械设备价值上的一种损失。它不表现为设备实质的变化，而表现为设备原始价值的贬值。

无形磨损形成的原因是由于工艺的不断改进，成本不断降低，劳动生产率不断提高，从而引起设备的贬值，但其使用价值不变，不影响其使用（无形磨损 I）。或者由于技术进步，社会上出现了结构更先进、技术更完善、生产效率更高、耗费原材料和能源更少的新型设备，而使原有机械设备在技术显得陈旧落后造成的（无形磨损 II）。其后果是不仅仅使原有设备价值降低，而且会使原有设备局部或全部丧失其使用价值。

三、设备的综合磨损

机械设备的磨损是具有二重性的。在使用期内，设备既遭受有形磨损，又遭受无形磨损，这就称为综合磨损。

两种磨损都引起设备原始价值的贬值。但是有形磨损，特别是有形磨损严重的设备，在修理之前，常常不能正常工作，而无形磨损十分严重的设备，则依然可以正常使用,只不过继续使用它在经济上是否合算,需要分析研究。

机械设备综合磨损的形式不同,补偿磨损的方式也不一样。补偿分局部补偿和完全补偿。设备有形磨损的局部补偿是修理,设备无形磨损的局部补偿是现代化改装。有形磨损和无形磨损的完全补偿是更换,如图 10-1 所示。

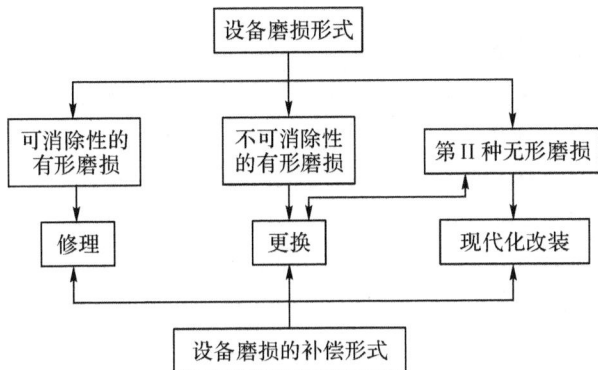

图 10-1　设备磨损形式与其补偿方式的相互关系

四、设备的经济寿命

确定设备的寿命期是决定何时进行更新的重要依据,也是更新分析中要研究的中心问题。在新设备进入生产领域后,经过若干年的使用、磨损,到了某一年份时,设备再不能使用或者设备所产生的效益无法弥补其自身的耗费时,设备就到了其寿命期。还有一部分设备和零部件(特别是低值易耗件)在使用过程中,会在某一时刻上突然完全丧失功能。从自然与技术角度分析,其寿命也就完结了。因此,从多方面认识和区别设备的寿命是很有必要的。

设备寿命期可有以下几个方面的含义:

(1)物理寿命:即自然寿命,是指某种设备从全新状态的安装使用之日起,直到不能保持正常工作以致无法继续使用为止所经历的全部时间过程。自然寿命是反映设备物理性能由开始使用至完全丧失的变化过程。

(2)技术寿命:是指设备能维持其使用价值的时间过程。即从设备以全新状态投入使用开始,随着技术进步和性能更好的新型设备的出现,使其因技术落后而丧失了使用价值所经历的时间。它是由无形磨损决定的,一般短于物理寿命。科学技术发展越快,设备技术寿命越短。

(3)使用寿命:是指某种设备产生有效服务所经历的时间,即设备为其拥有服务的时间。对于设备拥有者,它是指从拥有设备到设备被转让或卖掉为止的时间。在物理寿命期内,因设备转让,它可能有若干个拥有者,有若干个使用寿命。在一些情况下,企业或设备的运营期可能会短于设备的经济寿命,这时应该采用设备的使用寿命进行相关的经济分析。

(4)折旧寿命:是指按照国家或有关主管部门的规定把设备价值的余额折旧到接近零为止的时间过程。由于折旧方法不同,设备的折旧寿命的长短会随折旧率高低而不同,因此,对于不同形式的设备制定不同的折旧率就显得较为重要。但折旧寿命的终结并不意味着机械设备性能的终结,只表示在价值上补偿完结。

(5)经济寿命:是指某种设备从开始使用之日起至经济上无法继续使用或因技术落后而被替代之时为止的时间过程。对于经济寿命的估计,必须以此期间内,没有其他更优的设备出现并能获得较大收益为前提。如果新设备的出现所可能带来的收益大于目前设备的收益,便预示该设备将不再经济合理,应予以更新。经济寿命也可通过计算使用期内年平均使用成本的最低值来确定。设备使用的年数较多,每年分摊的设备购置成本越低,从这一方面看,当然使用时间越长越好。但另一方面,设备的运行费用及使用费用却随使用时间延长而增加。所以,在整个变化过程中,年平均总成本是时间的函数,越来越低的购置成本与越来越高的运行成本相互抵消,在某一使用年限时,年平均总成本会达到最低,这个最低值所对应的年限,就是设备的经济寿命。

经济寿命从技术与经济两大方面为设备更新提供了较准确的数据。所以,正确地分析计算设备的经济寿命就成为较重要的内容,我们将在第二节作具体分析。

第二节　设备的经济寿命分析

研究设备更新问题,其中心内容是如何确定一个设备的最优更新期限。也就是说用什么样的设备,在什么时间更新现有设备在经济上最为有利。这个问题具有重要的实际意义。

设备经济寿命的计算方法有:

一、经济寿命的静态计算方法

设备的年度平均总成本由平均年度资产消耗和年使用费组成。前者随使用年限的增长而逐渐变小,后者随使用年限增长而变大,年度平均总成本最低所对应的年限就是经济寿命(如图 10-2 所示)。

图 10-2　设备经济寿命计算图

它是从经济角度看设备最合理的使用年限,它是由有形磨损和无形磨损共同决定的。在更新分析中,我们通常把经济寿命作为确定最优设备更新期的主要

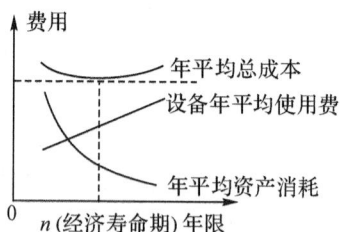

依据。

在不考虑资金时间价值时,年平均总成本的计算公式如下:

$$AC_n = \frac{P - L_n}{n} + \frac{1}{n}\sum_{j=1}^{n}C_j \tag{10-1}$$

式中:AC_n——n 年内设备的年平均总成本;

P——设备的购置费,即设备之投资;

C_j——第 j 年的设备经营成本;

L_n——第 n 年末的设备残值。

在上式中 $(P - L_n)/n$ 为设备的平均年度资产消耗成本,而 $\frac{1}{n}\Sigma C_j$ 为设备的平均年度经营成本。如果一项生产设备的经济寿命为 m 年,应满足如下不等式条件:

$$AC_{m-1} \geqslant AC_m, AC_{m+1} \geqslant AC_m \tag{10-2}$$

[例 10-1] 某运输公司对某型号汽车有如下统计资料,如表 10-1 所示,求其经济寿命。

表 10-1　某型号汽车的统计资料一览表　　　　　　　单位:元

使用年数 j	1	2	3	4	5	6	7
年度经营成本	5000	6000	7000	9000	11500	14000	17000
年末残值	15000	7500	3750	1875	1000	1000	1000

解:由上表可知汽车随着使用时间的增长,年度经营成本逐渐增加,残值逐渐减少。该汽车的购置费为 30000 元,在利率为零的条件下,可根据公式求出汽车在不同使用年限时的年平均总成本(如表 10-2 所示)。

表 10-2　年平均总成本表　　　　　　　　　单位:元

使用年限 n	资产消耗成本 $P-L_n$	平均年度资产消耗成本 (3)=(2)/(1)	年度经营成本 C_j	经营成本累计 ΣC_j	平均年度经营成本 (6)=(5)/(1)	年平均总成本 (7)=(3)+(6)
(1)	(2)	(3)	(4)	(5)	(6)	(7)
1	15000	15000	5000	5000	5000	20000
2	22500	11250	6000	11000	5500	16750
3	26250	8750	7000	18000	6000	14750
4	28125	7031	9000	27000	6750	13781
5*	29000	5800	11500	38500	7700	13500*
6	29000	4833	14000	52500	8750	13583
7	29000	4143	17000	69500	9929	14072

由计算结果来看,该汽车使用 5 年时,其平均年度总成本最低为 13500 元,使用年限大于或小于 5 年时其平均年度总成本均大于 13500 元。因此,该汽车的经

济寿命为 5 年,即这种型号的汽车以使用 5 年最为经济。

二、经济寿命的动态计算方法

当利率不为零时,计算经济寿命需考虑资金的时间价值。按照图 10-3 所示的现金流量图,一台生产设备在 n 年内的总成本现值 TC_n 及年度平均成本 AC_n,可按下式计算:

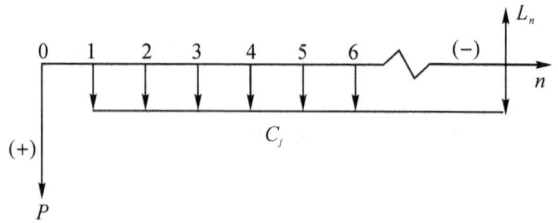

图 10-3　现金流量图

$$TC_n = P - L_n(P/F, i, n) + \Sigma C_j(P/F, i, j) \tag{10-3}$$

$$AC_n = TC_n(A/P, i, n) \tag{10-4}$$

如果设备的经济寿命为 m 年,则应满足如下不等式条件:

$$AC_{m-1} \geqslant AC_m, AC_{m+1} \geqslant AC_m$$

通过试算法,可求出设备的年度平均成本最低时的某一年份数,即为该设备的经济寿命。

[例 10-2]　按表 10-1 所给出的数据,求汽车的经济寿命。预定利率为 4%。

解:　按照公式(10-3)和(10-4),计算汽车不同使用年限的 TC_n 及 AC_n,如表 10-3 所示。其中第 6 年的年度平均成本最低($AC_6 = 14116$),因此该汽车的经济寿命应为 6 年。例 10-1 中未考虑利率,汽车的经济寿命为 5 年。本题预定利率为 4%,经济寿命增至 6 年。

表 10-3　不同使用年限的 TCn 及 ACn　　　　　　　　　单位:元

使用年限 n	残值 L_n	贴现系数 (P/F)	资产消耗成本 $P-L_n \times (3)$	年度经营成本 C_j	$\Sigma C_j \times (3)$	TC_n $(4)+(6)$	AC_n $(7) \times (A/P)$
(1)	(2)	(3)	(4)	(5)	(6)	(7)	(8)
1	15000	0.9615	15578	5000	4808	20386	21200
2	7500	0.9246	23066	6000	10355	33421	17720
3	3750	0.8890	26666	7000	16578	43253	15583
4	1875	0.8548	28379	9000	24271	52668	14510
5	1000	0.8219	29178	11500	33723	62901	14125
6 *	1000	0.7903	29210	14000	44787	73997	14116 *
7	1000	0.7599	29240	17000	57706	86946	14986

由于技术经济分析一般是事前的研究,因此,往往不可能取得年使用费用的确切数据,这时可根据设备使用费用一般随使用年限的增长而增大的规律,通过历史资料和经验分析选定一个每年使用费用的增加额,则经济寿命可用下列公式计算,

更为简单实用。

现假定每年经营成本的劣化增量是均等的,即经营成本呈线性增长,如图 10-4 的现金流量图所示。设每年经营成本增加额为 λ,若设备使用 n 年,则第 n 年时的经营成本为:

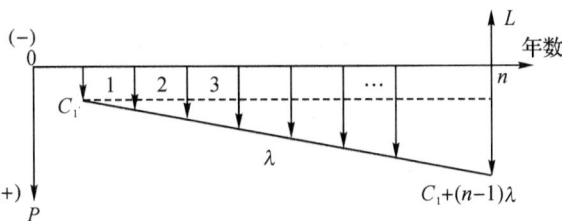

图 10-4 年经营成本线性递增的现金流量图

$$C_n = C_1 + (n-1)\lambda$$

式中:C_1——经营成本的初始值,即第一年的经营成本;

n——设备使用年数。

设备年经营成本随设备年数变动的情况如图 10-5 所示。

n 年内经营成本的平均值将为:

$$C_1 + [(n-1)/2] \times \lambda$$

除经营成本外,在使用设备的年总费用中还有设备的平均年度资产消耗成本,其金额为 $(P-L_n)/n$,则年平均总费用的计算公式为:

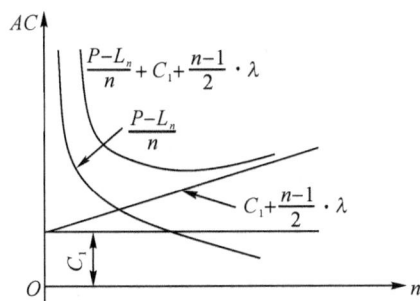

图 10-5 年经营成本与设备年数的关系图

$$AC_n = (P-L_n)/n + C_1 + (n-1) \times \lambda/2 \tag{10-5}$$

可用求极值的方法,找出设备的经济寿命,亦即设备原型更新的最佳时期。

设 L_n 为一常数,令 $\mathrm{d}(AC_n)/\mathrm{d}n = 0$,则经济寿命:

$$n_0 = \sqrt{\frac{2(P-L_n)}{\lambda}} \tag{10-6}$$

[**例 10-3**] 设有一台设备,购置费 $P=8000$ 元,预计残值 $L_n=800$ 元,经营成本初始值 $C_1=800$ 元/年,年运行成本劣化值 $\lambda=300$ 元/年,求该设备的经济寿命。

解: $$n_0 = \sqrt{2 \times (8000-800)/300} \approx 7 (年)$$

如果设备残值不能视为常数,经营成本不呈线性增长,各年不同,且无规律可循,这时可根据统计资料用公式(10-1)计算设备的年度平均使用成本,用列表法来判断设备的经济寿命。

当需考虑资金的时间价值时,须采用公式(10-4)计算设备的年度平均使用成本。

第三节　设备更新的技术经济分析

设备更新分析同任何技术方案选择一样,应遵循有关的技术政策,进行技术论证和经济分析,作出最佳的选择。如果因设备暂时故障而草率作出报废的决定,或者片面追求现代化,一味购买最新式设备,都有可能造成不必要的浪费;而如果延缓设备更新,失去设备更新的最佳时机,同时竞争对手又积极利用现代化设备降低产品成本和提高产品质量,则企业必然会丧失竞争力。由此可见,设备更新分析需要解决的主要问题有以下几个方面:

(1)如何确定设备经济性使用的期限;

(2)影响设备使用经济性的主要要素有哪些;

(3)相对设备运行的内部特征和外部环境,以何种方式进行更新比较经济;

(4)确定设备是否需要更换以及何时进行更换。

一、设备原型更新的决策方法

如果设备在其整个使用期内并不过时,也就是在一定时期内还没有更先进、功能更全、性能更优越的设备出现,这时该设备未来的更新替换物,仍然是同一种资产。该设备的最优更新期应等于该设备的经济寿命。

但是,这种方法是以同种产品的新更旧为前提的,其实质是考虑由于设备使用过程中由于机械磨损所引起的费用变化,但还没有考虑到无形磨损的问题。实际上,由于科学技术的不断发展,产生了新一代的产品,它们无论在使用性能或经济效益上总是胜过老一代产品。因此,人们不再停留在同种产品的更新水平上,而是要变换品种,以新的产品代替老的产品,即换代的问题。其实质包含了无形磨损的因素。

无形磨损对一般设备而言,总是起到设备经济寿命人为的缩短,加速更新过程的作用。无形磨损促使设备更新期提前的规律,在当前世界范围内掀起的新技术革命的浪潮中,更有其重要意义。

二、出现新设备条件下的更新分析

设备原型更新是设备在使用期内不发生技术上过时和陈旧,没有更好的新型设备出现的情况。在科学技术日新月异的条件下,由于无形磨损的作用,很可能在设备经营成本尚未升高到该用原型设备替代之前,就已出现工作效率更高和经济效果更好的设备。这时,就要比较在继续使用旧设备和购置新型设备这两种方案中,哪一种方案在经济上更为有利,也就是要确定旧设备的剩余经济寿命。

在进行分析比较时,完全可以用以前介绍的技术经济分析方法进行分析。但这类问题要注意两个方面的因素:

(1)不应考虑沉没成本。即在方案比较时,原设备价值应按目前实际价值计算,不论它过去是以多大代价购进的。对以前发生的现金流量及沉没成本,因为它们都属于不可恢复的费用,与目前更新决策无关,故不再参与经济计算。沉没成本是由于旧设备经济折旧以后所剩下的账面价值,并不一定等于其当前的市场价值所引起的,其数值为:

$$沉没成本=旧资产账面价值-当前市场价值$$

(2)使用现金流量方法时,不应按方案的直接现金流量去比较,而应从一个客观的第三方立场上去比较。首先要付出相当于旧资产当前市场价值的现金,才能取得旧资产使用权。现举例说明如下:

[例10-4] 假定工厂在4年前用2200元买了机器A,预计可使用10年,残值为零,每年运转费用为700元。现市场上出现了机器B,估价为2400元,估计可使用10年,每年运转费用为400元,残值为零。如果现在将机器A出售,可得售价800元,若利率按15%计算,试对这两方案进行分析和评价。

解1:按照两个方案的直接现金流量计算(如图10-6所示)。

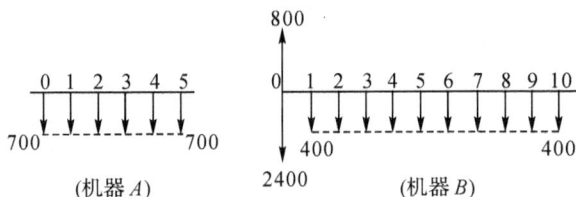

图10-6 现金流量示意图

计算两个方案的年平均总费用:

$$AC_A=700 \text{元}$$
$$AC_B=(2400-800)(A/P,15\%,10)+400=719(\text{元})$$

按照计算结果分析,方案A比方案B在6年内每年可节约费用$719-700=19$(元)。

解2:从第三者角度来建立方案的现金流量

假定另一工厂考虑两个方案,或者购买A机器,或者购买B机器,则现金流量如图10-7所示。

$$AC_A=800(A/P,15\%,6)+700=911(\text{元})$$
$$AC_B=2400(A/P,15\%,10)+400=878(\text{元})$$

计算结果表明,B方案比A方案在以后六年内每年反而可节约费用33元,结

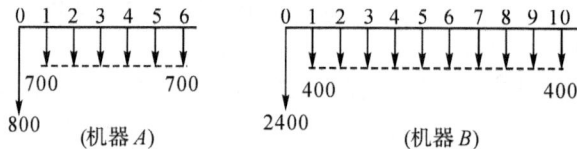

图 10-7 现金流量示意图

果与上面相反。应该说,后一种计算方法是正确的,而前一种方法是错误的,其所以错误,是由于机器 A 现在的价值是 800 元,相当于占有 800 元的固定资产,这笔占有额应按六年分摊,而它却直接置于机器 B 的现金流量中,按十年分摊,所以结果就不对了。

另外还有一种方法,令机器 A 与机器 B 的年平均费用相等,求出机器 A 应有的现值,将此现值与实际售价相比较。

设 X 代表机器 A 的现值,则

$$X(A/P,15\%,6)+700=2400(A/P,15\%,10)+400$$

解上式可得:$X=675$ 元

这就是说,机器 A 只要值 675 元以上,用机器 B 更新机器 A 就是合理的。现在机器 A 售价达 800 元,故采用机器 B 经济上是可行的。

在设备更新分析中,由于采用新设备更换老设备,寿命不等的情况是经常出现的。为了精确地比较两个方案,从理论上来说,应该使两个方案的服务时间相同,使之有可比性。但实际上很难做到,即使做到了,也由于延续时间很长,分析结果的误差大,没有实际意义,并造成计算繁琐。因此一般是选定一个合理的研究期作为比较方案的依据。如上例中的机器 A 和 B,就是以 6 年时间作为研究期加以比较的。其计算结果也是对 6 年时间而言的。有时为避免片面,可以根据实际情况,选择多个研究期分别进行分析比较,最后由决策者权衡利弊,作出抉择。

三、更新时机决策

用新型设备更新旧设备,除了经济上是否可行外,还存在何时更新为最佳的问题,这就是更新时机决策。更新时机常见的确定方法主要有边际成本法和总更新费用现值法。

1. 边际成本法

如果今后的情况非常难以预料,可采用逐年比较新旧设备成本的方法,这就是边际成本法。边际成本法进行更新分析的步骤是:

(1)计算旧设备的年度边际成本:

$$MC_n=C_n+(L_{n-1}-L_n)+L_{n-1}\cdot i \tag{10-7}$$

式中：MC_n——第 n 年旧设备的年边际成本；

$\quad$ C_n——第 n 年旧设备的经营成本以及损失额；

$\quad$ $(L_{n-1}-L_n)$——第 n 年资产折旧费。

（2）计算新设备的年均总成本：

$$AC'_n = [P'-L'_n(P/F,i,n)](A/P,i,n)+\Sigma C'_j(P/F,i,j)(A/P,i,n)$$

$$(10-8)$$

式中：AC'_n——新设备的年均总成本；

$\quad$ P'——新设备购置费；

$\quad$ L'_n——新设备残值；

$\quad$ C'_j——新设备第 j 年的经营成本。

（3）根据计算结果进行比较：

当 $MC_n>AC'_n$ 时，需更新旧设备；

当 $MC_n\leqslant AC'_n$ 时，应保存旧设备。

[例 10-5] 某公司现有一台旧设备，估计尚可再使用 3 年。现在又出现了一种更先进的新设备，新设备购置费 60000 元，估计经济寿命为 12 年，残值约为原值的 1/10，每年经营成本为 13750 元。现有旧设备的实际残值估计为 10000 元，若再继续使用时其每年的经营成本及残值如表 10-4 所示。试确定旧设备的最优更新期，基准折现率为 15%。

表 10-4　旧设备继续使用时的基本数据表　　　　　　单位：元

年	残 值	经营成本	年	残 值	经营成本
0	10000		2	5500	23500
1	7500	18500	3	3500	28500

解：（1）使用新设备的平均年度成本为：

$$AC_{新}=[60000-6000(P/F,15\%,12)](A/P,15\%,12)+13750=24613（元）$$

（2）若继续保留旧设备时其每年的边际成本如表 10-5 所示。

表 10-5　旧设备的边际成本表　　　　　　单位：元

年度	L_n	$L_{n-1}-L_n$	$L_{n-1}\times15\%$	C_n	边际成本	与新设备比较
0	10000					
1	7500	2500	1500	18500	22500	<24613
2	5500	2000	1125	23500	26625	>24613
3	3500	2000	825	28500	31325	>24613

由表 10-5 可以看出，若继续保留旧设备，其第一年的边际成本低于新设备的平均年度成本，但从第二年起它的边际成本便大于新设备的平均年度成本。根据前面的判别条件，旧设备只应再保留一年便需更新。

2. 总更新费用现值法

假定现有设备已经使用 N 年但尚未达到其应有的经济寿命,现在出现了一种高效能的新设备,可以代替现有设备,那么从现在起旧设备到 K 年进行更新,总的更新费用成本现值 RC_k,可按下式求出,如图 10-8 所示。

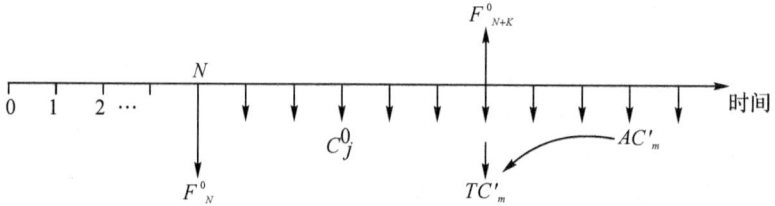

图 10-8 用新型设备更新旧设备

$$RC_K = F_N^0 + \sum_{j=N}^{N+K} C_j^0 (P/F,i,j-N) + (TC'_m - F_{N+K}^0)(P/F,i,K) \quad (10-9)$$

式中:F_N^0——现有设备第 N 年末的残值;角标^0 代表现有设备;

F_{N+K}^0——现有设备第 N+K 年的残值;

C_j^0——现有设备第 j 年经营费,$j=1,2,\cdots k_j$;

TC'_m——新设备长期使用时的总费用成本,角标 m 代表新设备的经济寿命。

公式(10-9)的含意是,假设有一第三者,首先支出 F_N^0 取得现有设备,以后每年支出经营费 C_j^0,至第 N+K 年再支出 TC'_m 取得新设备,并相应收回旧设备的残值 F_{N+K}^0 这时的总费用成本现值即为 RC_K。

如果原有设备从现在起再使用 k 年最为经济时,则应符合下列准则:

$$RC_{k-1} \geqslant RC_k, RC_k \leqslant RC_{k+1} \quad (10-10)$$

[**例 10-6**] 若公司拥有 3 辆汽车,每辆汽车的购置费为 60000 元,汽车使用的统计资料如表 10-6 所示。并且正好使用了 2 年。今有一种载运量大 50% 的新型汽车,售价 100000 元,并拥有新车使用资料如表 10-7 所示。若年利率为 4%,经计算知现有汽车年平均费用为 28970 元,经济寿命为 6 年。问该公司应如何确定更新方案。

表 10-6 旧汽车使用统计资料一览表 单位:元

使用年限(j)(年)	1	2	3	4	5	6	7
年经营费(C_j)	10000	12000	14000	18000	23000	28000	34000
年末残值(F_j)	30000	15000	7500	3750	2000	2000	2000

表 10-7   新汽车使用的统计资料一览表   单位:元

使用年限(j)(年)	1	2	3	4	5	6	7
年使用费(C_j)	13000	16000	19000	25000	32000	45000	60000
年末残值(F_j)	50000	25000	12500	6000	3000	3000	3000

解:首先分析新型汽车是否可以做为现有汽车的一种更新方案,即新型汽车达到经济寿命时年度平均费用成本,两者相比是否新车更为便宜。

表 10-8 中第 11 栏为载重新型汽车在不同使用年限时的年度平均费用成本 AC_n 值,根据计算结果来看,第 5 年的 AC_n 值最低(42542)。即新车经济寿命为 5 年。

表 10-8   经济寿命动态计算表   单位:元

使用年限 n	(1)	1	2	3	4	5	6	7
折现系数 $(P/F, 4\%, n)$	(2)	0.9615	0.9246	0.8890	0.8548	0.8219	0.7903	0.7599
残值(F_n)	(3)	50000	25000	12500	6000	3000	3000	3000
残值现值 $(4)=F_n \cdot (2)$	(4)	48077	23114	11112	5129	2466	2371	2280
资产消耗费用成本 $(5)=P-(4)$	(5)	51923	76886	88888	94871	97534	97629	97720
年使用费(C_j)	(6)	130000	16000	19000	25000	32000	45000	60000
年使用费现值 $(7)=(6) \cdot (2)$	(7)	12500	14793	16891	21370	26302	35564	45595
年使用费累计 $(8)=\sum_{j=1}^{n}(7)$	(8)	12500	27293	44184	65554	91856	127420	173015
总费用成本现值 $TC_n=(5)+(8)$	(9)	64423	104179	133071	160425	189390	225049	270735
$(A/P, 4\%, n)$	(10)	1.0400	0.5302	0.3604	0.2755	0.2246	0.1908	0.1666
年平均费用成本 $AC_n=TC \cdot (10)$	(11)	67000	55235	47952	44196	(42542)	42931	45107
折现率	(12)	0.04	0.04	0.04	0.04	0.04	0.04	0.04
长期使用的总费用成本现值 $TC'=TC_n \dfrac{(A/P,4\%,n)}{0.04}$	(13)	1675000	1380882	1198802	1104888	(1063552)	1073268	1127677

因新车载重能力较现有汽车大 50%,故如按同等的载重能力计算,新车的年度平均费用成本应为:

$$\frac{42542}{1.5}=28361<28970,现有汽车年费用见表 10-9 的(11)。$$

因此可以得出结论,用新车更替现有汽车的方案,在经济上是合理的。

其次,再分析现有的 3 辆汽车在什么时间更新,从经济方面衡量最为有利。按公式(10-9)计算结果列于表 10-9。

由表 10-9 可以看出,现有的 3 辆旧车再继续使用 4 年淘汰改换载重量大 50% 的两辆新车,这时在经济上最为有利。因为 $RC_4 = 2081584$,小于其他所有各值。

旧车的经济寿命原为 6 年,而计算结果它们还能再使用 4 年,再加上原先已使用了 2 年,共使用了 6 年,此时旧车刚好达到它们的经济寿命。

表 10-9 设备更新总费用计算表　　　　　　单位:元

使用年限（K）	(1)	0	1	2	3	4	5
折现系数 $(P/F, 4\%, K)$	(2)	1	0.9615	0.9246	0.8890	0.8548	0.8219
旧车残值 F_N^0	(3)	15000	15000	15000	15000	15000	15000
旧车第 $N+K$ 年的经营费 C_{N+K}^0	(4)	0	14000	18000	23000	28000	34000
经营费现值 $C_{N+K}^0 \cdot (2)$	(5)	0	13462	16642	20447	23935	27946
经营费累计值 $\Sigma(5)$	(6)	0	13462	30104	50550	74485	102431
旧车 $N+K$ 年的残值 F_{N+K}^0	(7)	15000	7500	3750	2000	2000	2000
残值现值 $F_{N+K}^0 \cdot (2)$	(8)	15000	7212	3467	1778	1710	1644
新车长期使用的总费用成本 TC_m'	(9)	1063552	1063552	1063552	1063552	1063552	1063552
(9)的现值 $TC_m' \cdot (2)$	(10)	1063552	1022646	983314	945494	909129	874162
使用 K 年时新旧车总费用成本的现值（即三辆旧车与二辆新车的年度使用总费用成本的现值 RC_k	(11)	2×1063552 $= 2127104$	$3(15000+$ $13462-7212)$ $+2 \times 1022646$ $= 2109043$	$3(15000+$ $30104-3467)$ $+2 \times 983314$ $= 2091537$	$3(15000+$ $50550-1778)$ $+2 \times 945494$ $= 2082306$	$3(15000+$ $74485-1710)$ $+2 \times 909129$ $= (2081548)$	$3(15000+$ 102431 $-1644)$ $+2 \times 874162$ $= 2095685$

第四节 设备租赁与购置方案比选

一、设备租赁的概念

设备租赁是指设备使用者(承租人)按照合同规定,按照向设备所有者(出租人)支付一定费用而取得设备使用权的一种经济活动。

二、设备租赁的形式

(1)经营性租赁:是指由出租方根据承租方的需要,与承租方签订租赁合同,在合同期内将设备交给承租方,承租方按合同规定,向出租方支付租赁费的一种租赁业务。在经营性租赁中,出租方除向承租方提供租赁设备外,还承担设备的保养、维修、老化、贬值以及不再续租的风险。这种方式带有临时性,因而租金较高。承租者往往用这种方式租赁技术更新快、租期较短的设备,如临时使用的车辆、计算机、仪器等,承租设备的使用期往往也短于设备的寿命期,并且经营性租赁设备的租赁费计入企业成本,可减少企业所得税。承租方可视自身情况需要决定是终止还是继续租赁设备。

(2)融资性租赁:也称财务租赁,是一种融资和融物相结合的租赁方式,它是指出租方和承租方共同承担确定时期的租让和付费义务,不得任意终止和取消租赁合同的一种租赁业务。这种租赁方式是以融资和对设备的长期使用为前提,租赁期相当于或超过设备的寿命期,租赁对象往往是一些贵重和大型设备。由于设备是承租者选定的,出租者对设备的整机性能、维护保养、老化风险等不承担责任。对于承租者来说,融资租入的设备属于固定资产,可以计提折旧计入企业成本,而租赁费一般不直接计入企业成本,由企业税后支付。但租赁费中的利息和手续费可在支付时计入企业成本,作为纳税所得额中准予扣除的项目。

三、设备租赁的优缺点

对于承租人,设备经营性租赁较设备购置具有以下优点:

(1)可在资金不足的情况下,获得生产经营所需设备;

(2)可有效降低负债水平,保持资金流动;

(3)可避免通货膨胀和利率波动的冲击,以及技术进步带来的投资风险;

(4)设备租金计入成本,作为所得税前扣除,能减少税费负担。

设备租赁的不足在于:

(1)对租用设备无所有权,无权改造设备,也不能用于担保、抵押贷款;

(2)租赁期内所交租金总额有可能高于设备购置费用。因此,有必要对设备经营性租赁与设备购置进行经济分析,以提升企业经济效益。

至于融资性租赁,是企业应对资金不足,确保生产经营需要的一个融资手段,不是企业自主经营的结果。因此,本节不考虑设备融资性租赁与设备购置的经济分析。

四、设备租赁与购置方案比选

对于承租人来说,设备租赁决策的关键问题是决定租赁还是决定购买。这实际上是要将设备租赁方案与设备购买方案进行比较优选,也是互斥方案优选问题,其方法与设备更新方案优选无实质上的差别。将租赁设备与购买设备产生的现金流量进行比较,最简单的方法是将租赁成本与购买成本进行比较。

1. 设备租赁方案的净现金流量

第 t 年净现金流量＝销售收入－销售税金及附加－经营成本－租赁费－(销售收入－经营成本－租赁费－销售税金及附加)×所得税率　　　　　　(10-11)

2. 设备购置方案的净现金流量

第 t 年净现金流量＝销售收入－销售税金及附加－经营成本－购置费－贷款利息－(销售收入－经营成本－折旧费－贷款利息－销售税金及附加)×所得税率＋设备残值回收　　　　　　(10-12)

应该注意,式(10-11)和式(10-12)中各项现金流量有的发生在第 0 年(设备寿命期初),如设备购置费;有的可能发生在设备使用期中每年的年初,如设备租赁费;有的发生在设备使用期中每年的年末,如产品销售收入、销售税金及附加、经营成本和企业所得税;有的发生在设备使用期期末,如设备残值回收。这些应根据实际情况,在经济分析中具体加以考虑。

3. 差额现金流量

由于设备租赁与购置方案选择的经济比选属于寿命期相同的互斥方案选择,故只需比较它们之间的差额部分。由于租赁与购置设备方案的净现金流量中,销售收入、销售税金及附加、经营成本和所得税税率数额及发生时间完全相同,则设备租赁与设备购置方案的增量现金流量为:

第 t 年净现金流量＝－设备购置费－贷款利息＋租赁费＋(折旧＋贷款利息－租赁费)×所得税率＋设备残值回收　　　　　　(10-13)

根据互斥方案增量分析法,如果设备购置与设备租赁方案的增量现金流量的现值大于或等于零,则说明设备购置方案增加的投资在财务上是可行的,应选择设备购置;否则,如果设备购置与设备租赁方案的增量现金流量的现值小于零,则说明增加投资不值得,应该选择设备租赁。

[例 10-7] 某公司需要使用某种设备,若购买该该设备需花费 100 万元,可利用 70％的银行贷款,贷款期限 3 年,按利率 8％等额支付本利和;如租赁每年租赁费 28 万元,每年年末支付。该设备采用年限平均法折旧,使用寿命 5 年,预计期末

净残值 5 万元,企业所得税税率为 25%,行业基准收益率 10%。试为该公司决策进行经济分析。

解:(1)折旧费计算

年折旧费=(100-5)÷5=19(万元)

(2)贷款利息计算

年还本付息=100×70%×(A/P,8%,3)=27.16235(万元)

各年支付的利息见表 10-10

表 10-10 各年支付的利息

年份	年初借款本息=上年的[(1)-(2)+(3)]	当年还本付息	当年付息=(1)×8%
	(1)	(2)	(3)
1	700000	271623.5	56000
2	484376.5	271623.5	38750.1
3	251503.1	271623.5	20120.3

(3)计算增量现金流量

设备购置与设备租赁方案的增量现金流量根据公式(10-13)计算,结果见表 10-11。

表 10-11 各年增量现金流量表

现金流量项目	0	1	2	3	4	5
设备购置费	1000000					
贷款利息		56000	38750.1	20120.3		
租赁费		280000	280000	280000	280000	280000
(折旧+利息-租赁费)×税率		-8500	-12812.5	-17469.9	-22500	-22500
设备残值回收						50000
净现金流量	-1000000	215500	228437.4	242409.8	257500	307500

4. 计算增量现金流量的现值

$\Delta PW_{购置-租赁} = -1000000+215500(P/F,10\%,1)+228437.4(P/F,10\%,2)+242409.8(P/F,10\%,3)+257500(P/F,10\%,4)+307500(P/F,10\%,5) = -66364.3(元)<0$

说明追加投资的内部收益率小于基准收益率,追加投资不可行,故应选择投资较小的设备租赁方案,可取得较好的经济效益。

复习思考题

1. 什么是设备的有形磨损,有什么特点?试举例说明。

2. 什么是设备的无形磨损,有什么特点?试举例说明。

3. 简述设备磨损有哪几种方式?各自的补偿方法是什么?

4. 设备的经济寿命的含义是什么？

5. 设备更新决策的基本原则是什么？特点是什么？

6. 如何确定设备更新时机？

7. 某设备的原始价值为 15000 元，其各年的设备残值及使用费用如下表所示，求设备的合理更新期。

设备残值及使用费用表   单位：元

使用年限	1	2	3	4	5	6	7
年使用费	2000	2500	3500	4500	5500	7000	9000
设备残值	10000	6000	4500	3500	2500	1500	1000

8. 某企业在 3 年前花 20000 元购置了一台设备，目前设备的实际价值为 10000 元，估计还能继续使用 5 年。有关资料如下表所示：

设备年使用费及年末残值表   单位：元

继续使用年限	1	2	3	4	5
年使用费	3000	4000	5000	6000	7000
年末残值	7000	5500	4000	2500	1000

现在市场上出现同类新型设备，新设备的原始费用为 15000 元，使用寿命估计为 10 年，有关资料如下表所示：

新设备年使用费及年末残值表   单位：元

使用年限	1	2	3	4	5	6	7	8	9	10
年使用费	1000	1500	2000	2500	3000	3500	4000	5000	6000	7000
年末残值	10000	8000	6500	5000	4000	3000	2000	1000	1000	1000

如果基准折现率 $I_c = 8\%$，试用总费用现值法分析该企业是否需要更新现有设备？若需更新，何时更新？

9. 某设备目前的净值为 10000 元，还能继续使用 3 年，继续使用的情况如下：

保留使用年限	年末净残值(元)	年使用费(元)
1	7300	3000
2	6200	4000
3	4800	5000

同款新设备购置费为 42000 元，经济寿命 10 年，第 10 年末残值为 4500 元，平均年使用费为 800 元，基准收益率为 10%，问是否再使用 3 年更新？

10. 某公司需用某种设备，若购置该设备需花费 3 万元，期末残值为 1000 元，寿命为 10 年；若在市场租赁，每年的租赁费为 5000 元。设备运行费均为 1800 元/年，基准收益率 10%，所得税税率 25%，年末纳税，按年限平均法折旧。试为该公司决策进行经济分析。

第十一章　价值工程

本章知识点梳理

1. 价值工程重要公式

$$价值(V) = \frac{功能(F)}{成本(C)}$$

2. 价值工程一般程序

阶　段	步　骤	价值工程提问
准备阶段	对象选择	VE 对象是什么
	组成价值工程工作小组	围绕 VE 对象需做哪些准备工作？
	制订工作计划	
分析阶段	搜集整理信息资料	VE 对象的功能是什么？
	功能系统分析	VE 对象的成本是多少？
	功能评价	CE 对象的价值是多少？
创新阶段	方案创新	有其他方案实现这个功能？
	方案评价	新方案的成本是多少？
	提案编写	新方案能满足功能要求吗？
实施阶段	审批	怎样保证新方案的实施？
	实施与检查	
	成果鉴定	VE 活动的效果有多大？

其重点步骤的常用方法如下：

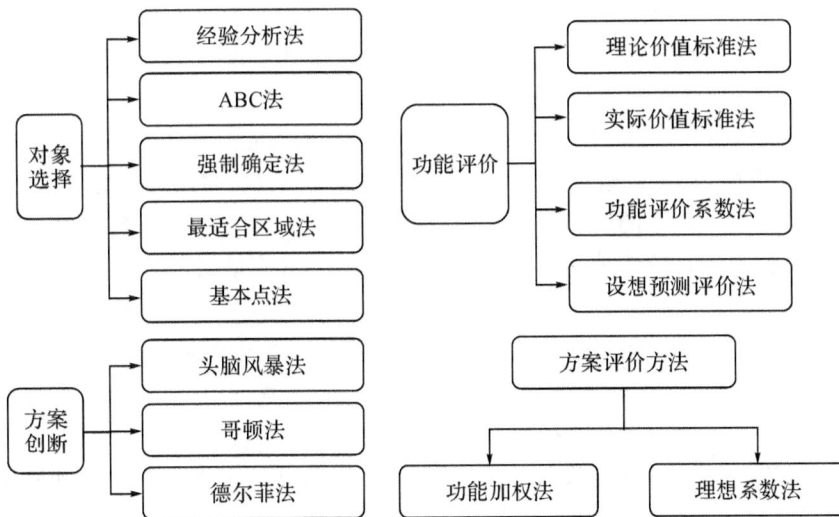

对象选择：经验分析法、ABC法、强制确定法、最适合区域法、基本点法

方案创断：头脑风暴法、哥顿法、德尔菲法

功能评价：理论价值标准法、实际价值标准法、功能评价系数法、设想预测评价法

方案评价方法：功能加权法、理想系数法

技术方案实施之前对其作出经济评价，至此技术经济工作并没有结束，在方案实施过程中，还应不断改进和完善，使产生更好的经济效果。在这方面，价值工程（Value Engineering，简称 VE），是一种有效的技术经济手段。目前，它已被广泛地应于用于国民经济的各个领域中，是改进产品质量、降低产品成本、提高经济效益的有效方法之一，也是广大工程技术人员和管理人员应掌握的现代管理技术之一。

第一节 概 述

一、价值工程的产生与发展

价值工程在 1947 年前后起源于美国。第二次世界大战期间，由于战争的原因，各种资源都非常紧张，当时美国的通用电气公司急需生产军工产品的石棉板，但由于石棉板紧缺，价格成倍上涨，给采购工作和成本都造成很大的压力，在通用电气公司负责采购工作的工程师麦尔斯（L. D. Miles）通过调查，了解到因为他们的产品要上涂料，而涂料的溶剂是易燃品，根据美国消防法的规定，在工作场地上必须铺上石棉板以防止火灾，同时又不沾污地板，由于石棉板奇缺，他们就想到使用替代材料，后来，采购员在市场上找到一种不燃烧的石棉纸，不仅保证了同样的功能，而且货源充足、采购容易，成本大大降低。麦尔斯等人通过自己的实践活动，为企业带来了显著效益，也总结出一套在保证相同功能的条件下降低成本的完整的科学方法，当时称它为价值分析（Value Analysis），简称 VA。通过不断完善和发展，现称为价值工程。

在美国，最早应用价值分析并取得较好经济效益的部门是军事部门和军工企业，1954 年，美国海军首先开始推行，主要用这种方法指导新产品的设计。1956年，开始用于签订订货合同，当年就节省了 3500 万美元。据报道，美国在 1960—1970 年 10 年中，由于在国防订货中推行价值工程，仅订货费用就节约了几百亿美元，连一向不重视成本的航天局也采用了价值工程。1977 年，美国参议院作出决议，肯定价值工程是节约能源、降低成本、保证服务的有效方法，号召各部门加以采用。

价值工程于 1955 年传到日本，以后又传到加拿大、原联邦德国等世界其他国家，60 年代，日本企业开始将价值工程和全面质量管理、工业管理工程结合起来，取得了成本低、质量好的效果。据原联邦德国价值工程协会秘书长介绍，将价值工程应用于产品更新中，可降低成本 20%～25%，如应用于新产品的设计和制造中，效果更为显著。目前许多大学开设了价值工程课程，不少国家成立了价值工程学会等组织,不少企业规定,没有经过价值分析的新产品不能投产、工程不准开工、方案不准实施。

我国从 1978 年开始引进并推广价值工程,并在实际应用中取得了很好的进展。1987 年 10 月颁布了中华人民共和国国家标准(GB8223.1-87)——《价值工程基本术语和一般工作程序》,2009 年 5 月颁布了新中华人民共和国国家标准(GB/T8223.1-2009)——《价值工程基本术语》。

二、价值工程的基本概念

价值工程是一种技术经济分析法,通过分析产品或其他 VE 对象的功能与成本,以求用最低的寿命周期费用(Life Cycle Cost,简称 LCC)实现必要的功能,从而提高产品或服务的价值。同时,价值工程也是一种运用集体智慧的有组织的创造性活动。

这一定义表明下述三方面的内容:

(1)价值工程的目的在于提高产品或其他 VE 对象的价值,即以最低的寿命周期费用,实现必要的功能,包括消除不必要的功能和补充必要的功能,使用户和企业都得到理想的经济效益。

(2)价值工程方法论的核心是与成本密切结合的功能分析,即按照用户的需要,对 VE 对象的功能与成本进行综合的定量与定性分析,找出功能与成本的合适匹配。

(3)价值工程是一种依靠集体智慧进行的有组织的活动。开展价值工程活动,要组织具有合理智能结构的各有关专业人员共同协作,必要时还要有用户参加。

价值工程涉及价值(Value)、功能(Function)和成本(Cost)三个基本要素。

1. 价值

价值工程中的价值是评价产品或服务有益程度的尺度,并不是政治经济学中所讲述的价值概念。在数量上,它是产品或服务的一定功能与为获得这种功能而支付的费用之比。通俗的说,就是为获取某种东西而付出的代价值得不值得。把这个概念写成表达式,即:

$$价值(V) = \frac{功能(F)}{成本(C)} \tag{11-1}$$

根据(11-1)可知,提高产品价值的途径有以下五种:

(1)成本不变,功能提高;

(2)功能不变,成本降低;

(3)成本略有提高,功能有更大提高;

(4)功能略有下降,成本大幅度下降;

(5)功能提高,成本降低。

2. 产品或服务的功能

所谓功能,是指一种产品或服务所起的作用、所担负的职能或具有的效用,是满足社会和用户需要的效益。

产品的功能蕴藏于内部而以不同的物理形态表现出来。使用者购买某种产品,其根本的目的在于取得他所需要的产品功能。生产者为了满足用户的需要而生产某种产品,其实质是向用户提供产品的某些具体功能。不同的时间和不同的地点,不同的用户对产品功能的需求各不相同,某种功能的是否必要完全取决于用户的需要。价值工程不是研究产品的结构而是产品的功能,这是价值工程方法论的独特所在。

价值工程寻求的目标是完善产品的功能而又不提高成本,最好能降低成本;如果为改善功能而不得不提高成本,则要求成本提高的程度低于功能改善的程度。

3. 寿命周期成本

价值工程的最终目的是以最低成本实现产品适当的功能。产品功能的实现需经两个阶段:产品功能形成,即开发、设计、生产过程;产品功能发挥作用,即使用过程。两个阶段各有相应的费用支出,这就是生产成本和使用成本。产品从开发、设计、生产、销售、使用直到报废处理的全部费用,称为寿命周期费用。价值工程所寻求的最低成本,确切地说是最低的寿命周期成本。最低寿命周期成本考虑了生产成本和使用成本,体现了用户和生产者的共同要求。

对于产品而言,生产成本和使用成本常常存在一些矛盾,当产品的功能较多,生产成本就会增加,但同时,用户在使用过程中的使用成本就会减少。反之,当产品的功能较差,企业的生产成本会减少,但用户的使用成本会增加。也就是说,在一定的经济技术条件下,生产成本 C_1 随功能的提高而增加,而使用成本 C_2 随功能的提高而下降,产品的总成本为 $C=C_1+C_2$。图 11-1 显示了产品的功能与成本的关系。从图中可知,总成本曲线上 P_2 点反映了最适宜的功能水平 f_2 和最低的总成本水平 C_2,处于这种状态,价值最高,这是价值工程追求的目标。这种情况说明功能从原来的 f_1 提高到 f_2,费用从原来的 C_1 降低到 C_2,相当于提高产品价值的第 5 种途径,而 P_3 点则相当于提高价值的第 3 种途径,即功能增加的幅度大于成本增加的幅度,总体上也是合算的。

对于寿命周期长的建筑产品,由于形体庞大,产品物化劳动和活劳动消耗多,不仅设计生产成本可观,而且使用费往往数目也很大。因此,开展价值工程具有特别重要的意义。

三、价值工程的一般工作程序

开展价值工程的整个过程就是一个提出问题、分析问题、解决问题的过程。我国国家标准 GB8223-87 规定的价值工程的一般工作程序如表 11-1 所示。

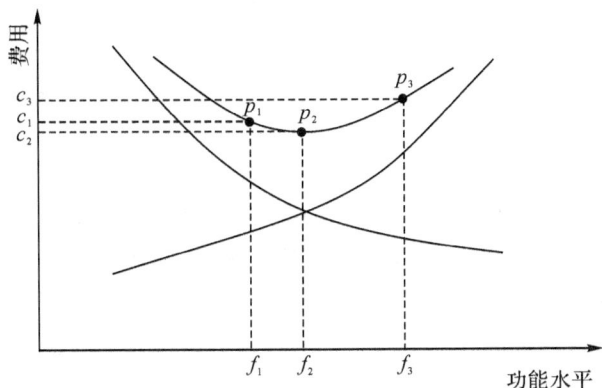

图 11-1 功能水平与费用的关系

从表 11-1 中可知,价值工程的一般工作程序为四个阶段、12 个步骤。

(1)对象选择:选择价值工程的对象并明确目标,限制条件和分析范围。

(2)组成价值工程工作小组:根据不同的价值工程对象,组成工作小组。工作小组成员一般在 10 人左右,应熟悉价值工程和研究对象,具有创新精神。小组负责人一般由项目负责人担任。

(3)制定工作计划:包括具体执行人、执行日期、工作目标等。

表 11-1 价值工程的一般程序

阶　　段	步　　骤	价值工程提问
准备阶段	对象选择	VE 对象是什么?
	组成价值工程工作小组	围绕 VE 对象需做哪些准备工作?
	制订工作计划	
分析阶段	搜集整理信息资料	VE 对象的功能是什么?
	功能系统分析	VE 对象的成本是多少?
	功能评价	VE 对象的价值是多少?
创新阶段	方案创新	有其他方案实现这个功能?
	方案评价	新方案的成本是多少?
	提案编号	新方案能满足功能要求吗?
实施阶段	审批	怎样保证新方案的实施?
	实施与检查	
	成果鉴定	VE 活动的效果有多大?

(4)搜集整理信息资料:搜集整理与对象有关的一切信息资料,并贯穿于价值工程的全过程。

(5)功能系统分析:通过分析信息资料,用动词和名词的组合简明正确地表述各对象的功能。明确功能特性要求,并绘制功能系统图。

(6)功能评价:包括改进原有对象和创造新对象。定量地表述原有对象各功能的大小、目前成本,并确定原有对象的功能,改进区域及功能目标成本。把确定功能的目标成本作为创新、设计的评价依据。

(7)方案创新:针对应改进的具体目标,依据已建立的功能系统图、功能特性和目标成本,通过创造性的思维活动,提出各种不同的实现功能的方案。

(8)方案评价:对所提出的各种方案,从技术、经济和社会等方面进行评价,通过评价从中选择最佳方案。

(9)提案编写:将选出的方案及有关的技术经济资料和预测的效益,编写成正式的提案。

(10)提案审批:主管部门对提案组织审查并签署是否实施的意见。

(11)实施与检查:制定实施计划,组织实施,实施过程中要跟踪检查,记录全过程的有关数据资料。

(12)成果鉴定:根据提案实施后的技术经济,进行成果鉴定,计算考核指标,如年净节约额、节约百分数和节约倍数等。

企业在开展价值工程活动时,一般需按表中划分的 4 个阶段顺序进行。但细分的 12 个步骤则可针对企业和对象的实情灵活执行,可以适当调整。

第二节　对象选择与情报资料的搜集

一、对象选择

1. 对象选择的基本原则

价值工程对象选择的基本原则是,首先选择那些亟待改进、易于进行而且经济效果比较显著的对象。对于建筑产品而言,可以定性地考虑以下几个方面:

(1)投资额大的工程项目

对于这类工程项目,从可行性研究,编制设计文件,施工准备到组织施工,都可以开展价值工程活动。在保持预定功能的条件,即使固定资产投资或施工成本减少 1%,资金节约也将是十分显著的。

(2)面广量大的建筑产品

例如住宅、单层工业厂房、中小学校、商店和医院等建筑物,每个项目投资不一定很大,但从全国或地区范围来说,建造面广且量大,价值工程在一个项目上取得的成果可以推广到其他项目上去。

（3）结构复杂、建筑自重大、稀缺材料用量多的项目

工程结构复杂，简化的潜力越大，可能取消的辅助功能越多。建筑自重过大，则改进结构节约投资的潜力也大。若稀缺材料用量多，则应尽量减少使用，节约挖潜。

（4）能耗大、能量转换率低的工程项目

合理使用能源和节约能源是我国现代化建设中的一个突出问题，关键是能量转换率低。因此，把这类工程列为价值工程对象，有利于节约能源，促进能源科学技术水平的提高。

（5）污染严重的工程项目

经济合理地处理废水、废渣、噪声，甚至变废为宝是价值工程需要研究的重要对象。

（6）用户意见多的建筑产品

用户认为功能不足或售价过高的建筑产品应是价值工程的对象。

2. 对象选择的基本方法

对象选择常用的方法有：

（1）经验分析法

经验分析法也叫因素分析法，它是价值工作人员凭借自己的实践经验和知识水平，根据选择对象时应注意的问题和要求，对企业内部的产品、零件或各项工作，进行全面的综合分析，然后集体讨论选择 VE 的活动对象。经验分析法是一种定性方法，其优点是简便易行、节省时间，缺点是缺乏定量依据，不够精确可靠。

（2）ABC 分析法

ABC 分析法是应用数理统计分析的方法来选择价值工程对象的。它源于意大利经济学家巴雷特（Pareto）提出的不均匀分布规律，故又称巴雷特分析法。方法的基本思路是将某一产品的成本组成逐一分析，将每一零件占多少成本从高到低排出一个顺序，再归纳出少数零件占多数成本的是哪些零件，并将其作为分析的主要对象。

该法将分析对象分为三类因素：

A 类：零件数是占全部零件的 $10\% \sim 20\%$，成本占总成本的 $70\% \sim 80\%$；

B 类：零件数量占全部零件的 $10\% \sim 20\%$，成本占总成本的 $10\% \sim 20\%$；

C 类：零件数量占全部零件的 $80\% \sim 90\%$，成本占总成本的 $10\% \sim 20\%$。

其中 A 类因素为价值工程的主要分析对象。对于建筑产品来说，一般是按各类分项工程占全部分项工程的成本比重来确定。ABC 分析法可用 ABC 分析表及 ABC 分析图找出 A 类作为价值工程的对象。ABC 分析图如图 11-2 所示。

ABC 分析法能够比较直观地显示出产品成本这一因素中的主要问题。其不足之处是并未联系功能方面的因素来考虑，因此，有可能造成忽略所占比重虽然不

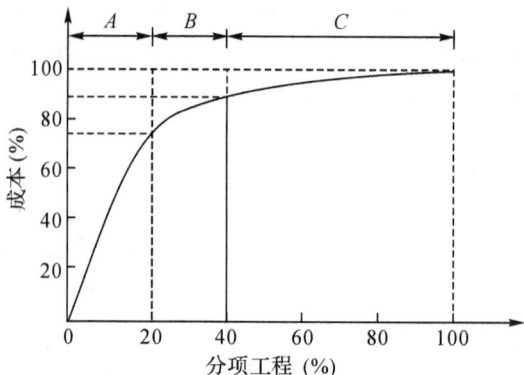

图 11-2　分项工程成本分配曲线

大但功能却亟待改进的对象。

（3）强制确定法

强制确定法（Forced Decision Method）是根据价值系数的大小,确定价值工程分析对象的方法。当一个产品（工程项目）由多种部件（分项工程）,且这些部件的重要性各不相同时,可用此法找出应在成本或功能方面加以改进的部件。

运用这种方法应求出分析对象的功能评价系数和成本系数,然后将它们相比求出价值系数,最后根据价值系数的大小进行分析,具体作法如下。

①确定功能评价系数

功能评价系数的评价方法有"01"评分法和"04"评分法两种。它们都是采用一定的评分规则,通过强制对比打分来评定评价对象功能系数的分数。

1）"01"评分法

"01"评分法是由若干专业技术人员对组成产品的各功能按其重要性进行一一对比,重要的得 1 分,不重要的得 0 分。逐次比较后,将各功能的得分结果进行统计,求出参加评分人员对同一部件的功能评分之和,再将所有部件的评分值加总,两者相比,即得某一部件的功能评价系数。用公式表示即为：

$$F_i = \frac{\sum\limits_{j=1}^{m} f_{ij}}{\sum\limits_{i=1}^{n} \sum\limits_{j=1}^{m} f_{ij}} \tag{11-2}$$

式中：F_i——第 i 个部件的功能评价系数；

f_{ij}——第 j 位评分者给第 i 个部件的功能评分值；

m——参加评分人数；

n——部件个数。

为避免不重要的功能得 0 分,可将各功能累计得分加 1 分进行修正,用修正后的总分分别去除各功能累计的得分即得到功能重要性系数。

表 11-2　"01"法功能系数评价表

功能	F_1	F_2	F_3	F_4	F_5	得分	修正得分	功能重要性系数
F_1	—	0	0	1	0	1	2	0.133
F_2	1	—	0	1	0	2	3	0.200
F_3	1	1	—	1	0	3	4	0.267
F_4	0	0	0	—	0	0	1	0.067
F_5	1	1	1	1	—	4	5	0.333
合计						10	15	1.000

2)"04"评分法

"04"评分法是对"01"评分法的改进,它弥补了"01"评分法中重要程度差别仅为 1 分而不能拉开档次的不足,因此它更能反映功能之间的真实差别。采用"04"评分法对其中两个功能进行比较时,分为以下四种情况:

A 相对非常重要的功能得 4 分,相对很不重要的功能得 0 分;

B 相对比较重要的功能得 3 分,相对不太重要的功能得 1 分;

C 两个功能重要程度相同时,各得 2 分;

D 自身对比不得分。

由以上四种情况可以看出"04"评分法的特点,即相互对比的两项得分之和始终为 4。

与"01"评分法一样,计算参加评分人员对同一部件的功能评分之和,再将所有部件的评分值加总,两者相比,即得某一部件的功能评价系数(计算公式同 11-2)。

②计算成本系数

成本系数的计算公式为:

$$C_i = \frac{c_i}{\sum_{i=1}^{n} c_i} \tag{11-3}$$

式中:C_i——第 i 个部件的成本系数;

c_i——第 i 个部件的现状成本。

③计算价值系数

价值系数的计算公式为:

$$V_i = \frac{F_i}{C_i} \tag{11-4}$$

式中:V_i——第 i 个部件的价值系数。

表 11-3   "04"评分法功能评价系数表

功能	F_1	F_2	F_3	F_4	F_5	得分	功能重要性系数
F_1	—	3	2	4	4	13	0.325
F_2	1	—	2	3	2	8	0.200
F_3	2	2	—	3	3	10	0.250
F_4	0	1	1	—	2	4	0.100
F_5	0	2	1	2	—	5	0.125
合计						40	1.000

④根据价值系数进行分析

如果价值系数接近1,说明部件在功能上所占的比重与其在成本上所占的比重是基本匹配的,一般可不列为重点分析对象。但是,要注意有时存在成本比重和功能比重都过高的特殊情况。

如果价值系数小于1,说明部件在功能上不太重要而成本占有较大比重,应当作为重点分析对象。

如果价值系数大于1,说明部件在功能上比较重要而成本所占比重较低。对于这种情况要作具体分析。若这部件功能很重要,但由于现状成本分配偏低,致使功能未能充分实现,则应适当增加其成本;若这部件功能虽很重要,但本身材料价格低廉,则不必多余地增加成本。

[例 11-1]   一个工程项目由 A、B、C、D、E 五个分项工程组成,现状成本分别为 180、80、80、110、250 万元,现组织 a、b、c、d、e 五人对各分项工程的重要性评分,在此基础上确定开展价值工程活动对象的顺序。

解:其步骤如下:

(1)对各分项工程的重要性评分

评委 a 对各分项工程重要性一对一比较的评分结果如表 11-4 所示。例如,A 与 B 比较重要,A 得 1 分,B 得零分;又如,A 与 C 比较,C 较重要,C 得 1 分,A 得零分。各分项工程得分累计加 1 得出修正分值。

(2)确定功能评价系数

综合五个评委评分结果,并确定各分项工程的功能评价系数如表 11-5 所示。例如,表 11-4 中评分人 a 对 A、B、C、D、E 的评分值,即为表 11-4 中的修正分值。对分项工程 A 来说,五个评分人评分合计为 22,除以所有分项工程总计得分 75,即得分项工程 A 的功能评价系数 0.293。

表 11-4　评委 a 对各分项工程的评分

分项工程名称	一对一比较评分					得分累计	修正分值
	A	B	C	D	E		
A	—	1	0	1	1	3	4
B	0	—	0	1	1	2	3
C	1	1	—	1	1	4	5
D	0	0	0	—	0	0 *	1
E	0	0	0	1	—	1	2

* 若零分不加以修正,表 11-4 中的功能评价系数有可能为零,不合理。

表 11-5　评分结果综合与确定功能评价系数

评分值/评分人 分项工程名称	a	b	c	d	e	合计	功能评价系数
A	4	5	3	5	5	22	0.293
B	3	1	2	2	1	9	0.120
C	5	4	5	3	4	21	0.280
D	1	3	1	4	2	11	0.147
E	2	2	4	1	3	12	0.160
累　　计						75	1.000

(3)计算成本系数

成本系数计算结果如表 11-6 所示。

表 11-6　价值系数与价值工程对象顺序

分项工程名称	现状成本(万元)	成本系数	功能评价系数	价值系数	价值工程对象顺序
A	180	0.26	0.293	1.13	3
B	80	0.11	0.120	1.03	5
C	80	0.11	0.280	2.54	2
D	110	0.16	0.147	0.92	4
E	250	0.36	0.160	0.44	1
合计	700	1.00	1.00		

(4)计算价值系数与确定价值工程对象顺序

价值系数计算结果与价值工程对象顺序亦如表 11-6 所示。

强制确定法与 ABC 分析法相比,前者能把功能与费用联系起来选择分析对象,其不足之处是只考虑功能评价系数与成本系数的比值,而未考虑两者本身的大小对价值的影响。

(5)最合适区域法

最合适区域法也是一种通过计算价值系数选择价值工程对象的方法,在 1973 年由日本田中教授提出。计算价值系数的步骤与强制确定法相同,但在根据价值系数选择分析对象时,提出了一个最合适区域。

最合适区域如图 11-3 所示,由围绕标准线 $V=1$ 的两条曲线包络而成。选择对象时,首先将各部件的价值系数在图上描点,然后把区域外的点优先选为分析对象,至于区域内的点则根据情况不作为重点对象或不选为对象。

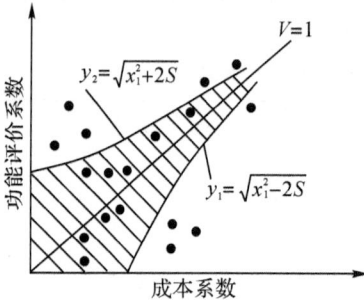

图 11-3 最合适区域图

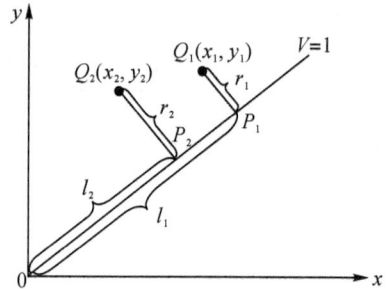

图 11-4 最合适区域包络曲线的确定

构成最合适区域的两条曲线是这样确定的:曲线上任意一点 $Q(x_i,y_i)$ 至标准线 $V=1$ 的垂线 QP 与 OP 的乘积是一个常数(如图 11-4 所示)。

设:$QP=r$,$OP=l$,r 是 Q 点与标准线的垂直距离。l 是 Q 点到 O 点的距离。若设 S 为给定常数,则 $r\times l=S$。即当 S 一定的情况下,l 大则 r 相应要小,l 小则 r 相应要大。也就是说,l 大时(Q 点离 O 点远,意味着相对应的部件对价值影响大),要求 r 小些;反之,l 小时(Q 点离 O 点近,意味着相对应的部件对价值影响小),则允许 r 大些。

上述两条曲线的方程为:

$$y_1=\sqrt{x_1^2-2S} \qquad y_i<x_i$$
$$y_2=\sqrt{x_i^2+2S} \qquad y_i>x_i$$

式中:S 是人为给定常数。

很明显,若给定的 S 较大,价值工程对象将选得少一些;反之,若给定的 S 较小,则曲线更逼近标准线,价值工程对象将选得多一些。实际应用时,可通过试验代入不同的 S 值,直到获得满意结果为止。

上述曲线方程的推导如图 11-5

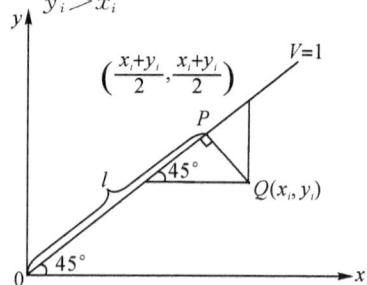

图 11-5 最合适区域包络曲线方程的推导

所示。图 11-5 中,设 Q 点为最合适区域包络曲线上的任意点,其坐标为 (x_i, y_i),P 点为标准线上任一点,其坐标可表示为 $\left(\dfrac{x_i + y_i}{2}, \dfrac{x_i + y_i}{2}\right)$。分析知:$r = \dfrac{1}{\sqrt{2}}|x_i - y_i|$,其值反映成本比重与功能比重之差 $(C_i - F_i)$ 的大小,即与 Q 相对应的部件的改进余地;$l = \dfrac{1}{\sqrt{2}}|x_i + y_i|$,其值反映部件对整个产品的成本与功能影响的大小。

将 l 与 r 综合考虑,则有:

$$l \times r = \frac{1}{2}|x_i^2 - y_i^2| = S$$

$$|x_i^2 - y_i^2| = 2S$$

当 $y_i < x_i$ 时,$x_i^2 - y_i^2 = 2S$,故 $y_i = \sqrt{x_i^2 - 2S}$;

当 $y_i > x_i$ 时,$x_i^2 - y_i^2 = -2S$,故 $y_i = \sqrt{x_i^2 + 2S}$。

(6)基点法

由于强制确定法是用对象的功能系数和费用系数的相对数来对比,即某对象的价值系数 $(V_c)_i$ 为:

$$(V_c)_i = \frac{F_{ci}}{C_{ci}} = \frac{\dfrac{F_i}{\Sigma F_i}}{\dfrac{C_i}{\Sigma c_i}} = \frac{F_i}{C_i} \cdot \frac{\Sigma C_i}{\Sigma F_i} \tag{11-5}$$

这就意味着对象的价值系数除与本身的功能得分 F_i 和费用 C_i 有关以外,还与全部对象的总费用 ΣC_i 及功能得分总和 ΣF_i 有关,如果某些零件的功能与成本分配不合理,往往会造成其他零件价值系数的虚假,即产生所谓的价值系数指示不准确现象。基准点法就是为克服价值系数这种缺陷而提出的一种方法。基点法的计算公式为:

$$(V_c)_i = \frac{F_i}{C_i}\alpha \tag{11-6}$$

式中:$(V_c)_i$——无偏差价值系数;

$\quad F_i$——功能重要性系数;

$\quad C_i$——成本系数;

$\quad \alpha$——偏差矫正系数(基点偏差值)。

基点法实施的步骤为:

(1)求各零件的功能重要性系数、成本系数和价值系数;

(2)从各零件中找出某个成本与功能相匹配,或者降低成本潜力最小的零件为基点,并以它的功能重要性系数和成本系数求出偏差矫正系数 α,详见公式(11-7);

$$\alpha = \frac{C_i}{F_i} \tag{11-7}$$

（3）用偏差矫正系数 α 分别乘以各零件原来的价值系数,从而得出无偏差的价值系数。

二、情报资料的搜集

对价值工程来说,情报就是资源,没有情报,价值工程的各项工作就无法开展。价值工程成果的优劣,自始至终取决于情报的质量、数量及其适时性。

情报搜集首先要明确目的,制订计划,然后有组织地进行。要注意情报的完整程度和准确程度,并按规定期限完成。

关于情报的内容,原则上包括将产品研制、生产、流动、交通、消费全过程中的有关资料搜集起来。情报搜集之后还需进行整理,并加以分析。需要的情报是多方面的,大致可以分为:

（1）用户要求方面的情报:用户使用产品的目的、环境、条件;对产品价格、交货期限、配件供应、技术服务方面的要求;对产品性能方面的要求。

（2）销售方面的情报:产销情况、市场需求、产品竞争情况。

（3）科学技术方面的情报:现产品的研制设计历史和演变;新结构、新工艺、新材料、新技术、标准化和工废处理方面的科技资料。

（4）制造和供应方面的情况:生产批量、生产能力、加工方法、工艺装备、包装方法;原材料及外购件;供应与协作单位的布局、生产经营、技术水平、成本、利润、价格情况;厂外运输方法等。

（5）成本方面情况:定额成本、工时定额、材料消耗定额、费用定额等。

（6）政府和社会有关部门法规、条例等方面的情况。

对建筑工程而言,情报来源主要有规划、设计、施工、用户以及市场等方面。从不同来源搜集资料的内容应有不同侧重点。

第三节　功能分析和评价

功能分析和评价是价值工程活动的核心,是价值工程活动能否取得成功的关键,通过对产品功能、成本的定性和定量分析,弄清它们的相互关系,可以科学地确定产品的必要功能,合理地分配成本,为创造、改善方案提供依据。

功能分析和评价的内容包括:功能定义、功能分类和整理、功能评价。

一、功能定义

功能定义就是对价值工程对象的作用或效用作出确切的表述。这种表述应能抓住功能的本质,限定功能的内容。

功能定义的目的是明确用户对功能的要求，便于进行功能评价，开拓改进思路。

功能定义的语言应简明准确，一般用一个动词加上一个名词来描述。例如，电梯的功能是"运输重物"，电线的功能是"传送电流"，门的功能是"控制道路"。为使实现功能的各种方法、设想不受限制，动词常选用比较抽象的词，而名词最好选好用能够计量的词。

二、功能分类

可以从不同角度对产品的功能进行分类。

按性质的不同，产品功能可以分为使用功能和外观功能。大多数产品既要求有使用功能又要求有外观功能，有的产品则只要求具备使用功能或外观功能。

按重要程度不同，产品功能可以分为基本功能和辅助功能。基本功能是产品不可缺少的，而辅助功能则是为了进一步发挥基本功能而附加的。基本功能一定是必要的，而辅助功能常常是有些必要有些是不必要的。

例如，对于住宅建筑来说，采光、通风、保温、隔热等是一定要具备的基本功能。其中，窗的设置是为了采光和通风，因此，窗的通风功能是它的基本功能之一，而安装在窗上开关用的五金零件，有些功能则是辅助的。

按用户需要分，产品功能可分为必要功能和不必要功能。必要功能是产品满足用户需要必须具备的功能；不必要功能是指用户不需要的或对基本功能实现没有任何作用的辅助功能。价值分析中，剔除不必要功能就能提高产品价值。

三、功能整理

所谓功能整理，就是按照一定的逻辑体系，把价值工程对象各组成部分的功能相互连接起来，从局部功能与整体功能的相互关系上分析对象的功能系统。功能整理的目的是为了真正掌握对象的必要功能。

功能整理一般有两种方法，一是列表法，二是画功能系统图，而后者最为常用。

画功能系统图首先要确定最上位功能，然后逐个明确功能的关系。最上位功能常常就是最重要的基本功能，它代表分析对象的最终目的。明确功能关系，就是搞清各功能间是上下关系还是并列关系。上下关系即上位功能和下位功能的关系，在一个功能系统中，上位功能是目的，下位功能是实现上位功能的手段；并列关系是指处于同等地位的二个或二个以上功能的关系，它们都是为了实现同一个目的而必须具备的手段。按照上述原理把功能排列起来，就形成如图 11-6 形式的功能系统图。图 11-7 是功能系统图的一个具体例子。

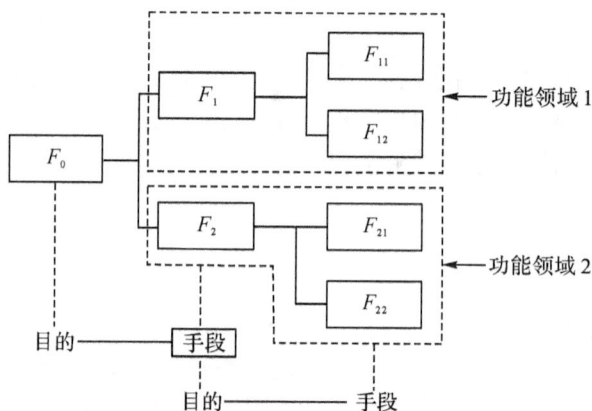

图 11-6　功能系统图的一般形式

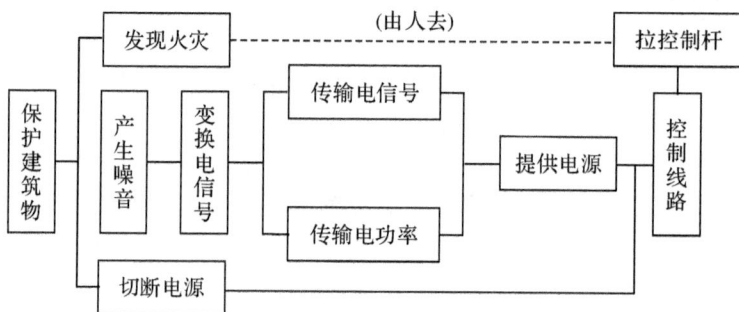

图 11-7　火灾报警系统的功能系统图

四、功能评价

所谓功能评价,就是将功能的最低费用与功能的现状成本进行比较,以二者的比值评定功能的价值。实现功能的最低费用又称功能评价值。它是衡量功能价值的标准,若功能的现状成本高于它就说明价值不理想。

功能的现状成本较易确定,而功能评价值的确定则比较困难。功能评价工作主要就是寻找、测定、计算功能评价值的工作,探讨功能评价方法,实际上主要是探讨求功能评价值的方法。

下面介绍几种常用的功能评价方法。

1.理论价值标准法

这是根据工程计算公式和费用定额资料,对功能成本中的某些费用进行定量计算的方法。例如,根据力学计算公式和材料费用资料,可以计算传递一定轴力和弯矩这一功能所需的最低费用。再如,对于某个施工方案,根据工时定额和人工费用资料,可以算出某些加工功能的最低费用。

运用理论价值标准法,数字的确定有理论根据和公认标准,计算简便。但当功能成本中有些费用无法用理论公式和定额标准计算时,就不能完全依靠这种方法。

2. 实际价值标准法

这种方法就是在企业内外,广泛搜集实现同样功能所需实际成本的资料,在此基础上选择最低的成本定为功能评价值。

实际价值标准法一般只适用于能具体测定性能的产品功能评价。运用时要先搜集具有同样功能的同类产品的各种指标和数据,如性能、质量、外观、可靠性、安全性、生产条件、生产批量、生产率以及成本数据,然后根据功能的实现程度、类似的生产前提以及相应的最低成本确定功能评价值。

3. 功能评价系数法

这是按功能评价系数分配产品目标成本以确定功能评价值的方法。功能评价系数的确定在本章第二节中已有说明。功能评价系数法先确定产品的整体目标成本,然后按照功能评价系数大小分配各个功能领域或部件的目标成本,即功能评价值。

对于老产品来说,在改进设计之前,已经有了产品和各项功能的现状成本,但成本的分配不一定合理,按本章前述方法确定功能评价系数以后,就可以重新分配产品成本,并能看出新分配成本与原分配成本之间的差异。正确分析和处理这些差异,便能为各项功能确定功能评价值。表 11-7 是确定老产品各功能领域的功能评价值(目标成本)的一个例子。这里,是将产品的现状成本 300 元按功能评价系数重新分配,通过比较差异确定各个功能领域的功能评价值的。另一种情况是事先确定一个低于现状成本的产品目标成本,那就应以此目标成本为基数,按功能评价系数重新分配,最后得到的整体功能评价值将比以现状成本为基数要低一些。例如,如果上述例子事先确定产品的目标成本为 250 元,最后得到的整体功能评价值将不是 239 元,而是 212.5 元。根据公式(11-1),将功能评价值除以功能现状成本就可得出功能的价值。

功能评价的目的之一是进一步选择功能改善对象,问题是如何根据功能价值(V)与降低成本目标(即改善期望值 $C-F$)来确定功能改善对象的选择顺序。

V 值小于 1 的功能领域或部件属于低功能范围,基本上都应列为需要提高功能的对象,通过改进设计使 V 值达到或接近 1。如果有几个对象的 V 值都比较低,则应按($C-F$)值由大到小的次序来排列功能优先改善顺序。仍以上述例子作说明,顺序排列结果如表 11-8 所示。

表 11-7 确定老产品各功能领域的功能评价值　　　　单位:元

功能领域	现状成本 (C)	功能评价 系数	根据产品现状成本和功能 评价系数重新分配的成本	功能评价值 (目标成本) (F)	成本降低目标 (C−F)
	(1)	(2)	(3)=(2)×300	(4)	(5)=(1)−(4)
F_1	80	0.47	141	80	—
F_2	120	0.32	96	96	24
F_3	65	0.16	48	48	17
F_4	35	0.05	15	15	20
合计	300	1.00	300	239	61

表 11-8 确定功能改善优先顺序　　　　单位:元

功能 领域	功能现状成本 (C)	功能评价值 (F)	功能价值 $(V=\dfrac{F}{C})$	成本降低目标 (C−F)	功能改善 优先顺序
F_1	80	80	1.00	—	—
F_2	120	96	0.80	24	1
F_3	65	48	0.74	17	3
F_4	35	15	0.43	20	2
合计	300	239	0.83	61	—

此外,有些功能领域或部件虽然 V 值接近 1,C−F 值也较小。但在设计和生产中存在问题较多或组成比较复杂,也应列为进一步研究如何改善的对象。

对于新产品来说,可以根据有关价格政策、市场状况、企业盈利等因素先确定产品的目标成本,然后按功能评价系数分配到各个功能领域或部件上去的办法。

4. 设想预测评价法

这种功能评价方法是首先设想将来为实现某一功能可能采用的各种方案,预测各种方案的成本,然后从中选出最低成本作为功能评价值。

运用这种方法可以在没有现状成本资料或实际价值标准的情况下进行功能评价。其功能评价值的确定以方案设想为依据,目标成本的实现比较有把握,可以避免功能评价与新方案的创造脱节,但也带来了新方案的创造易受事先设想束缚的问题,有可能减弱寻找更佳方案的动机。采用这种方法进行功能评价,要求评价人员有丰富的设想构思能力。

除了以上四种方法外,功能评价还可以采用经验估算法和实际统计值法。

经验估算法是依靠评价人员的经验来估算功能最低成本。

实际统计值法是利用若干实际统计资料,事先制定某类产品的必要辅助功能成本(C_S)与基本功能成本(C_B)的比值(R)。在进行功能评价时,无需对产品的全部功能逐项评价,只要确定基本功能成本(C_B),利用比值(R),即可求出整个产品的功能评价值。

以上介绍的功能评价方法各有优缺点,可根据不同情况选用,有些方法互为补充则可结合起来用。

第四节 方案的创新与评价

在对功能进行评价后,就要进入方案的改进和创新阶段,功能分析与评价主要解决哪些对象需要改进的问题,而方案的创新则要解决怎样才能提高价值的问题,这是决定价值工程实际效果的关键环节。

一、方案创新

方案创新是根据用户对功能的要求及对产品的分析,运用创造性思维方法,加工已获得的情报资料,创造出实用效果好、经济效益高的新方案。方案创新的方法很多,其共同点是充分发挥参与者的创造力,现主要介绍以下几种:

1. 头脑风暴法(Brain Storming,简称 BS 法)

头脑风暴法又称畅谈会法,有点类似于我国的“诸葛亮会”,由熟悉研究对象的 5～10 名专家开个小型会议,主持者作风民主,善于启发思考,与会者畅所欲言,气氛轻松,会议按以下原则进行:

① 欢迎自由奔放的思考,希望提出的方案越多越好;

② 对所提方案不加任何评价,不反驳别人的意见;

③ 在别人所提方案的基础上进行补充和完善;

④ 会议有记录,会后对所提的各种设想进行整理。

2. 哥顿法

这是美国人哥顿提出的方法,是对头脑风暴法的改进。这种方法也是以开会的形式提方案,所不同的是,在会议开始时,主持人并不把要讨论解决的具体问题公开,而只是抽象的介绍,与会者广泛地提出各种设想,当会议开到一定时机,再将要讨论解决的问题具体提出,在联想基础上提出具体的新方案,有时会出现突破性的进展。

3. 德尔菲法

这种方法是以函询的方式请有关专家提出方案设想。首先由组织者将研究对象的问题和要求函寄给若干专家,在专家返回意见后,整理出若干建议和方案再函寄给专家征求意见,再回收整理,经几次反复后确定改进方案。这种方法专家彼此不见面,在几次反复中,组织者仅提供信息,并不说明这些方案是由谁提出的,故各位专家可以无顾虑地大胆提出建议。

二、方案评价和选择

方案评价和选择是对众多的设想方案的优缺点和可行性进行系统分析、比较、筛选,最终选出价值最高的可行方案的决策过程。

方案评价分为概略评价和详细评价。概略评价可采用定性分析方法,对提案进行粗选,舍弃明显不合理的提案。详细评价是从已具体制定,有些则经过试验的方案中,选出准备实施的最优方案。这种评价要取得全面确切的评价结果作为方案审批的依据。它一般是将各提案和原方案一起评价经济性、技术特性等方面的优劣,这是多目标决策问题。无论是概略评价或详细评价,都要从技术评价、经济评价、社会评价三方面进行,最后在此基础上进行综合评价。

技术评价是评价方案能否实现所要求的功能以及在技术上是否可行,如产品的性能指标,可靠性指标、可维修性、可操作性、安全性以及整个系统与环境的协调性等。经济评价主要是方案的财务盈利性分析,如投资回收期、内部收益率、净现值以及资金供应、协作、生产能力、市场容量等。社会评价是分析产品投产后对社会的影响,如污染、噪音、能源消耗、社会就业等。

综合评价是根据以上三方面的内容,对方案整体价值的大小所作的综合评定。一般程序是:根据方案性质确定综合评价目标;选择综合评价方法;确定综合评价判据;结果分析,选出技术上先进、经济上合理并对社会有利的最优方案。

常用的综合评价定量方法很多,下面主要介绍功能加权法和理想系数法。

1. 功能加权法

这种方法选择 5~15 个熟悉产品的人员参加综合评价。首先求出功能加权的系数,再由各评价人员对各个方案功能满足的程度作出评分,将评分值与功能加权系数相乘得出每一方案的评分总值,求其各方案的平均评价总值。加权系数既可以按百分率来表示,也可以按功能的重要性排列后给予一个数值。该法的评价计算可采用如表 11-9 形式进行。

[例 11-2] 设计方案需要满足 9 个功能,经过评价人员的评定,最后确定按其功能重要性列为:A、B、C、D、E、F、G、H、I。功能加权系数为:9、8、7、6、5、4、3、2、1。现有五种方案,评价人员的功能满足系数、评价总分、10 个人平均总分,以及各方案的估计成本见表 11-9 所示。试选择最佳设计方案。

有了功能评价总分,也有了估计成本,这样,就可以计算方案的功能评价系数和成本系数,进而求出各方案的价值系数。从表 11-9 中可以看出,方案五的价值系数最大,故选择方案五为最佳方案。

表 11-9　方案功能满足程度评分计算

功能因素	I	H	G	F	E	D	C	B	A	评价总分(1)	10人平均评价总分(2)	功能评价系数(3)=(2)/Σ(2)	估计成本(元)(4)	成本系数(5)=(4)/Σ(4)	价值系数(6)=(3)/(5)
权重 ϕ_j	1	2	3	4	5	6	7	8	9	$\sum_j \phi_j s_{ij}$	$\overline{\left(\sum_j \phi_j s_{ij}\right)}$	$\dfrac{\overline{\left(\sum_j \phi_j s_{ij}\right)}}{\sum_i \overline{\left(\sum_j \phi_j s_{ij}\right)}}$	C_i	$\dfrac{C_i}{\sum_i C_i}$	V_i
方案	\multicolumn{9}{c}{满足系数 S_{ij}}												
一	10	7	3	9	8	9	6	8	10	359	356	0.1919	55	0.2282	0.8409
二	10	8	4	10	8	9	6	8	10	368	365	0.1968	47	0.1950	1.0092
三	10	10	4	10	8	9	6	8	10	372	370	0.1995	54	0.2241	0.8902
四	10	8	8	5	9	9	6	8	10	365	366	0.1973	42	0.1743	1.1320
五	10	10	7	10	8	9	7	9	10	396	398	0.2146	43	0.1784	1.2029
合计										1860	1855	1.0000	241	1.0000	1.0000

2. 理想系数法

理想系数法是先对各方案在各项功能指标上进行评分,并计算功能满意度系数 X:

$$X = \frac{\sum_i P_i}{n \cdot P_{\max}} \tag{11-8}$$

式中:P_i——各方案满足功能的得分;

$P_{\max}$——满足功能的最高得分;

n——需满足的功能数。

其次对各方案的经济性进行评价,并计算经济满意度系数 Y:

$$Y = \frac{C^* - C}{C^*} \tag{11-9}$$

式中:C^*——理想成本(一般将老产品原成本作基数);

C——新方案的预计成本。

最后,根据理想系数 K,对方案进行综合评价。

$$K = \sqrt{X \cdot Y} \tag{11-10}$$

一般情况下,$0<K<1$,在各方案中选 K 值最高的方案。

通过评价选出的方案送决策机构审批后方可实施,在实施过程中要进行跟踪,及时解决遇到的问题,待方案全部实现后,应对价值工程的活动成果作出评价,以利于不断提高工作水平。

复习思考题

1. 什么是价值工程?其核心是什么?

2. 提高价值工程的途径有哪些?

3. 价值工程的适用范围有哪些?

4. 价值工程的一般工作程序是怎么样的？

5. 如何选择价值工程的对象？通常有哪些方法？

6. 为什么说"04"评分法是"01"评分法的改进？

7. 什么是功能分析？其步骤是什么？

8. 功能评价的含义与步骤？

9. 什么是功能评价？具体方法有哪些？

10. 什么是头脑风暴法？与哥顿法有什么区别？

11. 什么是德尔菲法？现实运用中可能遇到哪些问题？

12. 某一建筑设计方案，设计人员按照设计要求，确定建筑安装工程目标成本为 14000 万元，现要求对主要分部工程进行价值工程分析。已知各分部工程评分值及目标成本见下表。求出各功能项目的功能指数、目标成本及应降低额，并确定功能改进顺序。

功能项目	功能得分	目前成本(万元)
A. ±0.000 以下工程	21	3854
B. 主体结构工程	35	4633
C. 装饰工程	28	4364
D. 水电安装	32	3219

13. 假设某住宅设计需要考虑 $F_1 \sim F_9$ 九个因素，且用户、设计及施工单位三者的意见权重为 7：2：1，具体情况见住宅功能重要系数表。

住宅功能重要系数表

功能	F_1	F_2	F_3	F_4	F_5	F_6	F_7	F_8	F_9	合计
用户评分	39	16	4	20	4	5	2	7	3	100
设计人员评分	38	17	5	21	3	5	3	6	2	100
施工单位评分	43	15	4	19	3	3	2	5	6	100

有 A,B,C,D,E 五个方案，其单位造价分别为 784,596,740,604,624 元。各方案的功能评价系数如下：

方案	F_1	F_2	F_3	F_4	F_5	F_6	F_7	F_8	F_9
A	10	10	9	9	7	9	7	9	9
B	10	9	8	9	6	7	7	6	7
C	9	10	9	9	7	8	7	8	8
D	9	10	10	8	6	6	7	7	7
E	10	9	9	9	6	7	7	7	7

求：(1)功能重要系数；(2)功能评价系数；(3)选择最佳方案。

14. 某房地产公司对某公寓项目的开发征集到 4 个设计方案,有关专家决定从 5 个方面(分别为:$F_1 \sim F_5$)对他们进行评价,并对各功能的重要性达成以下共识:F_2 和 F_3 同样重要,F_4 和 F_5 同样重要,F_1 相对于 F_4 很重要,F_2 相对于 F_5 较重要。各方案各功能的满足程度打分见下表,A、B、C、D 四个方案的单方造价分别为:1420、1230、1150、1360 元/平方米。

功能	方案得分			
	A	B	C	D
F_1	9	10	9	8
F_2	10	10	8	9
F_3	9	9	10	9
F_4	8	8	8	7
F_5	9	7	9	6

求:(1)用 0-4 打分法计算各功能的权重;(2)计算各方案的功能评价系数;(3)用价值系数选择最佳方案。

15. 现拟建造一幢写字楼,邀请了四家单位进行设计方案投标。四个单位均各提供了一个方案参与竞标,竞标的四个方案各有千秋,业主难以取舍,故组织 5 名专家组成的评标委员会进行评标,并设定结构体系(F_1)、处理造型(F_2)、动能布局(F_3)、智能系统(F_4)、工程造价(F_5)共 5 个评价指标。而且就各指标的重要性达成以下共识,F_1 与 F_4 比,很重要;F_1 与 F_2 比,较重要;F_2 与 F_3 同等重要;F_4 与 F_5 同等重要。各方案的得分取 5 名评委打分的算术平衡值(见下表)。

方案	1	2	3	4
F_1	9.68	9.6	9.5	9.44
F_2	9.48	9.56	9.46	9.6
F_3	9.52	9.68	9.38	9.48
F_4	9.2	9.44	9.16	9.26
F_5	9.52	8.84	9.12	9.14

问题:

(1)用 0～4 评分法确定各指标的权重;

(2)已知各方案的实际成本(见下表),试用价值工程方案确定最优方案。

方案	1	2	3	4
实际成本(万元)	640	709	619	730

第十二章 项目后评价

本章知识点梳理

1. 项目后评价的种类

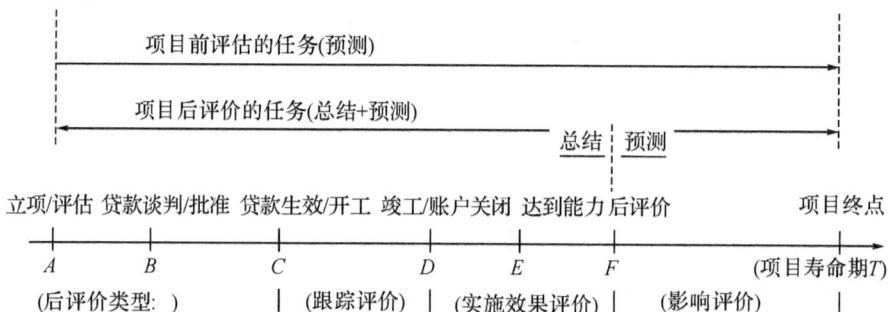

后评价与前评价的主要区别：评价目的和作用、评价阶段、评价依据和标准、评价内容和评价主体等方面不同。

2. 项目后评价的内容：项目目标评价、项目实施过程评价、项目效益评价、项目影响评价、项目持续性评价等。

3. 项目后评价的主要方法：对比法、逻辑框架法、成功度法。

4. 项目后评价的主要指标：过程后评价指标、国民经济后评价指标、财务后评价指标、社会影响后评价指标、环境影响后评价指标、持续性分析。

第一节 项目后评价概述

一、项目后评价的概念

项目后评价是指对已经完成的项目的目的、执行过程、经济效益、社会效益和环境影响所进行的全面、系统、客观的分析评价，旨在从该项目中吸取经验教训，科学合理地做出决策，提高项目管理水平和工程效益。

通过后评价，检查确定项目的预期目标是否达到，预期规划是否合理有效，主要经济效益指标是否实现,检查项目在规划、实施和运行过程存在的问题,分析成败原因,总结经验教训,为未来新项目决策和提高工程决策管理水平提出建议。同时,也为后评价项目运营中出现的问题提出改进建议并采取有效措施,从而达到提高建设工程效益的目的。

首先,后评价是一个学习过程。后评价是在项目投资完成后,通过对项目目的、执行过程、效益、作用和影响所进行的全面系统的分析,总结经验教训,使项目的决策者、管理者和建设者学习到更加科学合理的方法和策略,提高决策、管理和建设水平。

其次,后评价又是增强投资活动工作者责任心的重要手段。由于后评价的透明性和公开性特点,通过对投资活动成绩和失误的主客观原因分析,可以比较公正客观地确定投资决策者、管理者和建设者工作中实际存在的问题,从而进一步提高他们的责任心和工作水平。

再次,后评价主要是为投资决策服务的。虽然后评价对完善已建项目、改进在建项目和指导待建项目有重要的意义,但其更重要的是为提高投资决策服务的,即通过后评价建议的反馈,完善和调整相关方针、政策和管理程序;提高决策者的能力和水平,进而达到提高和改善投资效益的目的。总之,后评价要从投资开发项目实践中吸取经验教训,再运用到未来的开发实践中去。

二、项目后评价的种类

一般来说,从项目开工之后,即项目投资开始发生以后,由监督部门所进行的各种评价,都属于项目后评价的范围,这种评价可以延伸至项目的寿命期末。

因此,根据评价时点,项目后评价可以细分为:跟踪评价、实施效果评价和影响评价。具体时间点如图 12.1 所示。

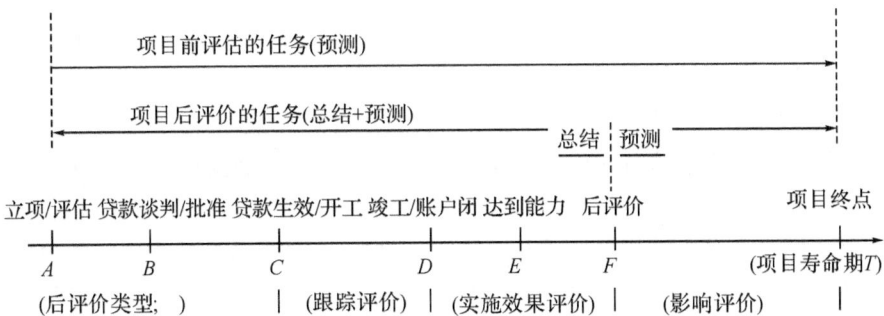

图 12.1 项目后评价时间点

1. 项目跟踪评价(On-going Evaluation)

也称"中间评价"或"实施过程评价",是指项目开工到项目竣工之前任何一个时点所进行的评价。这种由独立机构所进行的评价通常的目的是:或检查评价项目评估和设计的质量;或评价项目在建设过程中的重大变更(如项目产出品市场发生变化、概算调整、重大方案变化、主要政策变化等)及其对项目效益的作用和影响;或诊断项目发生的重大困难和问题,寻求对策和出路等。这类评价往往侧重于项目层次上的问题。

2. 项目实施效果评价(Project Performance Audit Report,PPAR)

即通常的项目后评价,世界银行和亚洲开发银行称之为 PPAR。是指项目竣工以后一段时间内所进行的评价(一般认为,生产性行业在竣工以后 2 年左右,基础设施行业在竣工以后 5 年左右,社会基础设施行业可能更长一些)。这种评价的主要目的是,检查确定投资项目或活动达到理想效果的程度;总结经验教训,为新项目的宏观导向、政策和管理反馈信息。评价要对项目层次和决策管理层次的问题加以分析和总结。同时,为完善已建项目、调整在建项目和指导待建项目服务。

3. 项目影响评价(Effect Evaluation)

也称为"项目效益监督评价",是指在项目后评价完成一段时间之后所进行的评价。项目影响评价是以后评价报告为基础,通过调查项目的经营状况,分析项目发展趋势及其对社会、经济和环境的影响,总结决策等宏观方面的经验教训。行业或地区的总结都属于这类评价的范围。

三、项目后评价与前评价的区别

项目前评价与后评价是同一对象的不同过程,它们既相互联系又相互区别。它们在评价内容上互相兼顾,但在评价目的和作用、评价阶段、评价依据和标准、评价内容和评价主体等方面又有明显的区别。

1. 评价目的和作用不同

可行性研究阶段的前评价目的在于分析项目建设的必要性和可能性,评价项目经济上的合理性,其作用是直接为项目投资决策提供依据。后评价侧重于项目投资全过程的实际情况与预计情况进行比较研究,查找项目成功与失败的原因,目的是总结经验教训,为以后提高项目管理水平和制订科学的投资计划提供依据,这对于实现投资项目的最优控制、提高项目投资决策的科学性都将起到重要作用。

2. 评价阶段不同

项目前评价是在项目决策阶段进行,为项目的决策服务的。它主要运用有关评价理论和预测方法,对项目的前景作全面的技术经济预测分析。而项目的后评价,通常选择在项目建成投产并运行一段时间(一般 2 年或达到设计生产能力)后进行。

3. 评价依据、标准不同

项目前评价主要依据历史资料和经验性资料,按照国家及有关部门颁布的定额标准、经济评价方法和参数进行评价。项目后评价依据项目实施中和投产后的实际数据和项目后续年限的预测数据,对其技术,设计实施,产品市场、成本和效益进行系统地调查分析、评价。并与前评价中相应的内容进行对比分析,找出两者差距.分析其原因和影响因素,提出相应的补救措施。从而提出改进项目前评价和其他各项工作的建议措施。

4. 评价的内容不同

项目前评价主要分析研究项目市场需求、建设条件、工程技术方案、项目实施计划和项目的经济效益及社会效益等,对项目建设必要性和可能性进行评价,对项目未来经济效益进行预测。后评价主要内容包括对项目决策目标、项目实施效率、项目实际运营状况、影响效果、可持续性等进行深入分析。

5. 评价主体不同

项目前评价由项目发起者、投资主体(投资者)、贷款决策机构或项目审批部门组织实施。而后评价以投资运行的监督管理机构或决策的上一级机构为主,会同计划、财政、审计、银行、设计等相关部门进行。

6. 评价对象不同

前评价着重于不同设计方案的分析对比;后评价着重于项目实际执行结果与前期评价所确定的项目目的的对比分析,从中发现问题并加以总结。

7. 评价的性质不同

前评价是以数量指标和质量指标为主要依据,定量评价为主的纯经济评价行为。后评价是集行政、经济、法律为一身的综合性评估。

第二节　项目后评价的内容、程序

一、项目后评价的主要内容

1. 项目目标评价

评定项目立项时原来预定的目的和目标的实现程度,是项目后评价所需要完成的主要任务之一。因此,项目后评价要对照原定目标完成的主要指标,检查项目实际实现的情况和变化,分析实际发生改变的原因,以判断目标的实现程度。判别项目目标的指标应在项目立项时就确定了,一般包括宏观目标,即对地区、行业或国家经济、社会发展的总体影响和作用。建设项目的直接目的可能是解决特定的供需平衡,向社会提供某种产品或服务,指标一般可以量化。目标评价的另一项任务是要对项目原定决策目标的正确性、合理性和实践性进行分析评价。有些项目原定的目标不明确,或不符合实际情况,项目实施过程中可能会发生重大变化,如政策性变化或市场变化等,项目后评价要给予重新分析和评价。

2. 项目实施过程评价

项目的过程评价应对照立项评估或可行性研究报告时所预计的情况和实际执行的过程进行比较和分析,找出差别,分析原因。

过程评价一般要分析以下几个方面:

(1)项目的立项、准备和评估;

(2)项目内容和建设规模;

(3)工程进度和实施情况;

(4)配套设施和服务条件;

(5)受益者范围及其反映;

(6)项目的管理和机制;

(7)财务执行情况。

3. 项目效益评价

项目的效益评价即财务评价和经济评价,其评价的主要内容与项目前评估无大的差别,主要分析指标还是内部收益率、净现值和贷款偿还期等项目盈利能力和清偿能力的指标。但项目后评价时有以下几点需加以说明。

(1)项目前评估采用的是预测值,项目后评价则对已发生的财务现金流量和经济流量采用实际值,并按统计学原理加以处理;对后评价时点以后的流量做出新的预测。

(2)当财务现金流量来自财务报表时,对应收而未实际收到的债权和非货币资金都不可计为现金流入,只有当实际收到时才作为现金流入;同理,应付而实际未付的债务资金不能计为现金流出只有当实际支付时才作为现金流出。必要时,要对实际财务数据做出调整。

(3)实际发生的财务会计数据都含有物价通货膨胀的因素,而通常采用的盈利能力指标是不含通货膨胀水分的。因此对项目后评价采用的财务数据要剔除物价上涨的因素,以实现前后的一致性和可比性。

4. 项目影响评价

项目的影响评价内容包括经济影响、环境影响和社会影响,具体有以下几个方面。

(1)经济影响评价

主要分析评价项目对所在地区、所属行业和国家所产生的经济方面的影响。经济影响评价要注意把项目效益评价中的经济分析区别开来,避免重复计算。评价的内容主要包括分配、就业、国内资源成本(或换汇成本)、技术进步等。由于经济影响评价的部分因素难以量化,一般只能做定性分析,一些国家和组织把这部分内容并入社会影响评价的范畴。

(2)环境影响评价

由于各国的环保法的规定细则不尽相同,评价的内容也有所区别。项目的环境影响评价一般包括项目的污染控制、地区环境质量、自然资源利用和保护、区域生态平衡和环境管理等几个方面。

(3)社会影响评价

项目的社会影响评价是对项目在社会的经济、发展方面的有形和无形的效益和结果的一种分析,重点评价项目对所在地区和社区的影响。社会影响评价一般包括贫困、平等、参与、妇女和持续性等内容。

5. 项目持续性评价

项目的持续性是指在项目的建设资金投入完成之后,项目的既定目标是否还能继续,项目是否可以持续地发展下去,接受投资的项目业主是否愿意并可能依靠自己的力量继续去实现既定目标,项目是否具有可重复性,即是否可在未来以同样的方式建设同类项目。持续性评价一般可作为项目影响评价的一部分,但是世界银行和亚洲开发银行等组织把项目的可持续性视为其援助项目成败的关键之一,因此要求援助项目在评估和评价中进行单独的持续性分析和评价。

项目持续性的影响因素一般包括:本国政府的政策;管理、组织和地方参与;财务因素;技术因素;社会文化因素;环境和生态因素;外部因素等。

二、项目后评价的程序

项目后评价的程序一般包括后评价的设计、实施和报告三个基本阶段。设计阶段包括制订后评价计划、确定后评价范围;实施阶段是后评价的执行;报告阶段有编写后评价报告及后评价的反馈等。

1. 后评价的设计

后评价的设计,主要任务是是确定后评价的问题,确定后评价的范围和标准,为具体实施后评价做准备。

(1)制订后评价计划

评价计划一般由项目投资者来制订,即谁投资,谁安排评价。项目后评价计划的制订应及早进行,最好是在项目过程中就确定下来,以便项目管理者和执行者在项目实施过程中注意收集资料。同时,以法律或其他形式,把项目后评价作为建设程序中必不可少的一个阶段确定下来是非常必要的。

（2）确定后评价的范围

由于项目后评价的范围很广，一般后评价的任务是限定在一定的内容范围内。因此，在评价实施前必须明确评价的范围和深度。评价范围通常是在委托合同中确定的，委托者要把评价任务的目的、内容、深度、时间和费用等，特别是那些在本次任务中必须完成的特定要求，应交代得十分明确具体。委托者应根据自身具体的条件来确定是否可能按期完成合同。合同一般包括以下内容：项目后评价的目的和范围、后评价所用的方法、所评价项目的主要指标、完成后评价的经费和进度要求等。

（3）选择评价的标准

使用不同的评价标准，对统一结果的评价结果也将是不同的。因此在后评价设计阶段，需要慎重选择评价标准，以及在形成评价结论时，需要明确所使用的是什么标准。

2. 后评价的实施

进行后评价主要包括数据、资料、信息的收集调查和分析评价。

（1）资料信息的收集调查

项目后评价的基本资料应包括项目资料、项目所在地区的资料等。项目资料一般包括项目评估报告、可行性研究报告；项目勘测设计文件；项目概算报告和项目决算报告、项目完工报告和竣工验收报告、项目实际运营的财务报表等。项目所在地区资料包括国家和地区的统计资料、物价信息等。

在收集项目资料的基础上，为了核实情况、进一步收集评价信息，必须进行现场调查。主要调查任务包括项目的基本情况，目标实现程度，对社会、环境的作用和影响等。

（2）分析评价、得出结论

对资料进行全面细致的分析，对项目的总体效果、预定目标的实现程度，立项决策和项目管理的经验教训，对自身项目的改进和未来项目的指导和建议等做出分析评价。

3. 后评价的报告编写及反馈

（1）编写后评价报告

后评价报告是评价结果的汇总，应能够真实反映情况，客观分析问题，认真总结经验教训。后评价报告应包括摘要、项目概况、评价内容、评价方法说明、主要变化和问题、原因分析、经验教训、结论和建议等。报告中既要有对本项目功过得失的评价，更重要的是要有对项目进一步发展的建议和对未来投资决策和政策修改的建议。

（2）后评价的反馈

后评价发挥作用的关键在于后评价报告中的成果能够在已有项目和其他待开发的项目中得到采纳应用。因此，项目后评价的反馈是后评价运行程序中关键一环。后评价的成果应该反馈到决策、计划规划、立项管理、评价、监测和项目实施等部门。

第三节　项目后评价的方法

传统的后评价方法包括对比法、逻辑框架法、成功度法，传统的评价方法在一些方面存在一些缺陷。随着模糊数学在工程项目后评价中的运用，很好地解决了传统评价方法的缺陷，但使评价过程繁琐。根据建设项目的特点合理选择正确的后评价方法，是保证后评价工作效果的基础。

一、对比法

对比法是项目后评价的基本方法，分为"前后对比"和"有无对比"。

"前后对比"（Before and After Comparison）：

"前后对比"在项目后评价中则是指将项目前期的可行性研究和评估的预测结论与项目的实际运行结果相比较，确定项目原定各指标的实现程度，以直接估量项目实施的相对实效，并分析引起变化的原因。这是项目后评价中最基本的原则和最普遍应用的科学方法。

"有无对比"（With and Without Comparison）：

"有无对比"是指将项目实际发生的情况与若无项目可能发生的情况进行对比，以度量项目的真实效益、影响和作用，其重点在于分清项目作用的影响与项目以外作用的影响。这种对比常用于项目的效益评价和影响评价。

这里说的"有"与"无"指的是后评价的对象，即计划、规划或项目。由于无法确定地度量无项目时可能发生的情况，评价者只能采取一些方法去预测，目前最理想的做法是在项目受益范围外找一个类似的"对照区"（Control Area，该地区的基本条件应与项目启动前项目区的基本条件相近）来进行模拟和比较。

"前后对比法"的缺点在于不能剔除非项目因素对项目的影响，很多项目，特别是大型社会公共项目，实施后的效果并不仅仅是项目的效果和作用，还有项目以外多种因素的影响，因此，简单的"前后对比"不能得出真正的项目效果的结论；"有无对比法"的缺点在于预测不进行项目建设的结果的可信度不够。这两种方法经常结合起来使用，以减轻这两种方法的缺点对评价效果的影响。即便如此，对比法得到的结论往往是各评价指标的偏差程度，无法找出关键因素，更无法揭示其偏差的原因。因此对比法更多的是为了发现项目存在的问题,评价者还必须深入分析问题的原因。

二、逻辑框架法

逻辑框架法(Logical Frame work Approach,LFA):

逻辑框架法是美国国际开发署在 1970 年开发并使用的一种设计、计划和评价的工具,它将项目目标及因果关系划分为四个层次,并由此形成垂直逻辑关系及水平逻辑关系:垂直逻辑分为三级,第一级是如果保证一定的资源投入,并很好地加以管理,则预计有怎样的产出;第二级是如果项目的产出活动能顺利进行,并确保外部条件能够落实,则预计能达到怎样的具体目标;第三级是项目的具体目标对整个地区乃至整个国家更高层次宏观目标的贡献关联性。其主要用于分析项目计划做什么,弄清项目手段和结果,确定项目本身和项目所在地的社会、物质、政治环境中的不确定因素;水平逻辑用于衡量项目的资源和结果,通过确立客观的验证指标及其指标验证方法来进行分析,并对垂直逻辑四个层次上的结果做出详细说明。逻辑框架法的基本模式如表 12-1。

表 12-1　逻辑框架法的模式

层次描述	客观验证指标	验证方法	重要外部条件
宏观目的	目的指标	检测和监督手段及办法	实现目标的主要条件
具体目标	目标指标	检测和监督手段及办法	实现目的的主要条件
产出	产出物定量指标	检测和监督手段及办法	实现产出的主要条件
投入	投入物定量指标	检测和监督手段及办法	实现投入的主要条件

由于逻辑框架法能更明确地阐述项目设计者的意图,便于分析各评价层次之间的因果关系,明确描述后评价与其他项目阶段的联系,并适用于不同层次的管理需要,此外逻辑框架法能够帮助评价者抓住项目的关键因素和问题,并对其做出系统的分析,目前它已成为国外后评价的主要方法(三分之二的国际组织采用 LFA 作为援助项目后评价的主要方法),一般用来进行目标评价、项目成败的原因分析以及项目可持续评价等。

然而逻辑框架法需要详尽的数据,并且因为过分对照原定目的和目标,有可能忽视了实际可能发生的变化;另一方面,由于我国后评价工作开展的范围较小,进展较缓慢,到目前为止逻辑框架法还没有成为我国项目后评价的主要方法。

三、成功度法

成功度评价法也就是所谓的打分方法,依靠评价专家或专家组的经验,根据项目各方面的执行情况并通过系统准则或目标判断来评价项目总体的成功度。成功度评价是以逻辑框架法分析的项目目标的实现程度和经济效益分析的评价结论为基础,以项目的目标和效益为核心所进行的全面系统的评价。进行成功度评价,首先要根据项目建立一套指标体系,确定各指标的权重,然后根据项目评价成功度等级表(见表 12-2),对各指标进行专家打分,最后得到项目的综合得分或综合评级。成功度评价模式表见表 12-3。

表 12-2　项目成功度等级标准表

等级	内容	标准
1	完全成功	项目各项目标都已全面或超额实现;相对成本而言,项目取得巨大效益和影响
2	成功	项目的大部分目标都已经实现;相对成本而言,项目达到了预期的效益和影响
3	部分成功	项目实现了原定的部分目标;相对成本而言,只取得了一定的效益和影响
4	不成功	项目实现的目标非常有限;相对成本而言,几乎没有产生正面效益和影响
5	失败	项目的目标是无法实现的;相对成本而言,项目不得不终止

表 12-3　项目成功度评价模式表

项目成功度评价指标	相关重要性	权重	评分或等级	加权评分或加权等级
指标 1	—	—	—	—
指标 2	—	—	—	—
……	—	—	—	—
指标 N	—	—	—	—
综合评价	—	—	—	加权综合评分或评级

　　成功度法的关键在于要根据专家的经验,结合项目的实际情况建立合理的指标体系,并采用适当的方法对各个指标进行赋权,对人的主观判断进行量化处理。常用的赋权法有主观经验赋权法、德尔菲法、两两对比法、环比评分法、层次分析法(AHP)等。

　　成功度评价法的缺陷在于定性分析较多,定量分析较少,受评价人员的主观因素影响较大。我们知道,由于个人的文化水平、知识结构、社会经历和能力大小的差异,人们对各项因素的褒贬程度也不相同,难以对收集到的信息进行量化处理,得出的评价结论往往带有一定程度的片面性和静止性,其评价结果也无法排序。但总的来说,成功度评价法是相对比较复杂的后评价工作方法,结论明确,使决策者较快较容易地掌握项目的整体评价结论,属于传统的综合性评价,在我国的应用比较广泛。

第四节　项目后评价的指标体系

项目后评价涉及面广,是一项复杂的技术经济评价分析工作。进行工程项目后评价,首先需要根据项目的具体情况设置一套科学而全面的评价指标体系,该后评价指标体系应当能够很好地反映建设项目从项目投资前期、投资建设期到建成投产期整个过程的实际情况以及实际情况与预测情况的偏离程度。

一、过程后评价指标

过程评价指标主要有 6 项。

(1)实际决策周期:以提出项目建议书到可行性研究批准所经历的时间表示。

(2)实际建设周期:以从开工之日起至竣工验收之日止扣除开工后停建、缓建间隔时间之后的实际经历的有效日历天数表示。

(3)实际建设周期率:以实际建设工期与项目计划工期的比率表示。

(4)实际工程优良品率:以实际单位工程优良品个数与进行验收鉴定的单位工程总数的比率表示。

(5)实际投资总额:以实际决算投资静态总额表示。

(6)实际投资总额变化率:评价工程建设资金来源、到位和使用控制情况及其对工程的影响,施工中各项设备购置、物资消耗、定额、实际完成工程量、折旧费、各项管理费、工程总投资等与计划存在差别的原因。

$$实际投资总额变化率 = \frac{实际投资总额 - 设计投资静态总额}{设计投资静态总额} \qquad (12\text{-}1)$$

二、国民经济后评价指标

国民经济的主要评价指标与前评价相同,主要有 3 个指标。

(1)经济内部收益率(REIRR)。反映项目对国民经济实际贡献的相对指标,以项目计算期内各年净效益现值累计等于零时的折现率表示。

(2)实际经济净现值(RENPV)。反映项目对国民经济实际贡献的绝对指标,以用社会折现率将项目计算期内各年的实际净效益折算到计算期初的现值之和表示。

(3)经济效益费用比(REBCR)。是衡量项目投资的国民经济净效益的相对指标,以项目实际效益现值与实际费用现值的比率表示。

三、财务后评价指标

财务后评价指标按是否考虑时间因素可分为两大类,即静态评价指标和动态评价指标,共有 9 类,其中静态有 5 类,动态评价指标有 4 类。

(1)总投资利税率,用来衡量整个投资方案的获利能力,以项目达到设计规模后的一个正常运行年份的年利税总额或项目正常运行期内的年平均利税总额与项目总投资的比率表示。

(2)总投资利润率,以项目达到设计规模后的一个正常运行年份的年利润总额或项目正常运行期内的年平均利润总额与项目总投资的比率表示。

(3)静态投资回收期,是在不考虑资金时间价值的条件下,以方案的净收益回收其总投资(包括建设投资和流动资金)所需要的时间表示。

(4)实际借款偿还期,是反映项目借款偿债能力的重要指标,以可作为偿还贷款的项目收益来偿还项目投资借款本金和利息所需要的时间。

(5)资产负债率,即以项目负债总额对资产总额的比率表示。

(6)财务净现值(FNPV),以用行业财务基准收益率或设定的折现率将项目计算期内各年净现金流量折算到计算期初的现值之和表示。

(7)财务内部收益率(FIRR),以项目计算期内各年净现金流量现值累计等于零时的折现率表示。

(8)动态投资回收期,以项目的净现金流量累计等于零时所需要的时间表示,从建设开始年起算。

(9)财务净现值率,用来衡量项目单位投资盈利能力,以项目的财务净现值与项目总投资现值的比值表示。

四、社会影响后评价指标

工程项目社会影响后评价指标应能全面地反映建设项目的技术经济和社会特征分为 6 类。

(1)因项目增加的人均国民收入变化情况评价,对工程实施投入运营后及整个后评价期间内国民收入的变化情况进行调查分析、与工程实施前进行对比。

(2)人均纯收入变化情况评价,项目区因项目增加的年总收入额与项目区年平均人口数的比值。

(3)就业机会变化情况评价,用项目带来的就业比率反映就业机会的变化情况,根据就业效果的大小可以衡量工程项目在就业方面对社会作出的贡献。即水利工程实施后在一定的范围内带来的长期就业总人数之比。这里分为直接提供的就业机会和间接提供的就业机会。

$$直接就业效果=\frac{工程项目提供的直接就业人数}{工程项目直接投资} \tag{12-2}$$

$$间接就业效果=\frac{工程相关部门和关联产业新增就业人数}{工程相关部门和关联产业的投资} \tag{12-3}$$

(4)分配效果评价,主要指对不同地区的收入分配的影响,即水利工程对公平分配和扶贫政策的影响。

$$\text{贫困地区收益分配系数 } D_i = \frac{\text{评价时全国的人均国民收入}}{\text{同一时期特定工程省份的人均国民收入}} \qquad (12\text{-}4)$$

$$\text{贫困地区收入分配效益 IDR} = \text{工程经济净现值} \times D_i \qquad (12\text{-}5)$$

(5)居民的生活水平变化评价,居民的生活水平包括收入的变化、人口和计划生育、住房条件和服务设施、教育和卫生、文化和娱乐等,以定性分析为主。

(6)各方面的参与评价,重点是当地政府和居民对项目的态度,对工程

计划、建设和运行的参与程度,正式或非正式的工程参与机制是否建立,以定性分析为主。

五、环境影响后评价指标

环境影响后评价指标一般设 4 类。

(1)环境质量评价,分析工程项目对当地环境影响较大的若干种污染物,这些物质与环境背景值相关。环境质量指数 IEQ 的计算公式如下:

$$\text{IEQ} = \sum_{i=1}^{n} \frac{Q_i}{Q_{io}} \qquad (12\text{-}6)$$

其中:Q_i 表示第 i 种污染物的排放数量;Q_{io} 表示第 i 种污染物政府允许的最大排放数量;n 表示污染物种类。

(2)自然资源的利用和保护评价,主要指工程项目对包括水、海洋、土地、森林、草原、矿产、渔业、野生动植物等自然界中对人类有用的一切物质和能量的合理开发、综合利用、保护和再生增值,以定性分析为主。

(3)水土保持评价,主要表现在工程项目在减轻山洪、泥石流灾害;减轻泥沙对河流、水库及其他水利设施的危害;保持水土,减少水、肥、土的流失,促进当地农、林、牧业发展;保护和改善生态环境等方面的成效,以定性分析为主。

(4)对生态平衡的影响评价,主要指工程项目对自然环境的影响,其内容包括对人类、植物、动物种群(特别是珍稀濒危的野生动植物)、重要水源涵养区、具有重大科教文化价值的地质构造、著名溶洞、化石、冰川、火山、温泉等自然遗迹和景观的影响,以定性分析为主。

六、持续性分析

项目持续性影响因素一般包括政府的政策;管理、组织和地方参与;财务因素;技术因素;社会文化因素;环境和生态因素;外部因素等,以定性分析为主。

第五节　项目后评价的组织与实施

一、项目后评价的组织机构

1. 项目后评价组织机构的基本要求

(1)满足客观性、公正性要求

要求后评价组织机构要排除人为的干扰,独立地对项目实施及其结果作出评论。

(2)具有反馈检查功能

即要求后评价组织机构与计划决策部门具有通畅的反馈回路,便于后评价有关信息迅速地反馈到决策部门,达到后评价的最终目的。

2. 项目后评价机构设置

根据以上要求,我国项目后评价的组织机构既不应该是项目原可行性研究单位,也不应该是项目实施过程中的项目管理机构。可以是以下单位:

(1)国家计划部门项目后评价机构;

(2)国务院各主管部门项目后评价机构;

(3)地方政府项目后评价机构;

(4)银行项目后评价机构;

(5)其他投资主体的项目后评价机构。

总的来说,国外项目后评价组织机构设置的基本特点是:组织机构相对独立,并且每个组织机构只负责自己投资项目的后评价组织工作。这对我国相应机构的设立具有借鉴意义。

二、项目后评价的实施

1. 项目后评价的资源要求

(1)项目后评价人员

项目后评价对评价人员的素质要求较高,在理想的情况下,项目后评价人员既要懂投资,又要懂经营;既懂技术,又懂经济。

(2)项目后评价经费

项目后评价投入经费的数量视项目规模大小而不同。根据国外项目后评价的经验和我国的具体情况,一般认为我国项目后评价的取费标准大约是:

大中型项目:0.2%～1.5%;

小型项目:1.5%~3.0%。

(3)项目后评价的时间安排

就一般项目而言,从项目后评价课题的提出到提交项目后评价报告大约需要3个月时间。各阶段时间应当合理安排,以保证后评价工作的进度。

2. 项目后评价时机的选择

我国一般生产性行业项目后评价通常应选择在竣工项目达到设计生产能力后的1~2年内进行,基础设施行业项目在竣工以后5年左右进行,社会基础设施行业项目可能更长一些。主要考虑到项目达产后,建设、生产中各方面得到问题也能得到充分体现,可以对项目实际产出影响进行综合性评价,进而对经营管理现状进行诊断,并提出修改意见等。当然,项目后评价时机的选择也不能千篇一律。

第六节　项目后评价案例分析

一、项目概况

某管道建设工程是中石油某油气田分公司的重点工程之一,主要为某市提供天然气。该建设项目工程于 2009 年 12 月正式开工,2011 年 12 月全线正式投产,实际建设规模为日输气 $68.35 \times 104 m^3$,至 2012 年 6 月,该建设项目已经稳定运行。

二、项目后评价分析

该项目的后评价由投资方中石油、地方政府的专家组成该项目的后评价团队,根据项目的决策、施工至投产运行后的数据与资料,从目标实现程度、前期工作、建设实施、生产运行、经济效益和影响与持续性、综合评价等方面对该管道建设项目进行后评价。

(1)目标实现程度评价。该项目的工程量、总投资等目标实现程度较好,达到了预期目标,管道主要指标评价见表12-4。

(2)建设实施过程评价。由于该项目为市政基础设施建设项目,故从立项、准备和评估、工程进度和实施、招投标及采购工作、工程建设及管理、生产运营、财务执行情况等方面对其进行评价:

①立项、准备和评估。该项目的前期工作调研充分,决策程序严格合理,可行性研究报告和初步设计的规模合理,管线线路走向、站场设计、工艺技术方案及设备选型合理。但是可研报告对工程目标市场的天然气需求预测不够准确,与项目建成投产后的实际消费情况存在较大差距。

表 12-4 管道建设工程主要指标评价

	输气能力/ ($10^4 m^3 \cdot d^{-1}$)	管道干线输气 压力 /MPa	管道支线输气 压力 /MPa	管道干线长度 /km	管道支线长度 /km	管道干线管径 /mm	管道支线管径 /mm	投资/ 万元
可研值	68.35	2.5	2.5	38.30	10.10	323.9	168.3	7307
后评价值	68.35	2.5	2.5	38.10	13.32	323.9	168.3	6850.86

②工程进度和实施评价。该管道建设项目 2009 年 11 月底完成了全部施工图设计。施工图设计规模、设计工艺合理,严格执行相关规定,设计质量满足要求。建设工程于 2009 年 12 月开工,到 2011 年 12 月底投入使用,较计划提前了 3 个月完成,进度控制较成功。

③招投标及采购工作评价。该管道建设项目的设计单位、监理单位为指定单位,没有进行招投标,相关单位经验丰富,有能力承担该项目相关任务。该工程建设单位通过招投标选择,程序合法,手续齐全。该工程的采购工作程序合理,所有设备及材料的质量 100% 合格,均可及时到货。

④工程建设及管理评价。该工程的建设单位成立了管理机构——项目组,具有乙级资质。项目组进行项目法管理,采用项目经理负责制,实行统一指挥,分工合作,保证了工程建设的高效性。开工前各项准备工作也及时可靠,满足建设项目需要,工程进度满足项目要求。工程监理保证了在施工过程中的监督和控制,除施工工期外,该管道工程监理的质量目标、投资控制目标全部实现。财务执行情况。

⑤生产运行评价。该输气管道建设项目生产准备充分,对工作人员进行了上岗培训,各种应急预案和规章制度健全,HSE 等措施得当,设备和技术总体达到了设计要求,输气平稳安全。经实际调研,管道投产以来未发生过任何生产事故,满足了设计要求和实际需求。

⑥该项目很好地执行了财务计划,没有出现超支和资源浪费的情况。

(3)效益评价。投资和执行情况评价。该管道建设项目估算投资为 7307 万元,初步设计批准的概算投资为 7199.30 万元,项目实际投资为 6850.86 万元。实际建设投资较可研估算批复投资节约 456.1 万元,较初设批准的概算投资节约 348.44 万元。实际建设投资较批准的概算投资节约的原因为:实际建设中未动用投资概算中所包含的基该预备费 345.2 万元。

项目效益评价。地区供气工程投产以来的生产经营效益不如预期好。主要原因是管输量不足。从实际生产期 2010 年到 2014 年 6 月,该管线实际输送天然气共 $1.1965 \times 10^8 m^3$,而设计输量为 $7.19 \times 10^8 m^3$,实际输量比预测量少 $5.9935 \times 10^8 m^3$,仅为预测量的 16.64%。年平均销售收入比预测平均销售收入减少 60.78%;评价年内平均实际经营成本比可研平均经营成本高 2.69%,成本相当;

实际平均利润比预测利润平均少81.57%,与同一地区的其他管线经营效益比较也有较大差异。项目的实际效益比可研预测效益差异较大的原因是:该管线输气量严重不足造成的,管线市场实际输气量比可研预测输气量减少了79.46%。因此,在今后的管道建设投资中,要进行深入的市场调查,合理预测市场前景,以保证盈利。

(4)影响评价。经济影响方面,项目建成投产后,对管道沿线地区和地方经济发展都产生了推动作用,又为分公司扩大市场,培育经济增长点做出了贡献,具有较好的战略意义;环境影响评价,该建设项目建成投产后,经油气田分公司质监站和地方环保部门对环境设施和环境影响情况进行评价验收,确定满足"三同时"要求,符合环境保护要求;社会影响方面,该项目及时解决了该地区的生产生活用气紧张情况,社会意义显著。

(5)持续性评价。虽然该项目经济、环境、社会影响良好,但与预测情况相比,由于天然气市场消费量未能达到预期目标,该项目的技术经济指标较预测指标差,暂时离预计的收益有一定差距,预期未来一定时间内,结合当地天然气需求成长,可以提升使用率。另外,由于是市政基础设施建设项目,具有不可或缺性。故该项目拥有较好的持续性。

三、项目后评价的结论与建议

本项目的后评价采用成功度法,通过专家团队对该项目进行研究分析,采用定性指标综合考虑的方式得出最终的评价结论。

表12-5 该管道项目成功度评价表

项目成功度评价指标	权重	等级(评分)	加权评分
目标实现程度	0.2	完全成功(5分)	1
建设实施过程	0.2	成功(4分)	0.8
效益	0.3	部分成功(3分)	0.9
影响	0.2	完全成功(5分)	1
持续性	0.1	成功(4分)	0.4
综合评价			4.1(成功)

注:权重来自专家团队,有AHP法获得。

该项目取得的主要经验有:管理队伍精干,分工合作,有效控制了投资和工期,提高了工作效率;设计新颖、严谨,在保证设计要求的基础上,选用高效率方案,节约了投资;完善监理制度,对出现的问题及时进行反馈,保证了工程质量;坚持施工质量"三检制"和"工序交接制度",使工程质量得到保证。

该项目需要汲取的教训有:可行性研究报告对市场预测与实际情况差距较大,

缺乏更深入严谨的调查,导致了收益的下滑;部分工程施工工期延后,导致验收比预测滞后;项目的安全评价和环境影响评价滞后,影响了设计质量和施工安全性。

建议:深入调查市场情况,进一步推进市场开发,以更好地发挥投资效益;对在决策过程中的部分失误,比如安评、环评滞后情况,应在以后的运行中加强检查力度,保证工程的安全运行;加强管道保护工作,保证供气工作的安全运行。

复习思考题

1. 什么是工程项目后评价,有哪些类型?
2. 工程项目后评价的内容和程序是什么?
3. 简述工程后评价的主要方法。

附　　表

附表一　标准正态分布函数表

$$\Phi(x) = \int_{-\infty}^{x} \frac{1}{\sqrt{2\pi}} e^{-\frac{t^2}{2}} dt$$

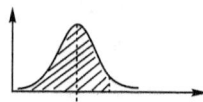

x	0	0.01	0.02	0.03	0.04	0.05	0.06	0.07	0.08	0.09
0	0.5	0.504	0.508	0.512	0.516	0.5199	0.5239	0.5279	0.5319	0.5359
0.1	0.5398	0.5438	0.5478	0.5517	0.5557	0.5596	0.5636	0.5675	0.5714	0.5753
0.2	0.5793	0.5832	0.5871	0.591	0.5948	0.5987	0.6026	0.6064	0.6103	0.6141
0.3	0.6179	0.6217	0.6255	0.6293	0.6331	0.6368	0.6406	0.6443	0.648	0.6517
0.4	0.6554	0.6591	0.6628	0.6664	0.67	0.6736	0.6772	0.6808	0.6844	0.6879
0.5	0.6915	0.695	0.6985	0.7019	0.7054	0.7088	0.7123	0.7157	0.719	0.7224
0.6	0.7257	0.7291	0.7324	0.7357	0.7389	0.7422	0.7454	0.7486	0.7517	0.7549
0.7	0.758	0.7611	0.7642	0.7673	0.7703	0.7734	0.7764	0.7794	0.7823	0.7852
0.8	0.7881	0.791	0.7939	0.7967	0.7995	0.8023	0.8051	0.8078	0.8106	0.8133
0.9	0.8159	0.8186	0.8212	0.8238	0.8264	0.8289	0.8315	0.834	0.8365	0.8389
1	0.8413	0.8438	0.8461	0.8485	0.8508	0.8531	0.8554	0.8577	0.8599	0.8621
1.1	0.8643	0.8665	0.8686	0.8708	0.8729	0.8749	0.877	0.879	0.881	0.883
1.2	0.8849	0.8869	0.8888	0.8907	0.8925	0.8944	0.8962	0.898	0.8997	0.9015
1.3	0.9032	0.9049	0.9066	0.9082	0.9099	0.9115	0.9131	0.9147	0.9162	0.9177
1.4	0.9192	0.9207	0.9222	0.9236	0.9251	0.9265	0.9278	0.9292	0.9306	0.9319
1.5	0.9332	0.9345	0.9357	0.937	0.9382	0.9394	0.9406	0.9418	0.943	0.9441
1.6	0.9452	0.9463	0.9474	0.9484	0.9495	0.9505	0.9515	0.9525	0.9535	0.9545
1.7	0.9554	0.9564	0.9573	0.9582	0.9591	0.9599	0.9608	0.9616	0.9625	0.9633
1.8	0.9641	0.9648	0.9656	0.9664	0.9671	0.9678	0.9686	0.9693	0.97	0.9706
1.9	0.9713	0.9719	0.9726	0.9732	0.9738	0.9744	0.975	0.9756	0.9762	0.9767
2	0.9772	0.9778	0.9783	0.9788	0.9793	0.9798	0.9803	0.9808	0.9812	0.9817
2.1	0.9821	0.9826	0.983	0.9834	0.9838	0.9842	0.9846	0.985	0.9854	0.9857

续附表一

x	0	0.01	0.02	0.03	0.04	0.05	0.06	0.07	0.08	0.09
2.2	0.9861	0.9864	0.9868	0.9871	0.9874	0.9878	0.9881	0.9884	0.9887	0.989
2.3	0.9893	0.9896	0.9898	0.9901	0.9904	0.9906	0.9909	0.9911	0.9913	0.9916
2.4	0.9918	0.992	0.9922	0.9925	0.9927	0.9929	0.9931	0.9932	0.9934	0.9936
2.5	0.9938	0.994	0.9941	0.9943	0.9945	0.9946	0.9948	0.9949	0.9951	0.9952
2.6	0.9953	0.9955	0.9956	0.9957	0.9959	0.996	0.9961	0.9962	0.9963	0.9964
2.7	0.9965	0.9966	0.9967	0.9968	0.9969	0.997	0.9971	0.9972	0.9973	0.9974
2.8	0.9974	0.9975	0.9976	0.9977	0.9977	0.9978	0.9979	0.9979	0.998	0.9981
2.9	0.9981	0.9982	0.9982	0.9983	0.9984	0.9984	0.9985	0.9985	0.9986	0.9986
3	0.9987	0.999	0.9993	0.9995	0.9997	0.9998	0.9998	0.9999	0.9999	1
3.1	0.999032	0.999065	0.999096	0.999126	0.999155	0.999184	0.999211	0.999238	0.999264	0.999289
3.2	0.999313	0.999336	0.999359	0.999381	0.999402	0.999423	0.999443	0.999462	0.999481	0.999499
3.3	0.999517	0.999534	0.999550	0.999566	0.999581	0.999596	0.999610	0.999624	0.999638	0.999660
3.4	0.999663	0.999675	0.999687	0.999698	0.999709	0.999720	0.999730	0.999740	0.999749	0.999760
3.5	0.999767	0.999776	0.999784	0.999792	0.999800	0.999807	0.999815	0.999822	0.999828	0.999885
3.6	0.999841	0.999847	0.999853	0.999858	0.999864	0.999869	0.999874	0.999879	0.999883	0.999880
3.7	0.999892	0.999896	0.999900	0.999904	0.999908	0.999912	0.999915	0.999918	0.999922	0.999926
3.8	0.999928	0.999931	0.999933	0.999936	0.999938	0.999941	0.999943	0.999946	0.999948	0.999950
3.9	0.999952	0.999954	0.999956	0.999958	0.999959	0.999961	0.999963	0.999964	0.999966	0.999967
4	0.999968	0.999970	0.999971	0.999972	0.999973	0.999974	0.999975	0.999976	0.999977	0.999978
4.1	0.999979	0.999980	0.999981	0.999982	0.999983	0.999983	0.999984	0.999985	0.999985	0.999986
4.2	0.999987	0.999987	0.999988	0.999988	0.999989	0.999989	0.999990	0.999990	0.999991	0.999991
4.3	0.999991	0.999992	0.999992	0.999930	0.999993	0.999993	0.999993	0.999994	0.999994	0.999994
4.4	0.999995	0.999995	0.999995	0.999995	0.999996	0.999996	0.999996	1.000000	0.999996	0.999996
4.5	0.999997	0.999997	0.999997	0.999997	0.999997	0.999997	0.999997	0.999998	0.999998	0.999998
4.6	0.999998	0.999998	0.999998	0.999998	0.999998	0.999998	0.999998	0.999998	0.999999	0.999999
4.7	0.999999	0.999999	0.999999	0.999999	0.999999	0.999999	0.999999	0.999999	0.999999	0.999999
4.8	0.999999	0.999999	0.999999	0.999999	0.999999	0.999999	0.999999	0.999999	0.999999	0.999999
4.9	1.000000	1.000000	1.000000	1.000000	1.000000	1.000000	1.000000	1.000000	1.000000	1.000000

附表二　t 分布表

$$p\{t(n) > t_a(n)\} = a$$

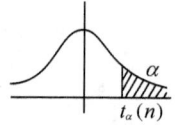

自由度 n	a=0.25	0.1	0.05	0.025	0.01	0.005	0.0025	0.001	0.0005
1	1	3.078	6.314	12.706	31.821	63.657	127.321	318.309	636.619
2	0.816	1.886	2.92	4.303	6.965	9.925	14.089	22.327	31.599
3	0.765	1.638	2.353	3.182	4.541	5.841	7.453	10.215	12.924
4	0.741	1.533	2.132	2.776	3.747	4.604	5.598	7.173	8.61
5	0.727	1.476	2.015	2.571	3.365	4.032	4.773	5.893	6.869
6	0.718	1.44	1.943	2.447	3.143	3.707	4.317	5.208	5.959
7	0.711	1.415	1.895	2.365	2.998	3.499	4.029	4.785	5.408
8	0.706	1.397	1.86	2.306	2.896	3.355	3.833	4.501	5.041
9	0.703	1.383	1.833	2.262	2.821	3.25	3.69	4.297	4.781
10	0.7	1.372	1.812	2.228	2.764	3.169	3.581	4.144	4.587
11	0.697	1.363	1.796	2.201	2.718	3.106	3.497	4.025	4.437
12	0.695	1.356	1.782	2.179	2.681	3.055	3.428	3.93	4.318
13	0.694	1.35	1.771	2.16	2.65	3.012	3.372	3.852	4.221
14	0.692	1.345	1.761	2.145	2.624	2.977	3.326	3.787	4.14
15	0.691	1.341	1.753	2.131	2.602	2.947	3.286	3.733	4.073
16	0.69	1.337	1.746	2.12	2.583	2.921	3.252	3.686	4.015
17	0.689	1.333	1.74	2.11	2.567	2.898	3.222	3.646	3.965
18	0.688	1.33	1.734	2.101	2.552	2.878	3.197	3.61	3.922
19	0.688	1.328	1.729	2.093	2.539	2.861	3.174	3.579	3.883
20	0.687	1.325	1.725	2.086	2.528	2.845	3.153	3.552	3.85
21	0.686	1.323	1.721	2.08	2.518	2.831	3.135	3.527	3.819
22	0.686	1.321	1.717	2.074	2.508	2.819	3.119	3.505	3.792
23	0.685	1.319	1.714	2.069	2.5	2.807	3.104	3.485	3.768
24	0.685	1.318	1.711	2.064	2.492	2.797	3.091	3.467	3.745
25	0.684	1.316	1.708	2.06	2.485	2.787	3.078	3.45	3.725
26	0.684	1.315	1.706	2.056	2.479	2.779	3.067	3.435	3.707
27	0.684	1.314	1.703	2.052	2.473	2.771	3.057	3.421	3.69
28	0.683	1.313	1.701	2.048	2.467	2.763	3.047	3.408	3.674
29	0.683	1.311	1.699	2.045	2.462	2.756	3.038	3.396	3.659
30	0.683	1.31	1.697	2.042	2.457	2.75	3.03	3.385	3.646
31	0.682	1.309	1.696	2.04	2.453	2.744	3.022	3.375	3.633
32	0.682	1.309	1.694	2.037	2.449	2.738	3.015	3.365	3.622
33	0.682	1.308	1.692	2.035	2.445	2.733	3.008	3.356	3.611
34	0.682	1.307	1.691	2.032	2.441	2.728	3.002	3.348	3.601
35	0.682	1.306	1.69	2.03	2.438	2.724	2.996	3.34	3.591
36	0.681	1.306	1.688	2.028	2.434	2.719	2.99	3.333	3.582
37	0.681	1.305	1.687	2.026	2.431	2.715	2.985	3.326	3.574

自由度 n	$a=0.25$	0.1	0.05	0.025	0.01	0.005	0.0025	0.001	0.0005
38	0.681	1.304	1.686	2.024	2.429	2.712	2.98	3.319	3.566
39	0.681	1.304	1.685	2.023	2.426	2.708	2.976	3.313	3.558
40	0.681	1.303	1.684	2.021	2.423	2.704	2.971	3.307	3.551
50	0.679	1.299	1.676	2.009	2.403	2.678	2.937	3.261	3.496
60	0.679	1.296	1.671	2	2.39	2.66	2.915	3.232	3.46
70	0.678	1.294	1.667	1.994	2.381	2.648	2.899	3.211	3.436
80	0.678	1.292	1.664	1.99	2.374	2.639	2.887	3.195	3.416
90	0.677	1.291	1.662	1.987	2.368	2.632	2.878	3.183	3.402
100	0.677	1.29	1.66	1.984	2.364	2.626	2.871	3.174	3.39
200	0.676	1.286	1.653	1.972	2.345	2.601	2.839	3.131	3.34
500	0.675	1.283	1.648	1.965	2.334	2.586	2.82	3.107	3.31
1000	0.675	1.282	1.646	1.962	2.33	2.581	2.813	3.098	3.3
∞	0.6745	1.2816	1.6449	1.96	2.3263	2.5758	2.807	3.0902	3.2905

附表三　χ^2 分布表

$$p\{(\chi^2)(n) > Z_a^2(n)\} = a$$

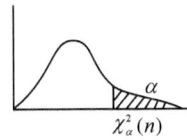

n	0.995	0.99	0.975	0.95	0.9	0.1	0.05	0.025	0.01	0.005
1	0.00004	0.00016	0.001	0.004	0.016	2.706	3.841	5.024	6.635	7.879
2	0.01	0.02	0.051	0.103	0.211	4.605	5.991	7.378	9.21	10.597
3	0.072	0.115	0.216	0.352	0.584	6.251	7.815	9.348	11.345	12.838
4	0.207	0.297	0.484	0.711	1.064	7.779	9.488	11.143	13.277	14.86
5	0.412	0.554	0.831	1.145	1.61	9.236	11.07	12.833	15.086	16.75
6	0.676	0.872	1.237	1.635	2.204	10.645	12.592	14.449	16.812	18.548
7	0.989	1.239	1.69	2.167	2.833	12.017	14.067	16.013	18.475	20.278
8	1.344	1.646	2.18	2.733	3.49	13.362	15.507	17.535	20.09	21.955
9	1.735	2.088	2.7	3.325	4.168	14.684	16.919	19.023	21.666	23.589
10	2.156	2.558	3.247	3.94	4.865	15.987	18.307	20.483	23.209	25.188
11	2.603	3.053	3.816	4.575	5.578	17.275	19.675	21.92	24.725	26.757
12	3.074	3.571	4.404	5.226	6.304	18.549	21.026	23.337	26.217	28.3
13	3.565	4.107	5.009	5.892	7.042	19.812	22.362	24.736	27.688	29.819
14	4.075	4.66	5.629	6.571	7.79	21.064	23.685	26.119	29.141	31.319
15	4.601	5.229	6.262	7.261	8.547	22.307	24.996	27.488	30.578	32.801
16	5.142	5.812	6.908	7.962	9.312	23.542	26.296	28.845	32	34.267

附表四　F 分布表

$$P\{F(n_1,n_2)>F_\alpha(n_1,n_2)\}=\alpha$$

$\alpha=0.10$

n_2＼n_1	1	2	3	4	5	6	7	8	9	10	12	15	20	24	30	40	60	120	∞
1	39.86	49.50	53.59	55.83	57.24	58.20	58.91	59.44	59.86	60.19	60.71	61.22	61.74	62.00	62.26	62.53	62.79	63.06	63.33
2	8.53	9.00	9.16	9.24	9.29	9.33	9.35	9.37	9.38	9.39	9.41	9.42	9.44	9.45	9.46	9.47	9.47	9.48	9.49
3	5.54	5.46	5.39	5.34	5.31	5.28	5.27	5.25	5.24	5.23	5.22	5.20	5.18	5.18	5.17	5.16	5.15	5.14	5.13
4	4.54	4.32	4.19	4.11	4.05	4.01	3.98	3.95	3.94	3.92	3.90	3.87	3.84	3.83	3.82	3.80	3.79	3.78	3.76
5	4.06	3.78	3.62	3.52	3.45	3.40	3.37	3.34	3.32	3.30	3.27	3.24	3.21	3.19	3.17	3.16	3.14	3.12	3.10
6	3.78	3.46	3.29	3.18	3.11	3.05	3.01	2.98	2.96	2.94	2.90	2.87	2.84	2.82	2.80	2.78	2.76	2.74	2.72
7	3.59	3.26	3.07	2.96	2.88	2.83	2.78	2.75	2.72	2.70	2.67	2.63	2.59	2.58	2.56	2.54	2.51	2.49	2.47
8	3.46	3.11	2.92	2.81	2.73	2.67	2.62	2.59	2.56	2.54	2.50	2.46	2.42	2.40	2.38	2.36	2.34	2.32	2.29
9	3.36	3.01	2.81	2.69	2.61	2.55	2.51	2.47	2.44	2.42	2.38	2.34	2.30	2.28	2.25	2.23	2.21	2.18	2.16
10	3.29	2.92	2.73	2.61	2.52	2.46	2.41	2.38	2.35	2.32	2.28	2.24	2.20	2.18	2.16	2.13	2.11	2.08	2.06
11	3.23	2.86	2.66	2.54	2.45	2.39	2.34	2.30	2.27	2.25	2.21	2.17	2.12	2.10	2.08	2.05	2.03	2.00	1.97
12	3.18	2.81	2.61	2.48	2.39	2.33	2.28	2.24	2.21	2.19	2.15	2.10	2.06	2.04	2.01	1.99	1.96	1.93	1.90
13	3.14	2.76	2.56	2.43	2.35	2.28	2.23	2.20	2.16	2.14	2.10	2.05	2.01	1.98	1.96	1.93	1.90	1.88	1.85
14	3.10	2.73	2.52	2.39	2.31	2.24	2.19	2.15	2.12	2.10	2.05	2.01	1.96	1.94	1.91	1.89	1.86	1.83	1.80
15	3.07	2.70	2.49	2.36	2.27	2.21	2.16	2.12	2.09	2.06	2.02	1.97	1.92	1.90	1.87	1.85	1.82	1.79	1.76
16	3.05	2.67	2.46	2.33	2.24	2.18	2.13	2.09	2.06	2.03	1.99	1.94	1.89	1.87	1.84	1.81	1.78	1.75	1.72
17	3.03	2.64	2.44	2.31	2.22	2.15	2.10	2.06	2.03	2.00	1.96	1.91	1.86	1.84	1.81	1.78	1.75	1.72	1.69
18	3.01	2.62	2.42	2.29	2.20	2.13	2.08	2.04	2.00	1.98	1.93	1.89	1.84	1.81	1.78	1.75	1.72	1.69	1.66
19	2.99	2.61	2.40	2.27	2.18	2.11	2.06	2.02	1.98	1.96	1.91	1.86	1.81	1.79	1.76	1.73	1.70	1.67	1.63

附表四（续）

$\alpha = 0.10$

n_2 \ n_1	1	2	3	4	5	6	7	8	9	10	12	15	20	24	30	40	60	120	∞
20	2.97	2.59	2.38	2.25	2.16	2.09	2.04	2.00	1.96	1.94	1.89	1.84	1.79	1.77	1.74	1.71	1.68	1.64	1.61
21	2.96	2.57	2.36	2.23	2.14	2.08	2.02	1.98	1.95	1.92	1.87	1.83	1.78	1.75	1.72	1.69	1.66	1.62	1.59
22	2.95	2.56	2.35	2.22	2.13	2.06	2.01	1.97	1.93	1.90	1.86	1.81	1.76	1.73	1.70	1.67	1.64	1.60	1.57
23	2.94	2.55	2.34	2.21	2.11	1.05	1.99	1.95	1.92	1.89	1.84	1.80	1.74	1.72	1.69	1.66	1.62	1.59	1.55
24	2.93	2.54	2.33	2.19	2.10	2.04	1.98	1.94	1.91	1.88	1.83	1.78	1.73	1.70	1.67	1.64	1.61	1.57	1.53
25	2.92	2.53	2.32	2.18	2.09	2.02	1.97	1.93	1.89	1.87	1.82	1.77	1.72	1.69	1.66	1.63	1.59	1.56	1.52
26	2.91	2.52	2.31	2.17	2.08	2.01	1.96	1.92	1.88	1.86	1.81	1.76	1.71	1.68	1.65	1.61	1.58	1.54	1.50
27	2.90	2.51	2.30	2.17	2.07	2.00	1.95	1.91	1.87	1.85	1.80	1.75	1.70	1.67	1.64	1.60	1.57	1.53	1.49
28	2.89	2.50	2.29	2.16	2.06	2.00	1.94	1.90	1.87	1.84	1.79	1.74	1.69	1.66	1.63	1.59	1.56	1.52	1.48
29	2.89	2.50	2.28	2.15	2.06	1.99	1.93	1.89	1.86	1.83	1.78	1.73	1.68	1.65	1.62	1.58	1.55	1.51	1.47
30	2.88	2.49	2.28	2.14	2.05	1.98	1.93	1.88	1.85	1.82	1.77	1.72	1.67	1.64	1.61	1.57	1.54	1.50	1.46
40	2.84	2.44	2.23	2.09	2.00	1.93	1.87	1.83	1.79	1.76	1.71	1.66	1.61	1.57	1.54	1.51	1.47	1.42	1.38
60	2.79	2.39	2.18	2.04	1.95	1.87	1.82	1.77	1.74	1.71	1.66	1.60	1.54	1.51	1.48	1.44	1.40	1.35	1.29
120	2.75	2.35	2.13	1.99	1.90	1.82	1.77	1.72	1.68	1.65	1.60	1.55	1.48	1.45	1.41	1.37	1.32	1.26	1.19
∞	2.71	2.30	2.08	1.94	1.85	1.77	1.72	1.67	1.63	1.60	1.55	1.49	1.42	1.38	1.34	1.30	1.24	1.17	1.00

$\alpha = 0.05$

n_2 \ n_1	1	2	3	4	5	6	7	8	9	10	12	15	20	24	30	40	60	120	∞
1	161.4	199.5	215.7	224.6	230.2	234.0	236.8	238.9	240.5	241.9	243.9	245.9	248.0	249.1	250.1	251.1	252.2	253.3	254.3
2	18.51	19.00	19.16	19.25	19.30	19.33	19.35	19.37	19.38	19.40	19.41	19.43	19.45	19.45	19.46	19.47	19.48	19.49	19.50
3	10.13	9.55	9.28	9.12	9.01	8.94	8.89	8.85	8.81	8.79	8.74	8.70	8.66	8.64	8.62	8.59	8.57	8.55	8.53
4	7.71	6.94	6.59	6.39	6.26	6.16	6.09	6.04	6.00	5.96	5.91	5.86	5.80	5.77	5.75	5.72	5.69	5.66	5.63
5	6.61	5.79	5.41	5.19	5.05	4.95	4.88	4.82	4.77	4.74	4.68	4.62	4.56	4.53	4.50	4.46	4.43	4.40	4.36
6	5.99	5.14	4.76	4.53	4.39	4.28	4.21	4.15	4.10	4.06	4.00	3.94	3.87	3.84	3.81	3.77	3.74	3.70	3.67
7	5.59	4.74	4.35	4.12	3.97	3.87	3.79	3.73	3.68	3.64	3.57	3.51	3.44	3.41	3.38	3.34	3.30	3.27	3.23
8	5.32	4.46	4.07	3.84	3.69	3.58	3.50	3.44	3.39	3.35	3.28	3.22	3.15	3.12	3.08	3.04	3.01	2.97	2.93
9	5.12	4.26	3.86	3.63	3.48	3.37	3.29	3.23	3.18	3.14	3.07	3.01	2.94	2.90	2.86	2.83	2.79	2.75	2.71

附表四（续）

$\alpha = 0.05$

n_2＼n_1	1	2	3	4	5	6	7	8	9	10	12	15	20	24	30	40	60	120	∞
10	4.96	4.10	3.71	3.48	3.33	3.22	3.14	3.07	3.02	2.98	2.91	2.85	2.77	2.74	2.70	2.66	2.62	2.58	2.54
11	4.84	3.98	3.59	3.36	3.20	3.09	3.01	2.95	2.90	2.85	2.79	2.72	2.65	2.61	2.57	2.53	2.49	2.45	2.40
12	4.75	3.89	3.49	3.26	3.11	3.00	2.91	2.85	2.80	2.75	2.69	2.62	2.54	2.51	2.47	2.43	2.38	2.34	2.30
13	4.67	3.81	3.41	3.18	3.03	2.92	2.83	2.77	2.71	2.67	2.60	2.53	2.46	2.42	2.38	2.34	2.30	2.25	2.21
14	4.60	3.74	3.34	3.11	2.96	2.85	2.76	2.70	2.65	2.60	2.53	2.46	2.39	2.35	2.31	2.27	2.22	2.18	2.13
15	4.54	3.68	3.29	3.06	2.90	2.79	2.71	2.64	2.59	2.54	2.48	2.40	2.33	2.29	2.25	2.20	2.16	2.11	2.07
16	4.49	3.63	3.24	3.01	2.85	2.74	2.66	2.59	2.54	2.49	2.42	2.35	2.28	2.24	2.19	2.15	2.11	2.06	2.01
17	4.45	3.59	3.20	2.96	2.81	2.70	2.61	2.55	2.49	2.45	2.38	2.31	2.23	2.19	2.15	2.10	2.06	2.01	1.96
18	4.41	3.55	3.16	2.93	2.77	2.66	2.58	2.51	2.46	2.41	2.34	2.27	2.19	2.15	2.11	2.06	2.02	1.97	1.92
19	4.38	3.52	3.13	2.90	2.74	2.63	2.54	2.48	2.42	2.38	2.31	2.23	2.16	2.11	2.07	2.03	1.98	1.93	1.88
20	4.35	3.49	3.10	2.87	2.71	2.60	2.51	2.45	2.39	2.35	2.28	2.20	2.12	2.08	2.04	1.99	1.95	1.90	1.84
21	4.32	3.47	3.07	2.84	2.68	2.57	2.49	2.42	2.37	2.32	2.25	2.18	2.10	2.05	2.01	1.96	1.92	1.87	1.81
22	4.30	3.44	3.05	2.82	2.66	2.55	2.46	2.40	2.34	2.30	2.23	2.15	2.07	2.03	1.98	1.94	1.89	1.84	1.78
23	4.28	3.42	3.03	2.80	2.64	2.53	2.44	2.37	2.32	2.27	2.20	2.13	2.05	2.01	1.96	1.91	1.86	1.81	1.76
24	4.26	3.40	3.01	2.78	2.62	2.51	2.42	2.36	2.30	2.25	2.18	2.11	2.03	1.98	1.94	1.89	1.84	1.79	1.73
25	4.24	3.39	2.99	2.76	2.60	2.49	2.40	2.34	2.28	2.24	2.16	2.09	2.01	1.96	1.92	1.87	1.82	1.77	1.71
26	4.23	3.37	2.98	2.74	2.59	2.47	2.39	2.32	2.27	2.22	2.15	2.07	1.99	1.95	1.90	1.85	1.80	1.75	1.69
27	4.21	3.35	2.96	2.73	2.57	2.46	2.37	2.31	2.25	2.20	2.13	2.06	1.97	1.93	1.88	1.84	1.79	1.73	1.67
28	4.20	3.34	2.95	2.71	2.56	2.45	2.36	2.29	2.24	2.19	2.12	2.04	1.96	1.91	1.87	1.82	1.77	1.71	1.65
29	4.18	3.33	2.93	2.70	2.55	2.43	2.35	2.28	2.22	2.18	2.10	2.03	1.94	1.90	1.85	1.81	1.75	1.70	1.64
30	4.17	3.32	2.92	2.69	2.53	2.42	2.33	2.27	2.21	2.16	2.09	2.01	1.93	1.89	1.84	1.79	1.74	1.68	1.62
40	4.08	3.23	2.84	2.61	2.45	2.34	2.25	2.18	2.12	2.08	2.00	1.92	1.84	1.79	1.74	1.69	1.64	1.58	1.51
60	4.00	3.15	2.76	2.53	2.37	2.25	2.17	2.10	2.04	1.99	1.92	1.84	1.75	1.70	1.65	1.59	1.53	1.47	1.39
120	3.92	3.07	2.68	2.45	2.29	2.17	2.09	2.02	1.96	1.91	1.83	1.75	1.66	1.61	1.55	1.50	1.43	1.35	1.25
∞	3.84	3.00	2.60	2.37	2.21	2.10	2.01	1.94	1.88	1.83	1.75	1.67	1.57	1.52	1.46	1.39	1.32	1.22	1.00

附表四（续）

$\alpha = 0.025$

n_2 \ n_1	1	2	3	4	5	6	7	8	9	10	12	15	20	24	30	40	60	120	∞
1	647.8	799.5	864.2	899.6	921.8	937.1	948.2	956.7	963.3	968.6	976.7	984.9	993.1	997.2	1001	1006	1010	1014	1018
2	38.51	39.00	39.17	39.25	39.30	39.33	39.36	39.37	39.39	39.40	39.41	39.43	39.45	39.46	39.46	39.47	39.48	39.49	39.50
3	17.44	16.04	15.44	15.10	14.88	14.73	14.62	14.54	14.47	14.42	14.34	14.25	14.17	14.12	14.08	14.04	13.99	13.95	13.90
4	12.22	10.65	9.98	9.60	9.36	9.20	9.07	8.98	8.90	8.84	8.75	8.66	8.56	8.51	8.46	8.41	8.36	8.31	8.26
5	10.01	8.43	7.76	7.39	7.15	6.98	6.85	6.76	6.68	6.62	6.52	6.43	6.33	6.28	6.23	6.18	6.12	6.07	6.02
6	8.81	7.26	6.60	6.23	5.99	5.82	5.70	5.60	5.52	5.46	5.37	5.27	5.17	5.12	5.07	5.01	4.96	4.90	4.85
7	8.07	6.54	5.89	5.52	5.29	5.12	4.99	4.90	4.82	4.76	4.67	4.57	4.47	4.42	4.36	4.31	4.25	4.20	4.14
8	7.57	6.06	5.42	5.05	4.82	4.65	4.53	4.43	4.36	4.30	4.20	4.10	4.00	3.95	3.89	3.84	3.78	3.73	3.67
9	7.21	5.71	5.08	4.72	4.48	4.32	4.20	4.10	4.03	3.96	3.87	3.77	3.67	3.61	3.56	3.51	3.45	3.39	3.33
10	6.94	5.46	4.83	4.47	4.24	4.07	3.95	3.85	3.78	3.72	3.62	3.52	3.42	3.37	3.31	3.26	3.20	3.14	3.08
11	6.72	5.26	4.63	4.28	4.04	3.88	3.76	3.66	3.59	3.53	3.43	3.33	3.23	3.17	3.12	3.06	3.00	2.94	2.88
12	6.55	5.10	4.47	4.12	3.89	3.73	3.61	3.51	3.44	3.37	3.28	3.18	3.07	3.02	2.96	2.91	2.85	2.79	2.72
13	6.41	4.97	4.35	4.00	3.77	3.60	3.48	3.39	3.31	3.25	3.15	3.05	2.95	2.89	2.84	2.78	2.72	2.66	2.60
14	6.30	4.86	4.24	3.89	3.66	3.50	3.38	3.29	3.21	3.15	3.05	2.95	2.84	2.79	2.73	2.67	2.61	2.55	2.49
15	6.20	4.77	4.15	3.80	3.58	3.41	3.29	3.20	3.12	3.06	2.96	2.86	2.76	2.70	2.64	2.59	2.52	2.46	2.40
16	6.12	4.69	4.08	3.73	3.50	3.34	3.22	3.12	3.05	2.99	2.89	2.79	2.68	2.63	2.57	2.51	2.45	2.38	2.32
17	6.04	4.62	4.01	3.66	3.44	3.28	3.16	3.06	2.98	2.92	2.82	2.72	2.62	2.56	2.50	2.44	2.38	2.32	2.25
18	5.98	4.56	3.95	3.61	3.38	3.22	3.10	3.01	2.93	2.87	2.77	2.67	2.56	2.50	2.44	2.38	2.32	2.26	2.19
19	5.92	4.51	3.90	3.56	3.33	3.17	3.05	2.96	2.88	2.82	2.72	2.62	2.51	2.45	2.39	2.33	2.27	2.20	2.13
20	5.87	4.46	3.86	3.51	3.29	3.13	3.01	2.91	2.84	2.77	2.68	2.57	2.46	2.41	2.35	2.29	2.22	2.16	2.09
21	5.83	4.42	3.82	3.48	3.25	3.09	2.97	2.87	2.80	2.73	2.64	2.53	2.42	2.37	2.31	2.25	2.18	2.11	2.04
22	5.79	4.38	3.78	3.44	3.22	3.05	2.93	2.84	2.76	2.70	2.60	2.50	2.39	2.33	2.27	2.21	2.14	2.08	2.00
23	5.75	4.35	3.75	3.41	3.18	3.02	2.90	2.81	2.73	2.67	2.57	2.47	2.36	2.30	2.24	2.18	2.11	2.04	1.97
24	5.72	4.32	3.72	3.38	3.15	2.99	2.87	2.78	2.70	2.64	2.54	2.44	2.33	2.27	2.21	2.15	2.08	2.01	1.94

附表四（续）

$\alpha=0.025$

n_1 \ n_2	1	2	3	4	5	6	7	8	9	10	12	15	20	24	30	40	60	120	∞
25	5.69	4.29	3.69	3.35	3.13	2.97	2.85	2.75	2.68	2.61	2.51	2.41	2.30	2.24	2.18	2.12	2.05	1.98	1.91
26	5.66	4.27	3.67	3.33	3.10	2.94	2.82	2.73	2.65	2.59	2.49	2.39	2.28	2.22	2.16	2.09	2.03	1.95	1.88
27	5.63	4.24	3.65	3.31	3.08	2.92	2.80	2.71	2.63	2.57	2.47	2.36	2.25	2.19	2.13	2.07	2.00	1.93	1.85
28	5.61	4.22	3.63	3.29	3.06	2.90	2.78	2.69	2.61	2.55	2.45	2.34	2.23	2.17	2.11	2.05	1.98	1.91	1.83
29	5.59	4.20	3.61	3.27	3.04	2.88	2.76	2.67	2.59	2.53	2.43	2.32	2.21	2.15	2.09	2.03	1.96	1.89	1.81
30	5.57	4.18	3.59	3.25	3.03	2.87	2.75	2.65	2.57	2.51	2.41	2.31	2.20	2.14	2.07	2.01	1.94	1.87	1.79
40	5.42	4.05	3.46	3.13	3.90	2.74	2.62	2.53	2.45	2.39	2.29	2.18	2.07	2.01	1.94	1.88	1.80	1.72	1.64
60	5.29	3.93	3.34	3.01	2.79	2.63	2.51	2.41	2.33	2.27	3.17	2.06	1.94	1.88	1.82	1.74	1.67	1.58	1.48
120	5.15	3.80	3.23	2.89	2.67	2.52	2.39	2.30	2.22	2.16	2.05	1.94	1.82	1.76	1.69	1.61	1.53	1.43	1.31
∞	5.02	3.69	3.12	2.79	2.57	2.41	2.29	2.19	2.11	2.05	1.94	1.83	1.71	1.64	1.57	1.48	1.39	1.27	1.00

$\alpha=0.01$

n_1 \ n_2	1	2	3	4	5	6	7	8	9	10	12	15	20	24	30	40	60	120	∞
1	4052	4999.5	5403	5625	5764	5859	5928	5982	6022	6056	6106	6157	6209	6235	6261	6287	6313	6339	6366
2	98.50	99.00	99.17	99.25	99.30	99.33	99.36	99.37	99.39	99.40	99.42	99.43	99.45	99.46	99.47	99.47	99.48	99.49	99.50
3	34.12	30.82	29.46	28.71	28.24	27.91	27.67	27.49	27.35	27.23	27.05	26.87	26.69	26.60	26.50	26.41	26.32	26.22	26.13
4	21.20	18.00	16.69	15.98	15.52	15.21	14.98	14.80	14.66	14.55	14.37	24.20	14.02	13.93	13.84	13.75	13.65	13.56	13.46
5	16.26	13.27	12.06	11.39	10.97	10.67	10.46	10.29	10.16	10.05	9.89	9.72	9.55	9.47	9.38	9.29	9.20	9.11	9.02
6	13.75	10.93	9.78	9.15	8.75	8.47	8.26	8.10	7.98	7.87	7.72	7.56	7.40	7.31	7.23	7.14	7.06	6.97	6.88
7	12.25	9.55	8.45	7.85	7.46	7.19	6.99	6.84	6.72	6.62	6.47	6.31	6.16	6.07	5.99	5.91	5.82	5.74	5.65
8	11.26	8.65	7.59	7.01	6.63	6.37	6.18	6.03	5.91	5.81	5.67	5.52	5.36	5.28	5.20	5.12	5.03	4.95	4.86
9	10.56	8.02	6.99	6.42	6.06	5.80	5.61	5.47	5.35	5.26	5.11	4.96	4.81	4.73	4.65	4.57	4.48	4.40	4.31

附表四（续）

$\alpha = 0.01$

$n_2 \backslash n_1$	1	2	3	4	5	6	7	8	9	10	12	15	20	24	30	40	60	120	∞
10	10.04	7.56	6.55	5.99	5.64	5.39	5.20	5.06	4.94	4.85	4.71	4.56	4.41	4.33	4.25	4.17	4.08	4.00	3.91
11	9.65	7.21	6.22	5.67	5.32	5.07	4.89	4.74	4.63	4.54	4.40	4.25	4.10	4.02	3.94	3.86	3.78	3.69	3.60
12	9.33	6.93	5.95	5.41	5.06	4.82	4.64	4.50	4.39	4.30	4.16	4.01	3.86	3.78	3.70	3.62	3.54	3.45	3.36
13	9.07	6.70	5.74	5.21	4.86	4.62	4.44	4.30	4.19	4.10	3.96	3.82	3.66	3.59	3.51	3.43	3.34	3.25	3.17
14	8.86	6.51	5.56	5.04	4.69	4.46	4.28	4.14	4.03	3.94	3.80	3.66	3.51	3.43	3.35	3.27	3.18	3.09	3.00
15	8.68	6.36	5.42	4.89	4.56	4.32	4.14	4.00	3.89	3.80	3.67	3.52	3.37	3.29	3.21	3.13	3.05	2.96	2.87
16	8.53	6.23	5.29	4.77	4.44	4.20	4.03	3.89	3.78	3.69	3.55	3.41	3.26	3.18	3.10	3.02	2.93	2.84	2.75
17	8.40	6.11	5.18	4.67	4.34	4.10	3.93	3.79	3.68	3.59	3.46	3.31	3.16	3.08	3.00	2.92	2.83	2.75	2.65
18	8.29	6.01	5.09	4.58	4.25	4.01	3.84	3.71	3.60	3.51	3.37	3.23	3.08	3.00	2.92	2.84	2.75	2.66	2.57
19	8.18	5.93	5.01	4.50	4.17	3.94	3.77	3.63	3.52	3.43	3.30	3.15	3.00	2.92	2.84	2.76	2.67	2.58	2.49
20	8.10	5.85	4.94	4.43	4.10	3.87	3.70	3.56	3.46	3.37	3.23	3.09	2.94	2.86	2.78	2.69	2.61	2.52	2.42
21	8.02	5.78	4.87	4.37	4.04	3.81	3.64	3.51	3.40	3.31	3.17	3.03	2.88	2.80	2.72	2.64	2.55	2.46	2.36
22	7.95	5.72	4.82	4.31	3.99	3.76	3.59	3.45	3.35	3.26	3.12	2.98	2.83	2.75	2.67	2.58	2.50	2.40	2.31
23	7.88	5.66	4.76	4.26	3.94	3.71	3.54	3.41	3.30	3.21	3.07	2.93	2.78	2.70	2.62	2.54	2.45	2.35	2.26
24	7.82	5.61	4.72	4.22	3.90	3.67	3.50	3.36	3.26	3.17	3.03	2.89	2.74	2.66	2.58	2.49	2.40	2.31	2.21
25	7.77	5.57	4.68	4.18	3.85	3.63	3.46	3.32	3.22	3.13	2.99	2.85	2.70	2.62	2.54	2.45	2.36	2.27	2.17
26	7.72	5.53	4.64	4.14	3.82	3.59	3.42	3.29	3.18	3.09	2.96	2.81	2.66	2.58	2.50	2.42	2.33	2.23	2.13
27	7.68	5.49	4.60	4.11	3.78	3.56	3.39	3.26	3.15	3.06	2.93	2.78	2.63	2.55	2.47	2.38	2.29	2.20	2.10
28	7.64	5.45	4.57	4.07	3.75	3.53	3.36	3.23	3.12	3.03	2.90	2.75	2.60	2.52	2.44	2.35	2.26	2.17	2.06
29	7.60	5.42	4.54	4.04	3.73	3.50	3.33	3.20	3.09	3.00	2.87	2.73	2.57	2.49	2.41	2.33	2.23	2.14	2.03
30	7.56	5.39	4.51	4.02	3.70	3.47	3.30	3.17	3.07	2.98	2.84	2.70	2.55	2.47	2.39	2.30	2.21	2.11	2.01
40	7.31	5.18	4.31	3.83	3.51	3.29	3.12	2.99	2.89	2.80	2.66	2.52	2.37	2.29	2.20	2.11	2.02	1.92	1.80
60	7.08	4.98	4.13	3.65	3.34	3.12	2.95	2.82	2.72	2.63	2.50	2.35	2.20	2.12	2.03	1.94	1.84	1.73	1.60
120	6.85	4.79	3.95	3.48	3.17	2.96	2.79	2.66	2.56	2.47	2.34	2.19	2.03	1.95	1.86	1.76	1.66	1.53	1.38
∞	6.63	4.61	3.78	3.32	3.02	2.80	2.64	2.51	2.41	2.32	2.18	2.04	1.88	1.79	1.70	1.59	1.47	1.32	1.00

附表四（续）

$\alpha = 0.005$

n_1 / n_2	1	2	3	4	5	6	7	8	9	10	12	15	20	24	30	40	60	120	∞
1	16211	20000	21615	22500	23056	23437	23715	23925	24091	24224	24426	24630	24836	24940	25044	25148	35253	25359	25465
2	198.5	199.0	199.2	199.2	199.3	199.3	199.4	199.4	199.4	199.4	199.4	199.4	199.4	199.5	199.5	199.5	199.5	199.5	199.5
3	55.55	49.80	47.47	46.19	45.39	44.84	44.43	44.13	43.88	43.69	43.39	43.08	42.78	42.62	42.47	42.31	42.15	41.99	41.83
4	31.33	26.28	24.26	23.15	22.46	21.97	21.62	21.35	21.14	20.97	20.70	20.44	20.17	20.03	19.89	19.75	19.61	19.47	19.32
5	22.78	18.31	16.53	15.56	14.94	14.51	14.20	13.96	13.77	13.62	13.38	13.15	12.90	12.78	12.66	12.53	12.40	12.27	12.14
6	18.63	14.54	12.92	12.03	11.46	11.07	10.79	10.57	10.39	10.25	10.03	9.81	9.59	9.47	9.36	9.24	9.12	9.00	8.88
7	16.24	12.40	10.88	10.05	9.52	9.16	8.89	8.68	8.51	8.38	8.18	7.97	7.75	7.65	7.53	7.42	7.31	7.19	7.08
8	14.69	11.04	9.60	8.81	8.30	7.95	7.69	7.50	7.34	7.21	7.01	6.81	6.61	6.50	6.40	6.29	6.18	6.06	5.95
9	13.61	10.11	8.72	7.96	7.47	7.13	6.88	6.69	6.54	6.42	6.23	6.03	5.83	5.73	5.62	5.52	5.41	5.30	5.19
10	12.83	9.43	8.08	7.34	6.87	6.54	6.30	6.12	5.97	5.85	5.66	5.47	5.27	5.17	5.07	4.97	4.86	4.75	4.64
11	12.23	8.91	7.60	6.88	6.42	6.10	5.86	5.68	5.54	5.42	5.24	5.05	4.86	4.76	4.65	4.55	4.44	4.34	4.23
12	11.75	8.51	7.23	6.52	6.07	5.76	5.52	5.35	5.20	5.09	4.91	4.72	4.53	4.43	4.33	4.23	4.12	4.01	3.90
13	11.37	8.19	6.93	6.23	5.79	5.48	5.25	5.08	4.94	4.82	4.64	4.46	4.27	4.17	4.07	3.97	3.87	3.76	3.65
14	11.06	7.92	6.68	6.00	5.56	5.26	5.03	4.86	4.72	4.60	4.43	4.25	4.06	3.96	3.86	3.76	3.66	3.55	3.44
15	10.80	7.70	6.48	5.80	5.37	5.07	4.85	4.67	4.54	4.42	4.25	4.07	3.88	3.79	3.69	3.58	3.48	3.37	3.26
16	10.58	7.51	6.30	5.64	5.21	4.91	4.69	4.52	4.38	4.27	4.10	3.92	3.73	3.64	3.54	3.44	3.33	3.22	3.11
17	10.38	7.35	6.16	5.50	5.07	4.78	4.56	4.39	4.25	4.14	3.97	3.79	3.61	3.51	3.41	3.31	3.21	3.10	2.98
18	10.22	7.21	6.03	5.37	4.96	4.66	4.44	4.28	4.14	4.03	3.86	3.68	3.50	3.40	3.30	3.20	3.10	2.99	2.87
19	10.07	7.09	5.92	5.27	7.85	4.56	4.34	4.18	4.04	3.93	3.76	3.59	3.40	3.31	3.21	3.11	3.00	2.89	2.78
20	9.94	6.99	5.82	5.17	4.76	4.47	4.26	4.09	3.96	3.85	3.68	3.50	3.32	3.22	3.12	3.02	2.92	2.81	2.69
21	9.83	6.89	5.73	5.09	4.68	4.39	4.18	4.01	3.88	3.77	3.60	3.43	3.24	3.15	3.05	2.95	2.84	2.73	2.61
22	9.73	6.81	5.65	5.02	4.61	4.32	4.11	3.94	3.81	3.70	3.54	3.36	3.18	3.08	2.98	2.88	2.77	2.66	2.55
23	9.63	6.73	5.58	4.95	4.54	4.26	4.05	3.88	3.75	3.64	3.47	3.30	3.12	3.02	2.92	2.82	2.71	2.60	2.48
24	9.55	6.66	5.52	4.89	4.49	4.20	3.99	3.83	3.69	3.59	3.42	3.25	3.06	2.97	2.87	2.77	2.66	2.55	2.43

附表四(续)

$\alpha = 0.005$

$n_1 \backslash n_2$	1	2	3	4	5	6	7	8	9	10	12	15	20	24	30	40	60	120	∞
25	9.48	6.60	5.46	4.84	4.43	4.15	3.94	3.78	3.64	3.54	3.37	3.20	3.01	2.92	2.82	2.72	2.61	2.50	2.38
26	9.41	6.54	5.41	4.79	4.38	4.10	3.89	3.73	3.60	3.49	3.33	3.15	2.97	2.87	2.77	2.67	2.56	2.45	2.33
27	9.34	6.49	5.36	4.74	4.34	4.06	3.85	3.69	3.56	3.45	3.28	3.11	2.93	2.83	2.73	2.63	2.52	2.41	2.29
28	9.28	6.44	5.32	4.70	4.30	4.02	3.81	3.65	3.52	3.41	3.25	3.07	2.89	2.79	2.69	2.59	2.48	2.37	2.25
29	9.23	6.40	5.28	4.66	4.26	3.98	3.77	3.61	3.48	3.38	3.21	3.04	2.86	2.76	2.66	2.56	2.45	2.33	2.21
30	9.18	6.35	5.24	4.62	4.23	3.95	3.74	3.58	3.45	3.34	3.18	3.01	2.82	2.73	2.63	2.52	2.42	2.30	2.18
40	8.83	6.07	4.98	4.37	3.99	3.71	3.51	3.35	3.22	3.12	2.95	2.78	2.60	2.50	2.40	2.30	2.18	2.06	1.93
60	8.49	5.79	4.73	4.14	3.76	3.49	3.29	3.13	3.01	2.90	2.74	2.57	2.39	2.29	2.19	2.08	1.96	1.83	1.69
120	8.18	5.54	4.50	3.92	3.55	3.28	3.09	2.93	2.81	2.71	2.54	2.37	2.19	2.09	1.98	1.87	1.75	1.61	1.43
∞	7.88	5.30	4.28	3.72	3.35	3.09	2.90	2.74	2.62	2.52	2.36	2.19	2.00	1.90	1.79	1.67	1.53	1.36	1.00

$\alpha = 0.001$

$n_1 \backslash n_2$	1	2	3	4	5	6	7	8	9	10	12	15	20	24	30	40	60	120	∞
1	4053+	5000+	5404+	5625+	5764+	5859+	5929+	5981+	6023+	6056+	6107+	6158+	6209+	6235+	6261+	6287+	6313+	6340+	6366+
2	998.5	999.0	999.2	999.2	999.3	999.3	999.4	999.4	999.4	999.4	999.4	999.4	999.4	999.5	999.5	999.5	999.5	999.5	999.5
3	167.0	148.5	141.1	137.1	134.6	132.8	131.6	130.6	129.9	129.2	128.3	127.4	126.4	125.9	125.4	125.0	124.5	124.0	123.5
4	74.14	61.25	56.18	53.44	51.71	50.53	49.66	49.00	48.47	48.05	47.41	46.76	46.10	45.77	45.43	45.09	44.75	44.40	44.05
5	47.18	37.12	33.20	31.09	29.75	28.84	28.16	27.64	27.24	26.92	26.42	25.91	25.39	25.14	24.87	24.60	24.33	24.06	23.79
6	35.51	27.00	23.70	21.92	20.81	20.03	19.46	19.03	18.69	18.41	17.99	17.56	17.12	16.89	16.67	16.44	16.21	15.99	15.75
7	29.25	21.69	18.77	17.19	16.21	15.52	15.02	14.63	14.33	14.08	13.71	13.32	12.93	12.73	12.53	12.33	12.12	11.91	11.70
8	25.42	18.49	15.83	14.39	13.49	12.86	12.40	12.04	11.77	11.54	11.19	10.84	10.48	10.30	10.11	9.92	9.73	9.53	9.33
9	22.86	16.39	13.90	12.56	11.71	11.13	10.70	10.37	10.11	9.89	9.57	9.24	8.90	8.72	8.55	8.37	8.19	8.00	7.80

+：表示要将所列数乘以100。

附表四（续）

$\alpha = 0.001$

n_1 \ n_2	1	2	3	4	5	6	7	8	9	10	12	15	20	24	30	40	60	120	∞
10	21.04	14.91	12.55	11.28	10.48	9.92	9.52	9.20	8.96	8.75	8.45	8.13	7.80	7.64	7.47	7.30	7.12	6.94	6.76
11	19.69	13.81	11.56	10.35	9.58	9.05	8.66	8.35	8.12	7.92	7.63	7.32	7.01	6.85	6.68	6.52	6.35	6.17	6.00
12	18.64	12.97	10.80	9.63	8.89	8.38	8.00	7.71	7.48	7.29	7.00	6.71	6.40	6.25	6.09	5.93	5.76	5.59	5.42
13	17.81	12.31	10.21	9.07	8.35	7.86	7.49	7.21	6.98	6.80	6.52	6.23	5.93	5.78	5.63	5.47	5.30	5.14	4.97
14	17.14	11.78	9.73	8.62	7.92	7.43	7.08	6.80	6.58	6.40	6.13	5.85	5.56	5.41	5.25	5.10	4.94	4.77	4.60
15	16.59	11.34	9.34	8.25	7.57	7.09	6.74	6.47	6.26	6.08	5.81	5.54	5.25	5.10	4.95	4.80	4.64	4.47	4.31
16	16.12	10.97	9.00	7.94	7.27	6.81	6.46	6.19	5.98	5.81	5.55	5.27	4.99	4.85	4.70	4.54	4.39	4.23	4.06
17	15.72	10.66	8.73	7.68	7.02	6.56	6.22	5.96	5.75	5.58	5.32	5.05	4.78	4.63	4.48	4.33	4.18	4.02	3.85
18	15.38	10.39	8.49	7.46	6.81	6.35	6.02	5.76	5.56	5.39	5.13	4.87	4.59	4.45	4.30	4.15	4.00	3.84	3.67
19	15.08	10.16	8.28	7.26	6.62	6.18	5.85	5.59	5.39	5.22	4.97	4.70	4.43	4.29	4.14	3.99	3.84	3.68	3.51
20	14.82	9.95	8.10	7.10	6.46	6.02	5.69	5.44	5.24	5.08	4.82	4.56	4.29	4.15	4.00	3.86	3.70	3.54	3.38
21	14.59	9.77	7.94	6.95	6.32	5.88	5.56	5.31	5.11	4.95	4.70	4.44	4.17	4.03	3.88	3.74	3.58	3.42	3.26
22	14.38	9.61	7.80	6.81	6.19	5.76	5.44	5.19	4.98	4.83	4.58	4.33	4.06	3.92	3.78	3.63	3.48	3.32	3.15
23	14.19	9.47	7.67	6.69	6.08	5.65	5.33	5.09	4.89	4.73	4.48	4.23	3.96	3.82	3.68	3.53	3.38	3.22	3.05
24	14.03	9.34	7.55	6.59	5.98	5.55	5.23	4.99	4.80	4.64	4.39	4.14	3.87	3.74	3.59	3.45	3.29	3.14	2.97
25	13.88	9.22	7.45	6.49	5.88	5.46	5.15	4.91	4.71	4.56	4.31	4.06	3.79	3.66	3.52	3.37	3.22	3.06	2.89
26	13.74	9.12	7.36	6.41	5.80	5.38	5.07	4.83	4.64	4.48	4.24	3.99	3.72	3.59	3.44	3.30	3.15	2.99	2.82
27	13.61	9.02	7.27	6.33	5.73	5.31	5.00	4.76	4.57	4.41	4.17	3.92	3.66	3.52	3.38	3.23	3.08	2.92	2.75
28	13.50	8.93	7.19	6.25	5.66	5.24	4.93	4.69	4.50	4.35	4.11	3.86	3.60	3.46	3.32	3.18	3.02	2.86	2.69
29	13.39	8.85	7.12	6.19	5.59	5.18	4.87	4.64	4.45	4.29	4.05	3.80	3.54	3.41	3.27	3.12	2.97	2.81	2.64
30	13.29	8.77	7.05	6.12	5.53	5.12	4.82	4.58	4.39	14.24	4.00	3.75	3.49	3.36	3.22	3.07	2.92	2.76	2.59
40	12.61	8.25	6.60	5.70	5.13	4.73	4.44	4.21	4.02	3.87	3.64	3.40	3.15	3.01	2.87	2.73	2.57	2.41	2.23
60	11.97	7.76	6.17	5.31	4.76	4.37	4.09	3.87	3.69	3.54	3.31	3.08	2.83	2.69	2.55	2.41	2.25	2.08	1.89
120	11.38	7.32	5.79	4.95	4.42	4.04	3.77	3.55	3.38	3.24	3.02	2.78	2.53	2.40	2.26	2.11	1.95	1.76	1.54
∞	10.83	6.91	5.42	4.62	4.10	3.74	3.47	3.27	3.10	2.96	2.74	2.51	2.27	2.13	1.99	1.84	1.66	1.45	1.00

附表五 相关系数临界值表

$$P\{\,|R|>R_{1-\alpha}\,\}=\alpha.$$

n \ α	0.100	0.050	0.020	0.010	0.001
1	0.9877	0.9969	0.9995	0.9999	1.0000
2	0.9000	2.9500	0.9800	0.9900	0.9990
3	0.8054	0.8783	0.9343	0.9587	0.9912
4	0.7293	0.8114	0.8822	0.9172	0.9741
5	0.6694	0.7545	0.8329	0.8745	0.9507
6	0.6215	0.7067	0.7887	0.8343	0.9249
7	0.5822	0.6664	0.7498	0.7977	0.8982
8	0.5494	0.6319	0.7155	0.7646	0.8721
9	0.5214	0.6021	0.6851	0.7348	0.8471
10	0.4973	0.5760	0.6581	0.7079	0.8233
11	0.4762	0.5529	0.6339	0.6835	0.8010
12	0.4575	0.5324	0.6120	0.6614	0.7800
13	0.4409	0.5139	0.5923	0.6411	0.7603
14	0.4259	0.4973	0.5742	0.6226	0.7420
15	0.4124	0.4821	0.5577	0.6055	0.7246
16	0.4000	0.4683	0.5425	0.5897	0.7084
17	0.3887	0.4555	0.5285	0.5751	0.6932
18	0.3783	0.4438	0.5155	0.5614	0.6787
19	0.3687	0.4329	0.5034	0.5487	0.6652
20	0.3598	0.4227	0.4921	0.5368	0.6524
25	0.3233	0.3809	0.4451	0.4869	0.5874
30	0.2960	0.3494	0.4093	0.4487	0.5541
35	0.2746	0.3246	0.3810	0.4182	0.5189
40	0.2573	0.3044	0.3578	0.3932	0.4896
45	0.2428	0.2875	0.3384	0.3721	0.4648
50	0.2306	0.2732	0.3218	0.3541	0.4433
60	0.2108	0.2500	0.2948	0.3248	0.4078
70	0.1954	0.2319	0.2737	0.3017	0.3799
80	0.1829	0.2172	0.2565	0.2830	0.3568
90	0.1726	0.2050	0.2422	0.2673	0.3375
100	0.1638	0.1946	0.2301	0.2540	0.3211

复习思考题参考答案

第一章

1－6 略；

第二章

1－6 略；   **7.** 1116.32 万；   **8.** 15.90 万；

9. 110.40 万；   **10.** (1)10 万,(2)11.20 万,(3)2.5238 万,(4)11.7128 万；

11. 68.16 万；   **12.** (1)486 万,(2)373 万。

第三章

1－13 略；   **14.** 109.77 万,7.33 年   **15.** $NPV = 84.57 > 0$,方案可行；

16. $NAV_A = 2.87$ 万,$NAV_B = 5.33$ 万,B 方案优；

17. 计算期不同,选择费用年值法计算,$AC_1 = 4.44$ 万,$AC_2 = 4.58$ 万,方案 1 优；

18. $IRR = 3.89\% < 5\%$,项目不可行；

19. $T_P^* = 5.84$ 年,$IRR = 10.75\%$。

第四章

1－8 略；

9. $NPV_甲 = 15.82$ 万,$NPV_乙 = 14.77$ 万,甲方案优；

10. $IRR_A = 27.33\%$,$IRR_B = 23.42\%$,$IRR_C = 19.57\%$,三方案均通过绝对效果检验,$\triangle IRR_{B-A}$ $= 15.1\%$,$\triangle IRR_{C-B} = 6.6\%$,$B$ 方案优；

11. $AC_甲 = 306.94$ 万,$AC_乙 = 298.02$ 万,乙方案优；

12. $NAV_1 = 0.366$ 亿,$NAV_2 = 0.342$ 亿,选择第一个方案；

13. (1)$NPV_A = 8.25$ 万,$NPV_B = 10.33$ 万,$NPV_C = 8.01$ 万,$NPV_D = 9.01$ 万,$NPV_E = 11.66$ 万,$NPV_F = 9.46$ 万,$NPV_G = 5.52$ 万,$NPV_H = 8.27$ 万,$E > B > F > D > H > A > C > G$,
(2)方法一,净现值指数法(从 A 到 G 方案的 $NPVI$ 分别为 0.82、0.74、1.00、0.60、0.65、0.56、0.92、0.69),选方案 C、G、A、B、H,$NPV_{汇总} = 40.37$ 万。方法二,内部收益率法(从 A 到 G 方案的 IRR 分别为 30.01\%、28.07\%、33.86\%、24.95\%、26.04\%、23.93\%、32.12\%、26.98\%),选方案 C、G、A、B、H,$NPV_{汇总} = 40.37$ 万；(3)方法同第二小题,选方案 E、B、F 组合,$NPV_{汇总} = 31.45$ 万；

14. 应选择 A_2、C_2 组合；

15. (1)选择 $A_2 + C_1$,直接从 X 银行贷款 3000 万,(2)选择改造方案组合为 $B_2 + A_2 + C_1$；筹资方式为从 X 银行贷款 3000 万,从 Y 银行贷款 2000 万。

第五章

1—12 略;

13. $Q_0 = 2000$ 千克, $\eta = 34.48\%$, $P_0 = 52.34$ 元/千克, $V_0 = 51.66$ 元/千克;

14. 售价的 $S_{AP} = 2.83$,售价临界点为 -35.32%,投资额的 $S_{AP} = -1.14$,投资额的临界点为 87.91%,产量的 $S_{AP} = 2.12$,产量的临界点为 -47.09%;

15. $P(NPV < 0) = 0.45$;

16. 选择直接建大厂方案。

第六章

1—13 略;

14. 11.17%;筹资的四个范围分别是:0~30 万、30~50 万、50~80 万、80 万以上;边际资金成本分别是:10.75%、11.05%、11.65%、11.90%。

第七章

1—6 略;

第八章

1—9 略;

10. 采用年限平均法,年折旧率 15.17%,各年折旧额 1516.67 万。采用双倍余额评价法,年折旧率 33.33%,1—6 年的折旧额分别为 3333 万、2222 万、1482 万、988 万、537.5 万、537.5 万。采用年数总和法,第 1—6 年的折旧额分别为 2600.00 万、2166.67 万、1733.33 万、1300.00 万、866.67 万、433.33 万;

11. 34666.14 万;

12. 第 1—3 年的涨价预备费分别 450 万、1230 万、1418.63 万;

13. 8791.25;

14. (1) 建设期贷款利息 = 97.10 万,固定资产年折旧费 = 199.71 万,无形资产摊销费 = 75 万;(2)~(6) 略;(7) 所得税后 $T_{p\text{静}} = 5.41$,所得税后 $T_{p\text{动}} = 6.41$,$NPV = 2206.34$,总投资收益率 = 34.31%,项目资本金利润率 = 60.90%,利息备付率与偿债备付率件见借款还本付息计划表。所得税后项目财务净现值 > 0,静态投资回收期 5.41 年 < 7 年,动态回收期 6.41 年 < 10 年,项目盈利能力强,从财务角度评价可行。

第九章

1—14 略; **15.** 70.67; **16.** 878.6 元;3393.63 万元。

第十章

1—6 略;

7. 设备使用 4 年时平均年度成本最低,为 6000 元,设备经济寿命 4 年;

8. 新设备的经济寿命为 6 年,新设备的年度平均费用为 4973.96,由于总成本费用现值没有降低一直升高,故没有必要更新现有机器;

9. 新设备平均年度成本 7351.12 元,可以再使用三年更新。

10. 解:用年值成本法进行比较。

(1)购置方案年值成本:

$$AC_{购}=30000*(A/P,10\%,10)-1000*(A/F,10\%,10)+1800$$
$$=30000*0.1628-1000*0.0628+1800$$
$$=4884-62.8+1800=6621.2 元 (2)租赁方案年值成本:$$

设备年折旧额为:AC 折$=(30000-1000)/10=2900$ 元

租赁设备比购买设备每年少支付税金:$(5000-2900)*25\%=525$ 元

租赁设备方案年值成本为:$AC_{租}=5000+1800-525=6275$ 元

由于 $AC_{租}<AC_{购}$,所以应采取租赁设备方案。

第十一章

1—11 略;

12. 方案 $A\sim D$ 的功能评价系数分别为 0.1810、0.3017、0.2414、0.2759,目标成本分别为 2534.48 万元、4224.13 万元、3379.31 万元、3219 万元,成本应降低额分别为 1319.52 万元、408.86 万元、984.69 万元、0 万元;功能改进顺序 A,C,B,D;

13. (1)$F1\sim F9$ 的功能重要性系数分别为 0.392、0.161、0.042、0.201、0.037、0.048、0.022、0.066、0.031,(2)方案 $A\sim E$ 的功能评价系数分别为 0.2114、0.1981、0.1994、0.1907、0.2005,(3)方案 $A\sim E$ 的价值系数分别为 0.9028、1.1126、0.9021、1.0569、1.0756,选方案 B;

14. (1)$F1\sim F5$ 功能权重分别为 0.35、0.225、0.225、0.1、0.1,(2)方案 $A\sim D$ 的功能评价系数分别为 0.2574、0.2616、0.2511、0.2299,(3)方案 $A\sim D$ 的价值系数分别为 0.9354、1.0976、1.1265、0.8723,选方案 C;

15. $F1\sim F5$ 功能权重分别为 0.35、0.225、0.225、0.1、0.1,(2)方案 $A\sim D$ 的价值系数分别为 1.0611、0.9560、1.0807、0.9207,选方案 C。

第十二章

1—3 略;

参考文献

[1] 发改委,住建部.建设项目经济评价方法与参数.第三版.北京:中国计划出版社,2006

[2] 全国注册咨询工程师(投资)资格考试教材编写委员会.项目决策分析与评价.北京:中国计划出版社,2007

[3] 刘晓君主编.工程经济学.北京:中国建筑工业出版社,2009

[4] 刘颖春,邱国林,闫波主编.工程经济学.北京:中国电力出版社,2010

[5] 王玉春主编.财务管理.南京:南京大学出版社,2008

[6] 宋伟主编.工程经济学学习指导与习题解析.北京:人民交通出版社,2008

[7] 全国造价工程师执业资格考试培训教材编审组.工程造价案例分析.北京:中国城市出版社,2009

[8] 宁宣熙,刘思峰编著.管理预测与决策方法.第二版.北京:科学出版社,2009

[9] 傅家骥,仝允恒主编.工业技术经济学.第三版.北京:清华大学出版社,1996

[10] 戴大双主编.项目融资.北京:机械工业出版社,2005

[11] 王守清,柯永建.特许经营项目融资.北京:清华大学出版社,2008

[12] 李振球主编.技术经济学.大连:东北财经大学出版社,1999

[13] 赵建华.高凤彦编著.技术经济学.北京:科学出版社,2000

[14] 张文泉编著.企业技术经济学.北京:中国电力出版社,2000

[15] 建设部人事教育劳动司,人事部人事考试中心编写.建筑经济专业知识与实务.北京:清华大学出版社,1996

[16] 虞和锡主编.工程项目可行性研究.北京:机械工业出版社,1992

[17] 赵国杰著.工程经济学.第三版.天津:天津大学出版社,2010

[18] 罗汉奎,欧晓理编著.价值工程.北京:中国铁道出版社,1998

[19] 张传吉编著.建筑业价值工程.北京:中国建筑工业出版社,1993

[20] 张三力.项目管理.项目后评价[M].北京:清华大学出版社,1998.

[21] 许晓峰,肖翔.建设项目后评价[M].北京:中华工商联合出版社,2000.

[22] 周鹏.项目验收与后评价[M].北京:机械工业出版社,2007.

[23] 陈艳,王松.水利工程项目后评价指标体系探讨[J].治淮,2007(8):18-20.